Rolf Parr

„Zwei Seelen wohnen, ach! in meiner Brust"

Rolf Parr

„Zwei Seelen wohnen, ach! in meiner Brust"

Strukturen und Funktionen
der Mythisierung Bismarcks (1860–1918)

Wilhelm Fink Verlag · München

Gedruckt mit Unterstützung der Deutschen Forschungsgemeinschaft

Umschlagabbildung: Kladderadatsch, Nr. 32, 18. Juli 1876

Die Deutsche Bibliothek – CIP-Einheitsaufnahme

Parr, Rolf:
„Zwei Seelen wohnen, ach! In meiner Brust": Strukturen
und Funktionen der Mythisierung Bismarcks (1860 – 1918) /
Rolf Parr. – München: Fink, 1992
    ISBN 3-7705-2727-5

ISBN 3-7705-2727-5

Herstellung: Ferdinand Schöningh GmbH, Paderborn

Inhaltsverzeichnis

1. Vorwort

> Mythen sind Geschichten, die zweifelsohne
> Geschichte gemacht haben. Läßt sich eine hi-
> storische Situation aus der deutschen Ge-
> schichte angeben, deren politische Interpreta-
> tion dem Modell eines Mythos folgte? Welche
> Funktion hätte die Anwendung dieses Mo-
> dells für die politische Interpretation dieser
> historischen Situation? Welches Verhältnis
> von Mythos und Ideologie zeichnete sich da-
> bei ab?[1]

Materialiter geht es in diesem Buch um die semantischen Strukturen und gesellschaftlichen Funktionen der Mythisierung des Reichskanzlers Otto von
Bismarck in der biographischen Literatur des Kaiserreichs zwischen 1860
und dem Beginn des Ersten Weltkriegs; *theoretisch* um eine struktur-funktio-
nale Reformulierung des Mythosbegriffs aus diskurstheoretischer Perspektive mit dem Ziel, einen in literaturwissenschaftlichen Analysen operationali-
sierbaren Terminus definitorisch zu präzisieren. Den Ausgangspunkt bildet
ein Theorem der strukturalen Mythenanalyse von Claude Lévi-Strauss,
nämlich, daß es mythische Vermittlungsstrukturen zwischen Extremen sind,
die die in einer kulturellen Formation bedeutenden Antagonismen narrativ
zum Ausgleich bringen. Die aus den Widersprüchen resultierenden ‚Skanda-
le‘ kann es dabei „offensichtlich nur *innerhalb* eines Systems von Begriffen
geben, das sich auf die Differenz" der „widersprüchlichen Attribute zweier
einander ausschließender Ordnungen" verläßt. In den Mittelpunkt des
Interesses rücken damit gerade diejenigen Orte narrativer bzw. diskursiver
textueller Organisation, „wo diese Differenz, die bislang als selbstverständlich hingenommen wurde, ausgelöscht oder in Frage gestellt ist"[2] und die
Antagonismen versöhnt werden: die Mythen. Sie erzählen, „wie die Menschen sich vorstellen müssen, daß die Dinge sich abgespielt haben, um Widersprüche überwinden zu können".[3]
Solche kulturellen Vermittlungsleistungen können vielfältigen Bereichen
der gesellschaftlichen Praxis zugeordnet sein. Abweichend vom ethnologischen Material, das Lévi-Strauss untersucht hat, scheinen es bei neueren
Mythen vor allem Figuren der Geschichte zu sein, die für die Vermittlung
herangezogen werden: Arbeitsteilige gesellschaftliche Praxisbereiche und
die daraus resultierenden diskursiven Dichotomien werden via Mythisierung einer historischen Figur miteinander vermittelt. So sieht Heinrich von

---

[1] Gerburg Treusch-Dieter: Sieben Fragen zum Begriff ‚Mythos‘. In: Ästhetik und Kommunikation, 15. Jg. (1984), H. 56, S. 99f., hier: 100.

[2] Jacques Derrida: Die Schrift und die Differenz. Frankfurt/M. 1976, S. 429.

[3] Claude Lévi-Strauss/Didier Eribon: Das Nahe und das Ferne. Eine Autobiographie in Gesprächen. Frankfurt/M. 1989, S. 156.

Treitschke die Größe historischer Helden generell „in der Verbindung von Seelenkräften, die nach der Meinung des platten Verstandes einander ausschließen"[4], begründet, was Friedrich Meinecke dann für Bismarck konkretisiert, den er als „die großartigste und erfolgreichste Synthese der alten Staatsräson der Kabinette und der neuen populären Gewalten"[5] versteht. Auf Bismarck selbst schließlich wird, wenn es um solche Integrationskonzepte geht, in vielen Biographien das Faust-Zitat „Zwei Seelen wohnen, ach! in meiner Brust" angewendet, was ihn als prädestinierten Trickster erscheinen läßt.

Die Wirkungsmächtigkeit solcher mythischer Strukturen kann dadurch verstärkt und ausgedehnt werden, daß verschiedene Antagonismen durch mehrfache Überdetermination in einem Vermittlungsschritt gelöst werden (wenn auch nur diskursiv). Das ist etwa dann der Fall, wenn sich an die formale Vermittlungsstruktur des Mythos wichtige *Ideologeme* anschließen lassen, die historischen Figuren als Charaktereigenschaften zugesprochen werden. Der auf diese Weise generierte ‚Charakter' Bismarcks enthält dann Seme, die sich, da sie auf der Grundlage von Antagonismen entstanden sind, auch an konkurrierende Diskurspositionen der wilhelminischen Gesellschaft anschließen lassen. Die Mythisierungen Bismarcks stehen daher vor allem an den zentralen Nahtstellen solcher Konflikte wie ‚Revolution von oben' vs. ‚Revolution von unten', ‚Deutschtum' vs. ‚Preußentum', ‚Staat' vs. ‚Zivilgesellschaft', ‚Familie' vs. ‚Öffentlichkeit', ‚Idealismus' vs. ‚Realismus'. Stellt sich das Verfahren der Mythisierung in dieser Hinsicht als eines der Sem-Totalisierung dar, so legt es im Falle Bismarcks zudem eine spezifisch deutsche Position innerhalb des Ensembles der Vorstellungen von den europäischen Nationalstereotypen fest:

Und das rührt zumeist daher, daß unser Volkscharakter ein Gemisch von einander scheinbar widersprechenden Eigenschaften ist. Nicht in allen Persönlichkeiten zeigen sie sich natürlich alle und alle gleich stark, aber um so wärmer empfinden wir für den, der sie in wunderbarer Weise, wie sie nur aller paar Jahrhunderte einmal vorkommt, in sich vereinigt, und das thut Fürst Bismarck.[6]

In Kap. 2 wird zunächst ein *theoretisches Analyseinstrumentarium* entwickelt und versucht, den Mythos-Begriff in Weiterführung von Lévi-Strauss als literaturwissenschaftlich operationalen Terminus neu zu bestimmen. Ausgegangen wird dabei von diskurstheoretischen Überlegungen zur elementaren Literatur und ihren diskursiven Organisationsformen. Darunter werden im Anschluß an Jürgen Link literarische Verfahren verstanden, die nicht auf die institutionalisierte Literatur beschränkt sind, sondern als diskursintegrierende (interdiskursive) Elemente in beliebigen (und häufig alltäglichen und

---

[4] Heinrich v. Treitschke, zit. n. Paul Liman: Fürst Bismarck nach seiner Entlassung. Leipzig 1901, S. 6.

[5] Friedrich Meinecke: Die Idee der Staatsräson in der neueren Geschichte. München/Berlin 1924, S. 518.

[6] Otto Kaemmel: Festrede. In: Reden und Vorträge gehalten bei der Vorfeier des 77. Geburtstages Sr. Durchlaucht des Fürsten v. Bismarck am 31. März 1892. Dresden 1892, S. 18.

operativen) Diskursarten begegnen.[7] Im dritten, die *Materialien* präsentierenden Teil werden die Vermittlungsleistungen der Bismarck-Mythisierung für den Zeitraum von 1860 bis 1918 systematisch nach solchen elementar-literarischen Kategorien an konkreten Texten belegt und erläutert, d.h. einzelne Symbole, Sentenzen, Metaphern, literarische Applikationen usw. werden quer durch das gesamte Korpus untersuchter Texte in ihrer Funktionalität für die Mythisierung der Figur ,Bismarck' verfolgt. Der Untersuchungszeitraum kann dabei als synchroner Schnitt aufgefaßt werden. Denn konstituiert sich der Bismarck-Mythos in den späten 60er Jahren als Folge der auch diskursiv bedeutenden Kriege von 1862 (Dänemark) und 1866 (Österreich), so ist er bereits unmittelbar nach der Reichsgründung in allen relevanten Aspekten voll ausgebildet, um sich bis zum Ende des Ersten Weltkriegs nahezu identisch zu reproduzieren. Erst in der Weimarer Republik zeichnet sich dann seine ,Dekonstruktion' ab, deren Evolutionstendenz auf den Nationalsozialismus vorausweist.[8] Das vierte Kap. präsentiert *exemplarische Fallstudien*, die die Relevanz der erarbeiteten Aspekte in zusammenhängenden Analysen aufweisen. Der auch empirischen Dimension des hier versuchten theoretischen Zugriffs trägt ein *Belegstellenarchiv* Rechnung, das dem Band aus Platzgründen in Mikroficheform beigegeben ist. Ebenfalls weitgehend ausgespart mußten diejenigen Aspekte bleiben, die bereits an anderer Stelle veröffentlicht sind und auf die hier nur hingewiesen werden kann.[9]

Vorworte sind zugleich die institutionalisierten Orte, Dank abzustatten: Wulf Wülfing für kontinuierliche Diskussionsbereitschaft und langjährige intensive gemeinsame Arbeit in dem DFG-Projekt „Historische Mythologie", aus dessen Zusammenhang diese Arbeit nicht zuletzt hervorgegangen ist; der Universitätsbibliothek Heidelberg für die Möglichkeit, die Bismarck-Bibliothek sowie den Nachlaß des Badischen Staatsministers Arthur von Brauer einsehen zu können; der Stadtbibliothek München für die Erlaubnis zur Benutzung der Briefe Friedrich Seeßelbergs an Michael Georg Conrad; der Deutschen Forschungsgemeinschaft für die Bewilligung des Druckkostenzuschusses. Den Dank des Schülers für viele theoretische Anstöße und die Betreuung dieser Arbeit schulde ich Jürgen Link.

---

7   Vgl. Jürgen Link: Elementare Literatur und generative Diskursanalyse. München 1983.
8   Vgl. 40 Jahre Woche. Von Bismarck zu Hitler. In: Die Woche, 41. Jg. (15.3.1939), H. 11, Titelblatt u. S. 3.
9   Rolf Parr: Bismarck-Mythen – Bismarck-Analogien. In: kultuRRevolution, Nr. 24 (1991), S. 12-16; ders.: ,Mythisches Denken', ,Struktur des Mythos', ,Struktur der Mythen'. Zur Mythenanalyse von Claude Lévi-Strauss. In: Walter A. Koch (Hg.): Natürlichkeit der Sprache und der Kultur. Acta Colloquii. Bochum 1990, S. 215-231; Wulf Wülfing/Karin Bruns/Rolf Parr: Historische Mythologie der Deutschen 1798-1918. München 1991.

2. Theoretischer Zugriff

2.1 Mythenbegriffe und Mythentheorien

Das Sprachzeichen ‚Mythos' präsentiert sich mit extremer Vieldeutigkeit. So viele wissenschaftliche Teildisziplinen wie Anthropologie, Ethnologie, Philosophie, Psychologie, Semiotik, Geschichts-, Religions- und Literaturwissenschaft sich des Begriffs bedient haben, so viele verschiedene ‚Mythos'-Begriffe mit Referenz auf noch mehr Gegenstände lassen sich ausmachen.[1] Anscheinend gibt es „nichts, was heute nicht ‚Mythos' genannt werden könnte. ‚Mythos' ist zu einer Bezeichnung schlechthin für alles und jedes geworden"[2].

Diese Vieldeutigkeit führt zugleich zur völligen Entleerung der Inhaltsseite des Ausdrucks, so daß sich der Benutzer die Frage gefallen lassen muß, ob es überhaupt „eine wohlabgegrenzte menschliche Realität" gibt, die ihm entspricht.

Manche neigen ganz einfach zu der Antwort: Es gibt gar keinen Mythos. Mythos ist ein Begriff, den die Anthropologen [...] der intellektuellen Tradition des Abendlandes entlehnt haben; er hat keine universelle Reichweite, seine Bedeutung ist nicht einheitlich, er entspricht keiner bestimmten Realität. Genaugenommen bezeichnet das Wort Mythos gar nichts.[3]

Aus solchen Erfahrungen resultieren Versuche, dieses ausufernden Signifikanten Herr zu werden: durch Abhandlungen zur Geschichte des Begriffs[4],

---

1   Vgl. Robert Weimann (Literaturgeschichte und Mythologie. Methodologische und historische Studien. Frankfurt/M. 1977), der feststellt, daß „das Wortzeichen Mythos heute ganz unvereinbaren Bedeutungen zugeordnet wird", wodurch es zugleich unmöglich geworden sei, ‚richtige' von ‚falschen' Mythenbegriffen zu trennen (S. 308); vgl. auch Gerhard Plumpe: Das Interesse am Mythos. Zur gegenwärtigen Konjunktur eines Begriffs. In: Archiv für Begriffsgeschichte, Bd. XX (1976), S. 236-253. – Auch Claude Lévi-Strauss (Das Ende des Totemismus. Frankfurt/ M. 1965) problematisiert Mythos als „eine Kategorie unseres Denkens, die wir willkürlich verwenden, um unter dem nämlichen Wort Versuche der Erklärung von Naturerscheinungen, von Werken mündlicher literarischer Überlieferung, von philosophischen Spekulationen und von linguistischen Prozessen im Bewußtsein des Subjekts zusammenzufassen" (S. 19).

2   Gerburg Treusch-Dieter: Sieben Fragen zum Begriff ‚Mythos'. In: Ästhetik und Kommunikation, 15. Jg. (1984), H. 56, S. 99f., hier: 99. – Vgl. auch Harry Nutt: Der Mythos vom Mythos vom ... Neue Bücher zu einem ambivalenten Begriff. In: die tageszeitung (18.4.1985), S. 10, sowie Claude Lévi-Strauss/Didier Eribon: Das Nahe und das Ferne. Eine Autobiographie in Gesprächen. Frankfurt/M. 1989, S. 201.

3   Jean-Pierre Vernant: Der reflektierte Mythos. In: Mythos ohne Illusion. Mit Beiträgen v. J.-P. Vernant u.a. Frankfurt/M. 1984, S. 7-11, hier: 7f.

4   Vgl. zum Überblick: Axel Horstmann: Der Mythosbegriff vom frühen Christentum bis zur Gegenwart. In: Archiv für Begriffsgeschichte, Bd. XXIII (1979), H. 1, S. 7-54; H. 2, S. 197-245; Kurt Hübner: Die Wahrheit des Mythos. München 1985, bes. S. 48-90. – Gerhart v. Graevenitz (Mythos. Zur Geschichte einer Denkgewohnheit. Stuttgart 1987) faßt ‚Mythos' als das Pro-

die schnell zu Geschichten einer ganzen Reihe von sich überlagernden Begriffen werden; durch Versuche, seine verschiedenen Aspekte zu vereinigen, oder, wenn auch das als unmöglich erkannt wird, durch das gegenteilige Verfahren, nämlich einen Minimalkonsens als semantische Schnittmenge zu definieren.[5] Solche Versuche, die Geschichte der Mythosbegriffe „durch eine konsensfähige Definition stillzulegen"[6], müssen aber aufgrund der konstatierten synchronen Varietät bzw. des diachronen Wandels sowohl in philosophisch-systematischer als auch philologisch-historischer Absicht scheitern[7]: Die ‚Vereinigungsmenge' der Begriffsmerkmale stellt sich als kaum noch zu überschauendes Konglomerat, die ‚Schnittmenge' als leer heraus. So bleibt nur, den Begriff für je spezifische Verwendungsweisen genau zu definieren, was – mit Blick auf die Gesamtheit seiner Varianten – immer eine weitgehende Eingrenzung bedeutet, so daß der Rekurs auf andere Verwendungsweisen dann allein dem Nachweis dienen kann, das Wort ‚Mythos' nicht völlig unmotiviert, als arbiträres Zeichen zu benutzen.

Dennoch läßt sich ein doppelter ‚roter Faden' finden, der es erlaubt, im folgenden zumindest grobe Klassen von Mythos-Begriffen zu umreißen: Einmal scheint ihre Vieldeutigkeit doch immerhin eine zu sein, die sich stets in Opposition zu etwas anderem realisiert. Als solcher Gegenbegriff ist Mythos – wie Bohrer feststellt – in seinen vielfältigen Verwendungen beinahe immer durch eine „virulente Offenheit [...] für kulturkritische Operationen"[8] im weitesten Sinne gekennzeichnet, die sich mal als „Rückkehr zum Mythos", mal als „Neue Mythologie" oder in solchen Begriffspaaren wie ‚mythisches vs. wissenschaftliches Denken', ‚mythische vs. historische Zeit', ‚Mythos vs. Aufklärung', ‚Ideologiekritik vs. neue Mythologie' artikuliert, in Oppositionspaaren, denen für die Mythosseite die Absetzbewegung von einem Status ‚hic et nunc' gemeinsam ist. Verschiedene Mythos-Begriffe ließen sich demnach zumindest in Verbindung mit ihren jeweiligen Oppositionsbegriffen zu Klassen zusammenfassen. Zum anderen ist unter dem hier interessierenden literaturwissenschaftlichen Aspekt jeweils nach der Möglichkeit zu fragen, ob sich die solchermaßen konstituierten Klassen von Mythosbegriffen in ein operationales Instrumentarium für die Textanalyse überführen lassen und inwieweit es literarische Elemente und Verfahren sind, die bei der Konstitution von Mythen eine Rolle spielen.

Nach diesen beiden Kriterien lassen sich – neben der etymologisch motivierten Verwendungsweise für kultische Helden- und Göttererzählungen und

---

dukt eines Ensembles europäischer Wahrnehmungs- und Denktraditionen auf, die die Realität des Gegenstandes allererst konstituieren, so daß an die Stelle der Ideen- und Begriffsgeschichte eine Gattungs- und Kulturgeschichte unserer Mythosauffassungen treten müßte (S. VII-X).

[5] So z.B. Elzbieta Kowalska: Zur Definition des Mythos. In: Acta Universitatis Lodziensis, Ser. 1, Nr. 59 (1979), S. 133-143, hier: 133.

[6] Hans Ulrich Gumbrecht: Mythen des XIX. Jahrhunderts aus der Perspektive des späten XX. Jahrhunderts oder: La mythologie – c'est toujours la pensée des autres. In: lendemains. Zs. für Frankreichforschung und Französischstudium, 8. Jg. (1983), H. 30, S. 4-9, hier: 4.

[7] Plumpe (s. Anm. 1, S. 236) sieht den Begriff als „schlechterdings undefinierbar" an.

[8] Karl Heinz Bohrer (Hg.): Mythos und Moderne. Begriff und Bild einer Rekonstruktion. Frankfurt/M. 1983, S. 8.

derjenigen zur Bezeichnung einer bestimmten, weit zurückliegenden Entwicklungsstufe der Menschheit – zumindest drei Klassen von Mythos-Begriffen unterscheiden:

Ein *erkenntnistheoretisch* motivierter Begriff setzt ‚Mythos' (meist im Singular) in Gegensatz zu ‚Logos', um eine spezifische Form der Erkenntnis, das ‚mythische Denken', zu bezeichnen und sein ‚Wesen'[9] in Differenz zum wissenschaftlichen Denken zu bestimmen.[10] Dieser philosophisch-systematische Mythosbegriff[11] ist zugleich oft verbunden mit derVorstellung eines den europäischen Traditionen in geographischer und/oder ethnologischer Hinsicht fremden und zeitlich nicht mehr zugänglichen Denkens, das aber gerade deshalb große Faszination ausübt. Die philosophische Gegenüberstellung von Mythos und Logos sieht beide als je eigene Formen des Zugriffs auf ‚Wirklichkeit' an, die – allein betrachtet – jeweils defizitär sind und sich in einer meist unausgesprochen geforderten Totalität ergänzen. Aus der Perspektive der Analyse historischer Diskursformationen – im Anschluß an Michel Foucault verstanden als das historisch je verschiedene Ergebnis des Prozesses der Ausdifferenzierung und Reintegration spezialisierter Wissensbestände – bliebe allerdings zu fragen, ob sich in diese binäre Vorstellung nicht bereits selbst eine genuin mythische Logik eingeschrieben hat, so daß sich dieser erkenntnistheoretische Mythosbegriff nicht ohne weiteres in ein Instrumentarium für die Analyse konkreter Texte überführen läßt.[12]

Ein *kritischer* Begriff stellt ‚Mythos' in Opposition zu ‚Realität' oder ‚Wirklichkeit' (unter Anklängen an die kritische Theorie und sowohl den konkurrierenden Ideologie- als auch den Utopiebegriff) mit dem Ziel, den Mythos als ‚Lüge' zu entlarven und von einer – allerdings nur präsupponierten – Ebene der Wirklichkeit zu trennen.[13] Enger als etwa bei Habermas der Begriff der ‚erkenntnisleitenden Interessen'[14] kann sich diese Mythosvorstellung bereits auf konkrete Textkomplexe und die damit verbundenen Sinn-Effekte beziehen. In diesem kritischen Sinne geht etwa die Definition des Mythos als ein metasprachliches, sekundäres semiologisches System, wie sie Roland Barthes entwickelt hat, über den erkenntnistheoretischen Mythosbegriff hinaus[15], indem er deutlich macht, „daß der Mythos nur als Effekt se-

---

9   Vgl. Hübner (s. Anm. 4), S. 15.
10   Vgl. ebd. sowie Bohrer (s. Anm. 8).
11   Vgl. Hans Blumenberg (Wirklichkeitsbegriff und Wirkungspotential des Mythos. In: Manfred Fuhrmann [Hg.]: Terror und Spiel. Probleme der Mythenrezeption. München 1971, S. 11-66, hier: 65): „Das Schema der Ablösung des Mythos durch den Logos entstammt weitgehend der Selbstauffassung der Philosophie von ihrer eigenen Geschichte und Leistung."
12   Bereits André Jolles (Einfache Formen. Halle/S. 1930, S. 100) unterscheidet daher „Mythe" als Denkform von „Mythus" als textueller Manifestation.
13   Vgl. Jürgen Habermas: Die Verschlingung von Mythos und Aufklärung. Bemerkungen zur *Dialektik der Aufklärung* – nach einer erneuten Lektüre. In: Bohrer (s. Anm. 8), S. 405-431.
14   Jürgen Habermas: Erkenntnis und Interesse. In: Ders.: Technik und Wissenschaft als ‚Ideologie'. Frankfurt/M. 1968, S. 146-168, hier: 155.
15   Roland Barthes: Mythen des Alltags. Frankfurt/M. 1964, S. 88ff.

mantischer Verfahren innerhalb von Diskursen, nicht aber als selbständiger Diskurs betrachtet werden kann"[16]:

Man sieht, daß im Mythos zwei semiologische Systeme enthalten sind, von denen eines im Verhältnis zum andern verschoben ist: ein linguistisches System, die Sprache (oder die ihr gleichgestellten Darstellungsweisen), die ich *Objektsprache* nenne – weil sie die Sprache ist, deren sich der Mythos bedient, um sein eigenes System zu errichten – und der Mythos selbst, den ich *Metasprache* nenne, weil er eine zweite Sprache darstellt, *in der* man von der ersten spricht.[17]

Schematisch stellt Barthes solche mythischen Strukturen „als Vereinigungen zweier komplexer, aber geschlossener Signifikanten mit ein und demselben komplexen Signifikat"[18] dar:

1. Bedeutendes	2. Bedeutetes	
3. Zeichen I. BEDEUTENDES		II. BEDEUTETES
III. ZEICHEN		

Mythos als sekundäres semiologisches System[19]

Barthes' Mythosbegriff setzt damit jedoch „die Unterscheidung von Objekt- und Metasprache voraus, die in dieser generellen Form aus diskurstheoretischer Sicht zu problematisieren ist"[20], da sie nicht nur die Austauschbarkeit von Mythos- und Ideologiebegriff nahelegt, sondern mit der Annahme eines primären semiologischen Systems zugleich die Existenz einer mythenfreien Wirklichkeit als eines außerdiskursiven Bereichs impliziert, auf den mythische Strukturen referieren. Die Vorstellung, der Mythos „deformiere"[21] den ursprünglich historischen Sinn und verwandle so „Geschichte" in „Natur"[22], eröffnet theoretisch gleichzeitig den Übergang zu ideologiekritischen und

---

[16] Jutta Kolkenbrock-Netz: Wissenschaft als nationaler Mythos. Anmerkungen zur Haeckel-Virchow-Kontroverse auf der 50. Jahresversammlung der deutschen Naturforscher und Ärzte in München (1877). In: Jürgen Link/Wulf Wülfing (Hg.): Nationale Mythen und Symbole in der zweiten Hälfte des 19. Jahrhunderts. Strukturen und Funktionen von Konzepten nationaler Identität. Stuttgart 1991, S. 212-236, hier: S. 217, Anm. 22.

[17] Barthes: Mythen (s. Anm. 15), S. 93.

[18] Jürgen Link: Die Struktur des Symbols in der Sprache des Journalismus. Zum Verhältnis literarischer und pragmatischer Symbole. München 1978, S. 15.

[19] Vgl. Barthes: Mythen (s. Anm. 15), S. 93.

[20] Kolkenbrock-Netz: Wissenschaft (s. Anm. 16), S. 217, Anm. 22. – Vgl. auch Alex Demirović: Ideologie, Diskurs und Hegemonie. In: Zs. für Semiotik, Bd. 10 (1988), H. 1/2, S. 63-74, bes. S. 65f.

[21] Barthes: Mythen (s. Anm. 15), S. 103: „Die Beziehung, die den Begriff des Mythos mit seinem Sinn verbindet, ist eine Beziehung der *Deformierung*"; vgl. auch ebd., S. 112.

[22] Ebd., S. 113, vgl. auch S. 130: „Die Semiologie hat uns gelehrt, daß der Mythos beauftragt ist, historische Intention als Natur zu gründen, Zufall als Ewigkeit. Dieses Vorgehen ist genau das der bürgerlichen Ideologie."

psychoanalytischen Denkmodellen.[23] Darüber hinaus läßt sich das Schema – in für die Frage nach mythischen Strukturen auf dieser Ebene noch unspezifischer Weise – als generelles Modell der Zuordnung von Denotaten und Konnotaten interpretieren[24], was auf „das Fehlen eines operationalen Instrumentariums"[25] für die semantische Analyse verweist, an dessen Stelle oft selbst wieder Metaphern und Symbole treten, was dann zu dem „Eindruck einer ‚geheimnisvollen, gefährlichen und anonymen Macht der Ideologie'" führt, die „sich bei der Lektüre seiner Analysen immer wieder einstellt"[26]. Gegenpart eines solchen ideologischen Machtzentrums ist dann der Mythologe in der „Rolle des einsamen Ideologiekritikers"[27].

Barthes' Mythosbegriff stellt sich somit als eine Form von Ideologiekritik im Gewand strukturalistischer Linguistik, genauer Semiotik, dar, die allerdings im Gegensatz zu manch anderen Theorien, die das Etikett ‚kritisch' für sich in Anspruch nehmen, durch unmittelbare Evidenz der Analyse besticht und deren Verfahren zudem auf geeignetes Material übertragbar sind.

Ein im engeren Sinne *textanalytischer* und je nach Konzept mehr oder weniger stark *literaturwissenschaftlich terminologisierter* Mythosbegriff dient zur Bezeichnung eines Ensembles von narrativen und diskursiven textuellen Strukturen, die – kollektiv übermittelt – spezifische Sinn-Effekte hervorbringen und damit gesellschaftlich relevante Funktionen ausüben.[28] In diesem Sinne ist ‚Mythos' ein analytischer Fachterminus der Metasprache (nicht selbst eine Metasprache wie bei Roland Barthes), der in Opposition zu denjenigen Varianten des Begriffs steht, die sich nicht direkt auf Texte beziehen lassen, und der zudem von anderen Termini dieser Metasprache abzugrenzen ist. Hans Ulrich Gumbrecht weist darauf hin, daß es zwar einen Minimalkonsens gebe, wonach Mythos in dieser Hinsicht in jedem Falle etwas mit Narration zu tun habe, daß es bisher aber nicht gelungen sei aufzuzeigen, worin das Spezifische dieser Narration liege.[29]

---

23 „Denn geradezu im Einklang mit dem ideologiekritischen Unterfangen der Frankfurter Schule geht es auch in Barthes' Mythen-Begriff um eine Kritik an ideologisch verschlüsselter Rückverwandlung von Geschichte in Natur, die die Geschichtlichkeit des gesellschaftlichen Seins als Pseudonatur ausgibt" (Robert Heim: Frankreichs Mythen-Forscher. In: Neue Zürcher Zeitung. Fernausgabe, Nr. 41 [20.2.1981], S. 37). – Vgl. auch: Roland Barthes: Das semiologische Abenteuer. Frankfurt/M. 1988, S. 9, wo er programmatisch feststellt, „daß jede Ideologiekritik […] nur semiologisch sein kann und sein muß".

24 Vgl. Jochen Schulte-Sasse/Renate Werner: Einführung in die Literaturwissenschaft. München 1977, S. 98f.

25 Link: Struktur des Symbols (s. Anm. 18), S. 15.

26 Ebd., S. 137.

27 Horstmann (s. Anm. 4), S. 227.

28 Vgl. Jolles (s. Anm. 12), S. 91-125 („Mythe"); Fuhrmann (s. Anm. 11); Helmut Koopmann (Hg.): Mythos und Mythologie in der Literatur des 19. Jahrhunderts. Frankfurt/M. 1979; Wulf Wülfing/Karin Bruns/Rolf Parr: Historische Mythologie der Deutschen 1798-1918. München 1991. – Hans Ulrich Gumbrecht weist im Vorwort eines Mythos-Sammelbandes (s. Anm. 6, S. 5) darauf hin, daß keiner der Autoren „von einem über *textuelle (Tiefen-) Strukturen* gewonnenen Mythenbegriff" ausgeht. Alle Autoren „grenzen mit den Termini *Mythos* und *Mythologie* kollektive Sinnkonfigurationen im Blick auf ihre *Funktionen* von anderen ab".

29 Hans Ulrich Gumbrecht: Artikel ‚Entmythisierung'. In: Enzyklopädie des Märchens. Handwörterbuch zur historischen und vergleichenden Erzählforschung. Bd. 4. Hg. v. Kurt Ranke.

Hier geht es also nicht mehr darum, das ‚Wesen' des Mythos oder – auf einer Metaebene – das des Mythosbegriffs ontologisch bestimmen zu wollen, sondern vielmehr darum, in operationaler Hinsicht auf der Grundlage empirischer Beobachtungen terminologische Festsetzungen über seine Verwendung zu treffen und diese in konkreten Analysen zu erproben. Die philosophische Frage nach dem ‚Wesen des Mythos' verschiebt sich damit zu der nach exakt beschreibbaren semantischen Strukturen, die sinnvoll als mythische definiert und in ihrem Zusammenspiel in bezug auf einen Aktanten (indem sie mythische Helden und typische Handlungen einander narrativ zuordnen) als *Mythos* einer historischen Figur bezeichnet werden können. Das bedeutet zuerst einmal eine definitorische Einschränkung, und zwar in zwei Richtungen: einmal nach ‚unten' in Hinblick auf die ‚kleineren' Literarizität konstituierenden Verfahren und Elemente (hier ist an manche der ‚einfachen Formen' von André Jolles, den ‚Parallelismus' bei Roman Jakobson und die ‚elementare Literatur', z.B. die Kollektivsymbolik, bei Jürgen Link zu denken); zum anderen nach ‚oben', wo der Übergang von mythischen Strukturen zu komplexen mythischen Narrationen, synchronen Mythensystemen und anderen Formen der Konfiguration von Mythen von Interesse sein wird (Kap. 2.5). Zwischen den verschiedenen literarischen Elementen, die diese beiden Fragerichtungen jeweils in den Blick bringen, wären entsprechende Transformationsmodelle zu entwickeln. Wenn Link als ‚obere' Grenze des Symbolbegriffs[30] diejenige zwischen Symbol und symbolischer Narration ansieht, so ist hier der Übergang von Symbolen und symbolischen Narrationen zu Bestandteilen und Strukturmerkmalen von Mythen und mythischen Narrationen aufzuzeigen.

Bereits an dieser Stelle wird ein genereller theoretischer Konflikt literaturwissenschaftlicher Forschung deutlich: Einerseits haben diskurstheoretische Analysen in der Nachfolge Michel Foucaults die Einheit des Textes zugunsten von Serien fluktuierender Diskursparzellen aufgelöst, die nicht an einzelne Texte, sondern an ein diskursives Feld gebunden sind, so daß unter dieser Perspektive diskursive Mechanismen zu beschreiben wären, die quer durch ganze Bündel von Texten gehen.[31] Andererseits liegt das ‚Rohmaterial' für solche Analysen doch wiederum in textuell und narrativ strukturierter Form vor, so daß die Frage nach Transformationsmodellen zwischen den Ebenen narrativer und diskursiver Organisation von Texten auftritt, d.h. nach präzisen theoretischen und dann an den Materialien belegbaren Beschreibungen, wie man von den kleineren diskurskonstitutiven Einheiten –

Berlin 1984, Sp. 21-38, hier: Sp. 36. G. verweist auf den Artikel „Mythique" bei Algirdas Julien Greimas/Joseph Courtés (Sémiotique – dictionnaire raisonné de la théorie du langage. Paris 1979, S. 240f.), „wo festgestellt wird, daß die (text-) linguistischen Untersuchungen zum Mythos nicht zur Rekonstruktion einer textklassenspezifischen semantischen Struktur geführt haben" (Sp. 37).

[30] Axel Drews/Ute Gerhard/Jürgen Link: Moderne Kollektivsymbolik. Eine diskurstheoretisch orientierte Einführung mit Auswahlbibliographie. In: Internationales Archiv für Sozialgeschichte der deutschen Literatur, 1. Sonderh. Forschungsreferate (1983), S. 256-375, hier: 264f.

[31] Vgl. Jürgen Link: Elementare Literatur und generative Diskursanalyse. München 1983, bes. S. 9-24.

den Metaphern, elementar-literarischen Anschauungsformen, Kollektivsymbolen usw. – zu den größeren für die Narrationsebene konstitutiven Einheiten gelangen kann[32], und ob sich bestimmte Formen solcher Narrationen in spezifischem Sinne als ,mythische Narrationen' kennzeichnen lassen. Für einen Mythosbegriff, der sich auf eine historische Figur als mythischen Aktanten und deren Handlungen im narrativen Syntagma bezieht, spitzt sich das Problem noch zu, da die Existenz eines solchen Aktanten per se die Analyse narrativer Strukturen einzufordern scheint, deren Situierung in einem sozialhistorischen Umfeld sich aber wiederum auf diskursive Mechanismen beziehen müßte.

In einem eingeschränkteren Sinne struktural-narrative Überlegungen zum Mythos müssen also durch neo- oder poststruktural-diskurstheoretische Elemente erweitert werden, der Mythosbegriff selbst muß – ähnlich wie der Symbolbegriff[33] – struktur-funktional und zugleich diskurstheoretisch reformuliert werden. ,Mythos' ist dabei ein durchaus motiviertes Zeichen, denn das hier zu entfaltende Analyseinstrumentarium läßt sich an bereits elaborierte Theorien anschließen; einzelne Elemente solcher Theorien werden teils aufgegriffen, teils in veränderter Form weiterentwickelt.

2.2 Strukturale Mythentheorie: Claude Lévi-Strauss

Einen solchen Anknüpfungspunkt bildet die strukturale Mythenanalyse von Claude Lévi-Strauss und ihr Grundtheorem, daß sich Mythen als Strukturen der narrativen Vermittlung zwischen kulturell bedeutsamen Antagonismen darstellen lassen. Von ,Mythos' ist dabei auf drei verschiedenen Ebenen die Rede:

a) Mythos als *mythisches Denken*, „dessen weitgehend unbewußte Tätigkeit der spontanen Funktionsweise des menschlichen Geistes inhärent ist"[34] und das

b) die *Struktur des Mythos* erzeugt (den „Mythismus"[35]), die zugleich die tiefenstrukturellen Regeln abgibt für die *Struktur der Mythen*, die ihrerseits als Ensemble von Oberflächentransformationen angesehen werden können, wie sie empirisch in den

c) Manifestationen in Erzählform, *den Mythen*, greifbar werden, die für einige, sogenannte ,schriftlose' Gesellschaften gesammelt worden sind.

Dieses Drei-Ebenen-Modell wiederum wird in den Analysen von Lévi-Strauss unter zwei verschiedenen theoretischen Fragestellungen in jeweils entgegengesetzter Richtung durchlaufen:

---

[32] Ausführlich wird diese Problemstellung entfaltet bei Jutta Kolkenbrock-Netz: Diskursanalyse und Narrativik. Voraussetzungen und Konsequenzen einer interdisziplinären Fragestellung. In: Jürgen Fohrmann/Harro Müller (Hg.): Diskurstheorien und Literaturwissenschaft. Frankfurt/M. 1988, S. 261-283.

[33] Vgl. Drews/Gerhard/Link (s. Anm. 30).

[34] Pierre Smith: Stellungen des Mythos. In: Mythos ohne Illusion (s. Anm. 3), S. 47-67, hier: 50.

[35] Claude Lévi-Strauss: Mythologica. Bd. IV/2. Der nackte Mensch. Frankfurt/M. 1979, S. 734.

a) Einmal geht es um die Entwicklung eines Modells des ‚mythischen Denkens‘, das eher erkenntnistheoretischen Aspekten verpflichtet ist. Die Beziehung der ersten zur zweiten Ebene läßt sich in diesem Zusammenhang, wie Axel Honneth deutlich macht, als Verbindung eines „universalistischen Begriffs des menschlichen Geistes" mit der aus der strukturalen Linguistik übernommenen Vorstellung eines Systems von Zeichen, die „ihre Bedeutung allein aus wechselseitigen Differenzbeziehungen erhalten", ansehen, mit der „Konsequenz, daß die unbewußten Denkoperationen des Menschen darin bestehen, beliebigen Elementen einer gegebenen Ordnung" ‚Struktur‘ aufzuprägen.[36] Die mythischen Erzählungen selbst erscheinen somit als diachrone Umschrift einer vom Unbewußten bestimmten synchronen Struktur, was das Interesse bei Lévi-Strauss zuerst einmal auf die mittlere Ebene lenkt, um von daher Aussagen über die *Struktur des Mythos* (Singular!) treffen zu können.

b) Für die Analyse der mythischen Narrationen selbst und die Entwicklung eines entsprechenden begrifflichen Instrumentariums wird diese Blickrichtung umgekehrt und – ausgehend von den Texten – die *Struktur der Mythen* (Plural!) herausgearbeitet.

Für beide Denkrichtungen übernimmt Lévi-Strauss aus der strukturalen Linguistik das Modell der Bildung von Oppositionspaaren. Das mythische Denken gehe aus „von der Bewußtmachung bestimmter Gegensätze" und führe hin „zu ihrer allmählichen Ausgleichung"[37]. Sowohl für die ‚Struktur des Mythos‘ (das mythische Denken) als auch die ‚Struktur der Mythen‘ (der narrativen Manifestationen) ist ihm die Vermittlung und Versöhnung zwischen Antagonismen typisch.[38] Der Mythos ist

die Versöhnung des in der Vernunft und in der Kultur Unversöhnlichen in der Erzählung; eine Befriedigung dessen, was sich synchronisch bekämpft, im Diachronischen.[39]

2.2.1 Mythen als sem-dialektische Modelle zur Auflösung von Widersprüchen

In den Bänden der „Mythologica" führt Lévi-Strauss solche Vermittlungsstrukturen an „diätetischen"[40] Gegensätzen wie roh/gekocht, feucht/verbrannt, nackt/bekleidet und ihren „Kompatibilitäts- oder Inkompatibilitäts-

---

[36] Axel Honneth: Ein strukturalistischer Rousseau. Zur Anthropologie von Claude Lévi-Strauss. In: Merkur, 41. Jg. (1987), H. 9/10, S. 819-833, hier: 829.

[37] Claude Lévi-Strauss: Strukturale Anthropologie I. Frankfurt/M. 1967, S. 247.

[38] Vgl. Jürgen Link: Die mythische Konvergenz Goethe-Schiller als diskurskonstitutives Prinzip deutscher Literaturgeschichtsschreibung im 19. Jahrhundert. In: Bernard Cerquiglini/Hans Ulrich Gumbrecht (Hg.): Der Diskurs der Literatur- und Sprachhistorie. Wissenschaftsgeschichte als Innovationsvorgabe. Frankfurt/M. 1983, S. 225-242, hier: 229. – Damit fallen für Lévi-Strauss Regeln der Tiefenstruktur und solche der Oberflächenphänomene zusammen.

[39] Claude Lévi-Strauss: Mythos und Bedeutung. Fünf Radiovorträge. Gespräche mit Claude Lévi-Strauss. Hg. v. Adelbert Reif. Frankfurt/M. 1980, S. 266.

[40] Claude Lévi-Strauss: Mythologica. Bd. II. Vom Honig zur Asche. Frankfurt/M. 1976, S. 35.

beziehungen"[41] für mehr als 800 mythische Narrationen vor. Als abstraktes narratives Grundschema erscheint ihm demnach die „Überführung einer semantisch kontradiktorischen Opposition von ‚Natur' und ‚Kultur' in eine Äquivalenzrelation"[42]. Den Gedanken eines solchen für die menschliche Existenz grundlegenden Bruchs findet er bei Rousseau präfiguriert.[43] Sah die Rousseausche Lösung dieser Dichotomie eine Re-Integration der ‚Kultur' in die ‚Natur' vor[44], so sind es nach Lévi-Strauss gerade die Strukturen des Mythos, die diese Leistung erbringen, indem sie eine Isomorphie-Relation „zwischen zwei Typen von Ordnungen"[45] herstellen; ein Gedanke, den er dann unter Anklang an neurophysiologische Befunde[46] dahingehend weiterführt, daß das ‚mythische Denken in Gegensätzen' zur ontologischen Bedingung der Möglichkeit von Welterkenntnis überhaupt wird: Ebenso wie das ‚Sein der Welt' nur in Serien von Disparitäten und Gegensätzen gegeben sei[47], lasse sich umgekehrt auch jedes mythologische System auf die Sequenz eines Gegensatzes zurückführen.[48]

Das Problem der Genesis des Mythos verschmilzt also mit dem des Denkens selbst, dessen konstitutive Erfahrung nicht die eines Gegensatzes zwischen dem Ich und dem Anderen, sondern des als Gegensatz begriffenen Anderen ist.[49]

Bevor es Lévi-Strauss aber gelingen konnte, sein ethnographisches Material an Mythen auf die Vermittlungsstruktur hin zu untersuchen, mußte er es in zweierlei Hinsicht bearbeiten.

Zum einen wurden die mythischen Erzählungen in kleinere Sequenzen, die ‚Mytheme', zerlegt, die dann quer durch die Texte zu paradigmatischen

---

41 Ders./Eribon (s. Anm. 2), S. 63.
42 Jutta Kolkenbrock-Netz: Poesie des Darwinismus – Verfahren der Mythisierung und Mythentransformation in populärwissenschaftlichen Texten von Wilhelm Bölsche. In: lendemains (s. Anm. 6), S. 28-35, hier: 30. – Vgl. Claude Lévi-Strauss: Mythologica. Bd. III. Der Ursprung der Tischsitten. Frankfurt/M. 1976, S. 196: „Wenn sich die Mythen auf den Standpunkt der Menschheit stellen, ist der Hauptgegensatz der zwischen Kultur und Natur".
43 Vgl. ders.: Jean-Jacques Rousseau, Begründer der Wissenschaften vom Menschen. In: Claude Lévi-Strauss: Strukturale Anthropologie II. Frankfurt/M. 1975, S. 45-56 (dazu auch: Hanns Henning Ritter: Claude Lévi-Strauss als Leser Rousseaus. Exkurse zu einer Quelle ethnologischer Reflexion. In: Wolf Lepenies/H.H.R. [Hg.]: Orte des wilden Denkens. Zur Anthropologie von Claude Lévi-Strauss. Frankfurt/M. 1970, S. 113-159) sowie Jacques Derrida: Grammatologie. Frankfurt/M. 1983, bes. S. 184 im Kap. „Die Gewalt des Buchstabens: von Lévi-Strauss zu Rousseau".
44 Vgl. Hans Blumenberg: Der Prozeß der theoretischen Neugierde. Erw. u. überarb. Neuausg. von „Die Legitimität der Neuzeit", 3. Teil. Frankfurt/M. 1973, S. 230-232 u. 305f.
45 Claude Lévi-Strauss: Mythologica. Bd. I. Das Rohe und das Gekochte. Frankfurt/M. 1971, S. 405.
46 Vgl. ders./Eribon (s. Anm. 2), S. 179.
47 „Von der Welt kann man nicht schlicht und einfach sagen, daß sie ist: sie ist in der Form einer ersten Asymmetrie [...]. Diese dem Realen innewohnende Disparität hält die mythische Spekulation in Bewegung" (Lévi-Strauss: Mythologica IV/2 [s. Anm. 35], S. 705).
48 „Letztlich gibt es für jedes mythologische System nur eine absolut unentscheidbare Sequenz. Durch sukzessive Transformationen auf ihre wesentlichen Umrisse zurückgeführt, reduziert sie sich auf die Aussage eines Gegensatzes oder, genauer, auf die Aussage des Gegensatzes als der ersten aller Gegebenheiten" (ebd., S. 704f.).
49 Ebd., S. 706.

20

Äquivalenzklassen zusammengefaßt wurden, um sie schließlich auf syntagmatische Paare von hierarchisch übergeordneten Bäroppositionen abbilden zu können, womit er nichts anderes gezeigt hat, als daß sich auch mythische Narrationen im Sinne von Jakobsons Gesetz[50] als Abbildungen semantischer Paradigmen auf Syntagmen verstehen lassen. Die Mytheme sind dabei prinzipiell austauschbare Beziehungsbündel, die „ihren mythischen Sinn allerdings erst durch die ‚Bastelei' (‚bricolage') gewinnen, die mythisches Denken mit ihnen vornimmt"[51]. Mit Blick auf die Struktur der Mythen läuft diese Bastelei immer darauf hinaus, ein Oppositionspaar zu formulieren, es in eine Reihe anderer Paare zu transformieren und so zu seiner Überwindung beizutragen.

Jeder Mythos stellt ein Problem und behandelt es, indem er zeigt, daß es anderen Problemen analog ist; oder der Mythos behandelt mehrere Probleme gleichzeitig, indem er zeigt, daß sie untereinander analog sind. Diesem Spiegelspiel, diesen einander erwidernden Reflexen entspricht nie ein wirkliches Objekt. Genauer: Das Objekt bezieht seine Substanz aus invarianten Eigenschaften, die herauszuarbeiten dem mythischen Denken gelingt, wenn es eine Vielzahl von Aussagen zueinander in Parallele setzt.
[...]
Der Mythos tritt als ein System von Gleichungen in Erscheinung, in dem die niemals deutlich wahrgenommenen Symbole anhand konkreter Werte nahegebracht werden, die zur Vermittlung der Illusion ausgewählt wurden, daß die zugrundeliegenden Gleichungen lösbar sind. Eine unbewußte Finalität lenkt diese Wahl, die sich jedoch nur an einer historischen, willkürlichen und kontingenten Erbschaft vollziehen kann [...].[52]

Die allgemeine Struktur der Überwindung einer Bäropposition durch solche Transformationen, bei denen es – wie auch Wolfgang Nethöfel betont hat – nicht „um die Bewegung von der Ausgangs- zur Endsituation einer Erzählung" geht, sondern um Relationen „der logischen Gleichzeitigkeit eines semantischen Universums"[53], hat Lévi-Strauss in einer oft mißverstandenen Formel[54], die „jede mythische Transformation darzustellen"[55] erlaube, festzuhalten versucht:

$$F_x(a) : F_y(b) = F_x(b) : F_{a-1}(y)$$

Dabei sind „zwei Ausdrücke a und b sowie zwei Funktionen x und y dieser Ausdrücke gegeben". Die Formel selbst beschreibt nun „eine Äquivalenzbeziehung zwischen zwei Situationen", welche

[50] Roman Jakobson: Closing Statement: Linguistics and Poetics. In: Thomas A. Sebeok (Hg.): Style in Language. Cambridge 1960, S. 350-377.
[51] Horstmann (s. Anm. 4), S. 210. – Zum Begriff „bricolage" vgl. Lévi-Strauss: Das wilde Denken. Frankfurt/M. 1973, bes. S. 29-36.
[52] Ders.: Die eifersüchtige Töpferin. Nördlingen 1987, S. 275f.
[53] Wolfgang Nethöfel: Strukturen existentialer Interpretation. Bultmanns Johanneskommentar im Wechsel theologischer Paradigmen. Göttingen 1983, S. 65f.
[54] Einige Mißverständnisse versucht Lévi-Strauss aufzulösen in: Eingelöste Versprechen. Wortmeldungen aus dreißig Jahren. München 1985, S. 15f. u. 155f.
[55] Ders.: Töpferin (s. Anm. 52), S. 95f.

durch eine Umkehrung der betreffenden *Ausdrücke* und der *Beziehungen* definiert werden, allerdings unter zwei Bedingungen: 1. daß einer der Ausdrücke durch sein Gegenteil (in der obigen Formel *a* und *a-1*) ersetzt wird, 2. daß eine auf Wechselbeziehung beruhende Umkehrung zwischen dem *Funktionswert* und dem *Ausdruckswert* zweier Elemente erfolgt (oben: *y* und *a*).[56]

Abstrakt wäre die Formel zu lesen: Die Funktion *x* des Ausdrucks *a* verhält sich zur Funktion *y* des Ausdrucks *b* genauso, wie sich die Funktion *x* des Ausdrucks *b* zur umgekehrten Funktion *a* des Ausdrucks *y* verhält. Sind beispielsweise die Ausdrücke *a* ‚Deutsche‘ und *b* ‚Politiker‘ und bedeuten die Funktionswerte *x* ‚Idealismus‘ und *y* ‚Realismus‘, dann wäre die Formel bei Ausgang vom Funktionswert ‚Idealismus‘ zu lesen als: ‚*Der Idealismus von Deutschen verhält sich zum Realismus von Politikern genauso, wie sich der Idealismus von Politikern zur undeutschen Seite von Realismus verhält*‘; bei Ausgang vom Funktionswert ‚Realismus‘ als: ‚*Der Realismus von Politikern verhält sich zum Idealismus von Deutschen genauso, wie sich der Realismus von Deutschen zum Unpolitischsein des Realismus*‘ verhält. Jeweils mit der Formel dargestellt:

Idealismus	:	*Realismus*	::	*Idealismus*	:	*undeutsche Seite*
von		*von*		*von*		*von*
Deutschen		*Politikern*		*Politikern*		*Realismus*

Realismus	:	*Idealismus*	::	*Realismus*	:	*Unpolitischsein*
von		*von*		*von*		*von*
Politikern		*Deutschen*		*Deutschen*		*Realismus*[57]

Jeweils in den beiden Mittelgliedern steht der zu vermittelnde Antagonismus, während das letzte Glied das damit geforderte semantische Paradoxon formuliert. Ein Mythos, der die Antagonismen ‚Realismus‘ und ‚Idealismus‘ vermitteln soll, muß demnach semantische Positionen eines wie auch immer gearteten ‚Real-Idealismus‘ generieren[58] und ihn in Distinktion zu anderen Positionen im semantischen Feld plazieren. Ist dies – im Vorgriff auf Kap. 3

---

56 Ders.: Anthropologie I (s. Anm. 37), S. 251f. – Für Nethöfel (s. Anm. 53, S. 66) bezeichnet die Mythos-Formel „zweckmäßig die semantischen Operationen, als deren Produkt die Mytheme innerhalb der mythischen Gesamtstruktur organisiert sind: Eine Ausgangssituation mit unvereinbaren Größen wird abgelöst und zugleich innerhalb eines Ganzen unlösbar verbunden mit einer Situation, die durch die Spannung zwischen vermittelnden Größen gekennzeichnet ist; d.h. dem zweiten Aktanten, der durch die ursprüngliche Funktion des ersten Aktanten bestimmt ist, wird ein Terminus zugeordnet, in dem die produktive Leistung des Mythos gipfelt: er ist die Personifizierung oder Substantialisierung der zweiten Erzählfunktion, charakterisiert durch eine Eigenschaft oder Handlung, die [...] das Gegenteil des person- (oder sach-)konstitutiven Merkmals des ersten Aktanten ist“.
57 Diese Form der Notation verwendet Lévi-Strauss in „Die eifersüchtige Töpferin“ (s. Anm. 52), S. 96.
58 Eribon nennt die Forschungsarbeit von Lévi-Strauss eine „generative Mythologie“ (ders./Eribon [s. Anm. 2], S. 167).

– die distinkte Grundstruktur des Bismarckmythos, so können Napoleon I. (*undeutsche Seite von Realismus*) oder Goethe (*unpolitische Seite von Realismus*) als Beispiele für die Plazierung historischer Figuren auf den End-Termini der beiden angeführten Beispiele stehen (vgl. 3.5.3).

Fünf Modelle der Vermittlung und imaginären Synthese zwischen Mythemen lassen sich dabei aus den von Lévi-Strauss durchgeführten Analysen abstrahieren und danach einteilen, ob sie mit oder ohne mythischen Aktanten operieren, ob sie eher auf der Ebene der narrativen oder der diskursiven Textorganisation angesiedelt sind. Die Modelle stellen Idealtypen dar, die sich in konkreten Texten in der Regel als Mischformen manifestieren:

a) *Dominant diskursive Vermittlung antagonistischer ideologischer Werte ohne mythischen Aktanten.* Einzelne, in Binäropposition zueinander stehende Mytheme werden hier einander gegenübergestellt und im Verlauf der mythischen Narration durch ein weiteres Paar ersetzt, das auch wieder einen Gegensatz formuliert, bei dem die Extrempunkte aber näher beieinanderliegen; dieses Paar wieder durch ein drittes usw. Es ergibt sich ein Verlaufsschema, bei dem aus einem Ausgangsantagonismus zwischen zwei extrem voneinander entfernten Polen zuerst ein „halbhomogenes Vermittlerpaar", schließlich ein nahezu „homogenes Vermittlerpaar" wird.[59] Dieses Modell verringert den syntagmatischen Abstand zwischen den Gegensätzen zwar zunehmend, führt aber letztlich nicht zu einem wirklichen Ausgleich zwischen ihnen. Es favorisiert eine diskursive Form der Textstrukturierung; einen Aktanten oder mythischen Helden, der im syntagmatischen Verlauf der Narration Vermittlungsschritte vollziehen könnte, gibt es noch nicht. Ein Beispiel aus einer Bismarckbiographie:

Daß es mit unserm gesammten geistigen Leben jetzt anders steht, als in der Zeit vor 1848, daß die Jetztzeit an den alten Grundfesten des herkömmlichen Denkens und Fühlens rüttelt, das wird von Vielen klar erkannt [...]. Mit Recht sagt man, wir leben in einer „gährenden" und „gebärenden" Zeit; das Ringen der geistigen Elemente, der Kampf zwischen Idealismus und Realismus, Autorität und freier Selbstbestimmung, Glaube und Wissen, Religiosität und Humanität – wer sollte das nicht täglich an sich und Anderen bemerken![60]

				P
Anfangspaar:	Idealismus	:	Realismus	A
				R
2. Paar	Glaube	:	Wissen	A
				D
3. Paar	Religiosität : Hummanität			I
				G
	SYNTAGMA			M
				A

---

[59] Lévi-Strauss: Anthropologie I (s. Anm. 37), S. 248. – Vgl. auch das Schema bei Link: Konvergenz (s. Anm. 38), S. 231. – An anderer Stelle hat Link diese Form der Vermittlung als einen „floating-Prozeß" beschrieben (Jürgen Link: Isotope, Isotopien: Versuch über die erste Hälfte von 1986. In: kultuRRevolution, Nr. 13 [1986], S. 30-46, hier: 30).

[60] Wilhelm Rudolf Schulze: Graf Bismarck. Charakterbild eines deutschen Staatsmannes. Leipzig 1867, S. 64.

b) *Dominant narrative Vermittlung mit mythischen Aktanten: einfacher Positionstausch.* Ein zweites Strukturmodell stellt der einfache narrative Positionstausch dar, bei dem ein mythischer Held (auf dieser Ebene ist also schon das Vorhandensein eines Aktanten nötig) im syntagmatischen Verlauf der Narration antagonistische Positionen einnimmt, ohne diese jedoch zu vermitteln: der am Ende selbst betrogene Betrüger, schneller hoher Aufstieg und ebenso rascher tiefer Fall (was etwa beim Napoleon-Mythos den literarischen Effekt ‚Tragik' konstituiert), Wandel und Wechsel von Prinzipien, Umkehr, Rückkehr, Fortschritt/Rückschritt[61], Kreisschlüssigkeit[62], Wiederkehr, Zyklik[63], Verwirklichung einer Idee, Befreiung und eine ganze Reihe ähnlicher linearer oder zyklischer Topiken, die den narrativen Rahmen für die Vermittlung antagonistischer Paradigmenketten bilden. Als Beispiel kann Bismarcks Wandel vom reaktionären Junker zum Reformpolitiker dienen, der im folgenden Zitat noch besonderen Nachdruck dadurch erhält, daß sein Gesprächspartner Lothar Bucher einen komplementären Wandel vom „rothen Republikaner" zum „Geheimen Legationsrat" durchmacht, so daß beide am Punkt einer imaginierten Mitte schließlich „einträchtig zusammen arbeiten" können:

Bismarck erschien 1847 als Deputirter auf dem ersten Vereinigten Landtag und die folgenden Jahre in der Zweiten Kammer, wo er sich als echtester altpreußischer Junker und eingefleischter Reactionär bemerkbar machte. [...] Der ganze Liberalismus war ihm, als den Thron gefährdend, verhaßt und die aus der demokratischen Bewegung geborene Schwarz-roth-gold-Schwärmerei, als ein leerer Traum und Trug, lächerlich. Welche Wandlung hat der Mann, der damals, „stolz darauf, ein preußischer Junker zu sein", die nationale Bewegung verleugnete, mit so manchen Edlen des Volkes durchgemacht! Wie hat sich an ihm, da er erst im späteren Alter den treibenden Geist der Zeit verstehen lernte, das hohe Dichterwort erfüllt: daß der Mensch mit seinen größeren Zwecken wachse! Verstockten Parteigläubigen zum heilsamen Exempel, sehen wir heute den Kanzler Bismarck, den früheren Führer der preußischen Feudalen, mit dem Geheimen Legationsrath Lothar Bucher, dem früheren rothen Republikaner, auf Varzin einträchtig zusammen arbeiten.
„O quae mutatio rerum!" – „welcher Wandel der Dinge!" – mögen wohl die standhaften Abonnenten der Kreuzzeitung wehmütig ausrufen.[64]

c) *Diskursiv/narrative Vermittlung mit mythischem Aktanten: chiastisch-dialektischer Positionstausch.* Als Kombination der beiden ersten Modelle kann die Vermittlung antithetischer Verhaltensweisen[65] eines Helden durch chia-

61   Vgl. Reinhart Koselleck: Vergangene Zukunft. Zur Semantik geschichtlicher Zeiten. Frankfurt/M. 1979.
62   Vgl. Hans Blumenberg: Arbeit am Mythos. Frankfurt/M. 1979, bes. S. 80.
63   Vgl. Gerhard Plumpe: Zyklik als Anschauungsform historischer Zeit. Im Hinblick auf Adalbert Stifter. In: Jürgen Link/Wulf Wülfing (Hg.): Bewegung und Stillstand in Metaphern und Mythen. Fallstudien zum Verhältnis von elementarem Wissen und Literatur im 19. Jahrhundert. Stuttgart 1984, S. 201-225.
64   Josef Schlüter: Fürst Bismarck, der deutsche Reichskanzler. Festrede zum 60. Geburtstage des Fürsten, gehalten im Saale der Lesegesellschaft zu Köln am 1. April 1875. Bremen 1875, S. 45f.
65   Zur Kategorie des antithetisch handelnden Helden vgl. Lévi-Strauss: Mythologica I (s. Anm. 45), S. 180.

stisch-dialektischen Positionstausch verstanden werden, bei dem der Positionswechsel im narrativen Syntagma durch diskursive Vermittlungen im Paradigma unterstützt wird.[66] Bei dieser Variante werden einzelne semantische Eigenschaften der beiden Paradigmen in syntagmatischer Richtung auf das jeweils andere abgebildet. Als Erweiterung der Grundformel graphisch dargestellt:

```
[Fx (a)
  [<Fx + Teil von y (a)>
    [<Fx + Teil von y + weiteres Teil von y (a)>
                                              usw.
    <Fy + Teil von x + weiteres Teil von x (b)>]
  <Fy + Teil von x (b)>]
Fy (b)]
```

Zu lesen: Das Merkmal a verhält sich zum Merkmal b (Anfangspaar) wie das Merkmal a, in das ein Teil der Semantik von b eingegangen ist, zum Merkmal b, in das ein Teil der Semantik von a eingegangen ist (zweite Dyade) wie das Merkmal a, in das ein Teil und noch ein weiterer der Semantik von b eingegangen ist, zum Merkmal b, in das ein Teil und noch ein weiterer der Semantik von a eingegangen ist (dritte Dyade). Werden am Punkt einer möglichst eng vermittelnden Dyade die beiden Seiten getauscht, so kann das Modell Dyade für Dyade quasi spiegelbildlich wieder zurückverwandelt werden, wobei dann die beiden Ausgangsparadigmen die Seiten getauscht haben. Schematisch läßt sich diese ‚semantische Rochade‘ als ‚Inversion‘ von Zahlenwerten darstellen:

```
    1           6
      2       5
        3   4
===============   chiastischer Positionswechsel
        4   3
      5       2
    6           1
```

d) *Dominant diskursive Vermittlung mit differenzierenden Aktanten: Dioskurenpaare.* In Anlehnung an Lévi-Strauss können Dioskurenpaare als Denkformen „sozialer Differenzierung" aufgefaßt werden,

die zugleich Korrelationen und Gegensätze bilden, etwa zwei fleischfressende Vögel, von denen jedoch der eine Raub-, der andere Aasvogel ist, oder zwei auf Bäumen lebende Vogelarten, von denen der eine Tag-, der andere Nachtvogel ist [...].[67]

Die Dioskurenpaare stellen die schwächste Form des Ausgleichs von Widersprüchen innerhalb der aktantiellen Modelle dar

---

[66] Zum an dieser Stelle sinnfällig werdenden Verhältnis Lévi-Strauss/Hegel vgl. K.O.L. Burridge: Lévi-Strauss und der Mythos. In: Edmund Leach (Hg.): Mythos und Totemismus. Beiträge zur Kritik der strukturalen Analyse. Frankfurt/M. 1973, S. 132-163.

[67] Lévi-Strauss: Versprechen (s. Anm. 54), S. 48.

und stehen am Ende der Liste, nach dem Messias (der die Gegensätze vereint) und dem *trickster* (der sie in seiner Person nebeneinanderstellt), während das Dioskurenpaar sie miteinander verbindet, ohne ihnen ihren individuellen Charakter zu nehmen. Der Übergang von einem einzigen Vermittler zu einem Dioskurenpaar zeugt also von einer Abschwächung der vermittelnden Funktion.[68]

Beim Dioskurenpaar ist jeweils ein Paradigma von Mythemen mit jeweils einem Aktanten verbunden. Beide Aktanten eines Dioskurenpaars werden aber – über die differenzierenden Paradigmen hinaus – in bezug auf ein drittes Merkmal als zusammengehörig angesehen, ohne dabei jedoch selbst Transformationshandlungen auszuführen. So konstituieren die Dioskuren Bismarck und Goethe im wilhelminischen Kaiserreich ‚arbeitsteilig‘ die Vorstellung eines zwischen ‚Realismus‘ und ‚Idealismus‘ changierenden deutschen Nationalcharakters. Ein Beispiel:

Es ist unhaltbar, wenn ein verdienter Bismarck-Philologe meint, unser Volk habe die innere Verwandtschaft Bismarcks und Goethes längst erkannt [gemeint ist: Horst Kohl, Bismarckbriefe, 6. Aufl., Vorw., R.P.]. In Wahrheit bezeichnen beide Männer entgegengesetzte Pole: höchste Entfaltungen deutschen Wesens auf zwei Gebieten, die sich ewig ergänzen, also nirgends zusammenfallen: der eine im Reiche des Geistes, der andere in dem des Willens oder, was dasselbe sagt, des Verstandes. Verschieden in ihrer Anlage, sind sie noch viel verschiedener auf der Höhe des Lebens und bis zur Gegensätzlichkeit entwickelt am Ende ihrer Tage: Goethe ein schneeiger Gletscher im blauen Firmament, Bismarck bis zum letzten Hauch seines Daseins ein tätiger Vulkan.[69]

Insofern eine Kette von paradigmatischen ‚Charaktermerkmalen‘ mit jeweils einem Aktanten des Dioskurenpaares verbunden wird, bilden die Figuren zusammen eine rudimentäre Charaktermatrix, die zum einen schon die vermittelnde Zwischenposition zuläßt, zum anderen zu einer komplexeren mythischen Konfiguration expandieren kann.

e) *Zugleich narrative und diskursive Vermittlung mit integrierendem Aktanten: Trickster.* Als regelrechte Form der „Personifikation der mythischen Tendenz zur Mediation von Gegensätzen"[70] entpuppt sich die Figur des ‚Tricksters‘. Er nimmt den Raum zwischen zwei Personen ein, die ein Dioskurenpaar bilden[71], und ist insofern „das personifizierte Paradoxon"[72], als sich

[68] Ders.: Die Geschichte von Asdiwal. In: Anthropologie II (s. Anm. 43), S. 169-224, hier: 192.
[69] Arnold Senfft v. Pilsach: Aus Bismarcks Werkstatt. Studien zu seinem Charakterbilde. Stuttgart/Berlin 1908, S. 95f.
[70] Wolfgang u. Ingeborg Weber: Auf den Spuren des göttlichen Schelms. Bauformen des nordamerikanischen Indianermärchens und des europäischen Volksmärchens. Stuttgart-Bad Cannstatt 1983, S. 106.
[71] Vgl. Klaus-Peter Koepping: Trickster, Schelm, Pikaro: Sozialanthropologische Ansätze zur Problematik der Zweideutigkeit von Symbolsystemen. In: Ethnologie als Sozialwissenschaft. Hg. v. Ernst Wilhelm Müller u.a. Sonderh. 26 der „Kölner Zs. für Soziologie und Sozialpsychologie". Köln 1984, S. 195-215, hier: 199. – Vgl. auch Weber/Weber (s. Anm. 70), bes. S. 103ff.: Forschungslage zum Trickster.
[72] Barbara Babcock-Abrahams: ‚A Tolerated Margin of Mess‘: The Trickster and His Tales Reconsidered. In: Journal of the Folklore Institute, 11 (1974), S. 147-185, hier: 148 (zit. n. Weber/ Weber [s. Anm. 70], S. 108).

seine Position „in der Mitte zwischen zwei polaren Gegensatzbegriffen befindet" und „etwas zurückbehalten muß von dieser Dualität, nämlich einen ambivalenten und zweideutigen Charakter"[73]. Daher beschreibt Lévi-Strauss den Trickster gelegentlich auch als „binären Operator"[74], der zu der bereits in der „Strukturalen Anthropologie" aufgezeigten triadischen Struktur mit zwei Extrempositionen und einem dazwischengeschalteten Glied führt.[75] Auch Trickster zeichnen sich durch gleichzeitige Korrelation und Entgegensetzung semantischer Merkmale aus, wobei der eine Teil des Tricksters „eine *progressive* Funktion" hat, „die er *widerwillig* erfüllt", der andere „eine *regressive* Funktion *bereitwillig* auf sich nimmt"[76]. In der Gleichzeitigkeit der Ausübung dieser beiden Funktionen ist er stets auch ein „Tabuverletzer"[77]. So wird Bismarck nach der Reichsgründung immer wieder zum ‚Staatskünstler‘ (s. Kap. 3.4.4 und 4.1-4.3) erklärt, da er die als notwendig erachteten Bedingungen der ‚Genialität‘, ‚schöpferischen Tätigkeit‘ und ‚Beschränkung auf ein Spezialfach‘ erfüllt. Die spezifische Beschränkung Bismarcks ist jedoch die auf ‚Politik‘, und zwar gerade unter Ausblendung von ‚Kunst‘, so daß die als Fortschritt gegenüber der Politik der Restaurationszeit verstandene progressive ‚Staatskunst‘[78] gerade durch die regressive Funktion der Ausblendung von ‚Kunst‘ erreicht wird:

Wir wissen, daß Bismarck ein starkes musikalisches Gefühl, wie überhaupt in jüngeren Jahren ein lebhaftes allgemeines Interesse für die Kunst hatte. Daß er diese Neigungen gewaltsam zurückdrängte, sich jede Berührung mit der Kunst versagte, nur um ganz seiner gewaltigen Aufgabe leben zu können, ist oft falsch gedeutet worden; ich empfinde es als eine heldenmütig getragene Tragik in dem Leben des großen Deutschen. Zu dem standhaften Durchführen dieses Willens gehörte eine ungeheuer starke Seele; die Seele eines Künstlers; denn einzig der Künstler hat die Gnadengabe der mächtigsten inneren Kraft, die es auf der Welt geben kann. Bismarck war ja auch ein Künstler; *wenn einer Künstler ist, so war er es.* Der Meister, der, um sein eigenes Werk siegreich zu vollenden, jeder Berührung mit der Kunst entsagt; es ist ein tragisches Paradoxon![79]

In gewisser Weise bedeutet dies eine verdoppelnde Aufspaltung der Mythos-Formel aus der „Strukturalen Anthropologie" in zwei Linien, wobei der Übergang zwischen beiden Funktionen dadurch ermöglicht wird, daß in die Charaktermerkmale der Trickster-Figuren Symbole mit semantischer Ambivalenz eingehen. So wird Bismarck für die Zeit unmittelbar nach der 48er Revolution in den späteren biographischen Texten als derjenige dargestellt, der zugleich positiv bewertete, schützende ‚Deiche‘ gegen die Revolutions‚flut‘ errichtet und die negativ bewerteten Deiche des alten Idealismus,

[73] Lévi-Strauss: The Structural Study of Myth. In: Journal of American Folklore, 68 (1955), S. 428-444, hier: 441 (zit. n. Weber/Weber [s. Anm. 70], S. 107).

[74] Ders.: Mythologica IV/2 (s. Anm. 35), S. 710.

[75] Vgl. ders.: Anthropologie I (s. Anm. 37), S. 247.

[76] Ders.: Versprechen (s. Anm. 54), S. 110.

[77] Weber/Weber (s. Anm. 70), S. 108.

[78] „‚Politik‘ im heutigen Sinne soll es im neuen Deutschland nicht geben; an ihre Stelle tritt Staatskunst" (Houston Stewart Chamberlain: Politische Ideale [zit. n. Armand Crommelin: Goethe und Bismarck, die Staatskünstler. In: Bayreuther Blätter, 42. Jg. ‹1919›, S. 11-23, hier: 11]).

[79] Ebd., S. 23.

des Michel-Schlafes der Deutschen, mit seiner Realpolitik einreißt (vgl. Kap. 3.1.1-3.1.3).

Eine weitere Möglichkeit, solche Trickster zu generieren, besteht darin, ein Dioskurenpaar auf eine einzige Figur zu applizieren, die dann die divergierenden Charaktereigenschaften auf sich vereint und das Dioskurenpaar retotalisiert.

Der Trickster vollzieht somit sowohl unter diskursivem als auch narrativem Aspekt eine Vermittlung. Spricht man von einer historischen Person als ‚Mythos‘, vom Bismarck-, Napoleon-, Goethe-Mythos usw., so bezieht sich diese Form der Rede in der Regel auf ihre Funktion als Trickster, die ihrerseits als semantischer Effekt ganzer Bündel von Texten gelten kann.

2.2.2 Das Problem diachroner historischer Varianten und das ‚bricolage‘-Konzept

Neben der Anordnung der einzelnen Mytheme zu Vermittlungsstrukturen galt es für Lévi-Strauss, das Problem der vielfältigen Versionen oder Varianten eines Mythos zu lösen, was er mangels eines theoretisch überzeugenden Modells mit Hilfe des Bildes von der „Blätterstruktur"[80] des Mythos bzw. durch die Analogie zur Orchesterpartitur zu erklären versucht:

> Was den Aspekt der Ähnlichkeit betrifft, so vertrat ich die Ansicht, daß ein Mythos ebensowenig wie eine Musikpartitur als kontinuierliche Abfolge zu verstehen sei. […] Deshalb müssen wir den Mythos mehr oder weniger wie eine Orchesterpartitur lesen, nicht Notenlinie für Notenlinie, sondern in dem Bewußtsein, daß wir die ganze Seite zu erfassen haben und verstehen müssen, daß das, was in der ersten Notenlinie oben auf der Seite steht, nur dadurch seine Bedeutung erhält, daß wir es als wesentlichen Bestandteil dessen begreifen, was weiter unten auf der zweiten Notenlinie […] und so fort steht. Wir dürfen also nicht nur von links nach rechts, sondern müssen gleichzeitig vertikal, von oben nach unten, lesen. Wir müssen begreifen, daß jede Seite ein Ganzes ist.[81]

Der Begriff der ‚Versionen‘ wird von Lévi-Strauss in zweifacher Weise verwendet, einmal zur Bezeichnung kompletter, ganzer mythischer Erzählungen, z.B. als diachron verschiedene Versionen, zum anderen zur Bezeichnung einzelner Mytheme oder einzelner syntagmatischer Oppositionspaare von Mythemen, die als funktional gleichwertige und somit auswechselbare semantische Elemente erscheinen und in ihrer Gesamtheit einen Mythos definieren.[82] Lévi-Strauss selbst besitzt allerdings kein Modell, um zu erklären,

---

[80] Lévi-Strauss: Anthropologie I (s. Anm. 37), S. 253.
[81] Ders.: Mythos u. Bedeutung (s. Anm. 39), S. 57f. – Vgl. auch ders./Eribon (s. Anm. 2), S. 186.
[82] Lévi-Strauss: Anthropologie I (s. Anm. 37), S. 238f.; vgl. auch S. 253: Die „Verdoppelung, Verdreifachung" usw. von mythischen Narrationen habe die „Eigenfunktion", „die Struktur des Mythos manifest" zu machen, nämlich die diachrone Anordnung von Mythemen, „die synchron gelesen werden müssen". – „Es gibt also eine latente Ebene der Mythen, die nur erfaßt werden kann, indem man sich durch einen großen Korpus von Mythen hindurcharbeitet" (Nur Yalman: „Das Rohe:das Gekochte :: Natur:Kultur" Beobachtungen zu Le Cru et le Cuit. In: Leach [s. Anm. 66], S. 109-131, hier: 116).

wie man nicht nur unter strukturalem, sondern auch material-diskursivem Aspekt von einem Mythem zu einem paradigmatisch äquivalenten übergehen kann; kein Modell, das die paradigmatischen Beziehungen der Mytheme verschiedener Texte zueinander hinreichend erklären könnte, so daß er gezwungen ist, jedes einzelne Paar entweder auf einen Ursprung zurückzuführen, die Struktur des mythischen Denkens[83], oder die konkreten Mytheme jeweils in langen *funktionalen* Transformationsserien in diejenigen eines anderen Mythos zu überführen. Er läßt die Mythen somit einen Verwandlungsprozeß durchlaufen: Aus unendlich vielen, divergenten, sich widersprechenden Versionen werden Varianten ein und desselben Mythos, Varianten des mythischen Denkens.

Karlheinz Stierle hat in diesem Zusammenhang darauf hingewiesen, daß „die Varianten der zeitlichen Erstreckung denen der räumlichen" für das von Lévi-Strauss untersuchte ethnologische Material zwar „grundsätzlich gleichzuordnen" seien, daß aber die Frage offen bliebe, „ob nicht spätestens da, wo der Mythos in den Zusammenhang schriftlicher Überlieferung und damit in den Raum der Geschichte eintritt", doch „qualitativen Veränderungen ausgesetzt ist, die zu berücksichtigen wären". Denn den Fall, „daß die ‚Version' sich von ihrer zugrunde liegenden mythischen Struktur emanzipiert und in ein von heterogenen Interessen bestimmtes *Verhältnis* zu dieser tritt"[84], sehe das Strukturmodell des Mythos aus der „Strukturalen Anthropologie" von 1955 nicht vor.

Genereller gefragt: Läßt sich das an zeitlich weit zurückliegendem Material kulturell ebenso weit entfernter Gesellschaften entwickelte strukturale Mythenkonzept von Lévi-Strauss überhaupt sinnvoll auf neuere historische Texte und moderne Mythenfiguren anwenden? Lassen sich auch die biographischen Erzählungen zu Bismarcks Person, die Festreden, Gelegenheitsgedichte, Huldigungsreden usw. nach dem Modell der strukturalen Anthropologie sinnvoll als eine Gesamtheit von narrativen Elementen und Strukturen ihrer Anordnung darstellen, die so beschaffen ist, daß sämtliche Elemente eines solchen Mythos einer relativ geringen Zahl von Paradigmen zuzuordnen wäre, wobei die so entstandenen Paradigmen (zumindest teilweise) Binäroppositionen bilden und die Paare ihrerseits wiederum in übergeordneten Korrelations-Beziehungen stehen? Und wäre ein konkretes System solcher Paradigmen-Korrelationen narrativer Elemente als Instrument der Vermittlung zwischen kulturell als bedrohlich empfundener, im Leben nicht integrierbarer Gegensätze interpretierbar?[85]

---

83 „Häufig sahen die Analytiker in der Vielfalt der Versionen eines einzigen Mythos ein Hindernis. Sie suchten nach der ‚richtigen' Version, um alle anderen zu verwerfen. Lévi-Strauss bemerkt, daß am Ursprung aller Versionen eines Mythos die gleiche Geisteshaltung steht" (Dan Sperber: Der Strukturalismus in der Anthropologie. In: François Wahl [Hg.]: Einführung in den Strukturalismus. Frankfurt/M. 1973, S. 181-258, hier: 207).

84 Karlheinz Stierle: Mythos als ‚bricolage' und zwei Endstufen des Prometheusmythos. In: Fuhrmann (s. Anm. 11), S. 455-472, hier: 456.

85 Vgl. Jürgen Link: Von Projekt zu Projekt D 6/79-1 (unveröffentlichtes Diskussionspapier).

Lévi-Strauss selbst hat dazu durchaus Ansätze gesehen[86], ja, bisweilen selbst solche „Vorstöße"[87] versucht, die in zwei Richtungen gehen. Zum einen sieht er in der Geschichtsschreibung eine Fortsetzung des mythischen, auf Kohärenz abzielenden Erzählens[88] und erklärt sie zur eigentlichen Nachfolgerin des Mythos.[89] Zum anderen stellt er in formaler Hinsicht eine Strukturidentität zwischen „den Mythen der Gesellschaften, die wir exotisch oder schriftlos nennen", und der „politischen Ideologie unserer eigenen Gesellschaften" fest.

> Wollte man versuchen, die Methode zu übertragen, so zweifellos nicht zunächst auf die religiösen Traditionen, sondern viel eher auf das politische Denken.[90]

Beide Aspekte werden verbunden, wenn er Raymond Bellour auf die Frage nach der Möglichkeit, eine Mythologie unserer Zeit aufzustellen, antwortete, „daß es vorstellbar wäre, wenngleich ganz gewiß sehr viel schwieriger als im Fall des wilden Denkens":

> Die Geschichte ist eine kollektive Darstellung [...], und diese kollektive Darstellung der Ereignisse scheint mir ihrem Wesen und ihrer Funktion nach dem nahezukommen, was wir bei schriftlosen Gesellschaften Mythos nennen. Deshalb glaube ich, daß es eine Möglichkeit geben müßte, auf die so verstandene Geschichte eine ähnliche Methode anzuwenden.[91]

> Was ihr noch am meisten gleicht, die letzte Frontstellung der Mythologie in der westlichen Welt, das ist die Geschichte, und nicht als objektive Wiederherstellung tatsächlicher Ereignisse und unmöglicher Operationen, sondern der Gebrauch, den wir von der Geschichte machen. Das heißt, unsere Art, die Vergangenheit zu interpretieren, um die Gegenwart zu erklären und zu kritisieren und eine Zukunft zu formulieren [...].[92]

Die im engeren ethnologischen Sinne mythischen Narrationen und die der Geschichtsschreibung sind für Lévi-Strauss also wesensverwandt, insofern für beide die totalisierende Ausgleichung von Widersprüchen als ihr „diskurskonstitutives Prinzip"[93] erscheint, was beide, mythisches Erzählen und historisches Schreiben, als durch die literarische Funktion der Diskursintegration dominierte Verfahren erscheinen läßt. Während Lévi-Strauss sein methodisches Instrumentarium aber an ein Korpus von Mythenversionen heranträgt, die er – aus großer zeitlicher Distanz zu ihrer Entstehung – als nebeneinander, synchron existierende ansehen kann, ist es im Bereich der neueren historischen Mythologie, die sich etwa mit den historischen Figuren des 19. Jahrhunderts beschäftigt, bisher eher so gewesen, daß einzelne Versi-

---

[86]   In Bd. III der Mythologica (s. Anm. 42) weist er etwa auf die „Verschränkung der mythischen Gattung mit der romanesken" (S. 11) hin.
[87]   Vgl. Lévi-Strauss: Mythos u. Bedeutung (s. Anm. 39), S. 200.
[88]   Vgl. ebd., S. 140.
[89]   Vgl. ebd., S. 56.
[90]   Ebd., S. 96. – Auch Roland Barthes (Das semiologische Abenteuer [s. Anm. 23, S. 176]) nimmt an, daß sich die „Sozio-Logik" von Lévi-Strauss „mutatis mutandis von den ethnologischen Gesellschaften auf die soziologischen Gesellschaften ausdehnen" lasse.
[91]   Lévi-Strauss: Mythos u. Bedeutung (s. Anm. 39), S. 201.
[92]   Ebd., S. 266f.
[93]   Vgl. Link: Konvergenz (s. Anm. 38), S. 230f.

onen des Mythos als sich diachron ablösend verstanden wurden. Entstehungsgeschichte von Texten, Lebensdaten von Autoren, soziale, kulturtypologische und ideologische Zusammenhänge ließen sich viel zu genau feststellen, als daß die divergierenden Texte einfach als *eine* Version des Mythos hätten aufgefaßt werden können.[94] Für die Anwendung der strukturalen Mythenanalyse auf historische Gesellschaftsformationen bedarf es also eines ergänzenden Konzepts, das Stierle bei Lévi-Strauss selbst in Form des ‚bricolage‘-Gedankens angedeutet sieht:

Sieben Jahre nach seiner Programmschrift über die *Struktur der Mythen* entwickelte Lévi-Strauss in *La pensée sauvage* (1962) ein neues Modell des mythischen Denkens [...]. Die leitende Vorstellung, auf die Lévi-Strauss in *La pensée sauvage* das mythische Denken bezieht, ist die des *bricolage*, der Tätigkeit, Altes, das unbrauchbar geworden ist, aus seinen ursprünglichen Zusammenhängen herauszunehmen und durch einfallsreiche Kombination einer neuen Intention dienstbar zu machen. Der *bricoleur* schafft nicht aus dem Nichts, sondern indem er auf ein Arsenal von schon Vorhandenem zurückgreift und dieses ‚umfunktioniert‘. [...] Mit dieser Neuformulierung der mythologischen Tätigkeit als *bricolage* erfährt das Verhältnis von Struktur und Manifestation seine genaue Umkehrung. War in der Abhandlung über die *Struktur der Mythen* die Struktur des ‚Mythos‘ das eigentlich Beständige, das sich bei aller Variation durchhielt, so sind es jetzt die von ihrer Struktur freigesetzten Manifestationen, deren funktionale Polyvalenz sie für immer neue Intentionen offenhält.

Für Lévi-Strauss ist dieses Konzept „Episode geblieben"[95], denn in den „Mythologica"-Bänden kehrt er – was die Ebene der einzelnen Mytheme und ihrer Anordnung angeht – zum Strukturmodell zurück. Lediglich im Zusammenhang der „wechselseitigen Übersetzbarkeit mehrerer Mythen"[96], der Konstitution eines „mythischen Feldes", greift er das bricolage-Konzept wieder auf[97], indem er einzelnen Narrationen den Status von „Halb-Mythen, deren Synthese noch zu leisten ist"[98], zuspricht.
Das von Stierle für die Literaturwissenschaft neu formulierte bricolage-Konzept bringt es aber zugleich mit sich, daß tendenziell ein neues Subjekt des Diskurses, der bricoleur, installiert wird, was nicht ganz dem Lévi-Strausschen Konzept zu entsprechen scheint. Dessen ‚bricoleur‘ ist nämlich

---

[94] Hans Blumenberg hat sich dem Problem der Betrachtung der Varianten unter synchronem Aspekt – wie auch G. v. Graevenitz anmerkt (s. Anm. 4, S. VII) – durch eine Geschichte der Mythenrezeption und Applikation entzogen, so daß der Mythos für ihn immer nur diachron gelesen werden kann: Die „Arbeit am Mythos" (s. Anm. 62) eines einzelnen Mythenrezipienten kann bei diesem theoretischen Zugriff immer nur innerhalb eines prä/post-Vergleichs situiert werden: als innovativ-variierende Verwendung bekannter und vorhandener Elemente des Mythos, wobei der Blick auf die synchrone Struktur, die zugleich das Rohmaterial des Mythos, seine Rezipienten, diskursiven Aspekte und gesellschaftlichen Funktionen betrifft, ausgespart bleibt.

[95] Stierle (s. Anm. 84), S. 457.

[96] Lévi-Strauss: Mythologica I (s. Anm. 45), S. 26.

[97] Ein „mythisches System" sei „nur im Werden zugänglich". Es ist „nicht leblos und fest, sondern in ständiger Transformation begriffen". „Dort, wo die Entwicklung am weitesten fortgeschritten ist, würden die Elemente, die durch den Auflösungsprozeß der alten Mythen freigeworden sind, schon in neue Kombinationen eingegliedert sein" (Mythologica II [s. Anm. 40], S. 387f.).

[98] Ebd., S. 392.

bestenfalls Kollektiv-Subjekt in dem Sinne, daß eine ganze Kultur an den ,Vorräten des Bastlers' arbeitet, die „eine bereits konstituierte Gesamtheit von Werkzeugen und Materialien"[99] darstellen, „die in gewisser Weise vorübermittelt sind und die er [der Bastler, R.P.] nur sammelt"[100]. Die Materialien der bricolage sind kollektive Überbleibsel kultureller Produktion, sie stellen „eine Untergruppe der Kultur"[101] dar:

Die Eigenart des mythischen Denkens besteht, wie die der Bastelei auf praktischem Gebiet, darin, strukturierte Gesamtheiten zu erarbeiten, nicht unmittelbar mit Hilfe anderer strukturierter Gesamtheiten, sondern durch Verwendung der Überreste von Ereignissen.[102]

2.2.3 Die Kritik an Lévi-Strauss

Beim Verhältnis von Struktur und Ereignis setzen auch die Kritiker des strukturalen Mythoskonzepts an. Kurt Hübner faßt in seinem Buch zur „Wahrheit des Mythos" seine Bedenken gegen Lévi-Strauss in einigen Punkten zusammen, die durchaus repräsentativ für die Kritik am strukturalen Mythosbegriff vom Ort der Erkenntnistheorie aus sind:[103]

Schon die Reduktion des Mythos auf einfachste, aus ihrem Zusammenhang gerissene Sätze, macht den Eindruck des Künstlichen und einer verengten Sichtweise. [...]
Aber selbst wenn man all diese Künstlichkeiten, Gewaltsamkeiten und nach modernen Denkvorstellungen riechenden Deutungen auf sich beruhen lassen will, so bleibt noch ein, und zwar der wichtigste Einwand gegen den Strukturalismus übrig. Allzusehr mit den logischen *Formen* des Mythos beschäftigt, verliert er oft dessen *Inhalt* aus den Augen. [...]
So bleibt am Ende vom Mythos nur dessen dürres Gerippe übrig. Man kann das auch so ausdrücken: Im Strukturalismus ist zu viel *Syntax* und zu wenig *Semantik*.[104]

---

[99] Lévi-Strauss: Das wilde Denken (s. Anm. 51), S. 31.
[100] Ebd., S. 33. Vgl. auch den Exkurs zum Subjektbegriff im „Finale" der Mythologica IV/2 (s. Anm. 35), S. 733-735, wo das „Zurücktreten des Subjekts" für Lévi-Strauss „eine Notwendigkeit sozusagen methodologischer Ordnung" (S. 735) darstellt.
[101] Lévi-Strauss: Das wilde Denken (s. Anm. 51), S. 32.
[102] Ebd., S. 35. – Vgl. auch ders./Eribon (s. Anm. 2), S. 161.
[103] Eine Zusammenfassung der eher polemischen Kritik an Lévi-Strauss findet sich bei Hans Jürgen Heinrichs: Sprachkörper. Zu Claude Lévi-Strauss und Jacques Lacan. Frankfurt/M. / Paris 1983, S. 50ff. Vgl. auch François H. u. Claire C. Lapointe: Claude Lévi-Strauss and His Critics. An International Bibliography of Criticism (1950-1976). Followed by a Bibliography of the Writings of Claude Lévi-Strauss. New York/London 1977.
[104] Hübner (s. Anm. 4), S. 88f. – In konkreten Fallstudien hat Lévi-Strauss entgegen dieser Annahme betont, daß „die mythische Syntax innerhalb der Grenze ihrer Regeln niemals völlig frei" (Mythologica I [s. Anm. 45], S. 316) ist. „Unter allen theoretisch möglichen Operationen, sofern man sie lediglich formal betrachtet, werden einige unwiderruflich ausgeschieden" (ebd.). Im „Finale" des letzten Bandes der ,Mythologica' begegnet er dem Vorwurf der Verarmung der Semantik der Mythen in fast schon Foucaultscher Manier, indem er ihn als Suche nach einem verborgenen Sinn hinter dem Sinn auffaßt, mit dem Ziel, „alle möglichen konfusen und nostalgischen Sehnsüchte zu rechtfertigen oder zu entschuldigen, die sich nicht auszudrücken wagen" (S. 749); vgl. Michel Foucault: Die Geburt der Klinik. Eine Archäologie des ärztlichen Blicks. Frankfurt/M. 1976, S. 14f.

Der Reduktionismusvorwurf wird auf vielfache Weise immer wieder geäußert: als Vorwurf des a priori schon fertigen Koordinatensystems einer stets *vorgegebenen Matrix*, in die alle Elemente des Mythos zwanghaft eingepaßt werden; als *Vorrang der Struktur der logischen Formen* vor den konstitutiven Inhalten; als „subjektloser Rationalismus"[105] usw.[106] „Denn die Methode von Lévi-Strauss", schreibt Burridge, „scheint dem Material eine unechte Einförmigkeit aufzuprägen",

weil sich die Ordnung nicht aus dem Zusammentreffen von Forscher und Daten ergibt, sondern aus den Kategorien eines geschlossenen Systems, das keine weiteren Möglichkeiten zulassen kann.[107]

Auch Manfred Frank, auf den hier stellvertretend für andere Kritiker eingegangen werden soll, erhebt den Vorwurf, daß Lévi-Strauss die Struktur des Mythos zu sehr verallgemeinert habe, weil er sie

auch im Übergang von einer Klassifikation zu einer anderen, von einem Mythos zum anderen, von einer kollektiven Praxis zur anderen aufspürte, um am Ende *die* Struktur eines angenommenen „unbewußten Geistes" der Menschheit zu formulieren.[108]

Das sei auf ein taxonomisches Denken zurückzuführen, eine „in sich geschlossene und von einem *Set* von Regeln kontrollierte Struktur von Zeichen"[109], die eine ewig gleiche Serie identischer Funktionen hervorbringe.[110] Solcher Kritik, die den gängigen Ahistorie-Vorwurf gegen den Strukturalismus impliziert, liegt bei Frank eine Überspitzung des de Saussureschen Synchroniebegriffs aus dem „Cours de linguistique générale"[111] zugrunde, die auf die Untersuchungen von Lévi-Strauss übertragen wird.[112] Denn Synchronie muß nicht notwendig als die ein-eindeutige Identität der Aussa-

---

[105] Rolf Eickelpasch: Mythos und Sozialstruktur. Düsseldorf 1973, S. 63.

[106] Vgl. auch Mary Douglas: Die Bedeutung des Mythos. Mit besonderer Berücksichtigung von „La Geste d'Asdiwal". In: Leach (s. Anm. 66), S. 82-108, hier: 84: „Meint er tatsächlich, daß er einen Mythos in semantische Einheiten zerlegen und durch eine Maschine laufen lassen kann, um am anderen Ende ein ihnen zugrunde liegendes Muster zu erhalten, das nicht nur wieder das ist, das er bei der Auswahl der Einheiten verwendete?".

[107] Burridge (s. Anm. 66), S. 161.

[108] Manfred Frank: Was ist Neostrukturalismus? Frankfurt/M. 1983, S. 49.

[109] Ebd., S. 102.

[110] Vgl. ebd., S. 64f. – Ähnlich Eickelpasch (s. Anm. 105), S. 13 („Die Mythen stellen in dieser Perspektive nur einen Testfall dar für den Reduktionismus des systemtheoretischen Verfahrens"), und Ada Neschke-Hentschke: Griechischer Mythos und strukturale Anthropologie. Kritische Bemerkungen zu Claude Lévi-Strauss' Methode der Mythendeutung. In: Poetica, Bd. 10 (1978), S. 135-153, hier: 144f.

[111] Ferdinand de Saussure: Grundfragen der allgemeinen Sprachwissenschaft. 2. Aufl., Berlin 1967.

[112] So schon M. Douglas (s. Anm. 106): „Linguistik und jede nach ihrem Modell durchgeführte Analyse können nur synchronische Wissenschaften sein. [...] Diachronisch können sie nur sein, insofern sie das Vorher und Nachher der Evolution von Systemen analysieren" (S. 105). „Die strukturale Analyse kann nicht umhin, die Mythen als zeitlos zu sehen, als synchronische Strukturen außerhalb der Zeit. [...] Unsere Methode reduziert alles auf Synchronie" (S. 106); vgl. auch Edmund Leach (Claude Lévi-Strauss – Anthropologe und Philosoph. In: Lepenies/Ritter [s. Anm. 43], S. 49-76, hier: 59).

genlogik oder im Sinne des Identitätsbegriffs der Hermeneutik verstanden werden, sondern die bei Lévi-Strauss (und auch schon bei de Saussure[113]) beschriebene Form von Synchronie ist via ihrer sich in zyklischen Prozessen stets selbst reproduzierenden Struktur immer schon Diachronie,

denn wir müssen annehmen, daß ein zu irgendeinem Zeitpunkt vorgenommener Schnitt in der mythischen Materie immer eine gewisse Schicht Diachronie mit sich bringt, weil diese Materie, heterogen in ihrer Masse im Hinblick auf die Geschichte, aus einem Konglomerat von Materien besteht, die sich nicht im selben Rhythmus weiterentwickelt haben und folglich in bezug auf das Vorher und Nachher unterschiedlich qualifiziert sind.[114]

An anderer Stelle weist Lévi-Strauss selbst auf die Gleichzeitigkeit von Synchronie und Diachronie im Strukturbegriff hin:

Soll man daraus schließen, daß zwischen den Kategorien der Struktur und des Ereignisses ein Gegensatz besteht? Es scheint vielmehr so zu sein, daß in vielen Fällen der Begriff der Struktur zweidimensional ist: er bringt zugleich Synchrones und Diachrones, dem Zeitverlauf Zugehöriges ins Spiel.[115]

Manfred Franks Synchroniebegriff bedeutet demgegenüber eine Verschiebung der Blickrichtung vom *generativ* akzentuierten *Produktionsaspekt* zur *hermeneutisch* akzentuierten *Rezeption*. Dagegen läßt sich aber belegen, daß Lévi-Strauss nicht nur taxonomisch, sondern vor allem auch generativ[116] gedacht hat. So legt er stets Wert darauf zu betonen, daß die Gegensatzpaare von Mythemen einen „operatorischen Wert" besitzen. Jedes Verfahren, das ihnen absolute Funktion zuspräche, würde dagegen zwangsläufig „zum Jungianismus", also zur Annahme von archetypischen Bedeutungen der Mytheme, führen.[117] Besonders deutlich wird dieser generative Aspekt in den „Elementaren Strukturen der Verwandtschaft"[118], wo Lévi-Strauss eine Matrix aus vier Oppositionspaaren entwickelt, aus der alle weiteren Strukturen ge-

---

113 Das Verhältnis von ‚langue' und ‚parole' und, daran anknüpfend, das von ‚Synchronie' und ‚Diachronie' wird bei Saussure selbst als dialektisches aufgefaßt. Vgl. Kuno Füssel: Zeichen und Strukturen. Münster 1983, S. 16f.

114 Lévi-Strauss: Mythologica II (s. Anm. 40), S. 388f.

115 Ders.: Versprechen (s. Anm. 54), S. 36. Vgl. auch Mythologica IV/2 (s. Anm. 35), S. 734: „Denn wir geben bereitwillig zu, daß die Strukturen eine Genesis haben, sofern man ebenfalls zugibt [...], daß jeder vorhergehende Zustand einer Struktur selbst eine Struktur ist." – Vgl. auch ders./ Eribon (s. Anm. 2), S. 182f. – Zum Begriff zyklischer Reproduktion vgl. Jürgen Link: Marx denkt zyklologisch. Mit Überlegungen über den Status von Ökologie und ‚Fortschritt' im Materialismus. In: kultuRRevolution, Nr. 4 (1983), S. 23-27.

116 „Es gäbe weniger Verwirrung um den Begriff der menschlichen Natur [...], wenn man darauf geachtet hätte, daß wir damit nicht eine Anhäufung von fix und fertigen und unwandelbaren Strukturen bezeichnen wollen, sondern *Matrices, mittels derer sich Strukturen erzeugen*, die alle zu ein und derselben Gesamtheit gehören, ohne dabei [...] zu allen Zeiten [...] identisch bleiben zu müssen" (Mythologica IV/2 [s. Anm. 35], S. 734 [Hervorhebung von mir, R.P.]).

117 Lévi-Strauss: Mythologica I (s. Anm. 45), S. 81; vgl. auch S. 246 u. 310. – Die Schwierigkeiten einer Deutung der Mytheme als Archetypen werden etwa in der Arbeit von Rainer Küster (Mythische Struktur und Metapher. In: Zs. für germanistische Linguistik [1979], S. 304-322) sichtbar.

118 Claude Lévi-Strauss: Die elementaren Strukturen der Verwandtschaft. Frankfurt/M. 1981.

34

neriert werden können. Die Matrix deckt somit das gesamte Feld möglicher Strukturen ab, um dann innerhalb dieses Feldes konkrete historische Fälle zu situieren.

Die Reduktionismusfrage wäre also nicht auf die Tatsache zu beziehen, daß konkrete Fälle auf ihre Struktur hin untersucht werden, sondern darauf, ob die generative Matrix in der Lage ist, die Gesamtheit, das „Panorama"[119] möglicher relevanter Fälle strukturell zu erfassen. Insofern werden die strukturalen Schemata „stets als Hypothesen vorgetragen, die von einem endlichen Quantum an Information ausgehen und die man der Prüfung der Erfahrung unterwirft"[120]. In „Die eifersüchtige Töpferin" begegnet Lévi-Strauss diesen Vorwürfen noch einmal durch Verweis auf seine schon drei Jahrzehnte zuvor in der „Strukturalen Anthropologie" formulierte Kritik an de Saussure:

Zu sagen – wie ich das immer getan habe –, daß die Bedeutung der Mytheme stets nur positional ist, ist nicht gleichbedeutend damit, das saussuresche Prinzip der Willkür-lichkeit des Zeichens darauf anzuwenden, demgegenüber ich selbst meine Vorbehalte formuliert habe.[121]

Die Kritik am strukturalen Mythoskonzept läuft zum einen auf eine Kritik an der Genesis der Mytheme als konstitutiver Einheiten des Mythos hinaus: Sie seien weder genügend historisch-kulturell motiviert noch empirisch mit hinreichender statistischer Signifikanz belegt. Zum anderen ist es der durch die Transformationsreihen erzielte Effekt ihrer Anordnung zu paradigmati-schen Klassen, der Widerspruch hervorruft. Denn gerade die Transformatio-nen verweisen auf einen universalen Geltungsanspruch der Struktur des My-thos.

Wenn Lévi-Strauss in den ‚Mythologica' versucht hat, diesen Vorwürfen da-durch zu begegnen, daß er die Macht des Ereignisses[122] und die Vorgängig-keit der Mythem-Sequenzen vor der Strukturanalyse pathetisch betont[123], so bleibt die Frage nach der „Antinomie von Struktur und Ereignis"[124], genau-

[119] Für Jacques Derrida (Kraft und Bedeutung. In: Ders.: Die Schrift und die Differenz. Frank-furt/M. 1976, S. 13) ist der „Panorograph bildlicher Ausdruck des strukturalistischen Instru-mentes selbst".

[120] Ders.: Die Struktur, das Zeichen und das Spiel im Diskurs der Wissenschaften vom Menschen. In: Ebd., S. 422-442, hier: 435.

[121] Lévi-Strauss: Töpferin (s. Anm. 52), S. 238.

[122] „Um gangbar zu sein, beginnt eine Untersuchung, die ganz auf die Strukturen gerichtet ist, da-mit, sich vor der Macht und der Nichtigkeit des Ereignisses zu verbeugen" (Ders.: Mythologica II [s. Anm. 40], S. 524).

[123] „Es scheint also, als könne man niemals beides zugleich erkennen und als müsse man sich da-mit zufrieden geben, Informationen zu sammeln, die entweder etwas über die allgemeine Struktur des Systems oder etwas über die besonderen Beziehungen zwischen diesen oder jenen Elementen aussagen, doch niemals über beides zugleich. Und dennoch geht eine der Erkennt-nisweisen notwendig der anderen voraus, da man die Struktur nicht in Angriff nehmen kann, ohne zuvor über eine hinreichende Anzahl von Beziehungen zwischen den Elementen zu ver-fügen. Folglich werden die Resultate in dem Maße ihre Natur verändern, wie die Untersu-chung fortschreitet" (Lévi-Strauss: Mythologica II [s. Anm. 40], S. 389).

[124] Ebd., S. 391.

er die, wie die strukturale Analyse zu historischen Hypothesen führen kann, doch materialiter vernachlässigt. Die Verbindung zwischen der universalistisch gedachten ‚Struktur des Mythos' und konkreten historischen Antagonismen, die zudem noch synchrone Varianten ausgebildet haben, ist theoretisch nicht befriedigend gelöst. Hier könte der gängige Reduktionismus-Vorwurf einhaken, allerdings nicht als Konstatieren eines logischen Fehlers und implizit verbunden mit der Forderung, das wissenschaftstheoretische Paradigma vom Strukturalismus zur Hermeneutik zu wechseln, sondern als Markieren einer Leerstelle, die es zuerst einmal innerhalb des Rahmens strukturaler und diskurstheoretischer Theoriebildung im weitesten Sinne durch eine Konzeption zu füllen gilt, die in der Lage ist, die zwar empirisch erfaßten, aber sofort wieder an das mythische Denken als anthropologische Konstante zurückgebundenen Mytheme auch theoretisch stärker als kulturell verankerte Elemente, d.h. aber als sozialhistorisch bzw. ideologisch determinierte Elemente, auszuweisen. Gesucht ist eine Theorie, die es erlaubt, die ‚paradigmatische Semantik' der Mytheme und die ‚syntagmatische Syntax' ihrer Anordnung stärker ineinander zu überführen, eine Konzeption, die in der Lage ist, die ‚Kontinuität der Struktur im historisch-diachronen Wandel der Materialien und ihrer wechselnden Funktionen' zu beschreiben.

Insofern muß neben dem strukturell-narrativen Faktor des ‚mythischen Denkens', durch den die Mytheme – den fünf Vermittlungsmodellen entsprechend – in eine narrative Linie überführt werden können, auch ein diskursiver Faktor eingeführt werden, der den Bezug auf historische Varianten und ihre Evolution zuläßt und die Texte als Bestandteile historischer Diskursformationen ausweist. Die Kritiker des strukturalen Mythenkonzepts haben in der Theorie von Lévi-Strauss selbst dazu in der Regel keine Ansatzpunkte gesehen, was darauf zurückzuführen ist, daß sie implizit stets von einer Zwei-Ebenen-Konzeption ausgingen (mythische Narrationen sind auf mythisches Denken zurückzuführen) und die mittlere Ebene der auch diskursiv zu denkenden Struktur der mythischen Texte somit tendenziell ausgeblendet haben.

Nimmt man an dieser Stelle die Frage nach dem Verhältnis von Narratologie und Diskurstheorie wieder auf, dann scheint es gerade die Diskurstheorie zu sein, die in der Lage ist, historische Phänomene der Textoberfläche zu beschreiben, wendet sie sich doch gerade den Problemen zu,

die die generativen Ansätze der Linguistik und der Semiotik offengelassen haben. Denn Gegenstand der Diskursanalyse ist eben die *Differenz*, die zwischen der linguistischen und semiotischen Regularität einer Aussage und ihrem historischen Auftauchen, das *ein historisches Ereignis ist*, aufklafft.[125]

„Das Objektfeld der Narratologie" ist zwar weiter „als das der historischen Diskursanalyse", „weil sich das Narrative in verschiedenen Diskursformationen auffinden läßt" und „auch kultur- und epochenübergreifend aufzutre-

---

[125] Kolkenbrock-Netz: Diskursanalyse (s. Anm. 32), S. 273.

ten scheint"[126]. Ihr Objektfeld ist aber zugleich enger, weil das Narrative doch ebenfalls „den Bedingungen und Formierungen eines gesellschaftlich institutionalisierten diskursiven Feldes unterliegt"[127]. Dabei folgt aus der auch bei Lévi-Strauss tendenziell anthropomorphen Fundierung der Struktur ein „semiotischer Autonomieanspruch"[128], der „der Semiotik allemal die theoretische Dominanz gegenüber der historischen Diskursanalyse" sichert[129]. Der „narratologische Textbegriff stößt" aber da „an seine Grenzen", wo

die „Textoberfläche" als Ort einer *mehrfachen* historischen Diskursivierung begriffen wird bzw. sich in differente Diskursartikulationen auflöst, welche durch die Artikulation eines narrativen Schemas nur scheinbar kohärenziert werden.[130]

Damit unterliegen dann die narrativen Konzepte wieder der historischen Diskursformation, d.h. sie sind tendenziell „Produkt einer diskursiven ‚Semantisierung', die bis zu einem gewissen Grad aus der Textoberfläche rekonstruierbar ist"[131]. Das bedeutet aber wiederum, daß strukturelle Verfahren der Erzähltextanalyse in diskursanalytische Untersuchungszusammenhänge zu integrieren wären.

Abstrakte Konzepte der narrativen Tiefenebene wie ‚Kultur vs. Natur', ‚Leben vs. Tod', die der Mythenanalyse von Lévi-Strauss entstammen, ließen sich so im Hinblick auf semantische Diskursfelder ‚konkretisieren'.[132]

Gefordert wird damit eine diskurstheoretische Erweiterung der strukturell-narrativen Modelle. Für die Formulierung eines entsprechenden Mythosbegriffs würde das bedeuten, strukturale Verfahren der Erzähltextanalyse in diskursanalytische Verwendungszusammenhänge einzubinden, ohne die Texte allein aus der Selektion und Kombination diskursiver Elemente generieren zu wollen.[133]

Eine literaturwissenschaftliche Mythentheorie, die solche Aspekte berücksichtigt, würde nicht mehr in erster Linie zeigen, wie sich die Struktur des Mythos in den Menschen denkt, sondern wie sich mythische Narrationen in historisch je konkreten diskursiven gesellschaftlichen Formationen ausbilden und mit welchen ebenfalls historisch konkreten sozialen Funktionen dies geschieht. Sie hätte nicht mehr nach einem verborgenen Sinn zu fragen,

---

[126] Ebd., S. 268. – Vgl. auch Annette Runte: Subjektkritische Diskurstheorie. Köln 1982, S. 91: „‚Narration' läßt sich nicht als ‚diskursive Formation' verstehen, denn sie ist in den verschiedensten ideologischen Praxen gleichsam ‚überhistorisch' angesiedelt […], so daß sie […] ein diskursive Mechanismen differenzierender Mechanismus sein müßte."

[127] Kolkenbrock-Netz: Diskursanalyse (s. Anm. 32), S. 268.

[128] Ebd., S. 271.

[129] Ebd., S. 278.

[130] Ebd., S. 277f.

[131] Runte: Subjektkritische Diskurstheorie (s. Anm. 126), S. 93. – Vgl. auch Peter Stockinger: Semiotik. Beitrag zu einer Theorie der Bedeutung. Stuttgart 1983, S. 95-125.

[132] Kolkenbrock-Netz: Diskursanalyse (s. Anm. 32), S. 276.

[133] Vgl. die entsprechende Warnung bei Jürgen Link: Literaturwissenschaft und Semiotik. In: Walter A. Koch (Hg.): Semiotik in den Einzelwissenschaften. Halbbd. II. Bochum 1990, S. 521-564, hier: 530.

sondern nach den entscheidenden diskursiven Isomorphie-Relationen zwischen verschiedenen Bereichen gesellschaftlicher Praxis. Eine Theorie der ,Struktur des mythischen Denkens' wäre mit einer der diskursiven gesellschaftlichen Formation unter der Leitfrage zu verknüpfen, welche Rolle mythische Strukturen bei der Vermittlung zwischen verschiedenen Bereichen gesellschaftlicher Praxis spielen und ob sich an den historischen Texten noch diejenigen gesellschaftlich-ideologischen Konflikte rekonstruieren lassen, deren diskursiven Lösungsversuch sie darstellen.

Die Diskursanalyse muß also „andere Formen der Regelmäßigkeit (régularité), „andere Typen der Beziehung" erfassen als Sinnexegese und strukturale Analyse. Sie muß der Aussage „die Besonderheit eines Ereignisses" wiedergeben, das „seltsame", in gewisser Hinsicht „paradoxe" Züge trägt. Denn einerseits ist es „einzigartig, wie jedes Ereignis", andererseits steht es „der Wiederholung, der Transformation und der Reaktivierung offen". [...] Sie muß „Regeln" definieren, die im Verhältnis zu ihren Manifestationen keine (quasi)-transzendentale Instanz konstituieren; und sie muß „Ereignisse" (Aussagen) isolieren, die gleichzeitig einzigartig, wiederholbar und transformierbar sind, ohne daß die Bedingungen der Wiederholbarkeit/Transformierbarkeit transzendental, ohne daß die Einzigartigkeit der Ereignisse das Ergebnis subjektiver Sinnstiftung wäre.[134]

2.2.4 Diskurstheoretische Erweiterungen

Ein solcher materialer Evolutionsfaktor, wie ihn eine diskurstheoretische Erweiterung des strukturalen Mythenmodells darstellen würde, kündigt sich an einigen Stellen jedoch schon bei Lévi-Strauss selbst an. Nach seinem Modell müßten sich die Mythen (die Texte) durch eine geregelte Abfolge einzelner Transformationsschritte erklären lassen: Semiotisch-narrative Prozesse werden als Effekte anthropologischer Strukturen (mythisches Denken) ausgewiesen, teils sogar bis hin zur Annahme von neurophysiologischen Strukturen, die ihrerseits Konzepte der textuellen Tiefenstruktur generieren (Struktur des Mythos), um schließlich auch die Oberflächenphänomene der Texte (Struktur der Mythen) hervorzubringen und dabei die logischen Operationen der Tiefenstruktur in aktantielle Kategorien zu überführen.
Diese theoretisch gradlinige Richtung des Erklärungsprozesses wird in den Arbeiten von Lévi-Strauss aber dadurch immer wieder gebrochen, daß er einmal von der mittleren Strukturebene quasi ,zurück' zum mythischen Denken vorgeht, andererseits von den Manifestationen der Textoberfläche zur mittleren Ebene der Struktur der Mythen gelangt. Damit fallen Untersuchungsgegenstand und Methode tendenziell zusammen, so daß Morris Freilich nicht ganz unrecht hat, wenn er konstatiert, daß die Lévi-Straussche „method of myth" sich in gewisser Weise als „myth of method"[135] entpuppt.

---

[134] Clemens Kammler: Michel Foucault. Eine kritische Analyse seines Werks. Bonn 1986, S. 80.
[135] Morris Freilich: Lévi-Strauss' Myth of Method. In: Heda Jason/Dimitri Segal (Ed.): Patterns in Oral Literature. Paris 1977, S. 223-249. – Ähnlich bereits bei Derrida in der „Grammatologie" (s. Anm. 43), S. 433.

Doch läßt sich dieser Wechsel der Blickrichtung zugleich als Changieren zwischen strukturell-narrativen und historisch-diskursiven Aspekten des Mythosbegriffs auffassen, so daß die strukturale Mythostheorie eine Leerstelle für diskurstheoretische Überlegungen bereitzuhalten scheint. Thematisiert wird sie allerdings nur gelegentlich und dann auch nur andeutungsweise. So sind für Lévi-Strauss die Gegensatzpaare von Mythemen zwar in jeweils einem Code formuliert: im astronomischen (Sonne vs. Mond), im geographischen (Nord vs. Süd), ökonomischen, soziologischen, im psycho-organischen, analen, oralen usw., wobei „jede dieser Ebenen" eine „ihr eigene Symbolik"[136] besitzt. Wenn zugleich jedoch die Struktur des mythischen Denkens darin besteht, Serien neuer Gegensatzpaare durch Transformation zu generieren, dann wird damit auch die „Pluralität der Codes" zum konstitutiven Bestandteil der mythischen Struktur.

Die mythische Reflexion ist also deshalb originär, weil sie mittels mehrerer Codes arbeitet. Jeder dieser Codes entnimmt einem Erfahrungsbereich latente Eigenschaften, die es erlauben, ihn mit anderen Bereichen zu vergleichen und sie, kurz gesagt, ineinander zu *übersetzen*.[137]

Ein Mythos (als Summe der Varianten) bietet allerdings nicht immer Transformationen durch sämtliche Codes, sondern stets nur einen Ausschnitt des möglichen Spektrums. Aus der Transformationsfähigkeit folgt nicht,

daß alle vorstellbaren oder von der vergleichenden Analyse inventarisierten Codes in allen Mythen gleichzeitig benutzt werden. Zwar ließe sich eine ideale Tabelle der vom mythischen Denken benutzten oder benutzbaren Codes aufstellen, die dem Mythologen einen annähernd ähnlichen Dienst leistete, wie ihn das periodische System der Elemente dem Chemiker erweist. Im Rahmen dieser Tabelle aber trifft jeder Mythos oder jede Mythenfamilie eine Wahl. Die wenigen Codes, mit denen der oder jener Mythos arbeitet, stellen nicht den Gesamtkomplex der bezeugten Codes dar und sind nicht zwangsläufig dieselben wie die, die ein anderer Mythos oder eine andere Mythenfamilie für seine besonderen Zwecke auswählt.[138]

Dieser Code-Begriff, dessen Spezifik in der bisherigen Forschung ebenso übersehen wurde wie zuvor lange Zeit das bricolage-Konzept, scheint also zum einen so etwas wie verschiedene gesellschaftliche Erfahrungs- oder Praxisbereiche selbst zu bezeichnen, zum anderen institutionalisierte Formen der Rede in diesen Praxisbereichen und zugleich – quasi medial – durch sie. Das wird deutlich, wenn Freud und die Psychoanalyse als Beispiel für die erfolgreiche Entzifferung *eines* Codes, des „psycho-organischen"[139], genannt werden. Als Codes werden demnach sowohl die einzelnen Praxisbereiche als auch die in ihnen verankerten institutionalisierten Formen der Rede, d.h. die je speziellen Diskurse, bezeichnet. Bezog sich der Gedanke des ,bricolage' vor allem auf die syntagmatische Kombination von Mythemen zu komplexeren mythischen Narrationen, so wird er hier auf der Strukturebene

---

[136] Lévi-Strauss: Anthropologie II (s. Anm. 43), S. 169.
[137] Ders.: Töpferin (s. Anm. 52), S. 275f.; vgl. auch S. 297.
[138] Ebd., S. 298.
[139] Ebd., S. 297.

des Paradigmas semantischer Oppositionspaare wiederaufgenommen. Diesmal sind es die Codes, die als Rohmaterialien erscheinen, die im Mythos so weiterverarbeitet werden, daß sie in „eine Art Meta-Code" eingehen können, der dann nicht nur die Rede in speziellen Praxisbereichen, sondern auch diese selbst miteinander kurzschließt.

Denn wenn jeder Code eine Art Entzifferungsraster bildet, der auf eine empirische Gegebenheit angewendet wird, so behält der Mythos, der immer mehrere Codes benutzt, von jedem Raster doch nur einige wenige Felder zurück, die er mit in anderen Rastern [also den Rohmaterialien anderer Spezialdiskurse, R.P.] vorweggenommenen Feldern kombiniert. Er erarbeitet so eine Art Meta-Code, den er zu seinem ausschließlichen Werkzeug machen kann.[140]

Die diesem Meta-Code zugesprochene Funktionsweise, Spezialbereiche und ihre Diskurse miteinander zu verkoppeln, mythische Transformationen zu ermöglichen, weist ihrerseits auf Überlegungen hin, die Literaturwissenschaftler im Rahmen diskursanalytischer, speziell symboltheoretischer Überlegungen entwickelt haben. Denn die eigentlich interessante Frage betrifft wiederum die Übergänge: unter literatursoziologischer Perspektive zwischen den Praxisbereichen selbst, unter – im engeren Sinne – textanalytischer Perspektive zwischen ihren diskursiven Elementen. Erstaunlich ist dabei, daß Lévi-Strauss erst in „Die eifersüchtige Töpferin" (1985) die Notwendigkeit gesehen hat, den bis dahin eher unspezifisch benutzten und an die symbolischen Formen der Soziologie erinnernden Symbolbegriff zu einem eher semiotischen und an der diskursiven Ebene der Textorganisation orientierten Begriff zu präzisieren[141], um so die – längst beobachteten – Kopplungen auf die symbolische Verwendung einzelner diskursiver Elemente der Spezialwissensbereiche in anderen Bereichen beziehen zu können. Der Annäherungsprozeß an den Symbolbegriff und die diskursive Ebene der Textstrukturierung, für den die Lévi-Straussche Konzeption immer schon eine ‚Leerstelle' bot, wird vor allem in der folgenden Passage deutlich:

In Le Cru et le cuit (dt. S. 433) habe auch ich hervorgehoben, daß die Interpretation von weit voneinander entfernten und auf den ersten Blick unverständlichen Mythen manchmal mit unmittelbar wahrnehmbaren Analogien zusammenfällt, und zwar ohne Rücksicht auf unsere Muttersprache, im Gebrauch, den wir von den Worten machen. Aber zum Verständnis dieses Phänomens kann man nicht bei einer Definition der Symbolik stehen bleiben, die es auf einen bloßen Vergleich reduzieren würde. Weder die figurative Sprache noch die Metapher, mittels derer sie sich in den meisten Fällen ausdrückt, lassen sich auf einen Bedeutungstransfer zwischen zwei Ausdrücken zurückführen. Denn diese Ausdrücke sind nicht anfangs ungemischt in einer unterschiedslosen Masse enthalten; sie liegen nicht in einem Massengrab, aus dem man nach Gutdünken einen beliebigen Ausdruck exhumiert, um ihn mit einem

---

[140] Ebd., S. 277.

[141] Roland Barthes (Soziologie und Sozio-Logik. Zu zwei neuen Werken von Claude Lévi-Strauss. In: Ders.: Das semiologische Abenteuer [s. Anm. 23], S. 168-180, hier: 175) hatte bereits 1962 – anläßlich der Besprechung von „Das Ende des Totemismus" und „Das wilde Denken" – auf die Möglichkeit einer semiotischen Interpretation des bis dahin eher nicht-terminologisch verwendeten Symbolbegriffs bei Lévi-Strauss hingewiesen.

beliebigen anderen zu verknüpfen oder ihm entgegenzustellen. Der Bedeutungstransfer vollzieht sich nicht von Ausdruck zu Ausdruck, sondern von Code zu Code, das heißt von einer Kategorie oder Klasse von Ausdrücken zu einer anderen Kategorie oder Klasse. Vor allem täte man unrecht, zu glauben, daß eine dieser Klassen oder Kategorien von Natur aus dem Bereich des wörtlichen Sinnes, die andere von Natur aus dem des figurativen Sinnes angehört. Diese Funktionen sind im Verhältnis zueinander austauschbar und relativ.[142]

Daran schließt Lévi-Strauss eine Symboldefinition an:

Was das Symbol betrifft, so bildet es eine Entität, die in einem bestimmten begrifflichen Bereich dieselben syntagmatischen Beziehungen zum Kontext unterhält, wie sie in einem anderen begrifflichen Bereich die symbolisierte Sache zu einem anderen Kontext unterhält. Das symbolische Denken setzt so Ausdrücke in eine paradigmatische Beziehung, deren jeder in besonderer syntagmatischer Hinsicht homolog ist.[143]

Versucht man diese Definition in eine eher semiotisch orientierte Terminologie zu ‚übersetzen‘, dann besteht ein Symbol aus der Verbindung eines in syntagmatischer Richtung zumindest rudimentär expandierten Signifikanten, der sich potentiell ikonographisch realisieren läßt (Bild, Pictura), mit einem – ebenfalls syntagmatisch expandierten – Signifikat (Sinn, Subscriptio), auf das sich die Pictura bezieht.[144] Diskursive Elemente wie einzelne zur Polyisotopie tendierende Symbole stellen daher Formen der Vermittlung zwischen verschiedenen Praxisbereichen und ihren Diskursen dar und tragen somit zu der bei Lévi-Strauss für den Mythos konstitutiven Funktion der Vermittlung von Paradigmen bei.

War aus der Sicht des anthropologisierenden Ethnologen der Bruch zwischen den Paradigmen ‚Natur‘ und ‚Kultur‘ und die damit implizit verbundene Suche nach einer vorgängigen Totalität für die menschliche Existenz konstitutiv, so läßt sich für moderne Gesellschaftsformationen aus sozialhistorischer und, daran anschließend, literatursoziologischer Perspektive mit Marx, Althusser und Gramsci dieser Bruch historisch als de facto vorhandene Form der Arbeitsteilung im weitesten Sinne konkretisieren (die auch kulturelle, künstlerische, ideologische Arbeitsteilung einschließt) bei gleichzeitig ebenfalls zu beobachtenden Versuchen diskursiver Re-Totalisierung. Zu fragen wäre daher, ob bei der Analyse von Diskursformationen in historischer Zeit für die Überwindung von Gegensätzen durch mythische Narrationen nicht diese arbeitsteilige Struktur moderner Gesellschaften näherliegt und theoretisch präziser zu fassen ist als der weit zurückliegende, nur noch in anthropologischen Kategorien denkbare Bruch zwischen ‚Natur‘ und ‚Kultur‘[145], und ob an die Stelle des ‚großen‘ Gegensatzpaares von Lévi-Strauss

---

[142] Lévi-Strauss: Töpferin (s. Anm. 52), S. 307f.
[143] Ebd., S. 325.
[144] Link: Struktur des Symbols (s. Anm. 18), S. 19.
[145] Jürgen Link hat vorgeschlagen, eine Ebene der „Kulturkonstitution" mit fundamentalen Binäroppositionen (Natur/Kultur) von einer Ebene der Arbeitsteilung zu unterscheiden, auf der sich die Gesellschaft zu autonomen Praktiken ausdifferenziert und so jeweils spezifische synchrone ‚Kulturen‘ bildet (Link: Semiotik [s. Anm. 133], S. 539f.). – Eine Anwendung des Mythosbegriffs auf arbeitsteilige Gesellschaftsstrukturen läßt sich zudem historisch dadurch

nicht die konkrete historische Analyse moderner Gesellschaften und der arbeitsteilig von diesen Gesellschaften ausgebildeten Diskurse treten müßte. Nimmt man die Modelle des Ausgleichs von Widersprüchen, wie Lévi-Strauss sie entwickelt hat und wie sie hier rekonstruiert wurden, als ein operationales methodisches Instrumentarium, das über seine ethnologische Konkretisation hinaus anwendbar ist, dann hieße das, diese Modelle mit historischen Diskursformationen zu konfrontieren.

Konnte oben schon gezeigt werden, daß für die verschiedenen Modelle der Vermittlung von Antagonismen nicht zuletzt auch die elementar-literarischen, diskursiven Verfahren konstitutiv sind, dann wird die Notwendigkeit einer diskurstheoretischen Erweiterung der strukturalen Mythostheorie hier noch einmal sinnfällig.

Diese diskursive Ebene der Textstrukturierung haben Literaturwissenschaftler in den letzten Jahren aus verschiedener Perspektive als ein System elementar-literarischer Denk- und Anschauungsformen in Gestalt eines je synchronen Systems von interdiskursiven Elementen einer Kultur beschrieben, „das für die Generierung ihrer sämtlichen Diskurse eine wichtige Instanz darstellt"[146] und aufgrund seiner empirischen Belegbarkeit als kulturell verankertes und verbreitetes Instrument angesehen werden kann. Danach lassen sich in modernen Gesellschaften hochgradig spezialisierte Wissensbereiche voneinander abgrenzen, die relativ geschlossene Spezialdiskurse ausgebildet haben. Diese können ihrerseits als Resultat der ebenso hochgradig spezialisierten Arbeitsteilung unserer Gesellschaft angesehen werden. Die institutionalisierte Rede innerhalb solcher spezialisierter und differenzierter Wissensbereiche, die stets an (mögliche) Handlungen geknüpft ist, bei der es besonders legitimierte Sprecherpositionen gibt, und deren Rede wiederum eng mit Machteffekten verkoppelt ist, läßt sich im Anschluß an die Analysen von Michel Foucault als je spezifischer Diskurs verstehen. Bilden die verschiedenen, zuerst einmal als relativ eigenständig verstandenen Reproduktionszyklen einer Gesellschaft also eigene Praktiken und somit auch eigene Diskurse aus, so muß es zur Verständigung über die Grenzen der Spezialdiskurse hinweg, z.B. in den Medien, aber auch Diskurselemente der Allgemeinverständlichkeit geben, die in allen Spezialdiskursen anzutreffen sind und Übergänge zwischen ihnen ermöglichen. Solche integrierenden Diskurselemente können aber nicht einem auf gleicher Ebene angesiedelten Integrationsdiskurs mit eigener Materialität einfach entlehnt werden, sie entstehen vielmehr erst dadurch, daß Spezialdiskurse zum struk-

motivieren, daß in antiken Mythologien die Götter jeweils arbeitsteilige Spezialbereiche repräsentierten. – Vgl. dazu Odo Marquard: Lob des Polytheismus. In: Hans Poser (Hg.): Philosophie und Mythos. Ein Kolloquium. Berlin/New York 1979, S. 40-58, hier: 53f. sowie Pierre Bourdieu: Sozialer Raum und ‚Klassen'. Leçon sur la leçon. Zwei Vorlesungen. Frankfurt/M. 1985, S. 53; ders.: Die feinen Unterschiede. Kritik der gesellschaftlichen Urteilskraft. 2. Aufl., Frankfurt/M. 1988, S. 731.

[146] Jürgen Link: Elementare narrative Schemata in der Boulevardpresse. In: Rolf Kloepfer/Karl-Dietmar Möller (Hg.): Narrativität in den Medien. (Papiere des Münsteraner Arbeitskreises für Semiotik, papmaks 19 und MANA, Mannheimer Analytika, Mannheim-Analytiques 4/1985). Münster/Mannheim 1986, S. 209-230, hier: 215.

turierenden Medium anderer Spezialdiskurse gemacht werden, d.h. durch das genuin literarische Verfahren der Symbolisierung. Dabei lassen sich relativ stabile Teilstrukturen mit statistischer Signifikanz auch empirisch festmachen, z.B. kollektiv produzierte und verwendete Symbole wie ‚Deich/Flut‘, ‚Organismus‘, ‚Körper‘, ‚Schiff‘ usw., die zwar einzelnen Spezialdiskursen entstammen, aber in verschiedensten Diskursen durch verschiedenste soziale Träger symbolisch verwendet werden können. Sie verbinden somit gesellschaftliche Praxisbereiche miteinander und schließen sie an Alltagserfahrungen an. Die Gesamtheit dieser Redeelemente ließe sich dann als der „kulturelle Interdiskurs"[147] einer Gesellschaft verstehen.[148] Die symbolische Relationierung via des kulturellen Interdiskurses geschieht aber nicht wertfrei, in einem ideologisch neutralen Raum, sondern stets unter einer bestimmten, wertenden Perspektive, die sich als die jeweils innerhalb des synchronen Beziehungsgeflechts der Kollektivsymbole und sonstigen Interdiskurselemente eingenommene *Diskursposition*[149] bestimmen läßt. Daraus ergeben sich zwischen verschiedenen solchen Positionen entsprechende ‚Frontverläufe‘, wie sie schon in dem Symbolpaar von ‚Deich/Flut‘ deutlich markiert sind (vgl. 3.1.1).

Aus dieser Perspektive betrachtet, müssen die Diskurse von der Achse der Arbeitsteilung her konstituiert werden: von massenhaften Praktiken des Alltags (Ökonomie, Industriekultur, elementare Sozio-Kultur usw.) zu Spezialdiskursen (naturwissenschaftlichem, ökonomischem, ästhetischem usw.), von da zu interdiskursiven Formen (Kollektivsymbolen, Charaktermerkmalen, Mythen usw.) und schließlich zu institutionalisierten Interdiskursen wie Religion oder Literatur. „Man kann also allgemein sagen, daß literarische Diskurse wichtige Elemente ihrer Struktur aus dem" *Interdiskurs* „beziehen, die sie dann weiter ‚verarbeiten‘: z.B. indem sie Symbole in Handlungen versetzen und so Mythen konstruieren"[150]. Erst über die interdiskursive Form und die darin bezogene Diskursposition können die Diskurse auf eine Achse sozialhistorischer Stratifikation bezogen werden, um Aussagen über ihre Trägerschaft zu treffen. Solche „diskursiven Positionen verfestigen sich besonders dann, wenn ganze Ketten von" paradigmatisch austauschbaren

---

147 Zum Begriff vgl. Jürgen Link/Wulf Wülfing: Einleitung. In: Dies.: Bewegung (s. Anm. 63), S. 7-14, hier: 8f.

148 In erstaunlich paralleler Weise nähert sich aus soziologischer Perspektive auch Pierre Bourdieu (Die feinen Unterschiede [s. Anm. 145]) mit seinem Konzept des „sozialen Raums" (S. 732) dem Begriff des ‚Interdiskurses‘. So spricht er von einem „Netz als einer Art Matrix aller *Gemeinplätze*" einer sozialen Ordnung (S. 731), das in „scheinbar formalen Gegensätzen" (S. 731), die untereinander austauschbar sind (S. 733), „bipolar" (S. 732) organisiert ist und „als getreues Abbild der historisch ausgebildeten und erworbenen Kategorien gelesen werden" kann, „die das Denken aller einer Sozialwelt zugehörigen und durch sie geformten Subjekte" organisieren (S. 732).

149 Diskursive Positionen lassen sich nach Link (Über Kollektivsymbolik im politischen Diskurs und ihren Anteil an totalitären Tendenzen. In: kultuRRevolution, Nr. 17/18 [1988], S. 47-53, hier: 48) als „eine bestimmte, relativ kohärente Verwendungsweise des Systems" der Interdiskurselemente verstehen.

150 Jürgen Link: Kollektivsymbolik und Mediendiskurse. In: kultuRRevolution, Nr. 1 (1982), S. 6-20, hier: 7.

interdiskursiven Elementen, z.B. „*ganze Ketten von Symbolen* in Opposition treten"[151], womit sich die Frage „nach den fundamentalen semantischen Relationen des Kollektivsymbolsystems (sysykoll) als Ganzen" stellt. Link geht davon aus,

daß innerhalb des Ensembles von Kollektivsymbolen bestimmte Serien existieren, deren Glieder in hohem Maße austauschbar sind, z.B. alle *Maschinen*, alle *technischen Vehikel* (z.B. *Auto* und *Flugzeug*), alle *Subjekt-Körper* (z.B. *Mensch* und *Kuh*). Nennen wir solche Serien symbolische Paradigmen, so läßt sich weiter annehmen, daß die fundamentalen semantischen Relationen des Gesamtsystems möglicherweise mit den Relationen zwischen den wichtigsten Paradigmen zusammenhängen. [...] Ferner repräsentieren die symbolischen Paradigmen Spezialdiskurse: naturwissenschaftlich-technologische, normalisierend-gesellschaftswissenschaftliche, kompensatorisch-geisteswissenschaftliche (also interdiskursiv-dominierte). Auf diese Weise bringt das Symbolsystem assoziativ stets das Wissen dieser Diskurse ins Spiel und integriert es dabei auf seine spezifische Weise.[152]

Durch die Paradigmen wird so die „Diskursstruktur" der entsprechenden Gesellschaft auch in der elementaren Literatur des Interdiskurses repräsentiert. Als fundamentale paradigmatische Spezialdiskurse moderner Industriekulturen ergeben sich dann vor allem naturwissenschaftliche, humanwissenschaftliche und interdiskursiv dominierte Diskurse, z.B. Literatur, Philosophie und Religion.[153]

Die Ambivalenz der mit den Interdiskurselementen verbundenen Wertungen ermöglicht die Kodierung verschiedenster Ereignisse/Zyklen mittels des Kollektivsymbolsystems. „Die Kodierung der Ereignisse", d.h. das Generieren von Texten durch das Symbolsystem, „erfolgt durch ‚gestreute' Selektion einzelner Kollektivsymbole aus den wichtigsten *Paradigmen*", indem das Symbolsystem „Äquivalenzserien ‚quer' durch die Paradigmen bildet und diese mit Äquivalenzserien durch die Ereignisse koppelt".

Vor allem aber können, da das Gesamtsystem durch die seriellen Analogien ein festes, isotopes ‚Raster' bildet, *Katachresen* (Bildbrüche) generiert werden.

Diese „mäanderhafte, zickzackartige Integrationsbewegung des Diskurses zwischen den symbolischen Paradigmen" ist für Jürgen Link „die wohl entscheidende elementar-literarische Struktur", da „der Katachresenmäander Rudimente symbolischer Narrationen generiert", die man „als ‚Halbfabrikate' für *Mythen* und *literarische Narrationen* auffassen"[154] kann. Versteht man Mythen als „Narrationsschemata zum Zweck sozialer Integration bzw. Praktiken-Integration"[155] zwischen solchen katachresenhaft gebildeten Paradigmen, dann sind auch sie unter die interdiskursiven Formen zu rechnen.

---

[151] Ebd., S. 12.
[152] Ders.: Isotope (s. Anm. 59), S. 39ff.
[153] Vgl. aus kulturtypologischer Sicht: Charles Percy Snow: Die zwei Kulturen. Literarische und naturwissenschaftliche Intelligenz. Stuttgart 1967.
[154] Link: Isotope (s. Anm. 59), S. 40-42; ders.: Faust II, gelesen als Katachresenmäander der europäischen Kollektivsymbolik. In: kultuRRevolution, Nr. 3 (1983), S. 51-56.
[155] Ders.: Elementare Literatur (s. Anm. 31), S. 19.

44

2.3 Narrative und diskursive Aspekte des Mythosbegriffs

Jürgen Link hat am Beispiel der Analyse von Texten der ‚Bild-Zeitung'
einen Mythosbegriff formuliert, der die aufgezeigten Aspekte zu berücksichtigen versucht, indem er die Mythosdefinition von Lévi-Strauss in allge-
meinster Form aufgreift und sie durch diskurstheoretische Überlegungen ergänzt.[156]

Unter ‚Mythos' versteht er eine Gesamtstruktur narrativer Elemente, die
Helden und Handlungen auf der Basis eines Systems von Paradigmen-Korrelationen dieser Elemente einander zuordnet. Diese Narrationen sind in
der Regel symbolisch und dominant paradigmatisch konstituiert, d.h. die semantischen Merkmale, die die Paradigmen konstituieren und die häufig
identisch sind mit kulturell dominanten Konzepten bzw. mit den Ideologemen bestimmter sozialer Träger, werden durch Symbole überdeterminiert.[157]
Kollektivsymbole erscheinen dabei teils als Aktanten, teils als Prädikate.
Einzelne narrative Sequenzen können in syntagmatischer Richtung durch
die Aufnahme weiterer Inhaltselemente zu komplexeren Narrationen expandieren. Diese Expansion wird ergänzt durch eine zweite in paradigmatischer Richtung, zu verstehen als „eine potentielle Akkumulation von Konnotationen, die das einzelne" Element „‚vielstimmig' machen", wobei es vor
allem die Kollektivsymbole sind, durch die die Narrationen symbolisch lesbar werden.[158] Dabei lassen sich sämtliche Elemente einer solchen Narration
einer relativ geringen Zahl von Paradigmen zuordnen, die man als Ketten
bzw. Äquivalenzklassen von Kollektivsymbolen, narrativen Stereotypen
und elementar-ideologischen Wertentscheidungen verstehen muß. Die einzelnen Elemente solcher Paradigmen sollen, sofern sie für die Konstitution
eines Mythos von Wichtigkeit sind, als ‚Mytheme' bezeichnet werden (das
können einzelne Metaphern und Symbole, Ideologeme, kulturell dominante Konzepte, Charaktermerkmale usw. sein, aber auch Versatzstücke institu-
tionalisierter Literatur oder die Applikation klassischer Mythen wie etwa
‚Prometheus' oder ‚Siegfried'). Solchermaßen konstituierte Paradigmen
weisen – der Struktur des Katachresenmäanders entsprechend – eine diskon-
tinuierliche, teils konnotative, polyisotope Bildebene auf, denn schon im System der interdiskursiven Elemente sind Phänomene der Reproduktionszyklen verschiedenster gesellschaftlicher Praxisbereiche imaginär kodiert.
Das Symbolsystem generiert nun Aussagen und Texte, indem es Äquivalenzserien quer durch die Paradigmen bildet und sie mit Äquivalenzserien durch
die (historischen) Ereignisse koppelt, wobei in der Regel kein Zusammenhang zwischen den Fakten syntagmatischer Art bestehen muß, sondern nur
Zusammenhang aufgrund der symbolischen Struktur.

---

[156] Vgl. zum folgenden: Ders.: Schemata (s. Anm. 146), S. 225-229.
[157] Vgl. auch Link: Konvergenz (s. Anm. 38), S. 225f., wo er von einem doppelten Lexikon von einerseits Kollektivsymbolen, Metaphern und Metonymien, andererseits Ideologemen spricht.
Danach sind Kollektivsymbole generelle *formale* diskurskonstituierende Mittel, Ideologeme generelle *materiale* Diskurskonstituenten.
[158] Link: Schemata (s. Anm. 146), S. 213.

Beispielhaft kann diese elementar-literarische Konstitution mythischer Narrationen an einigen Texten von Friedrich Lienhard verdeutlicht werden. Im Aufsatz „Unser Zeitalter", in dem es darum geht, ein operationales Instrumentarium zur Scheidung von idealistischen und materialistischen Kulturepochen zu gewinnen, heißt es:

Aber doch gibt es Epochen, die man, im ganzen, Epochen des Idealismus nennen darf; und wiederum arbeitsame Epochen, die nicht von den Antrieben genialen spirituellen Erlebens, sondern von der äußeren Beobachtung ihre Richtlinien entnehmen. Dort herrscht die Inspiration, die Idee, das Ideal; hier die Methode. Dort ist stark und sicher entwickeltes Innenleben, Gemütskräfte, Persönlichkeit, Primat des Geistes; hier sind wesentlich mitbestimmend das Triebleben und die sozialen Bedürfnisse der Gattung. Während dort im Gemütsgrunde Bejahung, Gläubigkeit, Schöpferfreude das Herrschende sind, ist hier Analyse und Untersuchung vorwaltend. Und während dort alles nach Harmonie drängt, weil in den Seelen selber Harmonie ist: klingt hier immer etwas wie Frage und Dissonanz hindurch. Im ersteren Zeitalter gedeihen ganz besonders Philosophie, Musik, Poesie; im letzteren Technik, Industrie und Naturwissenschaft.[159]

Sind hier in syntagmatischer Sicht die Oppositionspaare und in paradigmatischer Hinsicht die Äquivalenzketten elementar-literarischer Elemente schon deutlich erkennbar, so ordnet Lienhard sie wenige Zeilen später selbst zu zwei antagonistischen Paradigmen an, aus deren Verknüpfung sich eine ganze Reihe von Narrationen generieren ließe:

Das sind nur einige allgemeine Gesichtspunkte. Aber wir dürfen hier schon folgendes Schema aufstellen:

I. Idealismus:	II. Materialismus:
Einheit	Vielheit
Synthese	Analyse
Universalismus	Spezialismus
Philosophie	Naturwissenschaft
Glaube	Zweifel
Liebe	Sinnlichkeit
Humanität	Sozialismus
Seelen-Gesundheit	Nerven-Differenzierung
Götter und Geister	Atome und Bazillen
Heldentum	Kleinbürgertum
Gestaltet das Wesenhafte	Schildert das Detail.[160]

Ferner muß für mythische Narrationen nun gelten, daß Korrelationen zwischen zwei oder mehr solcher Ketten von Oppositionspaaren bestehen (wobei die Opposition sowohl auf der Ebene der einzelnen Binäroppositionen als auch auf der Ebene ganzer Katachresenmäander, ganzer Äquivalenz-

---

[159] Friedrich Lienhard: Unser Zeialter. In: F.L. Gesammelte Werke in drei Reihen. Dritte Reihe: Gedankliche Werke in sechs Bänden. 1. Bd., Stuttgart 1926ff., S. 25-44, hier: 36f. Die Texte Lienhards werden im folgenden nach dieser Ausgabe zitiert. Römische Ziffern geben die Reihe, arabische den Bd. in der Reihe an.

[160] Ebd., S. 37.

klassen gedacht werden muß)[161] und mindestens ein Element des symbolischen Bildes in einen Aktanten transformierbar ist, der strukturell als ‚Trickster' fungiert, für einen potentiellen semantischen Chiasmus steht und Teil einer stabilen Konfiguration ist. Die Handlungen des mythischen Helden stellen sich dabei nicht als isomorphe Abbildung realer Prozesse dar, sondern als Transformationshandlungen auf der Basis der Oppositionsparadigmen. Sie sind also entscheidend durch die mythischen Oppositionen organisiert.

Die in Lienhards Text vertikal zu Ketten und horizontal zu Oppositionspaaren verbundenen elementaren Ideologeme können daher in einem weiteren Schritt mit mythischen Aktanten verbunden werden, z.B. solchen aus der Geschichte. In einem Vortrag zur Frage „Was ist deutscher Idealismus?" schreibt er:

Als sich [...] – 1807 – zu Tilsit Königin Luise und Napoleon Bonaparte gegenüberstanden, berührten sich zwei bedeutsame Kräfte: in der Königin der Deutschen ein gemütswarmer Idealismus, im Franzosenkaiser ein großzügiger Brutalismus. Dem Tage von Tilsit folgten die Tage von Leipzig und Waterloo; mit ihrem Schiller im Herzen und im Tornister fochten die Freiheitskrieger; als dort im Schauspielhause zu Berlin Dunois in der Jungfrau von Orleans die Worte zu sagen hatte: „Nichtswürdig ist die Nation, die nicht ihr Alles freudig setzt an ihre Ehre", erhob sich die ganze Zuhörerschaft, und minutenlange Begeisterung brauste zur Bühne empor; der Marseillaise vom Westen antwortete nun vom Osten her das Lied von Lützows wilder verwegener Jagd; auf dem Montmartre (30. März 1814) sprach Blücher das Wort: „Luise ist gerächt"; und am Felsen von Sankt Helena wurde der Genius der Revolution angeschmiedet, nachdem er sein Werk getan hatte: nachdem Europa aus absolutistischem Schlummer aufgestört war.

Das ist die Blickweite, aus der wir unseren Gegenstand betrachten wollen. So werden immer wieder Zerstörungskraft und Erlösungskraft, Zweifel und Glaube, Verneinung und Bejahung, Dissonanz und Harmonie – und wie sonst die Gegensätze heißen mögen, in furchtbarem und fruchtbarem Wechselspiel miteinander ringen. So werden auch Idealismus und Materialismus immer wieder einander ablösen und einander ergänzen.[162]

Der letzte Absatz dieses Zitats enthält schon eine ganze Reihe von narrativen Vermittlungskonzepten (furchtbar/fruchtbar; Wechsel vom Besiegten zum Sieger, vom Sieger zum Besiegten, von Napoleon zu Prometheus usw.), die in anderen Texten Lienhards (vgl. Kap. 4.4) auch in Handlungen weiterer historischer Personen überführt werden.

Ein komplexer moderner Mythos (als Summe einer ganzen Reihe solcher ‚gleichberechtigter' mythischer Narrationen) ist somit als ein System von Paradigmen-Korrelationen narrativer Elemente zu verstehen und interpretierbar als Instrument der Vermittlung zwischen kulturell als bedrohlich empfundenen, im ‚Leben' nicht integrierbaren Gegensätzen. Unter funktiona-

---

[161] Die Summe der unter einem Paradigma subsumierten Kollektivsymbole und interdiskursiven Elemente ist dabei in etwa dem vergleichbar, was Lévi-Strauss die „Blätterstruktur" des Mythos genannt hat.

[162] Friedrich Lienhard: Was ist deutscher Idealismus? In: Werke, III, 1, S. 3-24, hier: 4f.

lem Aspekt erscheinen Mythen somit als Narrationsschemata zum Zweck sozialer Integration. Widersprüche auf syntagmatisch-kausaler Ebene werden ausgeblendet, weil die Äquivalenzen auf paradigmatisch-symbolischer Ebene völlig dominieren.

Solche Integrationseffekte sind im Mythos noch wesentlich stärker als in anderen Narrationen, die nur via des Symbolsystems integriert werden, denn hier wird eine zusätzliche Instanz durchlaufen: Integriert bereits das Symbolsystem selbst innerhalb der einzelnen Paradigmen soziale Praxisbereiche und ihre Spezialdiskurse, so steht der mythische Trickster-Held mit seinen Transformationshandlungen zwischen den Paradigmen für einen weiteren, potentiellen semantischen Chiasmus. Dies zumal in einer Kultur, die sich gleichzeitig auf die zentrale ideologische Kategorie eines geschlossenen Ich-Subjekts gründet und somit durch eine generelle Bereitschaft, Personen als ganzheitliche Totalitäten zu denken, gekennzeichnet ist und die ihrerseits wieder nicht zuletzt durch Applikation literarischer Interdiskurselemente erzeugt sein kann. Aufgrund der ideologischen Kategorie des Ich-Subjekts erscheinen mythisierte historische Figuren per se als ‚Verknüpfungsmaschinen‘.

Lassen sich moderne Mythen auch als „Systeme von Paradigmata-Korrelationen narrativer Elemente auffassen“, so spielen doch „die semantischen Merkmale, die die Paradigmen konstituieren (z.B. natürlich vs. kulturell, privat vs. politisch, bürgerlich vs. aristokratisch, statisch vs. dynamisch, zentral vs. exzentrisch usw.) eine wichtige Rolle. Solche Seme“ sind „häufig identisch mit kulturell dominierenden Konzepten bzw. mit Ideologemen bestimmter sozialer Träger“ und „spielen auch in der Struktur von Kollektivsymbolen eine Rolle“[163]. Vor der Bismarckschen ‚Kulturrevolution‘ ist etwa das kulturelle Konzept „Dichter und Denker“ für Deutschland dominant. Symbolisch umgesetzt wird es im System der interdiskursiven Elemente beispielsweise durch die Symbole ‚Wald‘, ‚Tiefe‘ und ‚Boden‘. ‚Mythisierung‘ und ‚Ideologie‘ stehen somit zwar insofern in Zusammenhang, als Mytheme und Ideologeme gemeinsame Paradigmen konstituieren, sind aber nicht als identische Phänomene aufzufassen, da Ideologeme zwar Bestandteile der Paradigmenketten sind, aber erst durch die spezifische Weiterverarbeitung in Form einer Vermittlung zwischen verschiedenen Paradigmen Mythen konstituieren.

2.4 Mythos – Ein Definitionsversuch

Die Mythisierung einer historischen Figur läßt sich somit verstehen als Verkettung von Mythemen zu Paradigmen, zwischen denen Aktanten Handlungen der Vermittlung ausführen. Die narrativen Verfahren der Textstrukturie-

---

[163] Jürgen Link: Von Projekt zu Projekt. Nr.: D6/79-2 (unveröffentlichtes Diskussionspapier).

rung selektieren dabei immer wieder entsprechend geeignete Episoden aus der Biographie der jeweiligen Person danach, ob sie sich nach narrativen Topiken wie Zyklik, Wiederkehr usw. anordnen lassen. Die diskursiven Verfahren dienen der Verkettung einzelner semantischer Elemente zu Paradigmen und der Vermittlung zwischen ihnen. In einer Kurzfassung ergibt sich als strukturfunktionale Mythos-Definition:

Mythische Narrationen sind symbolisch, dominant paradigmatisch konstituierte Narrationen mit diskontinuierlicher, teils konnotativer, polyisotoper Bildebene und zugleich mit stabiler Konfiguration; mit Korrelation zwischen zwei oder mehr Oppositionsparadigmata und mit Transformationshandlungen auf Basis der Oppositionsparadigmata.[164] *Mythisierung* ist somit, sofern historische Figuren als Aktanten selektiert werden, ein „Prozeß historiographischer Totalisierung auf semantischer Basis" mit der Grundfunktion der „Integration verschiedener Sektoren der Kultur"[165]. „Als Verfahren" bzw. „Artikulationsform gehört" der Mythos daher „dem jeweiligen gesellschaftlichen Interdiskurs an".[166]

Eine solche Definition versucht diejenige von Lévi-Strauss (inklusive der oben beschriebenen Verfahren der Vermittlung) in diskurstheoretische Überlegungen zu integrieren. Interessant ist nun unter literaturwissenschaftlicher Perspektive die Frage nach der Struktur der vermittelnden Paradigmen selbst sowie ihrer jeweiligen gesellschaftlichen Funktion, wie sie für die Bismarck-Mythisierung in Kap. 3 erfolgt.

2.4.1 Quasi-mythische Narrationen

Als ‚Quasi-mythische-Narrationen' sollen im Gegensatz zum Vorherigen historische Analogien bezeichnet werden. Sie stellen strukturell nichts anderes als narrative Expansionen der Paradigmen dar. Unter einem paradigmatischen Katachresenmäander der Symbole wird dabei allerdings nicht nur ein aktuelles Ereignis als ‚Sinn' kodiert, sondern zusätzlich mindestens ein analoges (symbolisch äquivalentes) historisches Ereignis. Auch die historische Argumentation entpuppt sich damit als wesenhaft symbolisch. ‚Quasi-mythisch' kann sie genannt werden, weil zwar zwei oder mehrere historische Ereignisse oder Figuren integriert werden, aber nur ein einziges symbolisches Paradigma für die jeweils zusammengehörigen Figuren zugrunde liegt.[167]

Im folgenden Textbeispiel werden auf diese Weise Luthers Konflikt mit dem Kaiser, die Situation des Götz von Berlichingen und Bismarcks Entlassung subsumiert, parallel dazu zugleich eine zweite Paradigmenkette der drei Kaiser (Karl V., Maximilian I., Wilhelm II.) etabliert:

---

[164] Vgl. Link: Schemata (s. Anm. 146), S. 225.
[165] Ders.: Konvergenz (s. Anm. 38), S. 239.
[166] Vgl. Kolkenbrock-Netz: Wissenschaft (s. Anm. 16), S. 217, Anm. 22.
[167] Vgl. Link: Schemata (s. Anm. 146).

Es ist ein *Persönlichkeitskampf*, wie ihn die Geschichte so anhaltend noch nicht gesehen hat; ein Kampf, wie ihn gerade die *deutsche* Geschichte liebt: auf der einen Seite ein einziger Mann und auf der anderen die ganzen Hof- und Amtsprotzen; Götz, Luther, Bismarck haben denselben Strauß mit den „Kaiserlichen"; auf der einen Seite die steife Machtwürde des Amts, auf der anderen die natürliche Frische einer freien Natur, dort ein schwervermahnender Ernst, hier das leichte Gewissen, dort die staatshochweisen Ankläger in güldenen Amtsketten, hier der quecksilberne Mutterwitz, dort der Büttel, hier der Buckel, an dem er hinaufsteigen kann, dort endlich Acht und Bann, hier ein „Daröwer"-Lachen, daß es durch die Wälder schallt, dort entsetzte Hofgesichter, hier der helle Jubel des Volks, das seinen bedrohten Helden wie eine lebende Mauer umringt. Götz, Luther und Bismarck, es ist derselbe Holz- und Menschenschlag; um ihren Charakter spielt das Schicksal mit denselben Launen, wie der Wind an den Eichen mit denselben Blättern; ob sie nun zusammen oder 300 Jahre von einander getrennt stehen, ist ganz gleichgiltig; es ist derselbe Baum, der aus den Tiefen der Geschlechter so getreu nachwächst, wie aus dem deutschen Grund und Boden. Das Volk erkennt seine Landsmannschaft, seine innerste Natur in diesen Gebildeten wieder und hält zu ihnen und liebt und verteidigt sie; denn es hält stets mit „dem Einen" gegen alle, mit der Freiheit gegen die Gewalt, mit der Natur gegen alle verkrüppelnde Unnatur.[168]

Die Figuren Luther, Götz und Bismarck werden einer Paradigmenkette zugesprochen, die aus den Elementen „Einzelner gegen Alle", „natürliche Frische", „freie Natur", „leichtes Gewissen", „quecksilberner Mutterwitz", „Daröwer lachen", „Wälder, Baum, Eiche", „Volk", „Freiheit", „Natur" besteht. Die drei Kaiser verbindet ein Paradigma aus „Hof- und Amtsprotzen", „steife Machtwürde des Amts", „schwervermahnender Ernst", „Acht und Bann", „entsetzte Hofgesichter", „Gewalt", „verkrüppelnde Unnatur". Vermittlungen und Übergänge zwischen beiden Paradigmenketten (z.B. zwischen „freier Natur" und „Unnatur", „Freiheit" und „Gewalt" usw.) finden jedoch nicht statt. Steht eine zur Analogie herangezogene historische Figur aber bereits für eine mythische Vermittlung (etwa Luther für die Vermittlung von ‚geistigem Führerprinzip' und ‚Volksnähe'), dann kann die genealogische Reihe im letzten Glied, hier Bismarck, implizit mit dieser mythischen Struktur beerbt werden und somit doch wieder Paradigmen vermitteln, d.h. zur mythischen Trickster-Figur werden.

2.5 Synchrone Mythensysteme und Konfigurationen

Die historischen Analogien, wie sie durch solche quasi-mythischen Narrationen produziert werden, können unter diachronem Aspekt als *genealogische Reihen*, unter synchronem als *Filiationen* einer Figur aufgefaßt werden und machen die funktionale Äquivalenz und damit Austauschbarkeit von mythischen Figuren deutlich.

---

[168] Max Bewer: Bismarck und der Kaiser. Dresden 1895, S. 151.

Eine andere Strukturdimension für komplexere mythische Konfigurationen bestände in den Relationen zwischen Figuren, die in Opposition zueinander stehen; struktural formuliert, die innerhalb einer Konfigurationsmatrix[169] verschiedene Positionen einnehmen. Ein prägnantes Beispiel für ein solches System mythisierter Figuren bietet ein Werbetext für Rudolf Huchs Essaysammlung „Mehr Goethe!"[170]:

> Mehr Goethe! Weniger Nietzsche!
> Abrechnung mit der Moderne!
> Gegen das Berlinertum in der Literatur!
> Gegen die Überweiber!
> Für Goethe und Gottfried Keller, Luther
> und Bismarck und für die deutsche Art.[171]

Lassen sich mythische Helden oder Aktanten als solche „Positionen oder Orte" „einer mythischen ‚Figuration'"[172] auffassen, „die durch spezifische semantische Elemente (Mytheme) gekennzeichnet sind und mit konkreten (historischen) Figuren besetzt werden", dann ergibt sich daraus die Notwendigkeit, das System solcher Positionen in bezug aufeinander (Oppositionen, Kombinationen) zu untersuchen. Gegenstand ist dann die Analyse eines oder mehrerer miteinander konkurrierender synchroner Mythensysteme, ihre Verkettung durch die Bildung von synchronen Filiationen und diachronen Genealogien[173] sowie die Deskription diachroner Abfolgen solcher Mythensysteme.[174] Die Konfiguration mythisierter historischer Figuren darf aber – trotz partieller Überschneidungen – nicht mit der ebenfalls synchronen Ordnung der mythischen Narrationen selbst verwechselt werden, die zur Unterscheidung in ihrer Gesamtheit als ‚Mythologien' (antike Mythologie, germanische Mythologie usw.) bezeichnet werden sollen.[175] Mythischen Konfigurationen können die Form von Dramenkonstellatio-

---

[169] Den Begriff entwickelt Jürgen Link in: Zur Theorie der Matrizierbarkeit dramatischer Konfigurationen. Am Beispiel des Einakters *Die Probe* (L' Epreuve) von Marivaux. In: Aloysius van Kesteren/Herta Schmidt (Hg.): Moderne Dramentheorie. Kronberg/Ts. 1975, S. 193-219.

[170] Rudolf Huch: Mehr Goethe. Leipzig/Berlin 1899.

[171] Der Werbetext befindet sich auf dem rückwärtigen Umschlag von Friedrich Lienhards Streitschrift „Neue Ideale" (Gesammelte Aufsätze v. F.L. Leipzig/Berlin 1901. Exemplar des Deutschen Literaturarchivs Marbach/N.).

[172] Zum Begriff der ‚Figuration' vgl. Pierre Macherey: Zur Theorie der literarischen Produktion. Studien zu Tolstoij, Verne, Defoe, Balzac. Darmstadt 1974. – Auch Jürgen Link (Literaturwissenschaftliche Grundbegriffe. Eine programmierte Einführung auf strukturalistischer Basis. 2. Aufl., München 1979, S. 290) sieht es als Kennzeichen mythischer Texte an, daß „reale Individuen als Konfiguration abgebildet" und „soziale Träger (z.B. Nationen) anthropomorph wiedergegeben" werden. „Die Handlung bildet meistens nicht reale Prozesse isomorph ab, sondern ist entscheidend durch mythische Oppositionen (z.B. ‚stürmische Jugend' vs ‚volles Mannesalter' vs ‚Weisheit des Alters') organisiert."

[173] Lévi-Strauss spricht davon, daß sich die Mythen nie als isolierte Gegenstände darstellen: „Der einzige konkrete Gegenstand, der sich dem Forscher darbietet, hat die Form eines *Mythenfeldes*, dessen Umfang, Grenzen und innere Struktur zunächst einmal bestimmt werden müssen [...]" (Versprechen [s. Anm. 54], S. 81f.).

[174] Diesen Fragestellungen wird ausführlich nachgegangen in: Wülfing/Bruns/Parr (s. Anm. 28).

[175] Vgl. Link: Grundbegriffe (s. Anm. 172), S. 86.

nen[176] haben, in denen verschiedene historische Figuren gegensätzliche Positionen einnehmen und die Matrix in ihrer Gesamtheit eine Totalität darstellt, die in der Lage ist, alle relevanten Charaktere der Figuren aus einem gemeinsamen Set semantischer Merkmale zu generieren. Verschiedene Positionen können dabei immer nur innerhalb des Spielraums der Matrix eingenommen werden. Auch solche Konfigurationen – verstanden als Positionierung von Aktanten innerhalb eines binär strukturierten Sets von Charaktermerkmalen – lassen sich insofern als Projektion binärer Paradigmen auf Syntagmen zurückführen, als „einzelne Handlungen selektive Oppositionen aus dem Paradigma realisieren".[177]

Innerhalb der Matrix ist eine positiv gewertete mythische Figur in der Regel Zeugnis für eine gelungene Vermittlung von Extremwerten bzw. miteinander konkurrierenden semantischen Merkmalen, während alle anderen Figuren auf den Extrempositionen der Matrix zurückbleiben und damit ‚einseitige' Charaktere darstellen. Typische Matrizen von Charaktermerkmalen stellt das bürgerliche Interaktions-Drama Schillerscher Prägung bereit. Die an Hand der Personen der Schillerschen Theaterstücke konstruierbare Matrix[178] läßt sich unter dem hier interessierenden Aspekt als eine „bereits fixierte Narration" verstehen, in die aktuelle Ereignisse „eingerückt"[179] werden. Schillers dramatische Konfiguration kann auf diese Weise im 19. Jahrhundert zum Anschauungsschema für Geschichte werden. So kann für Bismarck mal die Wallenstein-Position zwischen ‚Herz' und ‚Kalkül', mal die des Goetheschen Faust („Zwei Seelen wohnen, ach! in meiner Brust") benutzt werden.

Sind es mehrere historische Figuren, die über die Applikation solcher Dramenkonstellationen zueinander in Beziehung gesetzt werden, dann sind synchrone Mythensysteme wiederum als Dramenkonstellationen abbildbar. Sehr deutlich läßt sich etwa für die Zeit der napoleonischen und anschließenden Befreiungskriege zeigen, wie Napoleon I., Königin Luise, Friedrich Wilhelm III., Goethe, Schiller und einige andere Figuren in einer gemeinsamen, aus den Semen des Schillerschen Dramas (‚± Herz', ‚± rein', ‚± häuslich [= Familialismus]', ‚± tapfer', ‚± Kalkül' und ‚± Klarsicht') gewonnenen Matrix zu einem synchronen Mythensystem angeordnet werden können. Die Konstitution dieser Matrix kann an dieser Stelle nicht ausführlich hergeleitet werden. Verwiesen sei nur darauf, daß sich eine ganze Reihe von historischen Dramen dieser Zeit entsprechend matrizieren lassen.[180]

---

176 Vgl. Ute Gerhard: Politik als Dramenkonstellation. Soziale Perspektiven von Mythisierungen im 19. Jahrhundert. In: Link/Wülfing: Bewegung (s. Anm. 63), S. 226-232.

177 Link: Semiotik (s. Anm. 133), S. 535.

178 Ders.: Von „Kabale und Liebe" zur „Love Story" – Zur Evolutionsgesetzlichkeit eines bürgerlichen Geschichtentyps. In: Jochen Schulte-Sasse (Hg.): Literarischer Kitsch. Texte zu seiner Theorie, Geschichte und Einzelinterpretation. Tübingen 1979, S. 121-155; ders.: Schillers Don Carlos und Hölderlins Empedokles: Dialektik der Aufklärung und heroisch-politische Tragödie. In: J. L.: Elementare Literatur (s. Anm. 31), S. 87-125; ders.: Wie Marquis Posa zur Hyäne Elisabeth wurde. Zur Dialektik politischer Aufklärung bei Schiller. In: kultuRRevolution, Nr. 3 (1983), S. 30-34.

179 Gerhard (s. Anm. 176), S. 226.

180 Z.B.: Fritz Schawaller: Königin Luise. Ein Drama für die Volksbühne. Stuttgart 1891.

Die Relevanz dieser Art der Mythisierung wird aber spätestens da deutlich, wo ‚Rückprojektionen‘ von der so erfahrbar gemachten Geschichte auf die institutionalisierte Kunstliteratur stattfinden. So schreibt Friedrich Hebbel (und wird mit diesem Epigramm wiederum in Napoleon-Biographien zitiert[181]):

> Schiller ist ein Verdienst des großen französischen Kaisers,
>   Welches der Donnerer sich um die Germanen erwarb;
> Hätte Napoleon nicht die Erde erschüttert, so wären
>   Carlos, Fiesco und Tell in der Geburt schon erstickt.[182]

Von Bedeutung für den Bismarck-Mythos wird diese Struktur wiederum, wenn die Napoleon-Position für Bismarck reklamiert wird, etwa durch Gemeinsamkeit des Merkmals eines relativ ‚schnellen‘ und zugleich ‚hohen‘ Aufstiegs auf der sozialen Achse. Neue diskursive Positionen für mythische Figuren lassen sich dann als Evolutionstendenzen der Matrix begreifen. Stehen Napoleon I. und Königin Luise für die gegensätzlichen Positionen von ‚Realismus‘ und ‚Idealismus‘, so nimmt Bismarck später die vermittelnde Position eines ‚Real-Idealisten‘ ein, wie sie bereits in den 40er und 50er Jahren in der „mythischen Konvergenz" des ‚Realisten‘ Goethe und des ‚Idealisten‘ Schiller in der Literaturgeschichtsschreibung präfiguriert ist.[183] Auf diese Weise reproduzieren sich bestimmte ideologische Effekte des Schillerschen Dramas, etwa der des autonom handelnden Subjekts, dann in der Mythisierung Bismarcks, ohne daß diese Verbindung noch auf den ersten Blick sichtbar wäre.

Die Vermutung liegt nahe, daß diese Form der Mythisierung dazu beigetragen hat, die politische Praxis im 19. Jahrhundert unter bürgerlicher Perspektive – das Konzept des autonomen Individuums ist ein zentrales Konzept der bürgerlichen Entwicklung – zu formieren.[184]

Die Applikation solcher semantisch komplexer Charakterpositionen auf historische Figuren stellt zudem einen wichtigen Baustein des Übergangs von diskursiven zu narrativen Textstrukturen dar, nämlich insofern aus den Charaktermerkmalen plausible Handlungen generiert und die Charaktermerkmale somit in Handlungen überführt werden. Die Applikation von Charaktermerkmalen literarischer auf historische Figuren bedeutet dann immer auch schon ihre Einsetzung in rudimentäre Narrationen.

---

[181] Karl v. Reinhardstoettner: Napoleon I. in der zeitgenössischen Dichtung. In: Ders.: Aufsätze und Abhandlungen vornehmlich zur Literaturgeschichte. Berlin 1887, S. 71-109, hier: 84; Karl Lelbach: Napoleon in der Auffassung und in den Versuchen künstlerischer Gestaltung im Drama bei Grillparzer, Grabbe und Hebbel. Bonn 1914, S. 74.
[182] Friedrich Hebbel: Sämtliche Werke. Historisch-kritische Ausgabe besorgt v. Richard Maria Werner. Bd. VI. Berlin 1904, S. 353.
[183] Vgl. Link: Konvergenz (s. Anm. 38).
[184] Gerhard (s. Anm. 176), S. 232.

2.5.1 Mythische Komponenten nationaler Stereotype

Werden einzelne mythische Aktanten in ihrer Vermittlerfunktion zu Repräsentanten komplexer semantischer ‚Volks-Charaktere‘[185] (Bismarck erscheint z.b. in der gelungenen Vermittlung von ‚Idealismus‘ und ‚Realismus‘ als typischer Deutscher), dann stellt sich ihr synchroner Beziehungszusammenhang als ein Spezialfall der Applikation mythischer Konfigurationen, nämlich als synchrone Konfiguration von Nationalstereotypen, dar. Auch die Matrix dieser Konfiguration wird durch ein gemeinsames Set semantischer Attribute generiert, in deren Strukturgitter alle relevanten Nationalstereotype positioniert werden können, so „daß der Sinn jedes einzelnen solchen Charakters sich primär aus dem Spiel der Distinktionen und nicht primär aus realen Referenzen konstituiert".[186]

In Kapitel 3.5 wird versucht, die spezifische Leistung der Bismarck-Mythisierung für die Besetzung einer typisch deutschen Position innerhalb dieser Konfiguration der Nationen aufzuzeigen.

---

[185] Ulrich Müller (‚Mythen-Ökonomie‘ im Kulturenvergleich. Die ideologische Bedeutung epischer Mythen des Mittelalters in der Gegenwart. In: Bernd Thum [Hg.]: Gegenwart als kulturelles Erbe. München 1985, S. 237-247) zeigt zwar, daß „einzelne Nationen Europas" Figuren epischer Mythen „zur Benennung und Konturierung nationaler Eigenheiten, politischer Wünsche und auch Ängste" (S. 237) verwenden, deutet sie aber dennoch als Repräsentationen ‚realer‘ Merkmale und kann von daher z.B. nicht erklären (S. 240), warum die Nibelungenhelden Siegfried und Hagen im 19. Jahrhundert zugleich und gemeinsam als typische Träger deutschen Wesens erscheinen konnten.

[186] Vgl. Jürgen Link/Wulf Wülfing: Einleitung. In: Dies.: Nationale Mythen (s. Anm. 16), S. 7-15.

54

3. Vermittlungsleistungen des Bismarck-Mythos

Bismarck hatte sich beim Ersten Vereinigten Landtag 1847 durch eine Rede gegen die Versuche, einen Anspruch auf Konstitution aus den Befreiungs-/ Freiheitskriegen von 1813 abzuleiten, im Bild der Öffentlichkeit zum erzkonservativen Junker qualifiziert[1], so daß ihm in der Folge die Gegenposition zur 48er Revolution zugesprochen werden konnte.

Wo sie Freiheit riefen, sagte er Recht, gegen ihre Philosophie setzte er sein bibelfestes Christenthum, gegen ihre Republik die Monarchie von Gottes Gnaden und als sie Kaiser sagten, rief er König von Preußen![2]

Dem Revolutions-Paradigma von ‚Freiheit‘, ‚Philosophie‘, ‚Republik‘ und ‚Kaiser‘ (konnotiert: ‚deutsche Einheit‘) steht das Paradigma ‚Reaktion‘ – bestehend aus ‚Recht‘, ‚Christentum‘, ‚Monarchie‘ und ‚König‘ (konnotiert: ‚preußische Partikularität‘) – gegenüber. Dennoch sehen sich die späteren Biographen für die Zeit nach 1866 vor die Schwierigkeit gestellt, Bismarcks oft genug in Auseinandersetzung mit Parlament und König betriebene Politik ihrerseits als „Revolution von oben“[3], Bismarck selbst als „weißen Revolutionär“[4] darstellen zu müssen. Denn „was im Rückblick auf den äußeren Geschichtsablauf als eine Etappe auf dem Wege zur Gründung des Nationalstaates erscheint [...], das war für die Zeitgenossen ein schockierender Vorgang, eine Revolution schlechthin“[5], die so einschneidende Veränderungen der gesellschaftlichen und staatlichen Verhältnisse mit sich brachte wie die Festschreibung der Einheitsfrage auf eine kleindeutsche Lösung. Ludwig Bamberger beispielsweise stellt in seiner Schrift „Herr von Bismarck“ das Jahr 1866 und vor allem den Blindschen Attentatsversuch als auslösende Ereignisse einer diskursiven Wende heraus. „Als Herr von Bismarck im Jahre 1862 sein Ministerium antrat“, habe „die Welt in ihm geradezu den Reaktionär, der mit dem Kopf durch die Wand rennt“[6], gesehen. Nach dem Attentat sei dagegen ein „Umschwung in der öffentlichen Meinung“ festzustellen gewesen. Bismarck wurde jetzt als „Schöpfer einer neuen Ordnung der Dinge“[7]

---

[1] Rede im Vereinigten Landtage am 17. Mai 1847; vgl. auch Belegstellenarchiv (im folgenden zit. als BA) 7.1.1, Nr. 8.

[2] Theodor Schiemann: Fürst Bismarck. Festrede zu seinem achtzigsten Geburtstage. Gesprochen auf dem Commers des Bismarckausschusses zu Berlin. Berlin 1895, S. 6.

[3] Vgl. Ernst Engelberg: Bismarck. Urpreuße und Reichsgründer. Berlin 1985, Kap. VII: „Im Vorfeld der Revolution von oben“, S. 557ff.

[4] Vgl. Lothar Gall: Bismarck. Der weiße Revolutionär. Frankfurt/M. 1983.

[5] Karl-Georg Faber: Realpolitik als Ideologie. Die Bedeutung des Jahres 1866 für das politische Denken in Deutschland. In: Historische Zs., Bd. 203 (1966), S. 1-45, hier: 3.

[6] Ludwig Bamberger: Herr v. Bismarck. Breslau 1868, S. 28.

[7] Bamberger (s. Anm. 6), S. 5.

akzeptiert.[8] Bamberger selbst interveniert mit Blick auf ein Publikum außerhalb Preußens bereits 1868 und versucht, die Pole von ‚Revolution' und ‚Reaktion' umzukehren, indem er den Krieg von 1866 als eine revolutionäre, fortschrittliche Aktion wertet und die ideologisch nach Frankreich und auf das Vorbild der Französischen Revolution ausgerichteten Teile des deutschen Liberalismus gleichzeitig auf die Position der eigentlichen Reaktionäre verschiebt.[9] Dennoch blieb die Wende des Jahres 1866 bis weit ins Kaiserreich hinein irritierend, denn „die Stimme des öffentlichen Gewissens konnte", wie Bamberger selbst einräumt,

dieser veränderten Anschauung nicht beipflichten, ohne daß dieses sich tief betroffen fühlte von dem Umschwung, welchen es gleichsam wider seinen Willen an sich selbst erlebt hatte.[10]

Den Literaten, Biographen und Publizisten stellt sich damit die Aufgabe, zwischen Bismarcks ‚Kampf gegen die 48er Revolution' auf der einen und seinem eigenen, nicht nur von den christlich-konservativen Aristokraten des Gerlach-Kreises noch bis 1866 als durchaus ‚revolutionär' empfundenen politischen Handeln[11] auf der anderen Seite zu vermitteln.[12] Wenn die Paradigma-Elemente ‚deutsch' und ‚Kaiser' als diskursive Bedingungen für die angestrebte Reichsgründung also vom revolutionären in den hegemonialen Kontext wechseln sollten, dann mußte Bismarck als „konservativer Reaktionär" und zugleich „demokratischer Revolutionär" ausgewiesen werden, als „Würgengel der Volksfreiheit" und zugleich „Bahnbrecher der Volksrechte"[13], als „Mischung von angeblichem Reaktionär und entschiedenem Revolutionär"[14]. Es galt, an Bismarcks Biographie das semantische Paradox „der Identität von Konservatismus und Revolution"[15] in bezug auf die beiden Rahmenideologeme ‚Freiheit' und ‚nationale Einheit' zu exemplifizieren.[16]

---

8 Einen frühen Beleg stellt die Schrift von Rudolf Schulze (Graf Bismarck. Charakterbild eines deutschen Staatsmannes. Leipzig 1867) dar: „Viele Hoffnungen sind geknickt, sind auch neue Hoffnungen aufgerichtet worden? Gewiß, so wahr als sich das große Geschichtsgesetz der Versöhnung, der Ausgleichung zum Theil schon erfüllt hat [...]. Und was ist denn [...] versöhnt worden? Für's Erste jene Unklarheit in den Ansichten und Verirrung in den Gemüthern, die namentlich das politische Leben unsers Continents so erschüttert hatten: von Neuem steht das monarchische Princip hoch aufgerichtet da; jeder wahre, jeder berechtigte Fortschritt wird sich in Zukunft unter seinem erhabenen Schutze gestalten" (S. 3).
9 Bamberger (s. Anm. 6), S. XXXII; vgl. Faber (s. Anm. 5), S. 4f.
10 Bamberger (s. Anm. 6), S. 5.
11 Vgl. Horst Kohl (Hg.): Briefe des Generals Leopold v. Gerlach an Otto v. Bismarck. Stuttgart 1912.
12 Vgl. Faber (s. Anm. 5), der als Belege für die Einschätzung der Bismarckschen Politik als ‚Revolution' u.a. Äußerungen Ernst Ludwig v. Gerlachs, Klemens Theodor Perthes (‚Bündnis mit der Revolution') und Johann Kaspar Bluntschlis (‚deutsche Revolution') anführt (S. 3f.).
13 Oskar Klein-Hattingen: Bismarck und seine Welt. Grundlegung einer psychologischen Biographie. Bd. I: Von 1815-1871; Bd. II: Von 1871-1898; Bd. III: Von 1871-1898. Berlin 1902, 1903, 1904, hier: Bd. I, S. 428 (BA 7.2.8, Nr. 21).
14 Karl Bleibtreu: Bismarck. Ein Weltroman in 4 Bdn. Berlin/Leipzig 1915, hier: Bd. 2, S. 421.
15 Peter Lutz Lehmann: Bismarck. In: Ders.: Von Goethe zu George. Heidelberger Essays. Heidelberg 1986, S. 76-92, hier: 87.
16 Vgl. Wilhelm Rudolf Schulze: Fürst Bismarck und der Bismarckianismus. Eine historisch-poli-

Auf narrativer Ebene werden dazu Berichte über seine Wandlung vom ‚konservativen Junker‘, der sogar gegen den Willen des Königs bei den Unruhen des Jahres 1848 in Berlin einschreiten möchte[17], zum ‚liberalen Realpolitiker‘[18], vom ‚bestgehaßten‘ zum ‚meistgeliebten‘ Mann[19], vom ‚tollen Bismarck‘ zum ‚getreuen Eckart‘, vom ‚atheistischen Lebemann‘ zum ‚protestantisch frommen Ehemann‘[20], vom ‚großdeutschen‘ zum ‚kleindeutschen‘

tische Skizze. Stolberg 1872, S. 49 (BA 7.2.8, Nr. 4): „Der *Kern* und *Stern* von *Bismarcks Politik* ist die *Versöhnung* von *Autorität* und *Freiheit*, von Würde des Amtes und Selbstbestimmung der Gemeinde, von Monarchie und Constitution. "

[17] Wiederkehrende Narrationssequenzen sind dabei der ‚Ritt von Schönhausen nach Berlin‘ und ‚Bismarck als Landwehrleutnant‘, der mit seinen Reservisten eine Übung abhält, wobei einer vortritt und fordert: „Herr Deichhauptmann, nu führen Sie uns man druf, wir wollen mal ein Ende machen mit dem Berliner Schwindel!" (Fedor v. Köppen: Fürst Bismarck der Deutsche Reichskanzler. Ein Zeit- und Lebensbild für das deutsche Volk. Leipzig 1876, S. 124 [BA 7.1.1, Nr. 5]).

[18] Vgl. Julian Schmidt (Bilder aus dem Geistigen Leben unserer Zeit. Leipzig 1871, S. 373f.), der die Schrift Bambergers und das Blindsche Attentat ebenfalls als „Umstimmung über den Bundeskanzler" ansieht (BA 7.3.3, Nr. 1); Josef Schlüter: Fürst Bismarck der deutsche Reichskanzler. Festrede zum 60. Geburtstage des Fürsten, gehalten im Saale der Lesegesellschaft zu Köln am 1. April 1875. Bremen 1875, S. 45-47 (BA 7.3.4, Nr. 1); Ludwig Hahn: Zwanzig Jahre. 1862-1882. Rückblicke auf Fürst Bismarcks Wirksamkeit für das deutsche Volk. Berlin 1882, S. 6f. (BA 7.3.4, Nr. 2); Theobald Ziegler: Die geistigen und sozialen Strömungen des Neunzehnten Jahrhunderts. 3., umgearb. Aufl., Berlin 1910, S. 368f. (BA 7.3.4, Nr. 4); Arnold Stiebritz: Der eiserne Kanzler. Ein Lebensbild für das deutsche Volk. Leipzig 1915, S. 24 u. 104 (BA 7.3.4, Nr. 6).

[19] Vgl. Eduard Ebel: So gingst Du von uns. In: Julius Pasig: Bismarck im deutschen Liede. Lieder und Gedichte gesammelt u. hg. v. Dr. J. P. 2. Aufl., Friedenau-Berlin 1901, S. 39 (BA 7.3.3, Nr. 4); Stiebritz (s. Anm. 18), S. 7 (BA 7.3.4, Nr. 6); Karl Theodor Reinhold: Das System Bismarck. Eine Festbetrachtung zum 75. Geburtstage des Fürsten v. Bismarck. Barmen 1890, S. 6 (BA 7.3.3, Nr. 2); Paul Johannes Rée: Fürst Bismarck. Festrede zum achtzigsten Geburtstag des Fürsten, gehalten am 1. April 1895 bei der allgemeinen öffentlichen Feier zu Nürnberg. 2. Aufl., Nürnberg 1895, S. 4 (BA 7.3.3, Nr. 3); Ernst Schreck: Unser Bismarck. Schul-Gedenkfeier mit Liedern, Ansprachen und Vortragsstoffen, nebst einer Auswahl von Reden und Gedichten zur hundertjährigen Wiederkehr des Geburtstages des Baumeisters des neuen deutschen Reiches. Minden 1915, S. 12 (BA 7.3.3, Nr. 5); O. Schrader: „Vaterland". Gedächtnisrede zur hundertsten Wiederkehr des Geburtstages des Fürsten Bismarck gehalten am 10. Mai 1915 in der Aula Leopoldina der Schlesischen Friedrich-Wilhelms-Universität. Breslau 1915, S. 17 (BA 7.3.3, Nr. 6); Edmund Pfleiderer: Festrede zur Vorfeier von Bismarcks 80stem Geburtstag auf dem Studenten-Kommers der Verbindungen Königsgesellschaft, Normannia und Wingolf in Tübingen gehalten am 6. März 1895. Tübingen 1895, S. 17 (BA 7.2.8, Nr. 14); Bismarck. Illustrirte Rundschau für Bismarck-Biographie, Deutsche Geschichte, Kunst und Leben, 1. Jg., Berlin (1895), S. 1 (BA 7.5.3, Nr. 3); Heinrich Finke: Fürst Bismarck. Rede bei der Gedächtnissfeier der Kgl. Akademie zu Münster i. W. am 23. Februar 1899. Münster 1899, S. 5f. (BA 7.7, Nr. 25).

[20] Vgl. Harry Bresslau: Bismarcks Stellung zu Preußentum und Deutschtum. Rede gehalten am 31. März 1915 zu Straßburg bei der akademischen Gedenkfeier des 100. Geburtstages des Fürsten Bismarck. Straßburg 1915, S. 4f. (BA 7.3.2, Nr. 1); Hermann Petrich: Bismarck-Büchlein. Aus großer Zeit für große Zeit. Zum Jahrhundertgedächtnis 1815-1915 dem deutschen Volk und seiner Jugend dargereicht. Hamburg 1915, S. 8 (BA 7.3.2, Nr. 2); Robert Falke: Bismarcks religiöse Persönlichkeit. Zu seinem hundertjährigen Geburtstage am 1. April 1915. Berlin 1915, S. 5f. u. 7f. (BA 7.3.2, Nr. 3).

Politiker, vom ‚Franzosenfreund' zum ‚Franzosenfeind'[21] präsentiert. Eine weitere, immer wiederkehrende Sequenz ist Bismarcks eindringliches Warnen vor der Annahme der vom Frankfurter Paulskirchenparlament 1849 angebotenen Kaiserkrone. Stellt man dem die spätere tatsächliche Kaiserkrönung von 1871 in Versailles gegenüber, so ist das mythische Erzählschema des Positionstauschs komplett: Der gleiche Mann, der 1849 Friedrich Wilhelm IV. eindringlich vor der Kaiserkrönung warnt, drängt Wilhelm I. diese Krone 1871 nahezu gegen dessen Willen auf; der gleiche Mann, der gegen die 48er kämpft, erfüllt später eine ihrer wichtigsten Forderungen: das allgemeine Wahlrecht.

3.1 Einzelne Symbole

3.1.1 „Wer nicht will mit deichen, muß weichen."[22]
‚Deich/Flut' – Bismarck als Deichhauptmann

Noch interessanter ist die diskursive Vermittlung, für die sich den Biographen die Tatsache anbietet, daß Bismarck von 1846 bis 1851 – also auch während der Märzrevolution – Deichhauptmann für die Schönhauser und Fischbecker Elbdeiche war[23], ein Umstand, der eine symbolische Verknüpfung dieser Deichhauptmanntätigkeit mit der 48er Revolution erlaubt.

Als die ersten Nachrichten von der Pariser Februarrevolution eintrafen, da wußte Bismarck bestimmt, daß dort das Signal zum Kampfe auch gegen das preußische Königthum gegeben; er wußte, daß die Woge der Revolution auch über den Rhein fluten und brandend auch an den Thron seines Königs schlagen werde.
Er war zu mannhaftem Widerstande entschloßen, und seinen Mannesmuth brach es auch nicht, als die furchtbare Wirklichkeit alle seine Befürchtungen weit übertraf, als die Wogen der Revolution blitzschnell durch die deutschen Lande schossen […].
Dämme und Deiche sah er sinken und wegspülen, die er für sturmfrei gehalten, sein Herz bebte wohl in patriotischem Zorn und männlichem Schmerz, aber als ein rechter Deichhauptmann verlor er den Muth und den klaren Blick nicht; es war bisher seines Amtes gewesen, die Elbdeiche zu schützen gegen die Fluten, jetzt galt es auch Deichhauptmann sein gegen die Fluten der Revolution. Und der tapfere Mann hat solchen schweren Amtes treulich gewartet.[24]

---

[21] Hans F. Helmolt: Bismarck. Der Eiserne Kanzler. Zugleich Bismarcks Leben in Bildern und Dokumenten. Leipzig 1915, S. 220 (BA 7.3.6, Nr. 1).

[22] Rudolf Stegmann: Fürst Bismarck und seine Zeit. Festgabe zum achtzigsten Geburtstage unseres eisernen Kanzlers. Wolfenbüttel 1895, S. 87.

[23] Vgl. G. G. Winkel: Fürst Bismarck als Deichhauptmann. In: 30. Jahresbericht des altmärkischen Vereines für vaterländische Geschichte und Industrie in Salzwedel. Magdeburg 1903, S. 189-205.

[24] George Hesekiel: Das Buch vom Grafen Bismarck. Mit Illustrationen v. W. Diez u.a. Bielefeld/Leipzig 1869, S. 143.

1848.

Während der Sündfluth.

1851.

Nach der Sündfluth.

Berantwortlicher Redacteur: E. Dohr. — Verlag von A. Hofmann & Comp. in Berlin, Unterwaſſerſtr. 1. — Druck von J. Draeger in Berlin, Adlerſtr. 9.

Abb. 1: „Während der Sündfluth" (Kladderadatsch, Nr. 29, 20.7.1851, S. 116).

Der Zusammenhang zwischen Deichhauptmannsamt und Märzrevolution ist dabei nicht schon auf kausaler Ebene gegeben, sondern wird erst durch eine symbolische Lesart, durch Abbildung von Elementen symbolischer Paradigmen auf diese beiden Syntagmen von Fakten hergestellt, wobei die Tätigkeit des Deichhauptmanns Bismarck und die Revolutionsereignisse eine gemeinsame Isotopieebene bilden: Die Märzrevolution wird mit der – spätestens seit 1789 für Revolutionsbewegungen gängigen – ‚Flut'-Symbolik verkoppelt (vgl. Abb. 1), so daß Bismarck selbst als „Deichhauptmann des Vaterlandes"[25] erscheinen kann, der nicht nur gegen die Fluten der Elbe, sondern auch die der Revolution anrückt. Einzelne Textelemente mit semantischer Ambivalenz (wie im obigen Beispiel etwa ‚schießen') können dabei zugleich auf die Pictura (‚Wogen') und die Subscriptio (‚Revolution') bezogen werden. Die Deich-Symbolik selbst ist zugleich repräsentativ-synekdochisch und metaphorisch[26] lesbar. Bismarcks Tätigkeit als Deichhauptmann wird in solchen Passagen oft in epischer Breite ausgeführt, tendiert also zum syntagmatisch expandierten, explikativen Symbol, so daß es meist nur eines kleinen, oft nachgeschobenen Hinweises auf die 48er Revolution bedarf, um zugleich eine symbolische Lesart dieser Narration mit der Subscriptio ‚Kampf gegen die Revolution' zu ermöglichen. Ein Beispiel aus der Bismarckbiographie von Hermann Jahnke:

Während der Deichhauptmann Otto von Bismarck an den Ufern der Elbe die Wacht hielt, waren draußen über das Vaterland die Wogen einer unruhvollen Zeit hereingebrochen, die ihn bald auf eine höhere Warte riefen. Für die bevorstehenden Kämpfe mit den Wogen der gärenden Zeit hatte er in dem stillen, friedlichen Glück seines Hauses die rechte Kraft und Festigkeit erhalten. [...]
Da weht plötzlich über Nacht der laue Westwind herein und führt den milden Frühlingsregen über die winterliche Erde. Welch eine Wandlung in der Natur! Wie in den Tagen der Sintflut scheinen die Brunnen der Tiefe aufgethan; Sturzbäche brechen aus allen Schluchten hervor: in wenigen Stunden ist die weiße Schneedecke hinweggeschmolzen; in weite Wasserflächen verwandelt erscheinen Fluren und Thäler. Die Flüsse und Ströme sprengen die sie fesselnde Eisdecke und brausen mit wildem Ungestüm dahin. Wehe den Landen, wo diese Wasserwogen nicht freie Bahn finden, wo Dämme und Deiche der seichten Ufer nicht hoch und fest, nicht sorgsam bewacht sind! Mit wütender Gewalt durchbrechen sie ihre Schranken und ergießen sich verheerend, vernichtend über weite Gebiete.
Ein Bild, diesem Naturvorgange gleich, bot das Vaterland damals, als der Deichhauptmann von Schönhausen, Otto von Bismarck, den Schauplatz der politischen

---

[25] G. Wunderlich: Das Bismarck-Büchlein. Charakterzüge, historische Fragmente, geflügelte Worte etc. aus dem Leben des deutschen Reichskanzlers Fürst Bismarck. Allen Freunden und Verehrern dieses großen Staatsmannes gewidmet v. G. W., Lehrer. 2. Aufl., Altona 1872, S. 7 (BA 7.1.1, Nr. 3).

[26] Zur Kategorie des gemischt metaphorisch-repräsentativen Symbols vgl. Jürgen Link: Die Struktur des Symbols in der Sprache des Journalismus. Zum Verhältnis literarischer und pragmatischer Symbole. München 1978, S. 32.

Kämpfe betrat. In gewaltiger Flutwelle durchbrach der Wille des Volkes die Schranken, in welche ihn eine strenge Zwangsherrschaft jahrzehntelang eingedämmt hatte.[27]

Noch pathetischer kann der Lehrer und Publizist Hermann Hoffmeister seinen Helden in dem Epos „Der eiserne Siegfried" ausrufen lassen:

> Ach,
> Wozu bin ich denn Deichhauptmann?
> Warum bin ich denn berufen,
> Wilde Wogen einzudämmen,
> Überflutung und Verheerung
> Von des Segens stillen Fluren
> Fern zu halten, sie zu schützen
> Vor Zerstörung durch Empörung?
>
> Alledem zum Trotze darf ich
> Auch nicht eine meiner Hände
> Rühren, soll ich müßig zuschau'n,
> Wie die aufgeregten Wasser,
> Alles Feste, auch das Beste,
> Unterspülend, unterwühlend,
> Durch der Hauptstadt Straßen schäumen;
> Beide Händ' im Schoße, sehen,
> Daß das ganze Vaterland ein
> Einzig', großes, kochend' Meer ist,
> Dessen sturmgepeitschte Brandung
> Unsern Thron, Alldeutschlands Leuchte,
> Wild umbraust; ja, dessen Gischt nach
> Preußens Krone selbst schon gierig,
> Umsturzgierig keck hinaufleckt![28]

Hoffmeister verbindet die Deich/Flut-Symbolik zusätzlich mit einer Subjektsituation, in die nicht nur der Held Bismarck, sondern auch der zeitgenössische Rezipient solcher Texte imaginär versetzt wird: Obwohl das ‚Deichen' die einzig erfolgversprechende Maßnahme gegen die ‚Flut' darstellt, muß Bismarck doch 1848 noch weitgehend untätig bleiben; eine Situation, die auf den ‚Michelschlaf'[29] abhebt, in dem sich die Deutschen bis zu ihrer realistischen ‚Erweckung' durch die Bismarckschen Kriege zumindest dis-

---

[27] Hermann Jahnke: Fürst Bismarck. Sein Leben und seine Zeit. Vaterländisches Ehren- und Heldenbuch des 19. Jahrhunderts. Mit zahlreichen Illustrationen erster deutscher Künstler. 2 Bde. 2., verm. u. vervollst. Aufl., Berlin 1899, Bd. 1, S. 108-110; vgl. auch Gustav Jaquet: Preußens Minister-Präsident Graf Bismarck-Schönhausen, der unermüdliche Patriot. Sein Leben, Streben und Wirken, dem preußischen Volke geschildert. Leipzig 1867, S. 21f. (BA 7.1.1, Nr. 1); Johann Heinrich Hettler: Das Märchen vom Bismarck und der Kaiserkrone. Frankfurt/M. 1891, S. 1 (BA 7.1.1, Nr. 13); Charles Lowe: Fürst Bismarck. Eine historische Biographie. Leipzig 1894, S. 16 (BA 7.1.1, Nr. 19).

[28] Hermann Hoffmeister: Der eiserne Siegfried. Eine neuzeitliche Nibelungenmär. 2., verb. Aufl., Berlin 1888, S. 89f.

[29] Vgl. Karl Riha: Der deutsche Michel. Zur Ausprägung einer nationalen Allegorie im 19. Jahrhundert. In: Klaus Herding/Gunter Otto (Hg.): „Nervöse Auffassungsorgane des inneren und äußeren Lebens". Karikaturen. Gießen 1980, S. 186-205.

kursiv befunden haben. Rückblickend wird „Michels Erwachen"[30] später
zum Thema einer ganzen Reihe patriotischer Festspiele, die ihn als verschla-
fen-faulen Schlendrian und Taugenichts vorführen, der durch Bismarcks realistisches Handeln – vor allem die drei Kriege – aus dem ‚Schlaf' gerissen
wird[31] (vgl. Abb. 2).

Abb. 2: Bismarck als Triumphator über den deutschen Michel (Paul Liman: Bismarck in Geschichte, Karikatur und Anekdote. Stuttgart 1915, S. 4).

Die ‚Flut'-Pictura bezieht sich aber nicht nur auf die Märzrevolution im eigenen Lande, sondern ermöglicht darüber hinaus die Bildung verschiedener
Subscriptiones, steht auch für die ‚Flut' der deutschen Zwietracht, in deren
„reißenden Wogen"[32] Deutschland unterzugehen drohe, sowie für die von
Westen, vom feindlichen Frankreich quasi importierte Februarrevolution.
Das ermöglicht es später, die Symbolik nach außen zu wenden, so daß dann
ein fester ‚Deich' des deutschen Vaterlandes gegen die äußeren Feinde errichtet wird[33], und zwar sowohl gegen Frankreich („nun galt es mit der brei-

---

[30] Vgl. Julius Riffert: Das Spiel vom Fürsten Bismarck oder Michels Erwachen. Vaterländisches
     Festspiel. Leipzig/Wien 1893.
[31] Eduard Schröder: Roland-Bismarck – 815 – 1815 – oder Michael, der Genius Deutschlands.
     Ein vaterländisches Schauspiel in Versen, unter freier Verwendung Uhland'scher Lieder. Halle/
     S. 1905; Hans Ludwig Linkenbach: Er lebt uns noch. Festspiel zur Bismarck-Feier. Ems 1905;
     Georg Bötticher: Der Deutsche Michel. 3. Aufl., Leipzig 1892. – Die Transformation des ‚deut-
     schen' in den ‚heiligen Michael' erlaubt dabei im protestantischen Preußen eine katholische
     Variante der Figur.
[32] Ernst Scherenberg: Fürst Bismarck. Ein Charakterbild für das deutsche Volk. Elberfeld 1885,
     S. 18 (BA 7.1.1, Nr. 7).
[33] Vgl. [Anonym]: Ein Gruss an das deutsche Volk. Zur Erinnerung an den Sieg der Treue zwi-
     schen Kaiser Wilhelm II. und Fürst Bismarck 1893. Von einem deutschen Mädchen. Dresden
     1893, S. 9f. (BA 7.1.1, Nr. 18).

ten Brust sich den Wogen entgegenzustemmen, die verderbend und zerstö-
rend von Westen her gegen Deutschland heranbrausten"[34]) als auch Rußland:

> Durch deutsche Herzen zuckt es schnell
> Und alle Augen leuchten hell:
> Zum Hauptmann, der mit Deichen stark
> Bewehrt' des Reiches ferne Mark.
> Ob Slawensturm uns wild umtost
> [...]
> Wir halten treu und fest die Wacht im Ost.[35]

Bismarck bleibt auf diese Weise auch nach der Märzrevolution und auch für
die Zeit nach der Reichsgründung symbolischer ‚Deichhauptmann' gegen
eine doppelte ‚Flut': die der Revolution von innen (Subscriptio ist in den
80er und 90er Jahren dann die „sozialdemokratische Hochflut"[36]) und die
der drohenden Feinde bzw. Natur von außen.

Seit des Vaters Tode 1845 Herr des Stammgutes *Schönhausen*, wird er zum *Deichhauptmann* des Elbufers von Jerichow bis Spandau erwählt und übt in dieser neuen
mühe- und gefahrvollen Aufgabe abermals seine Kräfte für das spätere Riesenwerk,
des gesamten Vaterlandes Ufergrenzen gegen die brausenden Fluten von West und
Ost mächtig einzudeichen und sicher zu schützen.[37]

Symbolisch wird damit zugleich die Situation der deutschen ‚Mittellage' generiert, die – gekoppelt an die Vorstellung, von den feindlichen Mächten
‚eingeschlossen' zu sein, – eine der Leitideen für den Weg in den Ersten Weltkrieg darstellt:

An der bewegtesten Stelle des bewegtesten Erdteiles, umbrandet von der Bewegung
aller Völker Europas, liegt des Germanen Heimat. Dieselbe gegen die Einflutungen
anderer Nationen zu verteidigen und zu bewahren seinem Geschlechte, war von den
frühesten Tagen deutscher Geschichte bis in die Gegenwart diejenige Aufgabe, die un-
ablässig alle Kräfte dieses Volkes in Anspruch nahm und zu einer fortdauernden Ue-
bung und Entwickelung anregte.[38]

Eine Auflistung der in solchen Textstellen realisierten Pictura-Elemente und
ihrer Subscriptiones[39] macht schnell ihre Zuordnung zu zwei übergeordne-

---

34 Schiemann (s. Anm. 2), S. 8.
35 [Anonym]: Die Ostwacht. In: Paul Arras: Bismarck-Gedichte. Gesammelt v. P. A., Leipzig 1898, S. 184f.
36 Friedrich Engels: Was nun? In: Der Sozialdemokrat, Nr. 10 (8.3.1890) (zit. n. Karl Marx/Fried-rich Engels: Werke [MEW], Bd. 22. Berlin/DDR 1963, S. 7-10, hier: 9).
37 Mathias Evers: Bismarck und Moltke, Deutschlands Dioskuren. Eine vaterländische Festgabe zum 20. Gedenktage der Wiederaufrichtung des Deutschen Kaiserreichs am 18. Januar 1891. Düsseldorf 1891, S. 28; vgl. auch Mitteilungen des „Bismarck-Vereins", Verein für nationale Politik. 1. H. Ausgegeben am 1. April 1885. Marburg 1885, S. 2 (BA 7.1.1, Nr. 8).
38 Armin Balder: Die Wahrheit über Bismarck. Ein offenes Wort an die deutsche Nation. Leipzig 1892, S. 4. – Mit Beginn des Weltkriegs wird die Damm-Symbolik aktualisiert: „Um den Gelü-sten der Friedensstörer an der Seine und der Newa einen Damm entgegenzusetzen, ward von Bismarck mit Österreich das Schutz- und Trutzbündnis geschlossen" (Schreck [s. Anm. 19], S. 32 [BA 7.1.1, Nr. 43]).
39 Zugrunde gelegt sind die Texte aus BA 7.1.1, Nr. 1-47.

ten Paradigmen deutlich: Die ‚extreme, gefährliche Natur' der Revolutionsflut[40] steht gegen die ‚gute Kultur' bzw. ‚Technik' des Deichbaus.

Paradigma ‚extreme, gefährliche Natur'		Paradigma ‚gute Kultur/Technik'	
Pictura-Elemente	*Subscriptiones*	*Pictura-Elemente*	*Subscriptiones*
aufgeregte Wasser branden, Brandung, brausen Flut, Hochflut, Gischt kochendes Meer Meeresbranden natürliches Bett verlassen reißende Wogen schäumen, schießen sinken, Untergang Strömung Sturm, Sturmwellen tobende Windsbraut unterspülen, -wühlen Überflutung, Welle Unwetter, Wolken	1) Pariser Februarrevolution 2) Märzrevolution 1848 3) Feind Frankreich 4) Feind Rußland 5) deutsche Zwietracht und Zerrissenheit 6) deutscher Michelschlaf (idealistische Diskursposition der ‚Dichter und Denker')	Damm Deich Deichgraf Deichhauptmann dem Strom ein neues Bett graben eindeichen Garten Mauer Ring schützen Ufergrenzen Wälle	1) monarchischaristokratisches Prinzip 2) Landesgrenzen militärisch und politisch nach außen befestigen 3) geeintes Deutsches Reich

Die ‚Deich/Flut'-Symbolik wird durch Bismarcks Deichhauptmannstätigkeit in einen historischen Aktanten überführt, der eine Mittelstellung zwischen beiden Paradigmen einnimmt. Sein Körper steht – wie es in einigen Texten heißt – selbst ‚in dem Riß', also genau an der Naht- und Begegnungsstelle zwischen beiden Paradigmen; ein – im Theweleitschen Sinne[41] – ‚klassischer Körperpanzer', bei dem die ‚Körper'-Grenze zur ‚Deich'-Grenze gegen äußere oder innere ‚Fluten' wird.

> König *Wilhelm* rief den *Bismarck*,
> Der sprang muthig in den Riß stark,
> Wo Held *Roon* schon kämpfend stand,
> Und die beiden Recken standen
> Felsenfest im Meeresbranden,
> Rangen kühn für's Vaterland.[42]

Noch prägnanter drückt es Gustav Pfizer in einem 1879 als fliegendes Blatt gedrucktes Gedicht aus:

> Stehn muß ich vor dem Riß, wenn droht
> Dammbruch, Krieg, Pest und Feuersnot.[43]

---

40 Als Teil der ‚bösen Natur' kennzeichnet Wunderlich (s. Anm. 25) die Revolutionsflut: „Bismarck war es, der damals auf dem Landtage den mit der Demokratie liebäugelnden Abgeordneten zurief: ‚Sie glauben der Revolution nach Ihren Wünschen Stillstand oder Weiterschäumen gebieten zu können. Sie wollen sagen wie Mephistopheles: sei ruhig freundlich Element. Aber ich sage Ihnen: Sie irren sich; das Element hat sich vor Ihnen nicht niedergelegt!'" (S. 7).
41 Vgl. Klaus Theweleit: Männerphantasien. Bd. 1: Frauen, Fluten, Körper, Geschichte. Reinbek 1982, S. 236ff.
42 Hugo Wauer: Das schöne Lied vom „Großen Otto". Potsdam 1874, S. 4.
43 Gustav Pfizer: Der Veteran des jungen deutschen Reichs. In: Karl Leopold Mayer: Bismarck in deutscher Dichtung. Berlin 1914, S. 114-120, hier: 117.

Als Teil des Deiches (Bismarck „stemmt seine Brust jenem Strom entgegen"[44]; „wie ein Riese stand er und stemmte sich dagegen, an ihm brach sich
die Hochflut der allgemeinen Gleichheit"[45]) ist er Element des Paradigmas
der ‚guten Kultur/Technik', als Körper aber zugleich Teil des Natur-Paradig-
mas, allerdings einer domestizierten und zivilisierten ‚guten Natur'. Sein
Subjekt-Körper bildet somit das Integral der ‚guten Kultur/Technik' und der
‚guten Natur'[46], die zwischen den Extrempositionen von ‚gefährlicher Natur' (Subscriptio: Revolution) und ‚schlechter Kultur/Technik' (Subscriptio:
Situation der deutschen Zerrissenheit, Michelschlaf der Deutschen) angesiedelt ist. Gegen beide Extreme, in denen tendenziell der Verlust des Subjektstatus gegenüber den anderen europäischen Nationen droht, richtet sich
sein Überlebenskampf als Subjekt, eine Zwei-Fronten-Situation, wie sie
Theodor Storm später kunstliterarisch im „Schimmelreiter" weiterverarbeitet hat und die ihrerseits wieder als gleichzeitig geführter Kampf gegen ‚bedrohende' „Elemente" wie ‚unbotmäßige' „Menschen" auf Bismarck appliziert werden kann[47]:

Verheerend hatte der Sturm noch kurz vor des Vaters Tode in Schönhausen gewütet,
der bisherige Deichgraf hatte versagt. Da nahm Bismarck den Kampf auf und führte
ihn mit eiserner Energie, die Elemente wie die Menschen zwingend, zu siegreichem
Ende. Der Deich, den er geschaffen, hielt.[48]

Der Körper/Deich-Bismarck konstituiert damit einen Bereich der ‚Mitte',
der durch den ‚Deich' umschlossen wird und positiv gewertet ist. Entsprechend lassen sich ‚Revolution' und ‚Konservatismus' auf einer horizontalen
Skala als Extreme anordnen, die die Deich/Mitte nach links bzw. rechts
durchbrochen haben:

Anfänglich richtete sich die Einheitsbewegung von 1848 doch nur auf den monarchi-
schen Bundesstaat, den wir heute haben und die Freiheitsbewegung auf das Maß con-

---

[44] Paul Liman: Bismarck-Denkwürdigkeiten aus seinen Briefen, Reden und letzten Kundgebungen, sowie nach persönlichen Erinnerungen zusammengefaßt u. erläutert. Neue Prachtausgabe in zwei Bdn. Berlin 1899, Bd. 1, S. 5 (BA 7.1.1, Nr. 25).
[45] Ziegler (s. Anm. 18), S. 388.
[46] Vgl. Jürgen Link: Isotope, Isotopien: Versuch über die erste Hälfte von 1986. In: kultuRRevolution, Nr. 13 (1986), S. 30-46, hier: 40. – Harro Segeberg (Literarische Technik-Bilder. Studien
   zum Verhältnis von Technik- und Literaturgeschichte im 19. und frühen 20. Jahrhundert. Tübingen 1987, S. 14) führt eine ganze Reihe zeitgenössischer Belege an, die ‚Technik' als einen
   ‚Natur' und ‚Kultur' integrierenden Bereich verstehen. Denn die Technik mache sich die Na-
   turgesetze zu Nutze, um die ‚rohe Natur' zu fesseln, und erscheint damit zugleich als Trägerin
   positiv gewerteter ‚Kultur'.
[47] Entsprechend hat Jost Hermand den Schimmelreiter als Paradigma des gründerzeitlichen
   Übermenschen gelesen (Hauke Haien. Kritik oder Ideal des gründerzeitlichen Übermenschen? In: Wirkendes Wort, 15. Jg. [1965], S. 40-50). – Ernst Loeb vergleicht ihn in anderer Perspektive mit dem ‚Deichbau-Ingenieur' Faust des zweiten Teils (Faust ohne Transzendenz:
   Theodor Storms Schimmelreiter. In: Studies in Germanic Languages and Literatures. In
   Memory of Fred A. Nolte. Ed. by Erich Hofacker u. Liselotte Dieckmann. St. Louis 1963, S.
   121-132); vgl. dazu ausführlich Segeberg (s. Anm. 46), S. 1-106.
[48] Ludwig Ziehen: Bismarck. Geleitbuch zum Bismarck-Film mit 24 Bildern nach den Originalaufnahmen aus dem Film. Berlin 1926, S. 23. – Vgl. auch die Abbildung Bismarcks als reitender
   Deichhauptmann bei Petrich (s. Anm. 20), S. 7.

stitutioneller Bethätigung, das uns heute allen, mögen wir sonst politisch wie immer denken, längst zum selbstverständlichen täglichen Brot des öffentlichen Lebens geworden ist. In beiden Richtungen hat man später dann die Dämme durchbrochen und ist zu extremen Forderungen gelangt.[49]

Die hier nur vorsichtig angedeuteten „beiden Richtungen", nämlich Sozialdemokratie und ‚persönliches Regiment' Wilhelms II., symbolisiert Max Bewer in einer Streitschrift zur Entlassung Bismarcks als „harten Ringkampf zwischen Staatswillen und Volkswillen, zwischen Königthum und Demokratenthum", wobei Bismarck als Körper/Deich die integrierende Mittelposition bis hin zu seiner Entlassung garantiert habe:

In Deutschland schien durch Bismarcks Persönlichkeit ein Granitdamm zwischen Königsrechten und Parlamentsgelüsten errichtet. Das innige Zusammenschmelzen, das vertrauende Walten- und Schaltenlassen zwischen dem ersten, dem zweiten und anfänglich auch dem dritten Kaiser einer- und dem ersten Kanzler andererseits erschien im deutschen Auge als das Sinnbild einer wahrhaft staatskünstlerischen Harmonie zwischen der ruhenden Herrscherwürde eines Kaiserthums und der lebendig aufquellenden Naturkraft eines Volkes.[50]

Für den Vermittlungsvorgang bedient sich Bewer der metallurgischen Symbolik des „Zusammenschmelzens", so daß es die moderne Eisenhüttentechnik ist, die hier die Integration von „ruhender Herrscherwürde" des Kaisers und „aufquellender Naturkraft" des Volkes leistet. Konsequent weitet Bewer dieses Technik-Paradigma aus und macht Bismarck zum elektrischen Kontaktmedium zwischen den Extremen:

Der Kanzler ist durch seine Berufung an die Seite des Kaisers der erste und der vornehmste Mittelsmann zwischen Herrscher und Volk geworden. Er sollte also zu gleichen Theilen dem Einen und dem Anderen gehören; denn er verwächst Kraft seiner Mittlerstellung gleich stark mit beiden. Kaiserseele und Volksseele strömen durch ihn in gleich heftigen elektrischen Schlägen; er ist die vornehmste Leitung zwischen Thron und Volk.[51]

3.1.2 ‚Staatsschiff', ‚Steuermann', ‚Lotse'

Der symbolisch in der ‚Mitte' angesiedelte ‚Körper' Bismarcks wird in der Regel zudem an das Vehikel-Symbol des ‚Staatsschiffes' gekoppelt, zu dessen ‚Steuermann' oder ‚Lotse' Bismarck in der elementaren Literatur bereits lange vor John Tenniels berühmter Karikatur „Der Lotse geht von Bord" wird.[52]

[49]   Philipp Zorn: Bismarck. Rede gehalten bei der Gedächtnisfeier der Königsberger Universität in der Aula der Albertina am 11. December 1898. Berlin 1899, S. 6f.
[50]   Max Bewer: Rembrandt und Bismarck. Dresden 1890, S. 16.
[51]   Ebd., S. 17.
[52]   Z.B.: Herr v. Bismarck. Zum 28. Februar. In: Der kleine Reactionär. 2. Jg., Berlin, Nr. 10 (7.3.1863), S. 1 (BA 7.1.3, Nr. 1). – Zur Geschichte des Symbols ‚Staatsschiff' siehe Dietmar

Das jetzige Leben in Deutschland gleicht der vielartigen Geschäftigkeit auf einem großen, sicher dahin fahrenden Schiff. Ohne den Steuermann würden Angst, Eigensucht und Kurzsichtigkeit, wie wir es so lange gewohnt waren, mit doppelter Heftigkeit die Lenkung verwirren. Denn noch hat das Schiff das sichere Fahrwasser nicht gefunden, in welchem die Kunst des Steuermanns zur stetigen Regel und festen Tradition wird. Was Europa heute zurückhält von jedem Versuch der Bevormundung und Einmischung, das ist nicht die Meinung von unseres Volkes allseitig überlegener Kraft, sondern weit mehr die Scheu vor der unerschöpflichen Strategie seines leitenden Staatsmannes. Und was den Parteien in Deutschland die Zuversicht giebt, mit ihren Forderungen die Zukunft so rückhaltlos in Beschlag zu nehmen, das ist wiederum nicht das Bewußtsein des eignen umblickenden Vermögens, sondern das Gefühl, daß der deutsche Boden bewacht ist gegen die verwirrende Ueberfluthung unbotmäßiger Elemente, mögen sie von innen vordringen wollen oder von außen.[53]

Als Steuermann muß Bismarck das Staatsschiff „durch die wildbewegten Wogen der hohen europäischen Politik steuern"[54], „die deutsche Nation durch die Stürme und Brandung eines klippenvollen Meeres hindurch"[55] lavieren, das „von den entfesselten Elementen bedrohte Staatsschiff durch alle Strudel und Klippen glücklich hindurch"[56] führen. Staatsschiff und Steuermann sind also in einem permanenten Kampf gegen die es umgebenden extremen „Elemente"[57] begriffen und bilden konzentrische Kreise einer Grenzziehung nach außen, so daß Körper- und Vehikelpictura ihrer Funktion nach zusammenfallen. Besonders deutlich führt Berthold Otto diese Symbolik im didaktisierenden Märchenton aus:

Ein Landesherr ist für ein Land dasselbe, was der Kapitän für das Schiff ist. Auf jedem Schiff muß einer sein, dem alle anderen gehorchen. Denn Sturm und Wellen warten nicht, bis alle Leute, die auf dem Schiffe sind, sich beraten und geeinigt haben [...]; Sturm und Wellen stürzen rücksichtslos auf das Schiff ein, zausen und stoßen es hin und her und suchen es ins tiefste Meer zu versenken. Das Schiff ist verloren, wenn es nicht kämpfen und sich wehren kann wie ein lebendiges Wesen, und das kann es nur, wenn es von *eines* Mannes Willen regiert wird, wenn alle Leute, die darauf sind, dem einen ohne Zögern auf das Wort, ja auf den Wink gehorchen. [...] – Was Sturm und Wellen für das Schiff sind, das ist der Feind für das Land und Volk.[58]

Peil: Untersuchungen zur Staats- und Herrschaftsmetaphorik in literarischen Zeugnissen von der Antike bis zur Gegenwart. München 1983.

[53] Constantin Rößler: Graf Bismarck und die deutsche Nation. Berlin 1871, S. 54.
[54] Zorn (s. Anm. 49), S. 18.
[55] Julius Krickl: Festrede zur Feier des 70. Geburtstages des Deutschen Reichskanzlers Otto Fürsten v. Bismarck gehalten in der am 1. April 1885 v. K.-K.-Abgeordneten Georg Ritter v. Schönerer veranstalteten Festversammlung im Sofien-Saale zu Wien v. J. K. sen. Wien 1885, S. 4 (BA 7.1.3, Nr. 5).
[56] Arthur Böthlingk: Festrede zur Bismarck-Feier am 1. April 1890 gehalten in der städtischen Festhalle zu Karlsruhe. Karlsruhe 1890, S. 5f. (BA 7.1.3, Nr. 8).
[57] Vgl. Bleibtreu (s. Anm. 14), Bd. 1, S. 143: „So sollte einer sich halten, der ein Staatsschiff zu lenken hat unterm Brüllen feindlicher Elemente" (BA 7.1.3, Nr. 31).
[58] Berthold Otto: Fürst Bismarcks Lebenswerk. Den Kindern und dem Volke erzählt. Groß-Lichterfelde 1911, S. 8 (BA 7.1.3, Nr. 27).

Das Vehikel ‚Schiff' umgibt den Körper/Organismus Bismarck. Es wird zu seiner zweiten, „technischen Haut" im Kampf gegen die Elemente der bedrohenden Natur und schafft dadurch noch einmal ein Integral von ‚Natur' und ‚Technik'. Solche paradigmatisch expandierten Körpersymbole können gerade deshalb verwendet werden, weil sich das eigene System über das Ensemble der interdiskursiven Elemente, das in dieser Hinsicht subjektbildende Funktion besitzt, immer „als Zentral- und Monosubjekt"[59] konstituiert. Zudem ist die Schiffssymbolik für die 80er und 90er Jahre vor dem Hintergrund des Flottenbauprogramms ideologisch besonders stark besetzt und erlaubt somit ein Anknüpfen an Prozesse der elementaren Sozio-Kultur bzw. wird in teils ritualisierten Formen des Alltags (Matrosenanzüge für Kinder) reproduziert.[60]

3.1.3 ‚Fesseln sprengen'

Für die – folgt man der Trickster-Definition von Lévi-Strauss – gleichzeitig widerwillig ausgeführte progressive Funktion der Bismarckschen ‚weißen Revolution' von oben tritt an die Stelle der Deich-Symbolik die Pictura des ‚Fesseln Sprengens', verstanden als Befreiung aus den „engen Grenzen"[61], den „Ketten der Schmach und Ohnmacht"[62] des im Michelschlaf der idealistischen ‚Dichter und Denker' verharrenden Deutschland, dem „jeder Weg zu glücklicher Kräftentfaltung nach Außen versperrt"[63] ist. Bismarck muß jetzt als derjenige erscheinen, „der die Fesseln zerriß, die uns umstrickten"[64], der „die gebundenen Kräfte des Staats gelöst"[65] hat, der „viele bislang gebundene Kräfte im deutschen Vaterlande frei gemacht"[66], „der uns die Fesseln brach, der uns die Glieder löste, der uns aufrüttelte aus unserer Dumpfheit und aus unserem Hader und aus völliger politischer Unfähigkeit [...], der uns handeln lehrte"[67], der „durch alle Widerstände und Dornenhecken

---

[59] Link: Isotope (s. Anm. 46), S. 40.

[60] Ein prägnantes Beispiel für eine solche Überdetermination und Neufunktionalisierung des symbolischen Schiffskörpers mit Namen ‚Bismarck' stellt die Tatsache dar, daß die Mitglieder des Bismarck-Frauen-Vereins sich in den 90er Jahren emphatisch als „Flottenfreundinnen" konstituieren und unter der ‚Flagge' Bismarck ihre Vereinsaktivitäten ganz auf die Flottenpolitik abstellen. Vgl. dazu Karin Bruns: Machteffekte in Frauentexten. Nationalistische Periodika (1895-1915). In: Ursula A. J. Becher/Jörn Rüsen (Hg.): Weiblichkeit in geschichtlicher Perspektive. Fallstudien und Reflexionen zu Grundproblemen der historischen Frauenforschung. Frankfurt/M. 1988, S. 309-338, hier: 328.

[61] Eduard Dälen: Bismarck. Eine Vision. Mit 90 Illustrationen. Oberhausen/Leipzig 1892, S. 41 (BA 7.1.1, Nr. 15).

[62] Hermann Jahnke: Fürst Otto v. Bismarck. Ein Volksabend. Gotha 1915, S. 9 (BA 7.9.2, Nr. 44).

[63] Rößler (s. Anm. 53), S. 5.

[64] Schiemann (s. Anm. 2), S. 4 (BA 7.1.2, Nr. 4).

[65] Hahn (s. Anm. 18), S. 31 (BA 7.1.2, Nr. 3).

[66] D. Dr. Hunzinger: Bismarcks Werk und Geist. Gedächtnisrede. Hamburg 1915, S. 10 (BA 7.3.4, Nr. 5).

[67] Reinhold Koser: Fürst Bismarck. Festrede zur Feier des 77. Geburtstages gehalten in Bonn am 1. April 1892. Bonn 1892, S. 6. – Vgl. Hans-Günther Zmarzlik: Das Bismarckbild der Deutschen – gestern und heute. Freiburg 1967, S. 7f.

wie der Prinz im Märchen hindurchschritt, um das schlafende Dornröschen, sein geliebtes deutsches Volk, wachzuküssen".[68]

Er schwang aufs neue Siegfrieds Schwert, und da er schlug den Drachen, der uns die Einheit lang gewehrt, da barst der Fels mit Krachen, da wich des argen Zaubers Macht, da war uns neu errungen mit Kaiserkron und Szepters Pracht der Hort der Nibelungen.[69]

Bismarck wird damit diskursiv auf einer Position plaziert, die Wilhelm Raabe bereits 1859 mit Schiller zu besetzen versucht hatte. In einem Festgedicht anläßlich der Wolfenbütteler Feier zum 100. Geburtstag hatte Raabe unter Applikation des „Tell" gefragt:

Wird nie der Retter kommen diesem Lande?
Wird kein Befreier lösen uns're Bande?

um dann Schiller als solchen „Retter" zu präsentieren:

Um einen Führer schaaren sich die Stämme,
Die Schranken fallen ein, zerbrochen sind die Dämme;
Des Franken Herz, das Herz der Schwaben, Baiern, Sachsen,
Zum Herz des Vaterland's in ihm zusammenwachsen![70]

Auch für Raabe müssen die „Dämme" der Kleinstaaterei, die zum Verlust des nationalen Subjektstatus führten, zerbrochen werden, um das „Herz des Vaterlandes" als nationale Einheit (mit Subjektstatus) begründen zu können. Raabes Schiller wird damit in dieselbe Symbolkonstellation gestellt wie später Bismarck: ‚gefesselt sein' vs. positiv gewerteter ‚Dammbruch' durch einen ‚Befreier'. Rainer Noltenius hat diese Position des Befreiers als eine mit Schiller „nur provisorisch besetzte Leerstelle"[71] interpretiert, die im wilhelminischen Kaiserreich mit Bismarck gefüllt werden konnte, der dann seinerseits „mit Vorliebe als Nachfolger Schillers"[72] bezeichnet wird.[73] Im Rückblick auf die Konfliktzeit der 60er Jahre ist es in den späteren Narrationen Bismarck, der als positiv gewerteter ‚Fluß' („ein Bergstrom zwischen

68 Paul Matzdorf: Jung Bismarck. Zu seinem 100. Geburtstage. Der deutschen Jugend gewidmet. Leipzig 1915, S. 5 (BA 7.9.2, Nr. 39); vgl. auch Hoffmeister (s. Anm. 28), S. 230: „Anders [...]/ Ist Dornröschen, unser Deutschland,/ Nicht vom Zauberschlaf zu wecken;/ Anders der Verwünschung Dornwall/ Nicht auf immerdar zu fällen."
69 Ludwig Ehrenthal: Gedächtnislied auf den Fürsten Bismarck. In: Friedrich Schäfer: Bismarck-Liederbuch. Im Auftrage des Deutschen Bismarck-Bundes hg. v. F. S. 2. Aufl., Goslar 1903, S. 17f., hier: 18 (BA 7.9.2, Nr. 26).
70 Wilhelm Raabe: Zum 10. November 1859, zit. n. Rainer Noltenius: Dichterfeiern in Deutschland. Rezeptionsgeschichte als Sozialgeschichte am Beispiel der Schiller- und Freiligrath-Feiern. München 1984, S. 113; vgl. W. R. Sämtliche Werke. Göttingen 1968, Bd. 20, S. 350f.
71 Noltenius (s. Anm. 70), S. 122; vgl. die Rezension v. R.P. in: arbitrium, 4. Jg.(1986), H. 3, S. 297-301.
72 Noltenius (s. Anm. 70), S. 123.
73 Vgl. Stegmann (s. Anm. 22), S. 39 (BA 7.4.4, Nr. 1); Ziegler (s. Anm. 18), S. 360f. (BA 7.4.4, Nr. 2); Jeannot Emil Frhr. v. Grotthuss: Schiller und wir. In: Der Türmer. Monatsschrift für Gemüt und Geist, 15. Jg., Stuttgart (1912/13), Bd. I, S. 438-442, hier: 439 (BA 7.4.4, Nr. 3); Theodor Birt: Schiller und Bismarck. Zwei Ansprachen gehalten in Marburg. Marburg 1905. – Vgl. auch Noltenius (s. Anm. 70), S. 123, Anm. 103.

engen Felsenwänden stürzte er dahin, seinem Ziele zu"[74]; ein „Strom, in seinem eignen, selbstgegrabenen Strombette, und so mächtig bewegt, daß es öfter scheinen könnte, als wollte er den Berg hinaufströmen"[75]; „ein Strom von Eisen und von Blut", der „den Augiasstall gereinigt" hat[76]) oder ‚Befreier' die Deiche einer überkommenen Ordnung sprengt, der „die alten Formen zerschlägt", um – eine Applikation aus Schillers „Glocke" – das Erz in neue Formen zu gießen: eine ‚gute Technik' im Kampf gegen ‚schlechte' Kulturzustände.

Auch die Parteien riß er auf und durcheinander in heftigstem, manchmal leidenschaftlichstem Kampfe; auch da zerschlug sein titanischer Wille die bestehenden Mächte und goß sie in neue Formen. Große Staatsmänner dieser gewaltigsten Art sind für das Parteileben selten heilsame Erzieher; sie sind nicht geduldig genug, sie haben nicht Zeit und Frieden genug zum Umbilden und Lehren, sie setzen zu stark sich selber durch, und ihren Spuren folgen die Trümmer zerbrochenen Lebens: aber auch die Bewegungen des neuen![77]

Abb. 3: Bismarck sprengt die ‚alten Deiche' des Bundestages (Rudolph Genée: Die Bismarckiade fürs Deutsche Volk. Versepos. Berlin 1891, S. 53).

---

[74] Jeannot Emil Frhr. v. Grotthuss: Aus deutscher Dämmerung. Schattenbilder einer Übergangskultur. 3. Aufl., Stuttgart 1909, S. 277 (BA 7.2.2, Nr. 19).

[75] Friedrich Nietzsche: Morgenröte. Gedanken über die moralischen Vorurteile. (1881). In: F. N. Werke in sechs Bdn. Hg. v. Karl Schlechta. München 1980, Bd. 2, S. 1125.

[76] [Anonym]: Drei Namen. In: Pasig (s. Anm. 19), S. 104f. (BA 7.6, Nr. 1).

[77] Max Lenz/Erich Marcks: Das Bismarck-Jahr. Monatsschrift zur Vorbereitung der Bismarckfeier der deutschen Studentenschaft vom 19. Juni bis 22. Juni 1915 in Hamburg. Auf Veranlassung des Bismarckausschusses der deutschen Studentenschaft und des Hamburger Akademischen Bismarckausschusses hg. v. Prof. M. L. u. Prof. E. M., Nr. 1, Hamburg (21. Juni 1914), S. 14 (BA 7.1.2, Nr. 6).

Alle diesem positiv gewerteten ‚Fesseln Sprengen' entgegenstehenden Hindernisse werden jetzt zu negativ gewerteten Deichen. Die Auseinandersetzungen „mit dickschädlig widerspenstigen Bauern, zopfigen Bureaukraten oder rückständigen, allzu konservativen Standesgenossen" kann jetzt mit „den ‚sich aneinander zersplitternden, bäumenden, unter- und übereinander schiebenden, sich haushoch auftürmenden und Wälle bildenden, schließlich aber gleich zerbrochenen Riesen mit mürrischem Klirren der freien See zugetragenen'" und ihrerseits ‚Deiche' bildenden „Elbeisschollen"[78] verglichen werden. Das Sprengen der alten Ordnung (vgl. Abb. 3) mündet aber sofort wieder in ein konstruktives ‚Eindeichen', das sich diskursiv in einer ganzen Reihe elementar-literarischer Elemente und Applikationen manifestiert:

a) Bismarck als ‚*Schmied* des deutschen Reiches', der unter Einsatz der für die industrielle Eisen- und Stahlerzeugung wichtigen Hilfsmittel Feuer und Hammer eine alte Form in eine neue umschmiedet und das an sich nicht schlechte Rohmaterial in einen höherwertigen Aggregatzustand überführt bzw. die deutschen Stämme „zusammenschweißt"[79], wobei es jetzt positiv gewertete Ketten sind, die die Zwietracht verhindern sollen[80];

b) als ‚*Reichsfaßbinder*'[81], der die deutschen Einzelstaaten mit festem ‚Ring' umschließt: „Er schmiedete den festen Ring, der Deutschlands Söhne all umfing"[82];

---

[78] Helmolt (s. Anm. 21), S. 134 (BA 7.3.7, Nr. 3).

[79] Vgl. Otto Kanig: Unsre nationale Trauerfeier um den Fürsten Bismarck im Lichte des Abschieds Elia's von Elisa. Predigt über II. Könige 2, 9-14, gehalten in der Nicolaikirche zu Pulsnitz am 13. Sonntage nach Trinitatis. Dresden 1899, S. 10 (BA 7.2.2, Nr. 11); Ziegler (s. Anm. 18), S. 393 (BA 7.2.5, Nr. 8); Adolf Kohut: Bismarck als Mensch. Berlin 1899, S. 10 (BA 7.5.2, Nr. 8); Helmolt (s. Anm. 21), S. 215 (BA 7.5.2, Nr. 18); Schreck (s. Anm. 19), S. 36 (BA 7.7, Nr. 38); Jahnke: Fürst Otto v. Bismarck (s. Anm. 62), S. 25 (BA 7.9.1, Nr. 21); Volker Plagemann: Bismarck-Denkmäler. In: Hans-Ernst Mittig/V. P.: Denkmäler im 19. Jahrhundert. Deutung und Kritik. München 1972, S. 217-252; Theodor Renand: Der gute Schmied. In: Mayer (s. Anm. 43), S. 63 (BA 7.9.2, Nr. 1); Johanna Baltz: Des Kaisers Kronenschmied oder: Getreu den Hohenzollern. Festspiel zum achtzigsten Geburtstage Sr. Durchlaucht des Fürsten Otto v. Bismarck. Essen 1895, S. 7 (BA 7.9.2, Nr. 11); Wilhelm Jordan: Zu Bismarck's Geburtstag. In: Bismarck. Illustrierte Rundschau (s. Anm. 19), S. 3 (BA 7.9.2, Nr. 14); Jahnke: Fürst Bismarck (s. Anm. 27), S. II (BA 7.9.2, Nr. 16); Conrad Ferdinand Meyer: Der Schmied. In: Mayer (s. Anm. 43), S. 70 (BA 7.9.2, Nr. 20); Eduard Heyck: Der Reichsschmied. In: Der Türmer, 15. Jg. (1912/13), II. Bd., S. 860 (BA 7.9.2, Nr. 31); Bleibtreu (s. Anm. 14), Titel Bd. 3 (BA 7.9.2, Nr. 36); Gerhard Tolzien: Fürst Bismarck. Eine vierte deutsche Zeit- und Kriegs-Betrachtung. 2. Aufl., Schwerin 1915, S. 5 (BA 7.9.2, Nr. 38); Adelbert Ernst: Wetterleuchten im Osten. Kulturbetrachtungen. Leipzig 1909 (Wertung. Schriften des Werdandibundes [1909], H. I), S. I u. 9 (BA 7.9.2, Nr. 48).

[80] Vgl. Jordan (s. Anm. 79), S. 3 (BA 7.9.2, Nr. 14): „Ob noch so dräuend der alte Drache,/ Den Du bezwangest, die deutsche Zwietracht,/ Sein Feuer faucht, um die eisernen Fesseln/ Die Du geschmiedet, brüchig zu schmelzen:/ Ein neuer Sigfrid wird nimmer säumen,/ Wenn der böse Wurm, den Du nur gebunden,/ Die Kette zerreißt, ihm den Kopf zu zermalmen." – Ebenso Peter Schwuchow: Das Lied vom deutschen Mann. In: Pasig (s. Anm. 19), S. 82 (BA 7.8.1, Nr. 48): „Mit Blut und Eisen ward verkettet,/ Was für einander Gott erschuf."

[81] Moritz Reymond: Der Reichsfaßbinder. Ein deutsches Fastnachtspiel [...]. Zum 1. April dieses Jahres verfaßt v. M. R. und mit erklecklichem Bilderschmucke ausstaffieret v. L. Mauzel. Berlin 1890.

[82] Kinne: Des Deutschen Reiches Waffenschmied. In: Schäfer (s. Anm. 69), S. 33f., hier: 33. –

c) als „*Baumeister*'[83] des Reiches. Ähnlich wie die Deich-Symbolik läßt sich auch die des „Baumeisters' auf beide Negativparadigmen, „schlechte Kultur' und „bedrohende Natur', beziehen. Denn zum einen ist das „Einreißen des alten Baus und Errichten eines neuen' Pictura für die Subscriptio „Beenden der deutschen Zwietracht'[84], zum anderen überführt die produktive Bautechnik die negativ gewertete formlose und chaotische „Natur' ohne Subjektstatus in „gute Kultur' mit Subjektstatus, was die Bautechnik selbst in unmittelbare Nähe zur bildenden Kunst bringt.[85] Subscriptio ist – auf der Folie der Deich/Flut-Symbolik – im folgenden Zitat die Überführung von „Revolution' in „Reform':

Mit richtigem Instinkt für das Charakteristische des deutschen Staatsmannes hat das Volk, welches seine Anschauung in Bildern zum Ausdruck zu bringen liebt, Bismarck als Baumeister bezeichnet und die plastisch bildenden Gewerbe haben ihn zum Ehrenmitgliede, zum Ehrenschlosser, Ehrentischler, Ehrenschuhmacher ernannt. Es ist damit dem, auch dem einfachsten Gefühl sich aufdrängenden, Gedanken Ausdruck gegeben, daß Bismarck aus einem formlosen Stoffe ein großartiges, plastisches Gebilde geformt hat. Das deutsche Volkstum und seine verworrene Geschichte haben bis zum Auftreten dieses Künstlers und Meisters in der Politik den Charakter des Chaotischen, Formlosen gehabt. Die deutsche Vergangenheit zeigte seit ihren ersten Anfän-

---

Vgl. auch Jahnke: Fürst Otto v. Bismarck (s. Anm. 62), S. 26: „Er hat um alle Stämme mit seiner starken Hand/ In heller Glut geschmiedet das feste Eisenband" (BA 7.9.1, Nr. 21); Baltz (s. Anm. 79), S. 7: „Ring der Einheit" (BA 7.9.2, Nr. 11); Otto Erley: Ihr Eichen des Sachsenwaldes. In: Pasig (s. Anm. 19), S. 69f., hier: 70 (BA 7.9.2, Nr. 22).

[83] Vgl. Dälen (s. Anm. 61), S. 41 (BA 7.1.1, Nr. 15); Otto Pfleiderer: Zu Bismarcks Gedächtnis. Rede bei der Feier in Groß-Lichterfelde am 27. November 1898. Berlin 1898, S. 16 (BA 7.1.2, Nr. 5); Kamp: Drei patriotische Reden. Otto v. Bismarck. Wilhelm I. Wilhelm II. Oldenburg 1898, S. 5 (BA 7.1.3, Nr. 6); Stegmann (s. Anm. 22), S. 5 (BA 7.1.3, Nr. 12); Ludwig Hamann: Ehrungen des Fürsten Bismarck zum 80. Geburtstage 1895. Eine Chronik der nationalen Feiertage, sowie gesammelte Reden und Ansprachen für das deutsche Volk und die Verehrer des Alt-Reichskanzlers. Leipzig 1895, S. 4 (BA 7.2.2, Nr. 6); August Püringer: Richard Wagner und Bismarck. In: Offizieller Bayreuther Festspielführer 1924. Bayreuth 1924, S. 175-182 (BA 7.4.5, Nr. 2); Schiemann (s. Anm. 2), S. 3 (BA 7.5.1, Nr. 9); Bleibtreu (s. Anm. 14), S. 13f. (BA 7.5.1, Nr. 26); Jahnke: Fürst Otto v. Bismarck (s. Anm. 62), S. 40 (BA 7.5.1, Nr. 27); Reinhold: System (s. Anm. 19), S. 10-12 (BA 7.5.2, Nr. 2); Karl Th. Reinhold: Fürst Bismarck als Reformator des deutschen Geistes. Eine Festrede. Barmen 1885, S. 33 (BA 7.5.4, Nr. 2); Falke (s. Anm. 20), S. 3f. (BA 7.5.2, Nr. 14); Rée: Fürst Bismarck (s. Anm. 19), S. 6 (BA 7.8.1, Nr. 20); Max Bewer: Bismarck und der Hof. Dresden 1892, S. 14 (BA 7.9.1, Nr. 3); Plagemann (s. Anm. 79); Michael Georg Conrad: Zu Bismarcks siebzigstem Geburtstag. Betrachtung von M. G. C. In: Die Gesellschaft, 1. Jg. (1885), S. 222f. (BA 7.9.3, Nr. 1).

[84] Vgl. Walter Jesinghaus: Luther und Bismarck. In: Schäfer (s. Anm. 69), S. 37 (BA 7.4.2, Nr. 12): „Sie rissen nieder ohne Scheu längst faulende Gebäude dort, und schufen andre, stark und neu, zu aller Lust und Freude; da gab's kein Schonen. Balken dort, hier krachten Türme, Wände: So brachten sie durch Geist und Wort dem alten Reich sein Ende."

[85] Vgl. Ludwig Aegidi: Bismarcks Künstlernatur. Eine Studie. In: Deutsche Revue über das gesamte nationale Leben der Gegenwart, 26. Jg., Breslau (1901), S. 129-138, hier: 136: „Sein Seelenleben bewegte sich in fortwährendem Schaffen: sein Geist trieb ihn zu stetem Modellieren in Politik – – wie den Bildhauer der bloße Anblick eines Stückchens Thon zum Kneten und Formgeben anreizt." – Vgl. auch Friedrich Lienhard: Einführung in Goethes Faust. Leipzig 1913, S. 8f. (BA 7.5.1, Nr. 21).

gen bis zur Gegenwart das Bild der Zerfahrenheit, des Traum- und Nebelhaften. Seit zwei Jahrtausenden wartete Germania auf den Mann, der diese durch- und gegeneinander gährenden, diese wüst und gestaltlos brauenden Kräfte zusammenfassen und formen sollte. Es hat in unserm Volke niemals an einem großen Stoff, an Gedanken und Kraft, niemals an dem besten Willen gefehlt, einen nationalen Staat zu begründen. [...] Aber die deutsche Nation war und blieb eine formlose, eine hoffnungslose Masse.

Da kam endlich dieser große Bildner und Baumeister und zwang das deutsche politische Leben, daß es Form gewann, daß es sich gestaltete, daß die ehrwürdigen, tausendjährigen Gedanken Leben gewannen dadurch, daß die lebendige Kraft endlich eine bildende wurde.[86]

Auf seine notwendige – in der Terminologie von Gilles Deleuze/Felix Guattari – De-Territorialisierung folgt also die sofortige Re-Territorialisierung.[87]

Er entfesselte die urwüchsige Kraft des nationalen Volkstums, leitete sie aber zugleich in feste Bahn. Er gab dem zu wüstem Wildwachs neigenden Lebenstriebe festes Ziel und feste Form, rückte die auseinanderstrebenden Geister zusammen und schuf die Leistung des Genies: Die Bindung und Formgebung naturaler, dämonischer Urkraft. [...] Auf dem Grunde des entfesselten, zu freier Selbstbethätigung aufgerufenen deutschen Volkstums ist der wohlgefügte, feste und organisierte deutsche Staat erwachsen, das alte Reich in unermeßlich verbesserter Gestalt neuerstanden.[88]

War das Deichen gegen die Revolutionsflut eine Form der positiven Re-Territorialisierung als Reaktion auf eine vorangegangene negative De-Territorialisierung, so ist das Sprengen der Fesseln positive De-Territorialisierung einer negativ gewerteten, falschen Territorialisierung, die erst über ihre Aufhebung zu einer neuen qualitativ höherwertigen und dann wieder positiv gewerteten Re-Territorialisierung führen kann.

Er war der Deichhauptmann, der kühn den Deich durchstach, und die in Deutschland gestauten Wassermassen stürzten mit Urgewalt, alles niederwerfend, in die Fläche hinab. Dann sammelte er die Massen wieder, faßte sie in neue Ufer und ließ sie Mühlen treiben im Tagewerk des Friedens.[89]

Einen wichtigen Unterschied zur Deichsymbolik gegen die Märzrevolution markiert dabei die Tatsache, daß Bismarck die Deiche nicht von außen nach

---

[86] Reinhold: System (s. Anm. 19), S. 11f. – Zur Vereinnahmung Bismarcks durch handwerkliche und technisch-industrielle Berufsstände vgl. die Abb. des „Widmungsblattes des Vereins deutscher Ingenieure" bei Plagemann (s. Anm. 79), Abb. 70, S. 439; vgl. auch: Glückauf. Berg- und Hüttenmännische Zeitung zu Ehren des achtzigsten Geburtstages Sr. Durchlaucht des Altreichskanzlers Fürst Bismarck, 3. Jg., Essen, Nr. 13 (30.3.1895).

[87] Gilles Deleuze/Félix Guattari: Anti-Ödipus. Kapitalismus und Schizophrenie I. Frankfurt/M. 1981, S. 43ff.

[88] Reinhold: System (s. Anm. 19), S. 12 (BA 7.5.2, Nr. 2).

[89] Theodor Birt: Ansprache, gehalten am 28. Mai 1903 in Anlaß der Enthüllung des Denksteins zur Bismarcksäule. In: Schiller und Bismarck (s. Anm. 73), S. 27. – Vgl. auch Köppen (s. Anm. 17), S. 246: „Bismarck hoffte, daß unter der Einwirkung der Preßverordnungen der Strom der öffentlichen Meinung allmählich wieder in sein natürliches Bett zurückgeleitet werden [...] würde." – Ähnlich bei Evers (s. Anm. 37), S. 45f., wo Bismarck als „gigantischer Heldenführer" erscheint, der „dem Strom der Weltgeschichte ein neues Bette gräbt und seine Fluten brausend und schäumend hineinzwängt" (BA 7.1.1, Nr. 14).

innen zerstört, sondern – selbst Teil des Systems – von innen nach außen. Er ist befugter Zerstörer im Auftrag seines Königs, der Meister aus Schillers „Glocke":

Wohl uns, daß zu rechter Zeit ein Mann uns geschenkt ward, der nicht aus eigener Willkür, sondern im Dienste seines Königs den alten Bau abbrach, um einen neuen und besseren an die Stelle zu setzen! Da erfüllte sich das Seherwort des Dichters: „Der *Meister* kann die Form zerbrechen mit weiser Hand zu rechter Zeit, doch wehe, wenn in Flammenbächen die wilde Gluth sich selbst befreit."[90]

Diese Schillerapplikation Pfleiderers transformiert sich bei Hermann Jahnke in eine der Schmiedeszene aus dem Nibelungenlied, wobei Bismarck als eine Art Siegfried „den alten Amboß, auf dem die Zwerge des Reiches Einheit zu schmieden versuchten, in den Grund schlagen" muß, um „einen neuen" zu „errichten" und „darauf als rechter Meister das glühende Metall zu hämmern, aus dem des neuen Kaisers Zepter und Krone gefertigt werden"[91] sollen. Die Symbolik von ‚Deich'/‚Flut'/‚Ketten'/‚Fesseln sprengen' ist unter der doppelten Perspektive von ‚Kampf gegen die Märzrevolution' auf der einen und eigenem ‚Revolutionieren der alten Ordnung' auf der anderen Seite also höchst ambivalent, was sich eindrucksvoll an einer Stelle aus Karl Bleibtreus Bismarckroman von 1915 belegen läßt. Er integriert die Pictura-Serien ‚Flut' und ‚Deich' mit den Subscriptiones ‚Reaktion' und ‚Revolution', indem er die Subscriptio-Elemente ihrerseits wieder zu Pictura-Elementen macht, so daß kaum noch eindeutig entschieden werden kann, ob in Deich/Flut-Pictura über die Revolution („Hochwasser", „Eisgang kontrollieren", „Deich", „Dammwärter") oder in Revolutionspictura („Revolution", „die Rebellen bändigen", „Heerbann gegen die Revolution der Elbe", „Kanonenschüsse") über Bismarcks „Elbdeichkampf"[92] gesprochen wird.

Das Thermometer stand auf Null, die trübe, gelbe Elbe schlief noch mürrisch und hörte nicht auf die leise Mahnung des nahenden Lenzes, an ihren Eisketten zu rütteln. Der Deichhauptmann setzte sich nachher an den Schreibtisch und kam sich wie ein Zauberer vor, der aus schwarzer Tintenflasche Geister beschwört mit allerlei Formelspuk, denn auf seine Befehle werden nun bald Arbeiter und Karren sich zum Fluß bewegen, die mit Faschinen und Brettern den Damm stopfen. Die schäumende Flut nimmt sich zwar sehr poetisch aus, doch die Prosa hat ein besseres Recht. So mag eine Revolution wohl schwankende Gemüter betören und die Phantasie gefangenhalten, aber die Ordnung muß ihren Deich dawiderstemmen, sonst werden alle Fluren verwüstet. Gottlob, ich habe nichts mit solchen figürlichen Dingen zu tun und bestelle buchstäblich mein Tagewerk als Dammwärter.[93]

---

[90] O. Pfleiderer (s. Anm. 83), S. 16 (BA 7.1.2, Nr. 5). – Vgl. auch Friedrich Leo: Rede zum Gedächtnisse des Fürsten Bismarck am 20. November 1898 im Namen der Georg-Augusts-Universität gehalten. Göttingen 1898, S. 10 (BA 7.5.2, Nr. 7): „Er muss mit vollkommener Geistesfreiheit die vorhandenen Formen verachten und zerbrechen."

[91] Jahnke: Fürst Bismarck (s. Anm. 27), S. II (BA 7.9.2, Nr. 16). – Vgl. auch die Abb. einer Bronze-Statue „Otto v. Bismarck als Schmied des Deutschen Reiches", in: Deutsches Historisches Museum (Hg.): Bismarck – Preussen, Deutschland und Europa. Katalog. Berlin 1990, S. 49 u. 477.

[92] Helmolt (s. Anm. 21), S. 133 (BA 7.3.7, Nr. 3).

[93] Bleibtreu (s. Anm. 14), Bd. 1, S. 246f.

„Herr Hauptmann, wir werden noch 12 Fuß Höhenwasser über Meeresspiegel bekommen", meldete ein Beamter. „Und wenn Eisstopfung –"
„Na wenn schon! Wozu sind wir da, als um die Rebellen zu bändigen? Wir werden schon Meister gehen." Der Herr v. Bismarck schaute lachenden Mundes über die Achsel auf die Scharen berittener Bauern, die seinen Heerbann gegen die Revolution der Elbe ausmachten. Bei Gott, da unten schmettert es wie Pappenheimer Marsch, und diese Bauernklötze sollten mit mir anstimmen: Frischauf, Kameraden, aufs Pferd, aufs Pferd! Das lange, lange Warten ist vorbei, der Streit hebt an, frisch weht der Hauch eines neuen Kämpferlebens den in Muße Verrosteten an.
[...]
Die Eisschollen machten ihm viel zu schaffen, die aus Böhmen her unter der großen Dresdener Brücke sich nordwärts schoben. Wenn sie sich stauten, konnten sie selber einen Deich türmen, gegen den menschliche Deiche ein Spielzeug. Der Deichwart mußte den ganzen Tag zu Fuß, zu Wagen und zu Pferd zwischen Damm und Strom aufpassen. Es fror wieder auf zwei Grad, der Nordwind schritt durch die klare Luft, die Eisfelder krachten wie Kanonenschüsse. In prächtiger Mondnacht bäumten sich die marmorweißen Blöcke haushoch und formten Querwände im Strom, gegen die er antobte. Endlich gewann er die Oberhand und zerbrach die Eisschranken. Ein Klirren wie von zerbrochenen Ketten ging vom schäumenden Gewässer aus, das mächtige Schollenquadrate zum Meer hinabschwemmte. Bald rauschte auch noch Hochwasser ins breite Bett der Elbe. Das Eis ergibt sich mürrisch seinem Schicksal, der entfesselte Strom jauchzt, doch die Uferbewohner bangen. Der Herr Deichhauptmann muß auf seinem Posten stehen und nimmer wanken, wenn die Wälle der Eisriesen erdröhnen.[94]
Und der tolle Frühling von 1848 brauste immer lauter, bis in die Klause des Eremiten von Schönhausen, der sich ganz zurückzog und seinem Familienglück lebte. Der Deichhauptmann wußte aus Erfahrung, was diese Symptome bedeuteten, wenn ein Strom nach entfesseltem Eisgang sich ungebärdig an die Ufer wälzt.[95]
Sowohl die Elbe/Flut- als auch die Deich-Symbolik ermöglichen dabei durch Wechsel zwischen Positiv- und Negativwertung die parallele Bildung von zwei verschiedenen Subscriptiones: ‚alte deutsche Ordnung bzw. Michelschlaf' und ‚Märzrevolution'.
Paradigmen von Pictura-Elementen werden hier so auf Syntagmen von ‚Fakten' abgebildet, daß ein anscheinend ‚natürlicher' Zusammenhang entsteht. Revolution und Reaktion sind zwei Seiten ein und derselben symbolischen Medaille, erscheinen als zwei verschiedene Aggregatzustände des Wassers: als extrem mobiles ‚Hochwasser' der Revolution, gegen das die positiv gewerteten Deiche stehen, und als zu Deichen aus Eisschollen ‚gefrorenes Wasser', das die notwendige Entwicklung der alten politischen Zustände hemmt. Bismarck selbst hat als Deichhauptmann zwischen beiden extremen Zuständen zu vermitteln: „Der Deichwart mußte [...] zwischen Damm und Strom aufpassen."[96]

---

94 Ebd., S. 255f.
95 Ebd., S. 324f. (BA 7.1.1, Nr. 42).
96 Ebd., S. 256.

Pictura (Elbe/Flut)	Subscriptio 1 (Michelschlaf)	Subscriptio 2 (Revolutionsbewegung)
die Elbe schlief noch mürrisch und hörte nicht auf die leise Mahnung des Lenzes, an ihren Eisketten zu rütteln das Eis kam ins Gleiten	Deutschland im Michelschlaf Bismarcks Politik die alte Ordnung ändern Deutschland erwacht aus dem Michelschlaf	die Revolution hatte noch nicht begonnen die frz. Februarrevolution die Monarchie in Frage stellen die Revolution beginnt
schäumende Flut entfesselter Eisgang Hochwasser		Revolution Revolution Revolution

Pictura (Deich [-])	Subscriptio 1 (Michelschlaf)	Subscriptio 2 (Revolutionsbewegung)
Eisketten, Eisschollen Querwände im Strom, gegen die er antobte er zerbrach die Eisschranken zerbrochene Ketten entfesselter Strom entfesselter Eisgang	alte politische Ordnung Bismarcks Revolution von oben	Revolution

Dabei gelingt es Bleibtreu durch Applikation des in den Befreiungskriegen immer wieder rezipierten ‚Reiterliedes' aus Schillers „Wallenstein" und des ‚Pappenheimer Marsches', das ‚Sprengen der Eisdeiche' mit positiven Konnotationen zu versehen. Denn wurde die Niederlage von 1806 – dem Ausspruch der Königin Luise folgend – als ein ‚Einschlafen auf den Lorbeeren Friedrichs des Großen' verstanden, so waren die Befreiungskriege umgekehrt als ‚Erwachen der Nation'[97] rezipierbar und konnten damit als historische Analogie gerade im Rahmen der großangelegten Hundertjahrfeiern zwischen 1913 und 1915[98] zugleich auf den Michelschlaf der 40er und 50er Jahre wie auch die Situation des Weltkriegs[99] appliziert werden.
Schematisch läßt sich die Ambivalenz der ‚Deich/Flut'-Symbolik in der folgenden Tabelle zusammenfassen, die es zugleich erlaubt, den Bezug zur Trickster-Definition von Lévi-Strauss (gleichzeitiges Ausüben einer regressiven und progressiven Funktion durch einen mythischen Helden) herzustellen.
Diejenigen Pictura-Elemente, die zuvor das Paradigma der ‚bösen Natur' bildeten, konstituieren jetzt ein Paradigma der ‚guten Natur' als Opposition zu ‚schlechter Kultur'. Das Paradigma der ‚guten Natur' kann dabei integriert werden mit positiv gewerteten Techniksymbolen (Schmiede-, Gieß-

---

[97] Wulf Wülfing/Karin Bruns/Rolf Parr: Historische Mythologie der Deutschen 1798-1918. München 1991, S. 69ff.
[98] Vgl. etwa die Berichterstattung des „Türmer" im Jg. 1913.
[99] Bleibtreus Roman endet im vierten Teil unter dem Titel „Die Feuerprobe" mit einem Ausblick auf den Ersten Weltkrieg.

P: *FLUT(−)*	P: *DEICH(+)*	*regressive Funktion:*
S: Revolution äußere Feinde innere Zwietracht	S: Befestigen der Monarchie Befestigen der Grenzen deutsche Einheit	Bismarck als ‚Deichhauptmann'
P: *DEICH(−)*	P: *FLUT, FESSELN SPRENGEN(+)*	**progressive Funktion:**
S: Michelschlaf der Deut- schen, überalterte gesell. Ordnung	S: die alte Ordnung aufbrechen, die gesellschaftlichen Zustände verändern	Bismarck als ‚Befreier'

und Bautechnik), was im übrigen eine der diskursiven Voraussetzungen für die Wirksamkeit des immer wieder zitierten Bismarckausspruchs von „Eisen und Blut" aus der berühmten Rede vom 30.9.1862 darstellt.[100] Seltener wird dieser diskursive Chiasmus selbst zum Strukturprinzip von Texten gemacht, wie bei Gotthold Knapp, der beide Aspekte in einem Festgedicht in zwei Strophen parallel nebeneinanderstellt, um die mythische Synthese in die Tricksterfigur Bismarck zu verlagern.

> Wie gehst Du vorwärts gleich dem Flusse,
> Den auch der breite Fels nicht hemmt,
> Der seinem wasserreichen Gusse
> Inmitten sich entgegenstemmt:
> Der Strom, er wendet sich zur Seite
> Und wirbelt an dem Stein vorbei
> Und wallet dennoch in die Weite
> Und führet seine Wasser frei.
>
> Doch selber auch dem Fels Du gleichest
> In wildem Brandungswasserdampf,
> Wenn keiner Feindesmacht Du weichest
> In heiß bewegtem Redekampf.
> Den stets erneuten Wasserwogen
> Beutst Du granit'nen Busen dar,
> Und glänzt im Gischt ein Regenbogen,
> Es Deines Geistes Wirkung war.[101]

Weitaus öfter dagegen partizipieren die Bismarckbiographen am Ensemble der kollektiv zur Verfügung stehenden Elemente des Interdiskurses einer Kultur und applizieren eine bereits vorhandene Tricksterfigur aus der Kunstliteratur auf Bismarck: den Faust der Goetheschen Tragödie, der mit seinem Deichbauprojekt am Ende des zweiten Teils nicht nur einen Anschluß an die symbolische Subjektsituation des Deichhauptmanns Bismarck erlaubt, sondern diesen geradezu zu seinem Nachfolger macht:

---

[100] Vgl. Jaquet (s. Anm. 27), S. 154: „Kennt ihr das Felsenherz, das *Blut und Eisen/* zur schönsten Harmonie in sich verband [...]"?

[101] Gotthold Knapp: Zu Fürst Bismarcks siebenzigstem Geburtstag. 1. April 1885. In: Günther Mahal: Lyrik der Gründerzeit. Tübingen 1973, S. 71-75, hier: 72f.

Der Idealismus Faust's, des ruhelos Umhergetriebenen, findet endlich in der Wirklichkeit des Kampfes mit Sumpf und See, mit Moor und Welle Ruhe und Befriedigung. Wie Faust aufhört, so hat Bismarck angefangen: von der Bewirtschaftung des ererbten Gutes und von der verantwortungsvollen Thätigkeit als Deichhauptmann ausgehend, hat er auf diesem auf kleinen Kreis beschränkten Thun sein allumfassendes Wirken für des Reiches Wohlfahrt aufgebaut.[102]

Bei Karl Bleibtreu wird Faust, der den „deutschen Deichdamm" gebaut habe, in umgekehrter Perspektive zu einem vorgeahnten Bismarck, der seine Situation in einer Art innerem Monolog aus Versatzstücken des „Faust II" reflektiert:

Zu den Müttern hinabsteigen wie Faust, ist eine schwierige Sache, wo sind sie, diese Mütter? Aber als Reichskanzler mit Kaisern verkehren ist wohl auch kein Amusement, das sah Faust ein, und wo fand er endlich Selbstgenügen? Auf freiem Land mit freiem Volk zu stehen. „Frei", was heißt das? Niemand ist frei. Ich dien'. Aber einen Deichdamm bauen für künftige Geschlechter, das versteh' ich alter Deichhauptmann. O wolle doch Gott, daß Goethe im Faust einen Deutschen vorausschaute, der auch etwas baut für alle Ewigkeit! Ich glaube nicht an die deutsche Hamletschwäche, Goethe hat im Faust nicht den Menschen schlechtweg gebaut, sondern den Deutschen, der sich mit Phantasmen und eigenen Torheiten herumschlägt, bis er die schaffende Arbeit findet. Immer hab' ich das echtdeutsch gefunden, wie Faust am Ende dasteht, er organisiert. Was ist denn Preußen anders als ein Werk der Organisation? Dahin liegt unsere Bahn, die deutsche Kraft organisieren.[103]

Der vorgeahnte Faust – denn Goethe hat nicht den Menschen, sondern den deutschen Menschen verewigt – trieb sich mit der schönen Helena herum, ließ sich mystisch von Gretchen erlösen und baute den deutschen Deichdamm, endlich die lang vergebens gesuchte Selbstbefriedigung findend.[104]

Solche Faust-Applikationen weitet Jeannot Emil Frhr. v. Grotthuss im programmatischen Eröffnungsaufsatz des ersten Heftes seiner Zeitschrift „Türmer"[105] zu einer komplexen Analogie aus, bei der Fausts Deichbauprojekt sowohl die Pictura für die Subscriptio ,Reichsgründung'/'Revolution von oben' liefert als auch für das zwischen ,Realismus' und ,Idealismus' vermittelnde ideologische Projekt der Zeitschrift selbst.[106]

Goethe-Faust durchstürmt die Weiten der sichtbaren und unsichtbaren Welt. Vor keiner durch Alter und Ueberlieferung geheiligten Schranke macht er Halt. Und diesen Erde- und Himmelstürmer bedrückt der Anblick der schäumenden Mereswoge, die,

---

[102] Gustav Sorof: Bismarck. Rede, gehalten am 2. September 1898. In: Jahresbericht des Stadtgymnasiums zu Halle/S. 31. Jg. Von Ostern 1898 bis Ostern 1899. Im Namen des Lehrerkollegiums hg. v. Dr. Franz Friedersdorff. Halle/S. 1899, S. 42-50, hier: 48 (BA 7.5.1, Nr. 16).

[103] Bleibtreu (s. Anm. 14), Bd. 2, S. 13f. (BA 7.5.1, Nr. 26).

[104] Ebd., Bd. 3, S. 504.

[105] Jeannot Emil Frhr. v. Grotthuss: Goethe und Bismarck. In: Der Türmer, 1. Jg. (1898/99), Bd. I, S. 4-15.

[106] Auf dem Titelblatt einiger Hefte der Zs. wird der Türmer Lynceus (Faust II, 5. Akt. Tiefe Nacht, Vers 11288-11289) appliziert, der zugleich zum idealistischen „Sehen geboren" und zu realistischem „Schauen bestellt" ist.

„unfruchtbar selbst, Unfruchtbarkeit zu spenden", heranschleicht, ergiebiges Land
dem Ufer Schritt für Schritt entreißt: [...]
Und abermals: dieser Geist, der „alle Rechte schätzt", giebt Mephisto den Auftrag,
das alte Ehepaar Philemon und Baucis *aus seinem rechtmäßigen Eigentum zu vertrei-*
ben, weil es ihm im Wege steht und die Alten nicht gutwillig ihr liebes Hüttlein räumen
wollen. Welche Widersprüche!
Und wie wunderbar spiegeln sich darin die Widersprüche bei Bismarck! Sind es nicht
geradezu die gleichen?
Derselbe Mann, der eifersüchtig über den ererbten Rechten der Krone wacht, der sich
den aufgewühlten Elementen mit gepanzerter Brust und eiserner Faust entgegen-
stemmt, der Hüter des Gottesgnadentums, der unbeugsame Verfechter der gesellschaftlichen Ordnung, er bricht die gesetzliche Verfassung, stürzt ragende Türme jener Ordnung in den Staub, zertrümmert Throne, vernichtet Dynastien, jagt rechtmä-
ßige Herrscher aus ihren Landen, zerreißt das heilige, Jahrhunderte alte Band zwischen ihnen und ihren Völkern. Kann es diesem Manne noch wahrhaft ernst sein mit
seiner Verehrung von Recht und Gesetz?
Fragen wir Faust. *Warum* läßt er die alten Leute vertreiben? Nicht aus Uebermut,
nicht aus Habsucht. Sondern weil sie ihn in seinem großen Werke hemmen. Das kleine
Hüttlein mit den wenigen Lindenbäumen, „nicht sein eigen, verderben ihm den Welt-
besitz". Dort gerade, wo sie wohnen, fehlt ihm der Luginsland, von dem aus er seine
Schöpfung überschauen, sie erweitern, leiten und herrlich vollenden kann. Das Fleck-
chen Erde ist ihm ein Pfahl im Fleische seines Werks. Er macht den guten Leuten die
annehmbarsten Bedingungen, versucht sie zum freiwilligen Tausche ihres Besitzes gegen „ein schönes Gütchen" zu bewegen. Aber sie wollen nicht, sie pochen auf ihr
Recht. Und nun soll das große Werk, das Tausenden Nahrung und Unterkunft, Glück
und Segen zu gewähren bestimmt ist, vor dem pietätvollen Eigensinn von ein Paar alten, morschen Leuten stille stehen?
[...]
Und da kommt Mephisto – die Macht. [...] Er läßt das Hüttlein der Alten, die alten
Lindenbäume davor in Flammen aufgehen. Klagend verkündet der Türmer Lynkeus
den schaurigen Anblick, Faust aber spricht:

> Mein Türmer jammert; mich im Innern
> Verdrießt die ungeduld'ge That.
> Doch sei der Lindenwuchs vernichtet
> Zu halbverkohlter Stämme Grau'n,
> Ein Luginsland ist bald errichtet,
> Um ins Unendliche zu schau'n.
> *Da seh' ich auch die neue Wohnung,*
> *Die jenes alte Paar umschließt,*
> *Das, im Gefühl großmütiger Schonung,*
> *Der späten Tage froh genießt.*

[...]
Hannover, Hessen-Nassau u.s.w. erging es nicht viel anders, und doch haben sich ihre
Bewohner auch in dem neuen größeren Heim schon recht traulich und behaglich ein-
gerichtet, und wer dürfte behaupten, daß ihre Mehrzahl wieder in das alte zurückkeh-
ren möchte? Das Königreich Sachsen aber und mancher andere kleinere Staat dürfen
noch heute ihre Tage „im Gefühl großmütiger Schonung froh genießen"! Und diese
weise Schonung, auch Oesterreich gegenüber, ist der unwiderlegbare Beweis dafür,
daß Bismarck weder aus Uebermut, noch aus Herrschsucht, noch aus Großmachtskit-

zel den gordischen Knoten der deutschen Frage mit dem Schwerte zerhieb. Die Macht war ihm nur Vollstreckerin, nicht Finderin des Urteils, Mittel, nicht Zweck.[107]

3.1.4 ‚Boden‘

Integriert der mythische Held Bismarck über die ambivalent verwendete Deich/Flut-Symbolik die Extrempositionen von ‚gefährlicher Natur‘ (Revolution) und ‚schlechter Kultur‘ (Michelschlaf) zu einem Paar mit geringerer semantischer Differenz, so bleibt jedoch weiterhin eine latente Opposition von ‚guter Natur‘ (verstanden als positiv gewertete Vorstellung vom ‚Wesen des deutschen Volkstums‘) vs. ‚guter Kultur‘ (preußischer Staat/Politik) bestehen. Für die ‚gute Naturanlage‘ des ‚deutschen Wesens‘ steht dabei vor allem das Symbol des fruchtbaren Acker-‚Bodens‘, das es erlaubt, den ‚Politiker‘ Bismarck mit dem „Landedelmann“[108] und ‚Bauern‘ Bismarck zu kombinieren. Seinem doppelten – dem mythischen Erzählschema ‚Rückkehr‘ folgenden – Positionstausch im narrativen Syntagma (vom Kniephofer Landwirt[109] zum Politiker bzw. Reichskanzler und dann wieder Gutsherrn in Friedrichsruh[110]) korrespondiert eine entsprechende diskursiv-paradigmatische Relation: Die tatsächlich geübte landwirtschaftliche Praxis wird ebenso wie die Deichhauptmannstätigkeit zur Pictura für politisches Handeln, denn der ‚Boden‘, den der Junker Bismarck bearbeitet, stellt sich symbolisch als „nationaler“[111] oder „deutscher Boden“[112] dar. Die Symbolik des ‚Volksbodens‘ erlaubt es dabei, zwei Stränge der Konstitution eines präsupponierten deutschen ‚Wesens‘ miteinander zu verbinden: den einer *natürlichen Wesensanlage* des deutschen Volkes (Paradigma: ‚Natur‘; Symbol: ‚Volksboden‘) sowie den einer *geschichtlich gewordenen deutschen Nation*, deren ‚Wesen‘ sich erst im Verlauf der Geschichte und Kultur (Paradigma: ‚gute Kultur‘; Pictura: ‚bearbeiten des Volksbodens‘; Subscriptio: ‚Bismarcks Politik‘) zunehmend Geltung verschafft und gegen kulturelle Widerstände (Paradigma: ‚schlechte Kultur‘) durchsetzt. Die Paradigmen ‚Natur‘ und ‚Kultur‘ stellen

---

[107] Grotthuss: Goethe und Bismarck (s. Anm. 105), S. 7-9.
[108] Bismarck-Kalender für das Schaltjahr 1880. XIII. Jg., Minden 1880, S. 8 (BA 7.1.4, Nr. 1); Eugen Wolf: Vom Fürsten Bismarck und seinem Haus. Tagebuchblätter v. E. W. Berlin 1904, S. 9f. u. 43 (BA 7.1.4, Nr. 6).
[109] Vgl. Bismarck-Jahr (s. Anm. 77), S. 3 (BA 7.1.4, Nr. 7); Walther Stein: Bismarck. Des eisernen Kanzlers Leben in annähernd 200 Bildern nebst einer Einführung. Hg. v. W. St. Im Jahre des 100. Geburtstags Bismarcks und des großen Krieges. Siegen/Leipzig 1915, S. 5 (BA 7.8.1, Nr. 68).
[110] Gustav Kawerau: Gedächtnißrede auf den Fürsten Bismarck gehalten Breslau, den 1. April 1899. Breslau 1899, S. 4 (BA 7.1.4, Nr. 5).
[111] Vgl. August Sannes: Der deutsche Unterricht. In: Der Türmer, 15. Jg. (1912/13), S. 341-345, hier: 342 (BA 7.2.7, Nr. 25).
[112] Reinhold: System (s. Anm. 19), S. 11 (BA 7.5.2, Nr. 2). – Vgl. auch Rößler (s. Anm. 53), S. 54 (BA 7.1.3, Nr. 2); Max Bewer: Bismarck und der Kaiser. Große Ausgabe. Dresden 1895, S. 151 (BA 7.4.2, Nr. 7); Erich Marcks: Paul v. Hindenburg als Mensch, Staatsmann, Feldherr. Berlin 1932, S. 75 (BA 7.8.1, Nr. 77); Conrad (s. Anm. 83), S. 222 (BA 7.8.1, Nr. 5).

in diesem Doppelmodell keine Antagonismen mehr dar, sondern garantieren in gemeinsamem Wechselspiel die nationale Identität. Wird von den Biographen Bismarcks Naturliebe, seine Verbundenheit mit der ‚Scholle‘ und ‚Landwirtschaft‘ betont, so konnotiert das stets sein „Verständnis für das Volksleben":

Auf dem Gutshofe Kniephof, auf ländlicher Scholle, in inniger Berührung mit der einfältig-tiefen Natur wurde der Grund für die persönliche Eigenart des Mannes gelegt, die wunderbare Mischung von Unmittelbarkeit, Natürlichkeit und Lebensfülle einerseits, von Selbstbeherrschung und Geistesbildung andererseits. Hier gewann er den innerlichen Zug zum Naturleben und daher das tiefe Verständnis für das Volksleben, den zugleich praktisch-geschäftsmäßigen und poesiegetränkten Geist, der bei allem Schwung und Feuer nie den realen Boden verlor.[113]

Die Opposition zwischen der Kulturtechnik ‚Politik‘ und der organischen Natur des ‚Volksbodens‘, zwischen „Kaiserthum und Bauernthum"[114] wird dabei auf eine vertikale Achse projiziert, an deren einem Ende die ‚hohe‘ Staatskunst als tendenziell ‚abgehoben‘ zu finden ist, deren anderes sich als „realer Boden" der Natur und des Volkstums konstituiert:

Wir sind der Überzeugung, daß Fürst Bismarck nicht nur der größte Diplomat, sondern der beste, echteste und kraftvollste Sohn der deutschen Erde ist.[115]

In einer Kampfschrift gegen die Entlassung Bismarcks ordnet Max Bewer dessen Nachfolger Caprivi auf der extremen, vom ‚Boden‘ entfernten und damit nicht mehr dem Volksgeist entsprechenden Position an, während Bismarck potentieller Vermittler beider Bereiche ist:

Bismarck bleibt auch im Küraß und in Reitstiefeln deutscher Bauer; er lebt trotz seiner kriegerischen Eisenfaust in der Vorstellung des Volkes mehr im Schlapphut, als im Helm, als Zivilist und nicht als Militär; er ist eine zu urwüchsige Natur, als daß die amtliche oder militärische Heckenscheere erfolgreich bei ihm ansetzen könnte; was der Berliner Hofzwang gelegentlich bei ihm abknipste, das wuchs sofort in der Friedrichsruher Einsamkeit auf dem fetten, von Humor durchfeuchteten Boden seiner niederdeutschen Marschseele massig und klassisch, ruppig und struppig wieder nach. Bismarck ist Bauer, Caprivi ist Beamter. Der Eine ist ein wildes, ungewaschenes und ungefrühstücktes Naturkind, der Andere ist ein gescheiter und gescheitelter Kadett, gescheitelt mit dem engsten Kamm der Disziplin.[116]

Sein Fazit bringt Bewer in einer späteren Schrift auf die knappe Formel: „Caprivi war kein Bauer. Der Grundunterschied zwischen der Bismarckschen und der kaiserlichen Politik liegt in diesem Satz ausgesprochen"[117]. Für Bismarck selbst dagegen betonen die Biographen gerade seine Erdver-

---

[113] Reinhold: System (s. Anm. 19), S. 13.
[114] Bewer: Rembrandt und Bismarck (s. Anm. 50), S. 12 (BA 7.2.8, Nr. 10).
[115] Rée: Fürst Bismarck (s. Anm. 19), S. 6 (BA 7.8.1, Nr. 20).
[116] Bewer: Rembrandt und Bismarck (s. Anm. 50), S. 12.
[117] Bewer: Bismarck und der Kaiser (s. Anm. 112), S. 54 (BA 7.1.4, Nr. 4).

bundenheit („Ja, Bismarck ist ein echter Sohn der deutschen Erde"[118]; „Luther und Bismarck", „beide wurzeln in der deutschen Erde, Beide wurden in dem deutschen Walde"[119]; Bismarck ist „erstarkt auf dem Nährboden der deutschen Frömmigkeit"[120]) und applizieren den Antaeus-Mythos:

Schon den Knaben des Plamannschen Instituts hatte beim Anblick der Hühner auf Plamanns Hof Heimweh und heiße Schmerzenssehnsucht nach Kniephof ergriffen; noch als Greis stand es ihm vor Augen, wie er die große Wiese im Berliner Tiergarten nicht ohne Tränen sehen konnte, weil sie ihn an sein heimisches Land erinnerte; zeitlebens war es die Natur und das freie weite Land mit seinen Wiesen und Wäldern, Bächen und Bäumen, wohin seine Seele sich sehnte. Dorthin wandte er sich immer wieder, wenn die Überlast seiner weltgeschichtlichen Riesenarbeit die Kräfte zu erdrücken drohte, um frische Kraft zu finden. Das Altertum kennt den tiefsinnigen Mythus vom Riesen Antaeus, der durch die Berührung mit der Mutter Erde immer wieder neue unbesiegbare Kraft empfing. Dies gilt auch von Bismarck.[121]

Auf diese Weise bleibt auch der ‚Politiker' Bismarck stets an die Erde zurückgebunden[122] und kann als „Kanzlerbauer" eine vermittelnde Stellung zwischen Volkstum und Kaisertum einnehmen. Denn „wenn Kaiserthum und Bauernthum sich innig durchdringen", formuliert Bewer, „ist der Deutsche am glücklichsten". Der Besuch Wilhelms II. in Friedrichsruh anläßlich des fünfundachtzigsten Geburtstags Bismarcks bekommt für ihn daher einen entsprechend symbolischen Wert:

In jener Nacht, in welcher der junge Kaiser in Friedrichsruh sein Haupt unter dem Dach des reichsten, des weisesten des vornehmsten deutschen Bauern zur Ruhe legte, that die deutsche Seele die reinsten, die tiefsten, die erquickendsten Athemzüge.[123]

Als Kunstbeilage der Bismarck-Festnummer anläßlich des 100. Geburtstags reproduziert der „Türmer" im April 1915 das Gemälde „Unser Vaterland" (Abb. 4) von Siegmund von Suchodolski, das Bismarck in der Rolandspose des Hamburger Denkmals von Hugo Lederer zeigt, ihn aber nicht auf einen monumentalen Sockel stellt, sondern aus dem ‚Boden' seines Vaterlandes herauswachsen läßt. Der Kunsthistoriker des „Türmer", Karl Storck, kommentiert das Bild entsprechend:

---

[118] Otto Geyer: Eine Bismarck-Fahrt. Festschrift zur Erinnerung an die Huldigung der Leipziger in Friedrichsruh, verfaßt u. hg. v. O. G. Leipzig 1895, S. 6 (BA 7.8.1, Nr. 10); vgl. auch Kaiser-Wilhelm-Dank, Verein der Soldatenfreunde: Bismarck. Deutschlands Eiserner Kanzler. Ein Gedenkbuch unter Mitarbeit v. G. Egelhaaf, E. Evers, J. Häußner, K. Mayr, D. Schäfer, in großer Zeit dem Deutschen Volke zum 100. Geburtstage seines großen Kanzlers dargeboten [...]. Berlin 1915, S. III („ein echter Sohn unserer deutschen Erde") (BA 7.8.1, Nr. 69).

[119] Heinrich Pudor: Kaiser Wilhelm II. und Rembrandt als Erzieher. 2., verm. Aufl., Dresden 1891, S. 23 (BA 7.8.1, Nr. 11).

[120] Kanig (s. Anm. 79), S. 8 (BA 7.8.1, Nr. 35).

[121] Kaiser-Wilhelm-Dank (s. Anm. 118), S. 28. – Ähnlich bei Stiebritz (s. Anm. 18), S. 50f. (BA 7.1.4, Nr. 10).

[122] Vgl. Schrader (s. Anm. 19), S. 17 (BA 7.1.4, Nr. 9): „Es ist ein Erdgeruch, der von ihm ausgeht, es duftet wie von der Scholle nach warmem Frühlingsregen."

[123] Bewer: Rembrandt und Bismarck (s. Anm. 50), S. 12.

O du, mein deutsches Vaterland, wie wallt dir jetzt die Liebe deiner Söhne entgegen, wie fühlen wir jetzt deine wundersame Schönheit in brennendem Empfinden. Wie bist du so reich und mannigfach im Geschiebe deiner Täler und Höhen. Städte und Dörfer, Weiler und Burgen, Einsamkeit und bewegtes Leben, Felder, Reben und Wälder, breite Straßen und verschwiegene Pfade, in gehäbiger Breite hinwallende Ströme und sprudelnde Bächlein – [...]. Siegmund *von Suchodolskis* Zeichnung ist ein Preislied dieses gesegneten Reichtums deutschen Landes. Und als höchster und hellster Ton klingt darin der Name Bismarck. Ja, er war ein Sohn dieser Erde, wie sie mannigfaltig und nicht mit einem Blick zu überschauen. Voller Heimlichkeiten, voll zarter Heimlichkeiten war auch seine Seele, die sich erst dem erschließen, der liebevoll ihren Äußerungen nachgeht. Neben dem reich bebauten Land liegt auch bei ihm die Heidewildnis, schroffer, harter Fels steht dicht neben wohlgepflegtester Stätte. Aber über alles war doch auch in ihm der Reichtum und die Stärke der Liebe. So wuchs er von selbst empor in Wolkenhöhen als Schutzgeist der Erde, der er entsprossen, in der er unlösbar verankert ist: einer der wenigen, der, Göttern gleich, fest steht auf der wohlgegründeten Erde, auch wenn er sich aufwärts hebt und mit dem Scheitel die Sterne berührt.[124]

Trotz seines ‚Hinauffragens in Wolkenhöhen‘ ist Bismarck fest mit der „Erde“ verbunden und fungiert in vertikaler Richtung als sozialer Integrator, der zugleich die horizontale Vielfalt der deutschen Landschaften repräsentiert. Ähnlich wie Storck schreibt E. Kräusel:

Hoch wie Hermann ragt er über allem Volke, Europas Friedenshort und Deutschlands mächt'ger Pfeiler, der Mann der Männer – und doch ist er ganz unser! durch sein Wirken ist er verwachsen mit uns, mit seinem deutschen Volke![125]

In dem zugleich durch ‚Erde‘/‚Boden‘ und ‚Wolkenhöhe‘ konstituierten Bismarck fallen zwei Dimensionen dieses Integrationsprojekts zusammen: die formierend-historische Achse der tragenden Ideologeme und die parallel dazu zu denkende sozialhistorische Achse der tatsächlichen Stratifikation der wilhelminischen Gesellschaft.

Vor dem Hintergrund solcher Überlegungen können auch die beiden bekanntesten Rituale der Bismarckverehrung im Kaiserreich – das Pflanzen von Bismarck-Eichen sowie die Errichtung von Bismarck-Türmen – als pragmatische Applikationen der ins Vertikale verlängerten ‚Boden‘-Symbolik

---

[124] Karl Storck: Zu unseren Bildern. In: Der Türmer, 17. Jg. (1914/15), Bd. II, S. 58f., hier: 59. – Vgl. auch das zu Kriegsbeginn im Türmer erschienene Bismarck-Bild „Er lebt!" von Ludwig Fahrenkrog, das Storck ähnlich kommentiert: „Wie der dem besten Mark deutscher Erde entsprossene Eichwald ist er selbst ein Stück deutsches Land geworden" (K. St.: Unsere Kriegsbilder. In: Der Türmer, 17. Jg. [1914/15], Bd. I, S. 354).

[125] E. Kräusel: Zwei Festreden gehalten am Festkommers zur Feier des 80. Geburtstages Sr. Durchlaucht des Fürsten Bismarck und zur Feier des 25jährigen Bestehens des Deutschen Reiches. Lüben 1896, S. 3f. (BA 7.7, Nr. 16). Vgl. auch Stein (s. Anm. 109), S. 5: „Viele der ausgezeichnetsten Führer des deutschen Geisteslebens sind aus der Tiefe der deutschen Volksseele emporgestiegen. Luther, Dürer, Goethe und Schiller stehen mit ihren Wurzeln fest verankert auf dem ewig neue Kräfte spendenden Boden deutschen Bürgertums." – Ebenso Walter Richter (Bismarck und Wagner. In: Bayreuther Blätter, 45. Jg. [1922], S. 37f., hier: 37): „Bismarck und Wagner – zwei deutsche Eichen im deutschen Walde, festgewurzelt im mütterlichen Heimatboden, sturmtrotzend, hochragend himmelan!"

Abb. 4: Siegmund von Suchodolski: „Unser Vaterland" (Der Türmer, 17. Jg. [1914/15], Bd. II, 1. Aprilh. 1915, zwischen S. 16 u. 17).

verstanden werden. So galt beispielsweise für die Errichtung von Bismarck-Türmen und Feuern, daß sie aus den für den Standort typischen Materialien, d.h. dem jeweiligen ‚Volksboden‘, gefertigt werden sollten.[126] Doch stellen Feuer und Eichen ihrerseits schon pragmatische Applikationen von Formen öffentlicher Festkultur dar, die bereits seit Beginn des 19. Jahrhunderts praktiziert wurden. Schon bei den National- (1814)[127], Wartburg- (1817)[128] und Lutherfeiern[129] war es üblich, „Bundesfeuer“[130] abzubrennen bzw. „Freiheitseichen“[131] zu errichten. Für die „,deutsche Eiche‘ von 1914“ hat Dieter Düding auf ihre doppelte Herkunft aus „dem ‚Maibaum‘ traditioneller volkstümlicher Feiern“ und „dem ‚Freiheitsbaum‘ französisch-revolutionärer Provenienz“[132] hingewiesen. Von ihrem Ursprung her also antifeudale, teils (wie bei den Burschenschaftsfesten) sich emphatisch freiheitlich-oppositionell verstehende Rituale werden mit der ‚Boden‘-Symbolik in die Bismarck-Mythisierung integriert und massenhaft reproduziert. Mit Blick auf die parallele volkstümliche Tradition der Maibäume läßt sich das Pflanzen und Aufstellen von Bismarckeichen zugleich als eine staatlich überdeterminierte zivilgesellschaftliche Praxis verstehen, d.h. volkstümlich traditionelle, zivilgesellschaftliche Praktiken, die das Paradigma ‚Natur‘ konnotieren[133], werden in staatlich-hegemoniale (Paradigma ‚Kultur‘) überführt und beide Bereiche somit tendenziell integriert.

Die Mythisierung Bismarcks als ‚Bauer‘ wird nach 1890 von verschiedenen gesellschaftlichen Trägergruppen funktionalisiert. Der Bund der Landwirte beispielsweise verstand sich als Teil einer Opposition gegen die Regierung Wilhelms II., der sich ihrer Meinung nach durch die Senkung der Agrarschutzzölle gegen die Bauern gestellt hatte. Die Entlassung Bismarcks war daher eine willkommene Gelegenheit, ihn als prominentesten deutschen Bauern in diese Opposition zu integrieren. Die ideologischen Grenzlinien verlaufen dabei aber nicht – wie man annehmen könnte – zwischen Industrie und Landwirtschaft oder – auf der Ebene mythisierter Figuren – zwischen Bismarck und Krupp, sondern Bismarck steht vielmehr zugleich für die Pflege von positiv gewerteter Industrie und Landwirtschaft. Er ist in beinahe

---

[126] Vgl. Max Ehrhardt-Apolka: Bismarck im Denkmal des In- und Auslandes. I. Bd., Eisenach/Leipzig 1903, Vorwort: „Wo eine deutsche Landschaft unserm Bismarck ein Denkmal errichten will, da erbaue sie es aus den Steinen der engsten Heimat […].“

[127] Dieter Düding: Das deutsche Nationalfest von 1814: Matrix der deutschen Nationalfeste im 19. Jahrhundert. In: Ders./Peter Friedemann/Paul Münch (Hg.): Öffentliche Festkultur. Politische Feste in Deutschland von der Aufklärung bis zum Ersten Weltkrieg. Reinbek 1988, S. 67-88, hier: 67, 69, 71f. u. 83.

[128] Peter Brandt: Das studentische Wartburgfest vom 18./19. Oktober 1817. In: Düding/Friedemann/Münch (s. Anm. 127), S. 89-112, hier: 96f. u. 107.

[129] Johannes Burkhardt: Reformations- und Lutherfeiern. Die Verbürgerlichung der reformatorischen Jubiläumskultur. In: Düding/Friedemann/Münch (s. Anm. 127), S. 212-236, hier: 223-226.

[130] Düding: Nationalfest (s. Anm. 127), S. 72.

[131] Vgl. Brandt (s. Anm. 128), S. 107.

[132] Düding: Nationalfest (s. Anm. 127), S. 83.

[133] Vgl. Hans-Christian u. Elke Harten: Die Versöhnung mit der Natur. Gärten, Freiheitsbäume, republikanische Wälder, heilige Berge und Tugendparks in der Französischen Revolution. Reinbek 1989.

wörtlichstem Sinne ‚eiserner' (Industrie) ‚Junker' (Bauer). Die dominierende Opposition war vielmehr die von blühender deutscher Industrie *und*
Landwirtschaft (als spezifisch deutschen Tätigkeiten) gegenüber denen des
nicht-deutschen ‚Handels' und ‚Materialismus', was sich wieder mit einem
Zitat des Antisemiten Bewer belegen läßt:

> Die ganze Caprivizeit, in der vielleicht noch mehr Bauern ausgewandert, als Juden
> eingewandert sind, war eine politische Festzeit für Juden und eine Quelle fortgesetz-
> ten Kummers des größten deutschen Bauern, Bismarcks. [...]
> Bismarck nannte in einer seiner prachtvollen Geburtstagsreden die Bauern „die erst-
> geborenen Kinder des Landes". Aber der erstgeborene, der *ackerbestellende Esau*
> wird heute von dem *Börsenjakob* wiederum um die politischen Rechte seiner Erst-
> geburt betrogen.[134]

Dem so verstandenen ‚Materialismus' können in kulturkritischer Absicht neben Kunst, Literatur und Philosophie dann auch ‚Technik' (konnotiert: Industrie) und ‚Boden' (konnotiert: Landwirtschaft) als typische Ausformungen
des deutschen Idealismus entgegengestellt werden. Genau an diesem Punkt
setzt die Bismarck-Mythisierung der Heimatkunstbewegung – z.B. das Konzept Friedrich Lienhards – an, der idealistische deutsche Persönlichkeiten entwirft, die fest im ‚Volksboden' verankert sind, dabei aber durchaus ‚eisern'
oder ‚wie aus Stahl gemacht' sein können (vgl. Kap. 4.4). Präfiguriert sind solche Symbol-Katachresen bereits in der Lyrik der Befreiungskriege, z.B. in
Ernst Moritz Arndts „Vaterlandslied" von 1812, das nicht nur im Auftaktvers
die ‚Boden'- mit der ‚Eisen'-Symbolik integriert („Der Gott, der Eisen wachsen ließ"), sondern in der fünften Strophe zudem bereits ‚Blut' und ‚Eisen'
aufeinander bezieht („Wir wollen heute Mann für Mann/ Mit Blut das Eisen
röten"[135]). Die „Singweise" des Arndtschen Liedes gibt dann später ihrerseits
wieder die Folie für eine ganze Reihe von Bismarck-Liedern[136] ab.
Auch im Rahmen der Vorstellungen von den übrigen europäischen National-
charakteren (vgl. Kap. 3.5) gewinnt die Bodensymbolik eine spezifische Bedeutung, da sie einerseits geeignet ist, das durch Bismarcks Kriege neu er-
rungene Merkmal des ‚Realismus' im deutschen Nationalcharakter zu reproduzieren, zugleich aber anbindbar bleibt an die romantischen Topiken
von der ‚Tiefe' des deutschen Waldes bzw. entsprechende Organismussym-
bole und auf diese Weise zum Ausgleich des latenten Konflikts ‚deutsch' vs.
‚preußisch' beitragen kann.[137] Ist es bis in die 60er Jahre noch eine ständige

---

[134] Bewer: Bismarck und der Kaiser (s. Anm. 112), S. 54.

[135] Ernst Moritz Arndt: Vaterlandslied. 1812. In: E. M. Arndts ausgewählte Werke in sechzehn
Bdn. Hg. u. mit Einl. u. Anm. versehen v. Heinrich Meisner u. Robert Geerds. 2. Bd. Gedichte
I. Leipzig 1908 (Hundertjahr-Jubel-Ausgabe 1813-1913), S. 147-149.

[136] Vgl. etwa im „Bismarck-Liederbuch" von Schäfer (s. Anm. 69) die Texte von Wilhelm Berger:
Bismarcklied (S. 3f.); Gustav Weck: Dem Unsterblichen (S. 7f.); Fischer: Auf Bismarcks Tod
(S. 9); Ehrenthal (s. Anm. 69, S. 17f.).

[137] Ausführlich dazu: Ute Gerhard/Jürgen Link: Zum Anteil der Kollektivsymbole an den Natio-
nalstereotypen. In: J. L./ Wulf Wülfing (Hg.): Nationale Mythen und Symbole in der zweiten
Hälfte des 19. Jahrhunderts. Strukturen und Funktionen von Konzepten nationaler Identität.
Stuttgart 1991, S. 16-52.

Frage der Tagespolitik, ob Bismarck vor allem Preußens Interessen oder nur die Deutschlands vertrete, so kann die Verbindung der Attribute ‚preußisch' und ‚deutsch' später gerade die Parallelität von ‚realistischer Politik' und ‚idealistischer Natur' stützen. Denn ‚deutsch' konnotiert die romantischen Natur-Symboliken, während das Merkmal ‚preußisch' – spätestens seit Friedrich dem Großen – im Gegensatz dazu immer schon das realistische Moment des Militarismus enthält, so daß die Verbindung beider die spezifisch preußisch/deutsche Diskursposition seit den späten 60er Jahren reproduziert.

3.2 Paradigma ‚Staat' vs. Paradigma ‚Zivilgesellschaft'

Stellt man die bisher aufgezeigten symbolischen Integrationsprozesse noch einmal tabellarisch zusammen, dann zeigt sich, daß die über dem Rahmenideologem ‚Freiheit' gebildeten Natur-Paradigmen zivilgesellschaftliche Praktiken bzw. Diskurse favorisieren, während es beim Kultur/Technik-Paradigma solche hegemonial-staatlicher Art sind (siehe Tabelle S. 88).

Michel Pêcheux hat am Beispiel aktueller politischer Diskussionen in Frankreich gezeigt, daß „das bürgerliche Denken fortwährend zwischen zwei Gesellschaftskonzeptionen" pendelt: zwischen „Gesellschaft als Ding, als Mechanismus, Maschine, die funktionsgestört sein kann und die überwacht, kontrolliert und gelegentlich repariert werden muß", sowie „Gesellschaft als lebendig Handelnde, als ein gemeinsames Projekt, das durch konsensuelle Entscheidungsfindung artikuliert wird"[138]. Faßt man dies als Versuch der empirischen Bestimmung der Differenz von ‚Staat' und ‚Zivilgesellschaft' im Sinne Gramscis auf, so gibt es auch hier einen ‚Konflikt zwischen zwei Ordnungen', der der Vermittlung bedarf. Beide Aspekte gesellschaftlicher Formation, Öffentlichkeit und Privatheit, Staat und Zivilgesellschaft sowie deren Manifestation in Staatsmaschinen- bzw. Staatsorganismussymbolen[139] können immer dann integriert werden, wenn sich das mythische Subjekt ‚Bismarck' gleichzeitig als Vertreter beider paradigmatischer Ketten konstituiert[140] und semantische Integrale zwischen ihnen stiftet. Behält man darüber hinaus zugleich im Blick, daß die „historische Funktion" der realpolitischen Konzeption, wie sie sich nach 1848 zuerst einmal durchsetzte, „in der Abkopplung einer funktional begriffenen [...] Sphäre politischen und wirt-

---

[138] Michel Pêcheux: Sind die Massen ein beseeltes Objekt? In: kultuRRevolution, Nr. 17/18 (1988), S. 7-12, hier: 12.

[139] Ausführlich dokumentiert Peil diese Symbole (s. Anm. 52).

[140] „Vergleicht man Bismarcks amtliches Betragen mit seinem privaten, so drängt sich die Wahrnehmung auf: Er hat, sozusagen, ein amtliches Subjekt und ein privates!" (Klein-Hattingen [s. Anm. 13], 1904, Bd. 1, S. 206).

(−) Subjektstatus (+)				(+) Subjektstatus (−)				
,rohe Natur'		,zivilisierte Natur'		(INTEGRATION)	,gute Kultur/Technik'		,schlechte Kultur'	
P	S	P	S	P/S	P	S	P	S
FLUT	Revolution äußere Feinde innere Zwietracht	FLUSS KÖRPER ORGA-NISMUS	Bismark	KÖRPER/DEICH BISMARCK SCHIFFSKÖRPER BISMARCK	DEICH (+) SCHIFF	Monarchie Politik	DEICH (−) SCHLAF	deutsche Klein-staaterei
					DEICH DURCH-STECHEN(+) FESSELN SPRENGEN	alte polit. Strukturen auflösen	KETTEN (−)	Einbin-dung ins Metter-nich-System
ROHE WILDE NATUR	Status vor Gründung des Reichs	BLUT		SCHMIED BISMARCK „BLUT UND EISEN"	SCHWEISSEN SCHMIEDEN KETTEN (+) EISEN	deutsche Einigung schaffen		
CHAOS (unge-formt)	Revolution			BAUMEISTER BISMARCK	NEUEN BAU ERRICHTEN, ALTEN BAU EINREISSEN	Reichs-gründung	ALTER BAU CHAOS	Klein-staaterei
		BODEN	Landwirt-schaft	KANZLERBAUER BISMARCK		Politik		
Rahmenideologem „FREIHEIT" (favorisiert zivilgesellschaft-liche und familialistische Praktiken/Diskurse)					Rahmenideologem „EINHEIT" (favorisiert hegemoniale, staatliche sowie technisch-industrielle Praktiken/Diskurse)			

schaftlichen Handelns von der normativen Instanz einer politischen Öffent-lichkeit"[141] bestand, dann fiel dem Bismarck-Mythos beinahe notwendig die Aufgabe zu, ihre Re-Integration zu leisten.

3.2.1 ,Preußisch' vs. ,deutsch'

So findet die Ambivalenz von ,revolutionärem Handeln' aus ,konservativer Position' ihre Fortsetzung zuerst einmal in der Frage ,preußisch oder

---

[141] Gerhard Plumpe (Hg.): Theorie des bürgerlichen Realismus. Eine Textsammlung. Stuttgart 1985, S. 12.

deutsch', doch ist dabei stets auch eine Vermittlung von ‚Staat' und ‚Zivilgesellschaft' konnotiert.

Wie steht es mit Bismarcks deutscher, wie mit seiner preußischen Gesinnung? Hat er das große Werk seines Lebens als Preuße, um die Macht der preußischen Krone und des preußischen Staates zu erhöhen, oder hat er es als Deutscher, um das größere Vaterland zu einigen, begonnen und vollbracht?[142]

Der preußische Junker Bismarck erfüllt in den biographischen Narrationen die ‚progressive' Funktion seiner ‚deutschen Mission' widerwillig (da sie ein Aufgehen Preußens im neuen Reich bedeutet) und erscheint als derjenige, „der die Kleinen widerwillig ferro ignique zusammengeschmiedet"[143] hat, während er als Kanzler des Norddeutschen Bundes die für die Reichsgründung notwendige ‚regressive' Funktion der Aufgabe Preußens bereitwillig auf sich nimmt; eine Konfliktsituation, die mythische Vermittlung geradezu herauszufordern scheint. Entsprechend muß auch hier „der echt deutsche, wie der echt preußische Character" von „Bismarcks Wirken"[144] zugleich nachgewiesen werden.

Er blieb bis an sein Ende der Sohn seines alten Preußens und erweiterte sich längst zum Deutschen.[145]

Einerseits folgen die Texte dazu dem narrativen Vermittlungsmodell des Positionstauschs, der sich zudem als eine Linie der Höherentwicklung darstellt, bei der Bismarcks ‚Preußentum' die notwendige Grundlage (den ‚Boden') für die Weiterentwicklung zum ‚Deutschtum' abgibt, denn „sein Glaube an Deutschland wurzelte in seinem Glauben an Preußen"[146]:

Freilich jenes volle, wahre Ziel ist ihm zuerst noch unbewußt, ein über sich selbst noch lange nicht klarer Instinkt. Der Kern steckt noch in der härtesten preußischen Schale des trotzig sich so nennenden stockpreußischen Junkers und leidenschaftlichen Roya-

[142] Bresslau (s. Anm. 20), S. 5 (BA 7.2.3, Nr. 7).
[143] Helmolt (s. Anm. 21), S. 215 (BA 7.5.2, Nr. 18).
[144] Jaquet (s. Anm. 27), S. 71 (BA 7.2.3, Nr. 1).
[145] Lenz/Marcks: Bismarck-Jahr (s. Anm. 77), S. 18. – Vgl. auch O. Pfleiderer (s. Anm. 83), S. 10f. (BA 7.2.3, Nr. 4) und Karl Bleibtreu: England über Bismarck. In: Die Gesellschaft, 3. Jg. (1887), S. 45-55, hier: 52: „Erst nach 1870 wurde er ganz *Deutscher*, bis dahin vertrat er lediglich das Interesse *Preußens*. Ehre ihm dafür! ‚Charity begins at home!' sagt das englische Sprichwort." – Der Bismarckianer Max Bewer entwirft später die entsprechende Grabinschrift: „Er diente Seinem König, um Seinem Vaterlande;/ Und Seinem Vaterlande, um Seinem Gott zu dienen;/ So wurde er als Preuße ein Deutscher;/ Als Deutscher ein göttliches Werkzeug des Völkerfriedens" (Max Bewer: Grabschriften auf Bismarck. 5. Aufl., Dresden 1892, S. 5). – Und Houston Stewart Chamberlain (Bismarck der Deutsche. In: Ders.: Deutsches Wesen. Ausgewählte Aufsätze. München 1916, S. 34-41, hier: 40) schreibt: „Nur-Preuße sein war ebenso verfehlt wie Preußengegner sein; einzig Bismarck steuerte zwischen beiden Klippen geradeaus".
[146] Paul Johannes Rée: Fürst Bismarck. Der gute Genius seines Volkes. Festrede zur 77. Geburtstagsfeier Sr. Durchlaucht des Fürsten Bismarck gehalten am 31. März 1892 im Nationalliberalen Verein zu Nürnberg. Nürnberg 1892, S. 8.

listen – ein glücklicher Instinkt! Denn Archimedes brauchte einen festen Punkt, die Erde mit seinen Hebeln zu bewegen; Bismarck bedurfte für seine spätere deutsche Lebensarbeit den Halt und Ansatz beim festen preußischen Staatsgefüge und dem ehernen Fels seines Königtums. Aber Schritt für Schritt sieht man ihn zu seinem höheren Zweck hinan- und mit diesem selber wachsen, sieht ihn mehr und mehr preußisch-deutsch und zuletzt ganz deutsch werden, unter allen seinen näheren Volksgenossen vielleicht der einzige von allem Partikularismus freie, der es aber verdient hat, daß beide Richtungen seines Strebens in Einem zu Versailles gekrönt wurden.[147]

Zum anderen wird dieses Modell durch Identifikation bzw. semantischen Austausch der Merkmale ‚preußisch‘ und ‚deutsch‘ diskursiv gestützt.

Bei Bismarck war der Einheitsgedanke gar nicht das Erste, sondern der bestehende Sonderstaat, er begann erst deutsch zu denken, als sich ihm der deutsche Inhalt der preußischen Staatsentwickelung offenbart hatte, als er erkannt hatte, daß er als Preuße deutsch sein mußte.[148]

Eine weitere Möglichkeit der Verbindung besteht darin, das Attribut ‚deutsch‘ mit einem absoluten Positiv-Ideologem zu koppeln, hinter das auch der ‚Preuße‘ Bismarck nicht zurückgehen kann. Bei Theodor Lorentzen ist das die deutsche Nibelungen-‚Treue‘:

Wenn daher Bismarck ein treuer Diener seines Königs war, so musste er ganz von selbst auch ein deutscher werden. Beide Begriffe gehören aufs Innigste zusammen, und durch die zwingende Logik der politischen Verhältnisse musste sich sein früher engherziger preußischer Standpunkt zum grossen deutschen erweitern.[149]

Zwischen ‚Deutschtum‘ und ‚Preußentum‘ vollzieht der mythische Held Bismarck wechselseitig Transformationshandlungen. Als ‚Deutscher‘ bringt er „Opfer an seinem Borussentum", als „eingefleischter preußischer Partikularist" im Gegenzug immerhin „Deutschlands Einheit", so daß in der Festrede Gustav Kaweraus am Ende Preußenlied und Deutschlandlied einträchtig nebeneinander ertönen können[150]:

Als er seinen Ministerposten antrat, hielt ihn alle Welt für einen eingefleischten preußischen Partikularisten. Wenn er von dem Ziel der Einigung Deutschlands zu seinen politischen Gegnern redete, glaubte man ihm einfach nicht, daß er das im Ernst rede – man meinte, daß er in diesem Punkte ganz anders fühle, als ein großer Theil der Nation. Dann aber zeigten die Thatsachen immer deutlicher und überzeugender, wie *ernst* es ihm damit war. Aber gerade, daß uns ein Mann, der so stark im *preußischen* Selbstbewußtsein wurzelte wie er, Deutschlands Einheit brachte […], wie hat er damit

---

[147] Edmund Pfleiderer (s. Anm. 19), S. 4.

[148] Wilhelm Busch: Bismarck und sein Vermächtnis. Rede bei der Gedächtnisfeier in der Universitäts-Kirche, zu Marburg am 10. Mai 1915. Marburg 1915, S. 19 (BA 7.2.3, Nr. 6).

[149] Theodor Lorentzen: Gedächtnisrede auf den Fürsten Bismarck gehalten am 21. Sept. 1898 in der Aula der Ober-Realschule. Heidelberg 1899, S. 8.

[150] Vgl. Wilhelm Grimm (Wir Deutsche fürchten Gott, sonst nichts auf dieser Welt. In: Schäfer [s. Anm. 69], S. 16), der zur Singweise „Ich bin ein Preuße" den Text in „Ich bin ein Deutscher" ändert (BA 7.8.1, Nr. 54).

gerade seinem Preußenland, dem seine erste und unverbrüchliche Liebe gehörte, es ermöglicht und die Brücke gebaut, auf der ihm alle die folgen konnten, die bisher einen starken und zähen preußischen Partikularismus gepflegt hatten!
[...]
Es ist ein hohes Glück in der Entwicklung der deutschen Geschichte gewesen, daß der Mann, der uns nun das deutsche Reich gebracht hat, selber in diesem Preußenthum wurzelte, daß es Bismarck war, von dem wir genau wußten, daß er vom Scheitel bis zur Sohle ein Preuße war und als Preuße fühlte, der nun uns Preußen ins Reich hineinführte. Nur ein solcher Mann konnte den preußischen Partikularismus für die neue Lage der Dinge gewinnen und zu freudiger Mitarbeit an den neuen Aufgaben, die uns die Geschichte stellte, erziehen. Wir wissen, in wie harte Konflikte auch ihn mitunter diese seine staatsmännische Mission noch geführt hat – aber wie wäre ein andrer, der nicht diese preußische Vergangenheit aufweisen konnte, an ihr gescheitert! Ihm aber *ist's gelungen*, er hat sein preußisches Volk mit allen Kräften und allen guten Traditionen Preußens für Deutschlands Sache gewonnen, und unser Preußenlied klingt jetzt einträchtig zusammen mit dem aus tiefstem Herzen angestimmten „Deutschland, Deutschland über alles, über alles in der Welt!".

Überführt Bismarck bei Kawerau die „unklaren" deutschen „Träume und Wünsche" in eine „willenskräftig durchgeführte Politik"[151], so läßt sich das auch als eine Transformation von seit den Befreiungskriegen massenhaft reproduzierten zivilgesellschaftlichen Praktiken – zu denken ist etwa an die Vielzahl nationaler Feiern, die oftmals gegen die Regierungsbürokratie durchgesetzt wurden[152] – in staatlich-institutionelle Organisationsformen verstehen. So kann der Gymnasiallehrer Gustav Sorof von Bismarck als einer Erscheinung sprechen,

in welcher sich der deutsche Idealist mit dem preussischen Junker, der fleissige Schüler der Geschichte mit dem praktischen Staatsmann, der vorsichtige Diplomat mit dem zu Wort und That allzeit schlagfertig bereiten Soldaten, der eiserne Kanzler mit dem liebenswürdigen, humorvollen Gesellschafter zu einer Persönlichkeit verbindet [...].[153]

3.2.2 ‚Politik' vs. ‚Familie'

Besonders deutlich wird die Vermittlung von ‚Staat' und ‚Zivilgesellschaft', wenn Bismarck gleichzeitig als ‚Familienvater' und ‚Politiker' vorgestellt wird, so daß „der Staatsmann" auch „zugleich der beste Ehemann"[154] ist.

---

[151] Kawerau (s. Anm. 110), S. 9-11 (BA 7.2.3, Nr. 5).
[152] Vgl. Düding/Friedemann/Münch (s. Anm. 127) sowie Reinhold Grimm/Jost Hermand (Hg.): Deutsche Feiern. Wiesbaden 1977. – Vgl. Ziegler (s. Anm. 18, S. 360f.) zur Schillerfeier 1859 (BA 7.4.4, Nr. 2).
[153] Sorof (s. Anm. 102), S. 49 (BA 7.2.7, Nr. 20).
[154] Hugo Freytag: Worte Bismarcks. Zu seinem 100. Geburtstag am 1. April 1915 zusammengestellt. Berlin 1915, S. 20.

Engste Häuslichkeit und breiteste Öffentlichkeit verwachsen in ihm und durch ihn zu einer schönen Einheit. Der Mann, den eine Welt den „eisernen" nannte, teils in Bewunderung, teils aber auch in Furcht, ja in Haß, bleibt im Eisenkleide der gütige, durchaus natürliche Mensch und behält im Schlafrock das Großzügige und vor der strengsten Moral Einwandfreie seines öffentlichen Auftretens.[155]

Auch damit steht Bismarck wieder an einer Nahtstelle zwischen ‚innen' (Familie) und ‚außen' (Politik), was sowohl die Möglichkeit schafft, ‚zivil'-gesellschaftliche Praktiken ‚staatlich' überzudeterminieren, als auch umgekehrt ‚öffentliches politisches Handeln' in familialistische Diskurse einzurücken:

Derselbe Mann, der nicht nur den stählernen Küraß um die breite Mannesbrust, sondern auch einen stählernen Willen in dieser Brust trug, besaß zugleich ein Herz, so warm und weich, wie wenige. Er, dem Menschenfurcht etwas Unbekanntes war, beugte sich demütig vor seinem Gott. Derselbe Mann, der als ein Recke in unbeugsamem Mut hinauszog in den Kampf der Schwerter und des Geistes, konnte innig am Blümchen am Wege sich freuen. Er, der Worte von schneidender, niederschmetternder Schärfe prägte, fand zugleich Worte sonnigsten Humors. Er, der das deutsche Volk zu einer großen Familie verband, war zugleich im eigenen Hause ein Familienvater vorbildlichster Art.[156]

Solche Integrationseffekte entstehen vor allem dann, wenn Aspekte der intimsten Privatheit in Augenblicken weitreichender politischer Entscheidungen öffentlich ausgesprochen werden oder umgekehrt anstehende politische Entscheidungen in den Rahmen des Privaten verlegt werden, woraus in beiden Fällen als literarischer Effekt ein pathetischer Ton resultiert.

Derselbe Mann, der mit dem Kürassierstiefel poltert, der tötliche Pfeile auf seine Gegner zu schießen weiß, der Niemanden schont, der sich ihm entgegensetzt, der, wenn das „Pfui" im Reichstag erklingt, das gleiche Gefühl des Ekels zum Ausdruck bringt, derselbe Mann schreibt Briefe von innigster, zartester Liebe an seine Frau, an seine Braut, wie sie die deutsche Literatur nicht zum zweiten Mal hervorgebracht hat. Derselbe Mann spielt mit seinen Kindern, zittert um das Leben seines kranken Söhnchen, betet täglich zu Gott, daß er ihm die Liebe der Seinigen erhalten möchte [...] – derselbe Mann, der von einem rücksichtslosen Herrschergeist beseelt scheint, der kein Mittel schont und keine Kraft unbenutzt läßt, seinen Willen durchzusetzen, und selbst, wenn es über Leichen hinwegginge – derselbe Mann liest täglich die Worte der Bibel; derselbe Mann lebt und webt in deutschen Erinnerungen – derselbe Mann ver-

---

[155] Karl Storck: Neue Bismarck-Literatur. In: Der Türmer, 17. Jg. (2. Aprilh. 1915), H. 14, S. 121-126, hier: 125. – Friedrich v. Hausegger: Bismarck ein Vertreter deutschen Geistes. Festrede gehalten v. F. v. H. in der Versammlung des Deutschen Vereines in Graz am 30. März 1885. Graz 1885, S. 14: „Wie kein Zug seines öffentlichen Wirkens hat auch sein Privatleben keine Ursache, sich den Augen der Welt zu entziehen. Der muthige Kriegsheld, der große Diplomat, der treue Diener seines Kaisers, der Helfer der Armen – kurz, der deutsche Mann in Allem und Jedem ist auch das Muster eines deutschen Familienvaters, einfach, zärtlich, fromm."

[156] Gustav Ehlert: Festrede gehalten von Pastor Ehlert-Potsdam beim Kommers aus Anlaß der Einweihung des Bismarck-Turmes zu Burg am 22. März 1907. Burg/M. 1907, S. 7. – Vgl. auch Adalbert Horawitz: Fürst Bismarck. Erinnerungsblätter zum siebzigsten Geburtstage. Wien 1885, S. 11f. (BA 7.4.2, Nr. 2).

kehrt in der liebenswürdigsten Weise und herzlichsten Liebenswürdigkeit mit den Menschen, mit groß und klein, mit hoch und niedrig, liebt seine Diener wie seine Kinder – derselbe Mann hat in sich wie nur je ein deutscher Mann das deutsche Gemüt mit seiner ganzen Tiefe getragen.[157]

Von besonderer Wichtigkeit ist dabei das familialistische Ideologem ‚Treue‘, das hier wie schon bei der Vermittlung von ‚preußisch‘ und ‚deutsch‘ den Übergang zwischen Zivilgesellschaft und Staat erlaubt und in besonders deutlicher Weise politische Praktiken mit familialistischen Diskursen überdeterminiert:[158]

Wir dürfen aber nicht vergessen, daß diese Treue sich nicht bloß nach oben richtete, sondern daß sie ebenso unwandelbar dem deutschen Volke galt. Ich meine jetzt nicht bloß das Volk, insofern es das Vaterland und die Nation bedeutet; ich meine auch das Volk in seinen untern Schichten und Bismarcks leutseliges Mitempfinden für diese.[159]

Diese Verbindung von ‚Staat‘ und ‚Zivilgesellschaft‘ dient zugleich der vertikalen sozialen Integration, etwa dann, wenn der volkstümliche, bürgerliche Charakter Bismarcks betont und in Opposition zu den höfischen Tischsitten gesetzt wird:

Graf Bismarck liebt trotz seiner hohen Stellung es, einfach und schmucklos aufzutreten. Nicht vierspännig in stolzer Karosse sieht man ihn durch die Straßen Berlins fahren, sondern im einfachen offenen einspännigen Wagen, den er häufig selbst lenkt. Wenn er nicht nach Hof geladen ist oder in seinem Hôtel hervorragendere Persönlichkeiten empfängt, ist seine Kleidung die eines einfachen Privatmannes. In Speisen und Getränken ist er äußerst mäßig; er lebt nicht, wie so Mancher, um zu essen, sondern ißt um zu leben. Auch in seiner Wohnung, namentlich in seinem Arbeitszimmer, zieht er das Bequeme und Gediegene dem Prunkreichen und Glänzenden vor.[160]

3.2.3 ‚Wille‘ vs. ‚Gemüt‘

Die Opposition ‚Politik‘ vs. ‚Familie‘ reproduziert sich – als spezielle Ausformung der Körpersymbole ‚Gehirn‘ und ‚Herz‘ – im Paar ‚Wille‘ vs. ‚Gemüt‘. Signifikant ihrer Vermittlung ist für den Graphologen Hans H. Busse Bismarcks Handschrift:

---

[157] Hunzinger (s. Anm. 66), S. 17 (BA 7.4.2, Nr. 15). – Bereits Novalis erhebt die Verbindung von Öffentlichstem mit Privatestem zum rituell gestützten Programm seiner Mythisierung der Königin Luise. Vgl. dazu Wülfing/Bruns/Parr (s. Anm. 97), S. 59-64.

[158] Vgl. im Belegstellenarchiv: 7.1.1, Nr. 2, 5, 18, 22, 24, 26, 30, 32, 42; 7.1.3, Nr. 1, 16, 22; 7.2.1, Nr. 1, 10; 7.2.2, Nr. 4, 5, 6, 11, 13; 7.2.7, Nr. 6, 11, 12, 13; 7.2.8, Nr. 6, 9, 11, 19, 20, 26; 7.3.1, Nr. 5; 7.3.5, Nr. 2; 7.4.2, Nr. 11, 15, 16; 7.4.3, Nr. 1; 7.5.1, Nr. 23, 29; 7.5.2, Nr. 14; 7.5.3, Nr. 6; 7.6, Nr. 1, 2, 11; 7.8.1, Nr. 4, 6, 10, 25, 26, 28, 29, 35, 39, 54, 67, 69, 71, 76; 7.9.1 (getreuer Eckart); 7.9.2, Nr. 4, 17, 18, 21, 25, 27, 36, 41; 7.9.4, Nr. 5, 8.

[159] Fritz Schultze: Fürst Bismarcks Charakter. Festrede zur Feier des 80. Geburtstags Bismarcks am Abend des 1. April 1895 in Plauen-Dresden, gehalten v. Dr. F. S. Dresden-Plauen 1895, S. 16.

[160] Jaquet (s. Anm. 27), S. 145f. – Vgl. auch B. Otto (s. Anm. 58), S. 6f. (BA 7.2.4, Nr. 3).

Die nur mässige Schräge zu Anfang des Schriftstückes [...] deutet auf einen Charakter, der gleichmässig weit entfernt ist von kalter, nüchterner Verstandesruhe und steifer Reserviertheit, wie von impulsiver Gefühlsherrschaft und ungezwungener Leidenschaftlichkeit.[161]

Die Synthese von ,Wille' und ,Gemüt' ist applizierbar auf verschiedenste Gegensatzpaare und fungiert als Bindeglied für die Übergänge innerhalb einzelner paradigmatischer Mythemketten. Eduard Lasker bildet das Paar beispielsweise auf die Opposition von ,Liberalismus vs. Konservatismus' ab, wenn er die neue Bewertung der Politik Bismarcks nach 1866 als „Verständigung zwischen dem ,begeisterten Gemüt und dem kühl berechnenden Kopf' feiert"[162], und im neu gegründeten Deutschen Reich kann es nach 1871 zu Projekten horizontaler sozialer Integration von Nord- und Süddeutschland herangezogen werden:

Es gibt einen alten Satz: Norddeutschland besitzt den Kopf, Süddeutschland das Herz. Diesen Satz erkenne ich nicht ganz als berechtigt an; die Mainlinie weise ich von mir (Beifall), und wenn ich noch daran gezweifelt hätte, so wäre dieser Mann hier neben mir (auf den Fürsten Bismarck weisend) der sicherste Beweis, daß er neben dem Verstand des Nordens auch Herz und Gemüt besitzt, und wir ehren und schätzen ihn in Süddeutschland namentlich so hoch, weil wir wissen, daß ihm nicht nur der Kopf, sondern auch das Herz auf dem rechten Fleck sitzt.[163]

Auch für das beinahe in jeder Biographie oder Festrede[164] zu findende Oppositionspaar ,Wille/Gemüt' läßt sich die Zuordnung zu übergreifenderen Paradigmen beobachten. ,Wille' konnotiert – wie oben bereits am Beispiel Bewers gezeigt – tendenziell die ,realistischen' Paradigmen ,Politik' und ,Technik', denn die Oppositionspaare können auch lauten „eiserner Wille"[165], „stählerner Wille"[166], „eiserner Bismarck" vs. „weiches Gemüt"[167], „Energie seines Willens" vs. „tiefes Gefühl"[168], „Staatsmann, der das Siegfriedsschwert geschmiedet hat", „der eiserne Kanzler, der mit Eisen und Blut die Deutschen zusammengeschweißt hat" vs. „der Mann mit dem deutschen Gemüt, der deutschen Treue, der deutschen Frömmigkeit"[169]. Ent-

---

[161] Hans H. Busse: Bismarcks Charakter. Eine graphologische Studie. Mit 40 Handschriften-Proben von Bismarck und Anderen. Leipzig 1898, S. 12.

[162] Eduard Lasker in der Nationalzeitung (12.7.1866); vgl. W. Cahn: Aus Eduard Laskers Nachlaß I. Berlin 1902, S. 138-141 (zit. n. Faber [s. Anm. 5], S. 19).

[163] Eduard Morasch: Eine Wallfahrt nach Kissingen. Zur Erinnerung an den 24. Juli 1892. Den Verehrern des Fürsten Bismarck gewidmet. Frankfurt/M. 1892, S. 4.

[164] Fritz Schultze (s. Anm. 159), S. 19 (BA 7.2.2, Nr. 4); O. Geyer (s. Anm. 118), S. 184f. (BA 7.2.2, Nr. 5); Hamann (s. Anm. 83), S. 4 (BA 7.2.2, Nr. 6); Kanig (s. Anm. 79), S. 9f. (BA 7.2.2, Nr. 11); Liman: Denkwürdigkeiten (s. Anm. 44), S. 8 (BA 7.2.2, Nr. 13); Klein-Hattingen (s. Anm. 13), Bd. I, S. 35f. u. 204f. (BA 7.2.2, Nr. 14).

[165] Johannes Reichardt: Festgruß dem eisernen Kanzler! In: Arras (s. Anm. 35), S. 173-176, hier: 176 (BA 7.2.2, Nr. 9).

[166] Grotthuss: Schattenbilder (s. Anm. 74), S. 277 (BA 7.2.2, Nr. 19).

[167] Adolph Kohut: Fürst v. Bismarck und die Literatur. Eine politisch-literarische Studie. Leipzig 1889, S. 20 (BA 7.2.2, Nr. 1).

[168] Fritz Schultze (s. Anm. 159), S. 19 (BA 7.2.2, Nr. 4).

[169] Kanig (s. Anm. 79), S. 10 (BA 7.2.2, Nr. 11).

sprechend komplementär verweist das ‚Gemüth'-Paradigma auf ‚familiäre Privatheit' und ‚Natur':

Und welch ein *Gemüt* ist mit diesem Verstande vermählt. Wie liebt Bismarck seine deutschen Buchen und Eichen, ja selbst die zähe, anspruchslose Fichte. Nichts ist ihm verhaßter als Baum- und Wiesenfrevel. [...] Sein Wildstand ist ihm so ans Herz gewachsen, daß er die Jagd längst nicht mehr liebt noch ausübt.[170]

Stellt man die bisher vorgestellten Transformationen des Oppositionspaars ‚Staat vs. Zivilgesellschaft' zu paradigmatischen Klassen von Mythemen zusammen, so ergeben sich die folgenden Korrelationsbeziehungen:

STAAT	ZIVILGESELLSCHAFT
Wille (konnotiert: männlich)	Gemüt (konnotiert: weiblich)
Politik	Familie
Norddeutschland	Süddeutschland
preußisch (realistisch u. politisch)	deutsch (idealistisch u. romantisch)
Handeln	Denken
Bismarck als Staatsmann	Bismarck als Privatmann

Eine als Symbol (wie oben Bismarcks Körper/Deich) zu fassende integrierende ‚Mitte', die beide Paradigmen vereint und zugleich in einen Aktanten überführt, läßt sich hier allerdings nicht finden. Die Mytheme erscheinen jetzt vielmehr als typische Charaktereigenschaften von Aktanten, so daß an die Stelle der über die *Ambivalenzen eines Systems aufeinander bezogener Symbole* erreichten semantischen Synthese eine *Symbiose von Charaktermerkmalen* tritt, die Bismarck als ‚deutschen Preußen', ‚familiären Politiker', ‚Wille/Gemüt-Charakter' oder ‚Hirn/Herz-Menschen' präsentiert, wie er im ‚Herz/Kalkül-Typus' des bürgerlichen Charakter-Interaktionsdramas (z.B. Wallenstein oder Marquis Posa bei Schiller) und vielen trivialen Genres verbreitet ist. So werden auch in der Bismarckliteratur immer wieder solche Sentenzen aus dem „Wallenstein" appliziert, die auf die Ambivalenz des Herz-Kalkül-Charakters hinweisen, wie z.B. „von der Parteien Gunst und Hass verwirrt, / Schwankt sein Charakterbild in der Geschichte"[171] oder „Leicht beieinander wohnen die Gedanken,/ Doch hart im Raume stoßen sich die Sachen"[172]. Auch Theodor Fontane hebt auf diese ‚Herz-Kalkül-

---

[170] O. Geyer (s. Anm. 118), S. 184f. (BA 7.2.2, Nr. 5). – Vgl. auch Hamann (s. Anm. 83), S. 4: „Mit durchdringendem Verstande löst er die schweren Probleme der Staatskunst und mit der ganzen Innigkeit eines tiefen Gemütes folgt er dem leisen Weben der Natur" (BA 7.2.2, Nr. 6); Liman: Denkwürdigkeiten (s. Anm. 44), S. 6 (BA 7.2.2, Nr. 13); Ehlert (s. Anm. 156), S. 7 (BA 7.2.2, Nr. 17).

[171] Kawerau (s. Anm. 110), S. 15 (BA 7.2.8, Nr. 16); Schlüter (s. Anm. 18), S. 65 (BA 7.9.4, Nr. 2); E. Pfleiderer (s. Anm. 19), S. 3 (BA 7.9.4, Nr. 6); Busse (s. Anm. 161), Motto auf dem Titelblatt (BA 7.9.4, Nr. 9); Wolfgang Kirchbach: Friedrich Schiller der Realist und Realpolitiker. Berlin 1905, S. 41-43 (BA 7.9.4, Nr. 11); Bleibtreu (s. Anm. 14), Bd. 1, S. 362, u. Bd. 2, S. 472; Zmarzlik (s. Anm. 67), S. 5 (BA 7.9.4, Nr. 16).

[172] Stiebritz (s. Anm. 18), S. 102 (vgl. BA 7.9.4, Nr. 12).

Ambivalenz' ab, wenn er schreibt, daß Bismarck „der größte Prinzipien-verächter gewesen" sei, „den es je gegeben hat".

Er hat die größte Aehnlichkeit mit dem Schillerschen Wallenstein [Anm. Fontanes: der historische war anders]: Genie, Staatsretter und sentimentaler Hochverräther.[173]

Beide Paradigmen von Charakermerkmalen werden auf dieser Ebene aber noch nicht durch Vermittlungshandlungen des mythischen Helden zum Ausgleich gebracht, sondern entweder in Bismarcks Person nebeneinander-gestellt (was auf die Trickster-Konzepte vorausweist) oder auf zwei Figuren verteilt, um dieses Paar dann in einem weiteren Schritt auf den eigentlichen mythischen Helden zu applizieren. So kann Bismarck z.B. mittelalterliches und modernes Wesen, die überlieferte politische Tugend der Nibelungen-treue eines Hagen und die moderne, fortschrittliche Technik eines Edison, die beide positiv gewertet sind, vereinen, wenn das Technikparadigma auf einer Achse zeitlicher Oppositionen ,alt vs. modern' angeordnet wird:

Es war eine seltsame Mischung von mittelalterlichem und modernem Wesen in jenem einzigen Manne. Feudal war seine Mannestreue, sein Aufgehen in dem Dienst seiner kaiserlichen Herren, seine grenzenlose Betrachtung der Masse, sein junkerlicher Trotz, mit dem er der ganzen Welt gegenübertrat, so lange er der Huld seines „Herrn" sicher war, seine grenzenlose Rücksichtslosigkeit gegen Alles, was wider seinen „Herrn" war, gegen Könige und Fürsten, die er von ihren Thronen trieb, welche ihre Geschlechter seit Jahrhunderten inne hatten, sein Haß gegen alle Feinde, seine dämo-nische Kampflust, seine unvergleichliche Kaltblütigkeit im Kampfe, die stets die stärksten Gefahren, die gefährlichsten Stellen aufsuchte. Ein jüngerer Schriftsteller, Herr Karl Bleibtreu, hat ihn in diesem Allen sehr schön mit dem grimmen Hagen un-seres Nationalepos verglichen, der in ihm wahrhaft wiedererstanden schien. Und doch war er wie keiner ein Sohn der modernsten Zeit, ein Jünger des neunzehnten Jahrhun-derts, des Zeitalters der raffinirtesten Technik. Die rein technische Seite der Diploma-tie ist durch ihn zu einer Höhe, zu einer Kunstfertigkeit erhoben worden, von der man bis dahin keine Ahnung hatte. Seine Ueberlistung Benedetti's, seine Friedenspolitik gegen Oesterreich, seine Loslösung Italiens von Frankreich, seine Isolierung des galli-schen „Erbfeindes" von allen politischen Verbindungen, sein wechselweises Zurück-stoßen und Anziehen Englands und Rußlands – das Alles muß man in den Einzelhei-ten studiren, es gewährt in der beispiellosen Feinheit der sich tausendfach kreuzen-den Balken und Stützen und der wunderbaren Einheitlichkeit des Ganzen einen An-blick wie die Maschen und Bogen und Linien des Eiffelturmes, und Bismarck erweist sich in jedem Zuge als ein Zeitgenosse Edison's, Eiffel's, Koch's, Bülow's, als der größte Meister der Technik in der Diplomatie.[174]

---

[173] Theodor Fontane. Briefe II. Briefe an die Tochter und an die Schwester. Hg. v. Kurt Schreinert. Zu Ende geführt u. mit einem Nachwort vers. v. Charlotte Jolles. Erste wort- und buchstaben-getreue Edition nach den Handschriften. Berlin 1969, S. 231. – Zu ,keine Grundsätze' vgl. auch E. Pfleiderer (s. Anm. 19), S. 10f. (BA 7.3.1, Nr. 2); Klein-Hattingen (s. Anm. 13), S. 424 (BA 7.3.1, Nr. 3); Helmolt (s. Anm. 21), S. 144, 205, 292f. (BA 7.3.1, Nr. 4).

[174] Kurt v. Breslau: Er geht! Was nun? Blick in die Politik der Zukunft v. K.v.B. Berlin 1890, S. 7f. (BA 7.2.8, Nr. 6).

Moderne ‚Technik' (konnotiert: Industrie) wird mit konservativer ‚Treue' (konnotiert: Politik) verbunden. Positiv gewertete Technik kann auf diese Weise der konservativen Position als ‚fortschrittliches' Element eingefügt werden und führt nicht mehr automatisch zu Oppositionen von ‚konservativ vs. modern', ‚Idealismus vs. Realismus', ‚Stadt vs. Land', wie sie erst die Heimatkunstbewegung Mitte der 80er Jahre wieder restauriert.

3.3 Dioskurenpaare und historische Analogien

Wie bereits das Paar Hagen/Edison zeigt, werden Paradigmen wie ‚Staat' und ‚Zivilgesellschaft', ‚Technik' und ‚Politik' durch Abbildung auf einzelne Figuren in Aktanten überführt, so daß die Namen historischer Personen relativ stabil mit jeweils einem Paradigma korrelieren. Dioskurenpaare ordnen nun jeweils solche Figuren einander zu, die mit verschiedenen Paradigmen gekoppelt sind, was Querverbindungen zwischen ihnen herstellt, ohne die Oppositionsstruktur je ganz aufzuheben: Im direkten Vergleich erscheinen die Aktanten und die ihnen zugeordneten Paradigmen zwar als Gegensätze, mit Blick auf ein übergeordnetes Merkmal oder eine dritte Figur sind sie sich jedoch gegenseitig Korrektiv und konstituieren eine dialektisch höherwertige Einheit; eine Doppelfunktion von ‚Korrelation' und ‚Differenzierung', die bereits Lévi-Strauss[175] betont hatte.

Solche die Paradigmen repräsentierenden Dioskurenpaare können als einen der beiden Pole auch Bismarck selbst aufnehmen, was vielfältige Kombinationen erlaubt, die nach der Reichsgründung, vor allem aber unmittelbar vor und zu Beginn des Ersten Weltkriegs immer wieder durchgespielt werden. Einige Autoren leiten daraus – in Parallele zu den Gipfel- und Wellentheorien der Literaturgeschichtsschreibung[176] – sogar wiederkehrende Zyklen solcher Kombinatorik ab.

Wir dürfen endlich noch sagen, daß die Wiedergeburt Deutschlands eine Unmöglichkeit gewesen wäre, wenn sich für sie nicht eine Erscheinung wiederholt hätte, die sich, wie in Folge eines geheimen Gesetzes, in jeder schöpferischen Epoche des deutschen Lebens gezeigt hat. Die Reformation ist durch den Seelenbund zweier Männer hinausgeführt worden. Die Ergänzung des Wesens großer Naturen wiederholt sich in Deutschlands classischer Literaturepoche und wir sehen sie jetzt bei der politischen Wiedergeburt Deutschlands.[177]

Was Constantin Roeßler noch abstrakt formuliert, führt Josef Schlüter 1875 als genealogische Reihe von Namenskopplungen aus, deren Endpunkt Bismarck/Moltke und Wilhelm I./Bismarck bilden:

---

[175] Claude Lévi-Strauss: Eingelöste Versprechen. Wortmeldungen aus dreißig Jahren. München 1985, S. 48.
[176] Einen Überblick gibt: Wolfgang Pfaffenberger: Blütezeiten und nationale Literaturgeschichtsschreibung. Eine wissenschaftsgeschichtliche Betrachtung. Frankfurt/M. 1981.
[177] Rößler (s. Anm. 53), S. 51.

Und wiederum finden wir, daß solcher hochbedeutenden Männer, oft zu gegenseitiger Ergänzung ihres Wesens, sich gern *zwei* zusammenfinden. So begegnen uns [...] in der Geschichte unserer Kunst und Literatur die hellstrahlenden Doppelsterne *Mozart* und *Beethoven, Goethe* und *Schiller*; so zur Zeit der Freiheitskriege der alte Marschall *Blücher* und der *Freiherr v. Stein*. Und so erscheinen in der Geschichte unserer Tage einander zugesellt *Bismarck* und *Moltke*, oder noch besser und treffender gesagt: *Kaiser Wilhelm und sein Kanzler!*[178]

3.3.1 Wilhelm I./Bismarck/Moltke

Das Dioskurenpaar Bismarck/Moltke dient dabei vor allem der Integration von ,Politik' und ,Militarismus'. Es läßt den gerade siegreich beendeten Krieg gegen Frankreich nicht nur im Clausewitzschen Sinne als „eine Fortsetzung des politischen Verkehrs mit Einmischung anderer Mittel"[179] erscheinen, sondern die militärische Praxis wird auch umgekehrt wieder in eine politische zurückgeführt:

Und dabei müssen wir festhalten, daß sich diese Heerführung ganz in die Linie von Bismarcks Politik hineingestellt hatte, daß die Vollendung von Bismarcks staatsmännischem Werk ohne das Heer und Moltkes Heerführung garnicht denkbar wäre, und wiederum, daß diese Heerführung nie so zur Geltung gekommen wäre ohne die aus Bismarcks Politik ihr zuwachsenden Aufgaben und ohne daß Bismarck durch seine staatsmännische Ausnützung Moltkes Siege auf dem Schlachtfeld für die Dauer fruchtbar gemacht hätte. Beide Männer erscheinen uns als die zusammenwirkende höchste Verkörperung aller auf ihren Berufsgebieten wirkenden Fähigkeiten, und in dem Ergebnis ihrer Lebensarbeit tritt uns die vereinigende Arbeitsgemeinschaft, kein auseinander drängender Gegensatz entgegen.[180]

Durch das vollendete Werk stehen sie mit ihrem König vor dem Auge der Nachwelt als eine geschlossene Einheit da, wie sie größer und auch wie sie erhebender nicht gedacht werden kann. Denn in diesen Männern haben Feder und Schwert, Politik und Heerführung nicht am letzten Ende um ihre Geltung an sich gestritten, sondern um ihre Geltung im Wettkampf für das Höchste, den Sieg und die Größe des Vaterlandes.[181]

---

[178] Schlüter (s. Anm. 18), S. 40f. – Vgl. auch Baron v. Ardenne: Bismarck und Moltke. In: Der Türmer, 18. Jg. (April 1915), S. 18-24, hier: 18 (BA 7.4.3, Nr. 6): „Das deutsche Gemüt denkt sich gern seine nationalen Helden, die Zeitgenossen waren, als verbunden durch gleiche Gedankenrichtungen und Bestrebungen [...]. Bis in die Schulliteratur hinein wird daher der Freundschaftsbund gepriesen von Luther und Melanchthon, von Goethe und Schiller, von Blücher und Gneisenau und auch von Bismarck und Moltke." – Ebenso Otto Ankel (Fürst Bismarck. Rede, gehalten am Geburtstag Sr. Majestät des Kaisers, 27. Januar 1897. Städtische Oberrealschule zu Hanau 1899. Jahresbericht über das Schuljahr 1898-1899, S. 2): „Neben Luther steht Melanchthon, neben Goethe Schiller, neben Mozart Beethoven, neben Kant Fichte, neben Friedrich dem Grossen seine Generale, neben Scharnhorst Gneisenau, neben Jakob steht Wilhelm Grimm. Auch das 19. Jahrhundert [...] verleugnet jenen segensvollen Grundzug der deutschen Geschichte nicht [...]" (BA 7.7, Nr. 17).

[179] Carl v. Clausewitz: Vom Kriege. Hinterlassenes Werk. Frankfurt/M. 1980, 6. Kap. B.: „Der Krieg ist ein Instrument der Politik", S. 674.

[180] Wilhelm Busch: Bismarck und Moltke, Politik und Heerführung. Ein Kriegsvortrag. Marburg 1916, S. 6.

[181] Ebd., S. 29.

Das differenzierende Konzept von ‚Feder'[182] vs. ‚Schwert' läßt Moltke gegenüber Bismarck und Kaiser Wilhelm als den am weitesten ‚realistischen' Charakter erscheinen, denn „was die beiden gewollt, macht er durchs Schwert erst zur That"[183]. Moltkes Militarismus rückt Bismarcks sonst immerhin als Realpolitik verstandenes Handeln dadurch von der Realismus-Position ab und verschiebt ihn zum ‚Helden des Wortes' in Richtung auf Figuren wie Goethe oder Schiller, die in anderen Texten ihrerseits in Opposition zu Bismarck treten können („Verkörperung des Volkes der Dichter und Denker"[184], Männer „des Wortes"[185] vs. „Verkörperung des Volkes der Taten"[186]), wobei es dann Bismarck ist, dem das „Schwert" und damit die Realismus-Position zugesprochen wird.

Es war Bismarck, der das Reich schuf, aber es war Schiller, der den Boden bereitete, auf dem es werden konnte.
Der Mann des Schwertes kam aus Norden, der Mann des Worts aus Süden.[187]

Die Realismusposition kann für Bismarck jedoch auch im Vergleich mit Moltke beibehalten werden, wenn die ‚Feder' mit dem militärischen Praxisbereich und zugleich der Metall-Symbolik verknüpft wird. Beide geben dem geistig-politischen Handeln Bismarcks seine realistische Dimension zurück und machen ihn selbst einmal mehr zur Integrationsfigur. Math. Evers z.B. läßt „unsere Dioskuren" Bismarck und Moltke in Abwandlung der ‚Steuermann'-Pictura als eine aus „goldig schimmerndem Erze" gestaltete, doppelte Gallionsfigur am Bug des Reichsschiffes erscheinen.

So nun – die Hände verschlungen zum unauflöslichen Trutzbund –
Raget das Doppelgebild glanzvoll am Buge hervor.
Staunend betrachten die Völker das Werk und rings die Symbole,
Wo zu den *Waffen* gesellt blinket die *Feder* von Stahl.
Wiederum fliegt es von Munde zu Mund, es braust zu den Wolken:
„Seid *Dioskuren* Ihr, *Bismarck* und *Moltke*, gegrüßt!" –
Dich in dem Geisterturnier und Dich in dem Ringen des Schlachtfelds
Achtet als *„ohne Vergleich"* selbst der geschlagene Feind.[188]

Die durchgehende Isotopieebene des militärischen Praxisbereichs („Geisterturnier" vs. „Ringen des Schlachtfeldes") sowie die Metall-Symbolik („Waffen" vs. „Feder von Stahl") erlauben es, Moltke und Bismarck trotz

---

[182] Vgl. zu ‚Feder' auch Baltz (s. Anm. 79), S. 18 (BA 7.1.3, Nr. 11); J. Häußner: Bismarcks Jugend 1815-1847. In: Kaiser-Wilhelm-Dank (s. Anm. 118), S. 3-51, hier: 7-9 (BA 7.2.1, Nr. 10) u. 28f. (BA 7.1.4, Nr. 8).

[183] Stegmann (s. Anm. 22), S. 67.

[184] Emil Walther: Von Goethe zu Bismarck. Eine litterarisch-politische Betrachtung. In: Bismarck-Jahrbuch. Hg. v. Horst Kohl. 3. Jg., Berlin (1896), S. 362-389, hier: 387.

[185] Grotthuss: Schiller (s. Anm. 73), S. 439.

[186] Walther (s. Anm. 184), S. 387: „Wie Goethe die ideale Verkörperung des Volkes der Dichter und Denker, so ist Bismarck die ideale Verkörperung des Volkes der Thaten" (vgl. dazu Karl Robert Mandelkow: Goethe in Deutschland. Rezeptionsgeschichte eines Klassikers. Bd. I. 1773-1918. München 1980, S. 208).

[187] Grotthuss: Schiller (s. Anm. 73), S. 439.

[188] Vgl. Math. Evers (s. Anm. 37), S. 9 (BA 7.4.3, Nr. 3).

der Differenzierung von ‚Feder' vs. ‚Schwert' aufeinander zu beziehen und für beide die realistische Diskursposition zu reklamieren. Für Bismarck selbst resultiert daraus eine „Personalunion von Politiker und Militär", die ikonisch auch in den zeitgenössischen Denkmälern immer wieder präsentiert wird[189] und sich – etwa in den Kriegsjahrgängen des „Türmer" – von Bismarck zu Hindenburg weiter verfolgen läßt.[190]
Die Figur Kaiser Wilhelms dagegen, eingebunden in das Dioskurenpaar Wilhelm I./Bismarck, verlängert diese Taxonomie in die ‚idealistisch-zivilgesellschaftliche' Richtung, wie eine Schul-Gedächtnisrede von Theodor Lorentzen zeigt, der den ‚eisernen, männlichen' Bismarck und den ‚menschlichen' Wilhelm durch ein entsprechendes Schiller-Zitat aus der ‚Glocke' verbinden kann:

Wie reich ist doch das deutsche Volk von einem gütigen Geschick begnadet worden, dass es in schwerer Zeit diesen gewaltigen Mann aus Eisen neben einen anderen gestellt hat, der ebenso an *menschlich* großen Eigenschaften hervorragte, wie jener an *männlichen,* so dass sich beide wunderbar ergänzten und sich hier das Dichterwort bewahrheitet:

> Wo das Strenge mit dem Zarten
> Wo Starkes sich und Mildes paarten,
> Da gibt es einen guten Klang.[191]

Obwohl im 19. Jahrhundert in der Regel Frauen als Symbole des zivilgesellschaftlichen Privatlebens erscheinen (in einigen Texten bilden Bismarck und seine Frau Johanna ein Dioskurenpaar, das dem von Wilhelm I. und Bismarck entworfenen äquivalent ist[192]), wird der konstitutionelle Kaiser hier zum Vertreter des Paradigmas ‚Zivilgesellschaft' (Haus, Familie, Passivität) mit der Konnotation ‚(+) weiblich', sein Kanzler zum Vertreter des Paradigmas ‚Staat' (Aktivität, Öffentlichkeit) mit der Konnotation ‚(+) männlich'. Explizit ausgeführt ist das Oppositionspaar männlich/aktiv vs. weiblich/passiv bei Hans H. Busse:

Er [Kaiser Wilhelm, R.P.] war weichherzig und sehr weiblich-gemütvoll, lebhaft-begeisterungsfähig und doch zu einfach-natürlich, sowie zu klar in seinem Urteile, um überschwänglich zu sein. So thätig-beweglich er auch war, besass er dennoch viel zu viel Impressionabilität, um einen selbständig-kraftvollen Willen zu haben. [...]
Zwei solche Männer [Bismarck und Wilhelm I., R.P.] konnten sehr gut zusammenwirken, da der Willensschwächere sich in allen grossen und entscheidenden Dingen dem Willensstärkeren fügen musste, während dieser in kleineren Sachen jenem wohl einige Zugeständnisse machen konnte.[193]

Die Beziehung zwischen beiden kann entsprechend als ein Bund der ‚Treue', der ‚Liebe' und des ‚Vertrauens' familialistisch überdeterminiert werden.

---

[189] Plagemann (s. Anm. 79), S. 245 (BA 7.6, Nr. 11).
[190] Vgl. das Kap. „Bismarck – Hindenburg" in: Wülfing/Bruns/ Parr (s. Anm. 97), S. 197-209.
[191] Lorentzen (s. Anm. 149), S. 9. – Vgl. Schillers Werke. Nationalausgabe. 2. Bd., Teil I. Gedichte in der Reihenfolge ihres Erscheinens 1799-1805. Hg. v. Norbert Oellers. Weimar 1983, S. 227-239, hier: 229.
[192] Vgl. z.B. Horawitz (s. Anm. 156), S. 11: „Ihr [Johannas, R.P.] zartes, tieffrommes Wesen bildete die herrlichste Ergänzung zu der titanenhaften Art des thatfrohen Gemals [...]."
[193] Busse (s. Anm. 161), S. 29f.

Und weil der Eiserne Kanzler wahrhaft groß war, war er vor Allem auch treu. Treu dem Ideal, das er sich erkoren, treu dem Herrscher, in dessen Dienst er seine Kraft gestellt hatte. Aber auch dieser Herrscher war wahrhaft groß und deshalb wahrhaft treu. Aus dieser gegenseitigen Treue heraus entwickelt sich jenes wunderbare, unerschütterliche Zusammenwirken des Großen Kaisers mit Seinem Großen Kanzler, jenes Verhältnis gegenseitiger Liebe und unwandelbaren Vertrauens, welches uns ebenso großartig wie rührend anmuthet und uns mit so inniger Verehrung und Liebe zu beiden Helden emporblicken läßt. [...]
Zwei Naturen, wie sie verschiedener selten erschaffen werden, beide groß und bewundernswerth, ergänzen sich für ihr ganzes Leben zu gemeinsamer Arbeit an einem Werke, wie es gewaltiger die Welt nicht gesehen hat. Mit dem Purpur und der Krone hat das Schicksal den einen dieser Männer ausgestattet, aber auch mit der Milde des Geistes und der kindlichen Bescheidenheit, die den König zum Vater seines Volkes macht. Ihm zum Rathgeber gesellte Gott den andren und verlieh ihm die Klarheit, die Festigkeit und das Selbstvertrauen, welche ihn davor bewahrten, über dem Glanz und Schimmer des Fürstendienstes die Mission zu vergessen, die er im Herzen trug. Nur in zwei Charaktereigenschaften waren beide sich gleich, furchtlos und treu waren sie beide [...].[194]

Signifikant wurde die Parallelität der Dioskurenpaare Bismarck/Moltke und Bismarck/Wilhelm I. vor allem durch die am 15. Juni 1871 in Berlin abgehaltene Siegesparade, bei der Bismarck – eingerahmt von Roon und Moltke – dem Festzug voranritt, gefolgt von Kaiser Wilhelm. Vertikal gesehen bildete der ‚Staatsmann‘ Bismarck ein Dreigestirn mit den ‚Soldaten‘ Roon und Moltke[195], horizontal zusammen mit Wilhelm I. zugleich ein weiteres Paar von ‚Kanzler und Kaiser‘.

Freilich, unus homo, nullus homo. Auch der Größte thuts nicht allein, sondern der glücklichen Vereinigung der Züge in seiner Person muß auch der glückliche Verein mit großen und edlen Zeitgenossen entsprechen, die ihn ergänzen. Und da gehört ja zum Schönsten aus dem Heldenjahre 1870 die großartig schöne Art, wie der alte Wilhelm am 3. September in seinem berühmten Trinkspruch auf seine Paladine Roon, Moltke und Bismarck das altpreußische Königswort: suum cuique! zur Anwendung brachte. Und wie es schon hier durchblickte, so war auch die Ordnung beim festlichen Berliner Einzug am 15. Juni 1871: Der Staatsmann ritt als der Größte mit Recht in der Mitte der zwei Soldaten, eine herrliche Dreiheit, die dem nunmehrigen Kaiser den Weg eröffnete.[196]

Zusammen ergeben beide Dioskurenpaare bereits eine rudimentäre Matrix mit drei Charakterpositionen: einer militärisch-realistischen Moltkes, einer zivilgesellschaftlich-idealistischen Wilhelms I., wie sie später das volkstümliche Lied „Wir wollen unsern alten Kaiser Wilhelm wieder haben..." emphatisch rezipiert, und einer Mischposition für Bismarck – eine Taxonomie, die durch eine Reihe weiterer Paare ausgebaut und differenziert werden kann.

---

[194] Otto N. Witt: Rede bei der Gedenkfeier für Seine Durchlaucht den verewigten Reichskanzler Fürsten v. Bismarck am 9. März 1899 in der Aula der Königl. Techn. Hochschule zu Berlin. Berlin 1899, S. 8.
[195] In den Texten reduziert sich dieses Dreigestirn wegen der geringen öffentlichen Wirkung Roons schnell zu einem Dioskurenpaar Bismarck/Moltke.
[196] E. Pfleiderer (s. Anm. 19), S. 14 (BA 7.2.7, Nr. 6).

3.3.2 „Goethe ist der Bismarck unsrer Litteratur."[197]
Aspekte der These von den ‚Zwei Deutschland'

Ein weit größerer semantischer Abstand besteht zwischen den Figuren Goethe und Bismarck, die in vielfältiger Weise immer wieder aufeinander bezogen werden und seit den 90er Jahren das dominierende Dioskurenpaar im Mythensystem des Kaiserreichs darstellen. Denn beide können als diametrale Gegensätze angesehen werden, um sie zugleich mit Blick auf ein höherwertiges drittes Merkmal dialektisch zu vereinen. „Es ist unhaltbar", wendet sich Arnold Senfft von Pilsach 1908 gegen Horst Kohls Vorwort zur 6. Aufl. der Bismarckbriefe[198],

wenn ein verdienter Bismarck-Philologe meint, unser Volk habe die innere Verwandtschaft Bismarcks und Goethes längst erkannt [...]. In Wahrheit bezeichnen beide Männer entgegengesetzte Pole: höchste Entfaltung deutschen Wesens auf zwei Gebieten, die sich ewig ergänzen, also nirgends zusammenfallen: der eine im Reiche des Geistes, der andere in dem des Willens oder, was dasselbe sagt, des Verstandes. Verschieden in ihrer Anlage, sind sie noch viel verschiedener auf der Höhe des Lebens und bis zur Gegensätzlichkeit entwickelt am Ende ihrer Tage: Goethe ein schneeiger Gletscher im blauen Firmament, Bismarck bis zum letzten Hauch seines Daseins ein tätiger Vulkan.[199]

Auch der Historiker und Bismarckbiograph Erich Marcks kommt in seinem 1911 vor der Goethe-Gesellschaft gehaltenen Festvortrag mit dem Titel „Goethe und Bismarck" zu dem Schluß:

Es ist ganz wahr: innerhalb des neuen Deutschlands bezeichnet Bismarck, unmittelbar genommen zu Goethe den Gegenpol. Alles, was Goethe nicht war und nicht wollte, trat hier schöpferisch vor. Der Nordosten gegen den Südwesten.[200]

Gleichzeitig konstituieren die Dioskuren Bismarck und Goethe im wilhelminischen Kaiserreich jedoch ‚arbeitsteilig' die imaginäre Totalität eines zwischen ‚Realismus' und ‚Idealismus' changierenden deutschen Nationalcharakters. So beendet Erich Marcks seinen Goethe-Vortrag bereits mit dem Hinweis darauf, daß beide eine höhere Einheit bilden:

Wirklichkeit, die sie waren, Unvergänglichkeit, die sie uns geworden sind: möchten sie es unserem Volke wahrhaft werden; ein jeder für sich und beide in höherer Einheit [...].[201]

---

[197] Die Berliner Illustrierte Zeitung hatte ihren Lesern im Dezember 1898 einige Fragen zur „Bilanz des Jahrhunderts" vorgelegt. Die in Nr. 8 (20.2.1899) abgedruckten Antworten ergaben: „Fürst Bismarck ist mit einer nahezu an Einstimmigkeit grenzenden Majorität" als der „bedeutendste Mann Deutschlands" gewählt worden. Goethe, der „größte Dichter des Jahrhunderts", „ist der Bismarck unsrer Litteratur".

[198] Horst Kohl (Hg.): Bismarckbriefe 1836-1873. 6., stark verm. Aufl., Bielefeld/Leipzig 1897, S. VIII: „Mit seinem Bismarck fühlt es [unser Volk, R.P.] sich verwachsen wie mit seinem Goethe, denn beider Heroen innere Verwandtschaft hat es längst erkannt."

[199] Arnold Senfft v. Pilsach: Aus Bismarcks Werkstatt. Studien zu seinem Charakterbilde. Stuttgart/Berlin 1908, S. 95f.

[200] Erich Marcks: Goethe und Bismarck. Festvortrag gehalten in der 26. Generalversammlung der Goethe-Gesellschaft in Weimar am 3.6.1911. In: Goethe-Jahrbuch. Hg. v. Ludwig Geiger. 32. Bd., Frankfurt/M. 1911, S. 1*-26*, hier: 22*. – Vgl. Mandelkow (s. Anm. 186), S. 208.

[201] Marcks: Goethe und Bismarck (s. Anm. 200), S. 26*.

In einer sieben Jahre später, 1918, gehaltenen Kriegsrede mit dem nahezu gleichen Titel („Goethe und Bismarck. Das geistige und das politische Deutschland") steht der Korrelationsaspekt – wenn auch unter der tendenziellen Dominanz Bismarcks[202] – dann im Vordergrund. Beide Figuren werden aufeinander bezogen, indem sie jeweils an eine genealogische Ahnenreihe angebunden werden, die ihrerseits synchrone Dioskurenpaare bilden:

Wo steht dieses Volk heute? Im Lager des Geistes? Im Lager des Staates? Wir fühlen mit Sicherheit: in allen beiden. Ich nehme ein wenig die Antwort, die dieser Vortrag über Goethe und Bismarck historisch suchen will, vorweg, indem ich das gleich zum Anfange laut ausspreche. Wir fragen: Wo sind die Ahnherren unseres gegenwärtigen Deutschlands? Und sie drängen sich zu: Luther und Lessing und Kant und Schiller von der einen Seite her, von der, die dem letzten Jahrhundert in Goethe gipfelt, und der Große Kurfürst, Friedrich der Große, Stein und Blücher und Gneisenau von der anderen her, die in Bismarck gipfelt – Geist und Staat klingen zusammen. Es ist Deutschlands Unsegen gewesen, daß sie in seiner Geschichte solange getrennt erschienen und getrennt waren: wir vermögen sie nicht mehr voneinander zu trennen.[203]

Wir haben Goethe und Bismarck längst schon nicht mehr als Gegensätze, oder doch nicht als bloße Gegensätze gefühlt: oder doch als ein Paar jener zusammengehörigen Gegensätze, deren Gemeinschaft erst ein Ganzes ausmacht. Beide Kräfte, wie sie die beiden Namen darstellen, sind uns notwendig, und beide sind lebendig in unserem Leben.[204]

Einen chiastisch-dialektischen Austausch von semantischen Merkmalen zwischen den Paradigmen ‚Goethe' und ‚Bismarck' führt Emil Walther in seiner „litterarisch-politischen Betrachtung" „Von Goethe zu Bismarck" durch. Zum einen integriert er tragende Ideologeme und Symbole der Bismarck-Mythisierung wie „prunklose Natürlichkeit", „deutsche Familienhaftigkeit", „verschmelzen"[205], „Fesseln der Unnatur" sprengen usw. in Biographie und Werk Goethes, der damit – obwohl als idealistischer Dichter und Denker im ‚Überbau' tätig – ‚realistisch' semantisiert wird und als derjenige erscheinen kann, der „das Fundament bereitet hat zu dem politischen Einheitsbau"[206]. Umgekehrt wird Bismarck als „Faustnatur"[207] vorgestellt, die den „Einheitsbau" dann „voll Kraft und Herrlichkeit ausgeführt hat"[208], womit ein partieller semantischer Positionstausch vollzogen ist. Stellt Walther in der Einleitung noch die rhetorische Frage „Lassen sich zwei größere Gegensätze denken, als diese beiden Männer?"[209], so fällt am Schluß für ihn

---

[202] Vgl. dazu Adalbert Wichert: Bismarck und Goethe. Klassikrezeption der deutschen Geschichtswissenschaft zwischen Kaiserreich und Drittem Reich. In: Klassik und Moderne. Hg. v. Karl Richter u. Jörg Schönert. Stuttgart 1983, S. 321-339, zu E. Marcks: 326f.

[203] Erich Marcks: Goethe und Bismarck. Das geistige und das politische Deutschland. In: Die neue Rundschau, 29. Jg. (1918), S. 865-883, hier: 866 .

[204] Marcks: Das geistige (s. Anm. 203), S. 876.

[205] Walther (s. Anm. 184), S. 369.

[206] Ebd., S. 368.

[207] Ebd., S. 381: „Schon war er leise geschäftig am Werk, der Held, der, selbst eine gewaltige Faustnatur, in seinem dunklen Drange den rechten Weg wohl zu finden wußte".

[208] Ebd., S. 368.

[209] Ebd., S. 362.

„der Standpunkt des Schöpfers unsrer *politischen* mit dem des Schöpfers unsrer *geistigen* Macht und Größe zusammen" [210].

Aus der Perspektive der Goethephilologie hat Karl Robert Mandelkow in seiner „Rezeptionsgeschichte eines Klassikers"[211] bereits auf diese „Namenskoppelung Bismarck – Goethe"[212] hingewiesen und sie in die Tradition der idealistischen Macht-Kultur-Synthese eingeordnet[213], die zwar „zwischen einer staatlich-politischen und einer national-ideellen Entwicklung der Deutschen"[214] unterscheidet, beide aber in „das harmonische Modell einer konfliktlosen Kooperation von Macht und Geist"[215] einbindet. Wurde diese Synthese gerade von hegemonialen Trägergruppen zum Spezifikum des deutschen Nationalcharakters erklärt, so mußten sich konkurrierende ideologische Projekte stets als Versuche darstellen, das Dioskurenpaar Goethe/Bismarck wieder in einen Gegensatz auszudifferenzieren. Innenpolitisch symptomatisch für eine katholische Opposition im protestantischen Preußen ist etwa die gegen den programmatischen Eröffnungsaufsatz von Jeannot Emil Frhr. v. Grotthuss im ersten Heft des „Türmer" zielende Schrift des ‚Vicepräsidenten des Livländischen Hofgerichts a.D.' Woldemar v. Bock mit dem Titel „Goethe und Bismarck. Parallele oder Kontrast?"[216]. Bock versucht, an Hand einer Reihe von Bismarck und Goethe zugesprochenen Eigenschaften („das Faustische", „das Realistische", „Liebe zum Landleben", „Essen und Trinken") die Korrelationsfähigkeit beider Figuren aufzubrechen, wendet sich dabei aber stets sowohl gegen Goethe als auch gegen Bismarck, so daß beide in Widerspruch zum intendierten ideologischen Projekt doch wieder zusammenrücken und die Synthese gestützt wird. Grotthuss selbst hatte Goethe und Bismarck in eine historische Entwicklungsreihe von ‚Idee' und ‚Verwirklichung' gestellt, denn der als ‚idealistisch' imaginierte Goethe sei Voraussetzung für die ‚realistischen' Taten Bismarcks, womit Goethe für Grotthuss „der geistige Wegbereiter Bismarcks"[217] wird:

Goethe und Bismarck. Warum nicht Bismarck und Goethe? Etwa nur der geschichtlichen Reihenfolge wegen? Nein, sondern wegen des notwendigen geschichtlichen *Werdeganges*. Es war unmöglich, daß ein Bismarck einem Goethe vorausging, für die

---

[210] Ebd., S. 388.

[211] Mandelkow (s. Anm. 186), S. 205-211.

[212] Ebd., S. 208. – Solche Kopplungen nehmen teils groteske Züge an wie eine Schrift zeigt, die Goethe-Zitate auf Bismarck bezieht (Goethe über Bismarck. Eine Gabe zum 1. April. Als Manuscript gedruckt. Berlin 1887). Andere Publikationen dieser Art bilden zugleich historische Analogien (Paul Gnerich/Hugo Bach: Denn sie sind unser! Luther, Goethe, Bismarck, das Gemeinsame ihrer Lebens- und Weltanschauung in Aussprüchen aus ihren Prosaschriften zusammengestellt v. P. G. u. H. B. Stuttgart 1910).

[213] Vgl. bei Mandelkow (s. Anm. 186), S. 207, den Hinweis auf Gustav v. Loepers Festvortrag „Berlin und Weimar" (1890).

[214] Mandelkow (s. Anm. 186), S. 207f.

[215] Ebd., S. 209.

[216] Woldemar v. Bock: "Goethe und Bismarck." Parallele oder Kontrast? Zur Erwägung gestellt v. W.v.B. Frankfurt/M. 1899.

[217] Hans Uhle: Der Türmer. In: Ernst Herbert Lehmann: Ein deutscher Verlag. Heinrich Beenken Verlag 1888-1938. Berlin 1938, S. 109-222, hier: 163.

Deutschen wenigstens. Erst mußte Goethe gewirkt, lange gewirkt, die Nation geistig durchwirkt, ja *zusammen*gewirkt haben, damit Bismarck kommen und dieses geistige Gewebe zu plastischer, nach außen in die Erscheinung tretender Körperlichkeit straffen konnte. Die führenden Schichten des Volks mußten einen gewissen Grad der „Goethereife" erlangt haben, um Bismarck – wenn auch erst nach manchem Mißverständnis – zu begreifen und aus solcher Ahnung seines inneren Wesens und Wollens heraus sein Werk zu unterstützen. Die Goethe'sche *Schule* war notwendig; die in ihr erworbene Fähigkeit, scheinbare Widersprüche in den Offenbarungen eines großen Geistes zu begreifen; der grundsätzliche Bruch mit der alleinseligmachenden *Doktrin*; die Freiheit und Ueberlegenheit einer Weltanschauung, die das unvergängliche *Wesen* der Dinge von ihrer vergänglichen formalen *Erscheinung* zu trennen weiß.[218]

Diesen – durch Goethes ‚Vorarbeit' immer schon auf idealistischer Grundlage zu denkenden – Bismarck konzipiert Grotthuss dabei als Gegenentwurf zum Bismarckbild der ‚Materialisten' und ‚neuen Geldaristokratie' der Gründerzeit, die ihn zu Unrecht als bloßen Realpolitiker im Sinne einer ‚Macht-vor-Recht-Politik' in Anspruch nähmen.

Bismarcks Staatskunst glaubt man nachahmen zu können, indem man sich an einzelne Handlungen und Aussprüche des Meisters klammert. Und da fallen *die* dem blöden Auge am ersten auf, die sich in scheinbaren Widerspruch zum alten deutschen Idealismus setzen. In Worten, wie: „Macht geht vor Recht" u.a., von denen nicht einmal feststeht, ob Bismarck sie wirklich gesprochen hat, – er selbst hat die Urheberschaft mehrfach bestritten – glaubt man den Schlüssel zu seiner Politik zu finden. Als ob darin das Geheimnis seiner Erfolge gelegen hätte und nicht vielmehr in seiner Auffassung der Politik als einer „*Kunst*", die von Fall zu Fall das der Gesamtheit Heilsamste zu suchen und zu finden habe! Als ob Bismarck jemals den Feind im deutschen Idealismus an sich und nicht vielmehr in der starren Herrschaft blutloser Ideen und Doktrinen erblickt hätte; als ob das deutsche Einigungswerk ohne jenen Idealismus überhaupt zu stande gekommen wäre! Nur wo Ideale im Volke lebendig sind, können sich Gebilde gestalten, die ihnen näher zu kommen suchen wie die Blume dem Sonnenlichte. In einem ideallosen, roher Erfolgsanbetung und materialistischem Wirklichkeitskultus frönenden Volke wäre weder für Goethe noch für Bismarck Raum gewesen. Das aber ist vielleicht die größte nationale Gefahr: Bismarck, sein Werk und Wesen, *mißzuverstehen*. Und das vielleicht das Heilsamste dagegen: Goethe'scher Weisheit, Goethe'schem Real-Idealismus fort und fort Gemüt und Geist zu öffnen.[219]

Eine außerdeutsche Opposition, für die in den 90er Jahren etwa Georg Brandes repräsentativ ist, stellt bereits lange vor dem Ersten Weltkrieg das ‚geistige Deutschland' Goethes dem ‚politisch-militärischen Deutschland' Friedrichs des Großen bzw. Bismarcks und Moltkes entgegen. Der in Kopenhagen lebende Bismarckianer und Korrespondent der linientreuen ‚Kölnischen Zeitung', Max Bewer, reagiert darauf mit einer umfangreichen Schrift, in der er sich unter der Kapitelüberschrift „Deutsches Gemüt und deutscher Wille: Faust und Sedan"[220] mit Brandes auseinandersetzt und das

---

[218] Grotthuss: Goethe und Bismarck (s. Anm. 105), S. 4.
[219] Ebd., S. 15.
[220] Max Bewer: Bismarck, Moltke und Goethe. Eine kritische Abrechnung mit Dr. Georg Brandes. Düsseldorf 1890, S. 1.

Dioskurenpaar Goethe/Bismarck vehement verteidigt. Die Namen Goethe und Bismarck stehen dabei für die beiden positiv gewerteten Paradigmen ‚Wille‘ und ‚Gemüt‘[221] und bilden zusammen eine Totalität des deutschen Nationalcharakters. Konfrontiert werden sie mit zwei negativ besetzten Paradigmen von Oppositionspaaren, in denen Bewer die Position von Brandes codifiziert (‚Freiheit‘ vs. ‚Zwang‘; ‚Ideal‘ vs. ‚Nutzen‘; ‚Weltglück‘ vs. ‚Staat‘).

Sie [Goethe und Bismarck, R.P.] stellen durchaus keinen Zwiespalt des deutschen Geistes dar, sie bilden vielmehr zusammengenommen erst die rechte deutsche Einheit, *denn sie gehören so dicht zu einander wie das fühlende Herz zur Lebenskraft schöpfenden Lunge,* sie beide sind zusammen ein einziger deutscher Organismus, *als Gemüt und Wille.* In Goethe, in dessen Wertherzeit man überall in deutschen **Landen** die schönen Seelen atmen hörte, erklangen die tiefsten Akkorde des deutschen **Gemütes,** in Bismarck und Moltke errang der durch Kant und Friedrich II. gestählte preußische Pflichtgeist die höchsten Ziele des deutschen Volkswillens. Kein **Deutscher,** der in Bismarck und Goethe die schöne Einheit von deutschem Gemüt **und** deutschem Willen erkennt, wird für Werther, Egmont oder Faust die Tage von **Düppel,** Königgrätz oder Sedan, dahingeben. Er wird beides mit der ganzen Fülle seines **deutschen** Wesens als sein volles geistiges Eigentum beanspruchen und festhalten. **Ein** Kampf dieser beiden Geister gegen einander, wie ihn Brandes sich als einen **Kampf** der Freiheit gegen den Zwang, des Ideals gegen den Nutzen, des Staates gegen **das** Weltglück vorphantasirt, hat in einzelnen edlen deutschen Naturen zwar als **individuelle** Erscheinung gewütet, niemals aber im Bewußtsein des ganzen Volkes bestanden. Man braucht sich nur zu erinnern, daß es Goethe selbst in „Wahrheit und Dichtung“ einmal ausspricht, daß er Friedrich den Zweiten für einen der „vorzüglichsten“ Geister seines Jahrhunderts gehalten habe, um zu erkennen, daß ein im Wesen und in der Natur der beiden deutschen Geistesrichtungen absolut wirkender Gegensatz nicht bestanden hat; nirgends sehen wir eine Spur von dem nationalen Zwiespalt, den Brandes im deutschen Volksgeiste erkennen will [...]. Man kann höchstens von einem psychologischen Kampf der inneren Kräfte sprechen, [...] denn Gemüt und Wille können in einem Wechsel der Pflicht oder der Neigung beliebig ihre Herrschaft in uns wechseln, ohne daß unsre geistige Gesammtheit auch nur um ein Atom sich veränderte.[222]

Bewer versucht nun, die Grundlage der These von den ‚zwei Deutschland‘, nämlich daß das 18. Jahrhundert ein kosmopolitisch-ästhetisches, das 19. ein militärisch-realistisch-nationales sei, zu widerlegen, indem er Goethe mit Friedrich dem Großen zu einem Dioskurenpaar verbindet. Die Militarismus/Geist-Synthese gewinnt auf diese Weise historische Legitimation und kann zum Wesensmerkmal des deutschen Nationalcharakters erklärt werden, das immer schon anzutreffen gewesen sei, sich im 19. Jahrhundert dann aber endgültig durchgesetzt habe. Zwischen Goethe und Friedrich wird Kant plaziert, der hier die Funktion eines den Übergang garantierenden Tricksters einnimmt. Als ‚Dichter und Denker‘ gehört er zuerst einmal dem

---

[221] Vgl. auch Rudolf Reuße: Rede zur Bismarck-Gedenkfeier am 31. März 1900. Weimar 1900, S. 9 (BA 7.4.1, Nr. 3); Emil Stutzer: Goethe und Bismarck in ihrer Bedeutung für die deutsche Zukunft. In: Xenien. Halbmonatsschrift für literarische Ästhetik und Kritik, 3. Jg. (1909), H. 7, S. 26-31, hier: 26f. (BA 7.4.1, Nr. 5).

[222] Bewer: Bismarck, Moltke, Goethe (s. Anm. 220), S. 19-21.

Paradigma ‚Geist' an; als Begründer des kategorischen Imperativs rückt er aber zugleich in eine genealogische Reihe mit dem „preußischen Pflichtgeist" und der „sittlichen Willenskraft" Friedrichs des Großen[223], so daß sich die Oppositionsstruktur jeweils innerhalb der beiden antagonistischen Paradigmen wiederholt. Strukturell bedeutet eine solche Aufspaltung ein wechselseitiges Aufnehmen von semantischen Elementen des jeweiligen Oppositionsparadigmas, wodurch Übergänge garantiert werden.

Er [Goethe, R. P.] hatte durch die Fülle seines genialen Wesens einen solchen Grad der persönlichen Vollendung erreicht, daß er wie ein neues kosmisches Gebilde, abgelöst von allen Wurzeln des irdischen Lebens, im höchsten Aether der Kunst dahin schwebte. [...] Aber er fühlte auch, daß diese realen Kräfte nicht durch dasselbe Organ zu dem großen, allem irdischen Leben gemeinsamen Ziele gefördert werden könnten, durch das in ihm die geistig abgeklärte Ruhe hergestellt worden war. Denn in ihm hatte eine geniale Kraft des Gemütes die Vollendung bewirkt; dort mußte eine ebenso geniale Kraft des *sittlichen Willens* in die großen Volksmassen eingreifen, die ihm nicht gegeben war, und so hielt er sich in vornehmer Ruhe beschaulich zurück. Diese sittliche Willenskraft aber hatte schon zu Goethe's Zeiten in Kant ihre geistige Grundlage gefunden. In Friedrich dem Großen, der „seine Pflicht für seinen Gott" erklärte, strebte sie in genialem Aufschwung in die Höhe. In Fichte und namentlich in Hegel fand sie eine ungeheure Erweiterung ihres geistigen Umfangs; aus den napoleonischen Prüfungen ging sie geläutert und gestählt hervor, um in dem kaiserlichen Edelsinn des greisen Wilhelm in der realen Machtfülle Bismarck's und in Moltke's klarer Feldherrngröße ihren höchsten Ausdruck zu finden. [...] So erkennen wir auch in der deutschen Willenskraft einen kosmischen Urtrieb, der unaufhaltsam immer größere Kreise zieht, und der, wie sich in Goethe's Persönlichkeit das deutsche Gemüt bis zur abgeklärten Ruhe eines einzelnen Geistes vollendet hat, vielleicht auch in einer europäischen Weltruhe sein höchstes politisches Willensziel erreichen wird.[224]
Um so klarer erkennen wir, daß der „deutsche Geist" mit Goethes Gemütsleben nicht erstorben, sondern nur mit den politischen Heroen unseres Volkes eine andere Richtung genommen hat.
Der Geist Friedrichs des Großen wird niemals den Geist Goethes überwinden, noch wird umgekehrt Goethe den Geist Friedrichs besiegen, denn ihre Geister sind nicht, wie Brandes in seinem kindlichen Belletristensinn meint, auf Tod und Leben gegen einander wirkende Gegensätze, sondern sie bilden in der Doppelwirkung von Wille und Gemüt beide zusammengenommen erst eine einzige, unzerstörbare Einheit: den deutschen Organismus, in dessen gemeinsamer Peripherie sie sich gegenseitig niemals zerstören werden, sondern schöpferisch ergänzen. In beiden aber, sowohl in seinem Willen als in seinem Gemüt, strebt der deutsche Geist nach den höchsten Zielen irdischer Vollendung, in künstlerischer Reinheit des Gemüts und in der ernsten Willenskraft sittlicher Lebensführung. In dieser Auffassung giebt die Persönlichkeit Bismarcks in ihrer schlichten Bedeutung für die gesamte Weltentwicklung nicht einen Zoll breit der künstlerischen Bedeutung Goethes nach.[225]

---

[223] Vgl. Ziegler (s. Anm. 18), S. 354f. (BA 7.2.5, Nr. 8).
[224] Bewer: Bismarck, Moltke, Goethe (s. Anm. 220), S. 22f.
[225] Ebd., S. 25.

Die Diskussionen um die Versuche, die mit den Dioskuren Goethe und Bismarck verbundenen Paradigmen zu trennen, wiederholen sich mit Beginn des Ersten Weltkriegs. Jetzt sind es die in- und ausländischen Kriegsgegner[226], die die These von den „„zwei Deutschland', dem geistigen Deutschland Goethes (bis 1870) und dem militaristischen Deutschland Bismarcks, dem unterdrückten liberalen Süddeutschland und dem verpreußten übrigen Deutschland"[227], vertreten und auf die die Hegemonie mit – Max Bewers Kritik an Brandes nicht nachstehendem – emphatischem Bekenntnis „zur Einheit von deutschem Heer, deutschem Volk und deutscher Wissenschaft als Erscheinungen ein- und desselben, dem Preußentum innewohnenden Geistes"[228] reagiert. Friedrich Gundolf projiziert den Wunsch einer Verbindung Goethe/Bismarck zu einem neuen deutschen Heldenideal in einem unmittelbar nach Kriegsbeginn (27.8.1914) geschriebenen Brief an den Germanisten Gustav Roethe noch in die Zukunft:

Verehrter Herr Professor: Ich danke Ihnen herzlich für die gütige Zusendung Ihres Vortrags über Goethes Helden und den ‚Urmeister'. Für jeden dem der Ausgleich zwischen Heldentum und ruhiger Bildung, zwischen Tat und Schau, Grossheit und Schönheit am Herzen liegt, müssen Ihre Ausführungen über Goethes Weg durch diese Seelenreiche Anregung und Aufforderung sein.[229]

Die ungeheuren Tage die wir erleben dürfen, die Verwandlung von vielen Millionen Leuten in ein deutsches *Volk,* das diesen heiligen Namen verdient, die Tatwerdung einer dumpfen Kräftemasse, deren Zersetzung uns schon ängstete, werden uns ja wohl auch ein neues Heldentum wenn nicht schon verwirklichen, so doch ermöglichen: dass die Goethische Bildung und die Bismarcksche Kraft nicht mehr nacheinander oder gar gegeneinander sondern miteinander ein Reich füllen und formen, dass

---

[226] Vgl. Marcks: Das geistige (s. Anm. 203), S. 866f.: „Ist es nicht die Anklage, die uns aus dem Munde unserer Feinde tausendfach entgegenhallt [...], daß der Weg unserer neuen Geschichte von Kant und Goethe weggeführt habe, vom Geiste, aus dem Feinen und Weiten weg zur Enge, zur Derbheit, zu Wirtschaft und Macht und Gewalt allein? [...] Sind es nicht Gegensätze, das Deutschland Goethes, jenes Deutschland von 1800, und das Deutschland von 1880, dieses Bismarckische Reich, aus dem das heutige stammt?" – Paul Meinhold: Bismarck und Goethe. Halle/S. 1915, S. 3: „Die Welt Goethes sei, so behaupten unsere Gegner, das wahre Deutschland, das Deutschland der Dichter und Denker, das sie lieben; demgegenüber sei das neunzehnte Jahrhundert, die Zeit Bismarcks, ein Abfall, ein Abstieg aus der Welt des reinen Denkens, der Ideale, in die der Wirklichkeit, des Realismus, ja des Militarismus, der die Welt knechte, den sie bekämpfen, um alle Völker, auch das deutsche, zu befreien!"

[227] Bernhard vom Brocke: ‚Wissenschaft und Militarismus'. Der Aufruf der 93 „An die Kulturwelt!" und der Zusammenbruch der internationalen Gelehrtenrepublik im Ersten Weltkrieg. In: William M. Calder III/Hellmut Flashar/Theodor Lindken (Hg.): Wilamowitz nach 50 Jahren. Darmstadt 1985, S. 649-719, hier: 652f.; vgl. auch die große Zahl der dort (S. 653) angeführten Belegstellen, von denen hier nur Wilamowitz mit seiner Rektoratsrede vom 15.10.1915 zitiert werden soll: „Unsere Feinde pochen auf einem Gegensatze zwischen dem Deutschland Goethes und dem Bismarcks. Ganz leer ist das nicht, und daß beide sich ganz verschmelzen, ist eine Aufgabe der deutschen Zukunft."

[228] vom Brocke (s. Anm. 227), S. 653f.

[229] Friedrich Gundolf: Brief an Gustav Roethe vom 27.8.1914. In: Gundolf Briefe. Neue Folge. Hg. v. Lothar Helbing u. Claus Victor Bock. 2. Aufl., Amsterdam MCMLXV, S. 141-143, hier: 141.

das Schützenswerte und das Schützende, der Herd und die Mauer endlich zusammen gehören, und Deutschland nicht nur ‚das heilige Herz der Völker‘, sondern auch der heilige Leib wird.[230]

Für Wilhelm Kiefer, den Herausgeber von „Bühne und Welt“, ist die Synthese ein Jahr später dagegen kaum mehr fraglich. In einer Festnummer für Friedrich Lienhard schreibt er 1915:

Unter uns ist also nicht mehr die Frage: „General oder Dichter?“, „Feldherr oder Poet?“. Nein, beide: „Goethe und Bismarck“, „Schiller und Moltke“.[231]

Eine Möglichkeit, das Dioskurenpaar Goethe/Bismarck zu legitimieren, lag für preußisch-deutsche Autoren zudem darin, Bismarck in Richtung auf die Goethe-Position zu verschieben und ihn dadurch, daß man ihn zum ‚Künstler‘ aufwertete und die Politik zur ‚Staatskunst‘ erklärte, aus dem Militarismusfeld herauszulösen. Das war um so einfacher, als es in der zweiten Hälfte des 19. Jahrhunderts bereits eine lange Tradition gab, Goethe seinerseits als ‚Realisten‘ aufzufassen[232], etwa als den einen Teil des real-idealistischen Dioskurenpaares Goethe/Schiller[233], so daß Goethe ebenso ‚realistischer Künstler‘ sein konnte wie Bismarck ‚künstlerischer Realist‘, womit beider Position der Tendenz nach zusammenfällt. Der partielle Positionstausch beider Figuren bzw. der dialektische Austausch semantischer Merkmale zwischen den durch sie konstituierten Paradigmen ‚Kunst‘ und ‚Politik‘ mündet in ein Trickster-Konzept, das Goethe und Bismarck zu „Staatskünstlern“[234] erklärt und die Macht/Kultur-Synthese entsprechend stützt. Denn mit der Auflösung der Synthese war immer auch die Gefahr einer Wiederauflösung der mythischen Vermittlung von ‚Staat‘ und ‚Zivilgesellschaft‘ verbunden, der Kampf dagegen entsprechend vehement. Die Synthese Goethe/Bismarck erlaubte aber auch den sofort mit Kriegsbeginn gezogenen Umkehrschluß: Der Militarismus ließ sich – wie bereits der Brief Gundolfs an Gustav Roethe zeigt – stets zugleich auch als Verteidigung der deutschen Kultur und der Autonomie des deutschen Wesens denken (an dem Wilhelm II. die anderen Nationen genesen lassen wollte); jeder militärisch-territoriale Angriff

[230] Ebd., S. 143.
[231] Wilhelm Kiefer: Zur Ehrung Friedrich Lienhards. In: Bühne und Welt, 17. Jg. (1915), Nr. 10, S. 445f., hier: 446.
[232] Vgl. Marcks: Das geistige (s. Anm. 203, S. 871f.) : „Auch er [Bismarck, R.P.] lebte in Goethe und in Schiller; Schillers historisch-politischer Schwung war ihm, dem Politiker, in vielem näher als Goethes objektivere Bildung, aber dem Realisten in ihm war wiederum Goethe der verwandtere.“
[233] Vgl. Jürgen Link: Die mythische Konvergenz Goethe-Schiller als diskurskonstitutives Prinzip deutscher Literaturgeschichtsschreibung im 19. Jahrhundert. In: Bernard Cerquiglini/Hans Ulrich Gumbrecht (Hg.): Der Diskurs der Literatur- und Sprachhistorie. Wissenschaftsgeschichte als Innovationsvorgabe. Frankfurt/M. 1983, S. 225-242.
[234] Armand Crommelin: Goethe und Bismarck, die Staatskünstler. In: Bayreuther Blätter, 42. Jg. (1919), S. 11-23, hier: 11. – Vgl. zu ‚Staatskunst‘ im BA: 7.5.2, Nr. 1-19.

stellte zugleich auch einen Angriff auf die deutsche Kultur dar[235], was Gundolf in die Oppositionspaare „das Schützenswerte" vs. „das Schützende", „Herd" vs. „Mauer", Deutschland als „heiliges Herz der Völker" vs. Deutschland als „heiliger Leib"[236] der Völker faßte.

Ähnlich wie oben am Beispiel Bewers gezeigt, wird mit Beginn des Weltkriegs parallel dazu versucht, der Macht/Kultur-Synthese mit Hilfe des Dioskurenpaares Goethe/Friedrich der Große historische Legitimation zu verschaffen. Zugleich findet eine partielle semantische Rochade zwischen den Paradigmen ‚Geist' und ‚Macht' statt, die im folgenden Beispiel als chiastischer Positionstausch zwischen Schiller (der – obwohl ‚Dichter' – als Teil des mit Goethe gebildeten Paares „eine stark nationale und politische Ader" gehabt habe) und Clausewitz bzw. Moltke (die – obwohl Heerführer – umgekehrt den Typus des Denkers und Gelehrten verkörpert hätten) inszeniert wird.

Aber – ist es denn richtig, daß Goethe ganz das innerste Wesen des achtzehnten Jahrhunderts darstellt? Neben ihm stand Schiller, der eine stark nationale und auch politische Ader hat, und dessen Heldenseele auch in den Kriegen der Gegenwart wieder ein Führer unseres Volkes geworden ist. *Das Jahrhundert aber heißt das Zeitalter Friedrichs des Großen.* Neben dem ästhetischen Deutschland gibt es noch ein anderes: das des Krieges und der Tat.[237]

Es besteht also keineswegs ein absoluter Gegensatz zwischen den deutschen Denkern und Kriegern, vielmehr sind unsere großen Heerführer Scharnhorst und Clausewitz, Moltke und v. d. Goltz auch zuerst große Denker, tragen schon äußerlich mehr den Typus des Gelehrten, und unsere Siege über die Feinde sind zuvörderst Siege des deutschen systematischen, gründlichen Geistes, ein Triumph des deutschen Denkens und deutscher Wissenschaft.

Es ist also nicht richtig, den Gegensatz des achtzehnten und neunzehnten Jahrhunderts zu formulieren als den des *Denkens* und der *Tat* und eine von diesen beiden Welten als die wahrhaft deutsche anzusprechen: *das deutsche Wesen umspannt vielmehr beide Seiten, beide Welten, die des Geistes und der Tat, des Idealismus und des Realismus, und jeder rechte Deutsche hat an beiden teil, je größer er ist, um so mehr.*[238]

Auch für das Dioskurenpaar Goethe/Bismarck selbst läßt sich eine solche semantische Inversion durchführen, bei der jede der beiden Figuren als Trickster fungieren kann: Für den ‚Dichter' Goethe wird sein realpolitisches Ministeramt, für den ‚Politiker' Bismarck seine schriftstellerische Tätigkeit[239] betont:

---

[235] Vgl. vom Brocke (s. Anm. 227), S. 657.

[236] Gundolf (s. Anm. 229), S. 143.

[237] Meinhold (s. Anm. 226), S. 4. – Das Zitat macht zugleich einen eigentümlichen Chiasmus des Dioskurenpaares Goethe/Schiller deutlich: Goethe galt seit Gervinus als ‚Realist', Schiller als ‚Idealist'. Der ‚Idealist' war aber ‚nationaler' Dichter, der ‚Realist' dagegen mit Napoleon sympathisierender ‚Kosmopolit'. Erst in der Figur Bismarcks löst sich dieses Paar zum Real-Idealisten hin auf.

[238] Ebd., S. 5.

[239] Für die Biographen waren das Erscheinen der beiden ersten Bände der Bismarckschen „Gedanken und Erinnerungen" (Berlin/Stuttgart 1898) und später der von Herbert v. Bismarck hg.

War Bismarck zugleich eine literarische, so war Goethe doch auch eine politische Persönlichkeit. Das bezeugt keineswegs nur seine „Kampagne in Frankreich" und sein oft angeführtes Wort über die welthistorische Bedeutung der Schlacht bei Valmy. Er, der die Maxime prägte: „Was ist deine Pflicht? Die Forderung des Tages", war sogar Realpolitiker als innerer wie als äußerer Minister des Herzogtums Weimar.[240]

Der in der zweiten Hälfte des 19. Jahrhunderts zu beobachtende diachrone Wechsel – von einer bis in die 50er Jahre für Preußen/Deutschland festgeschriebenen idealistischen Diskursposition der ‚Dichter und Denker‘ zu einer militärisch-realistischen Position seit Mitte der 60er Jahre – kann auf diese Weise mit Beginn des Weltkriegs auf synchrone Binäroppositionen in der Form von Dioskurenpaaren abgebildet werden, die in einer Art dialektischer Synthese der beiden Vorstufen eine neue, real-idealistische Position konstituieren (vgl. Kap. 3.5).

3.3.3 Wagner und Bismarck

In Fortsetzung der Goethe/Bismarck-Synthese koppelt der Nationalökonom Moritz Wirth Bismarck und Wagner miteinander, die, „obwohl an den entgegengesetzten Enden unseres nationalen Arbeitsfeldes ihre Aufgabe suchend", doch beide dasselbe Ziel hatten: „die Vertheidigung des deutschen Wesens gegen das Ausland".

Beide schliessen, jeder auf seinem Gebiete, den Zustand eines mehrhundertjährigen Eingreifens fremder Mächte kräftig ab und machen den Deutschen zum Herrn seines Bodens und seiner Fähigkeiten. Auch gehen die Thätigkeiten des Künstlers und die des Staatsmannes nicht bloß äusserlich neben einander her, sondern bedingen und fordern sich gegenseitig.[241]

Während die mythische Synthese Bismarck/Goethe im Kaiserreich gelingt, der Korrelationsaspekt dieses Dioskurenpaares also die Dominanz gewinnt, wurde bereits die real-historische Beziehung Bismarck/Wagner als geschei-

Briefe des Fürsten an seine Frau (Fürst Otto v. Bismarcks Briefe an seine Braut und Gattin. 2 Bde. Berlin/Stuttgart 1900) entscheidende diskursive Ereignisse, die es zum einen erlaubten, die Verbindung zu den Größen literarischer Blütezeiten herzustellen und Bismarck in das Konzept der Deutschen Bewegung einzureihen, zum anderen dem Politiker wieder das zivilgesellschaftliche Gemüt-Paradigma gegenüberzustellen. So schreibt Meinhold (s. Anm. 226): „Denn das war ein herrliches Geschenk, als dem deutschen Volke seine wundervollen Briefe an seine Braut und Gattin gereicht wurden [...]" (S. 8).

[240] Harry Maync: Goethe und Bismarck. Ein Wort an die akademische Jugend. Festrede gehalten am 18.1.1932 bei der Reichsgründungsfeier und der mit ihr verbundenen Goethe-Hundertjahrfeier in der Aula der Marburger Philipps-Universität. Marburg 1932, S. 7.

[241] Moritz Wirth: Bismarck, Wagner, Rodbertus, drei deutsche Meister. Betrachtungen über ihr Wirken und die Zukunft ihrer Werke. 2. Aufl., Leipzig 1885, S. 152.

tert angesehen.[242] Auch als mythisches Dioskurenpaar werden sie entsprechend in erster Linie unter dem Differenzierungsaspekt betrachtet und gelten bis in die literarhistorische Forschung der 70er Jahre unseres Jahrhunderts als „die beiden antagonistisch miteinander korrespondierenden stilprägenden Kräfte"[243] der Ära ,Gründerzeit'. Die Verschmelzung dieses Dioskurenpaares ist im Gegensatz zu der an Goethe/Bismarck exemplifizierten Macht/Kultur-Synthese – zumindest aus der Sicht des engeren Bayreuther Kreises – erst der Zukunft aufgetragen, wie Wagner-Propagator Hans von Wolzogen 1898 mit der Bismarck-Todesanzeige in den ,Bayreuther Blättern' deutlich macht:

Die Welt war es gewohnt worden, auf die Frage, was Deutschland sei, nur hinzuweisen auf die einzelnen grossen deutschen Männer; da kam ein gewaltiger Einziger, der Letzte dieser Grossen, der gab auf die Frage eine neue Antwort: er schuf uns ein Deutschland als weltmächtiges Reich. Und als die Völker davor erschraken und meinten, nun sei der friedevolle Idealismus des deutschen Geistes verkehrt in eine gefahrdrohende bewaffnete Machterscheinung, da erhob sich mitten in der neuen Heimat des jungen Reiches, als zweites, zeitgenössisches Heldenwerk, die ragende Hochburg jenes unsterblichen Idealismus: das lebende Beispiel des „Kunstwerks der Zukunft" in Bayreuth. Damit waren von beiden Seiten die Vorarbeiten gethan für das, was der Zukunft sollte vorbehalten bleiben: dass diese grossen Werke und Erbtheile der beiden letzten deutschen Helden in Einem sich einst verbinden, und dann erst das grösste Werk sich vollendet: die deutsche Kultur.- […]
Und ist unser letzter Held von uns geschieden, treten wir so wunderlich heldenlos in die neue Zeit: wie müssen wir Deutsche der Helden Vorbilder und Lehren beachten und bewahren, damit wir in ihrem Geiste das uns allein vermachte Edle, Schöne, Echte, das Deutsche hinüberretten in jene Zeit, wann unseren Enkeln ein neuer Grosser, ein führender und vereinender Held, wiederum gesendet wird, die deutsche Kultur zu fördern oder gar zu vollenden! – –
Vielleicht – wenn wir an Gräbern träumen wollen – knüpft dieser Zukünftige wieder an den Vorgänger unserer fünf Grossen an: – *Luther.* Auch dann wäre er wohl eine Bismarck-Natur, aber der Geist der grossen Kunst würde gleichfalls in ihm lebendig sein, und Beides wüchse vereint im heiligen Frieden des deutschen Glaubens.[244]

---

[242] Vgl. Nietzsche: Morgenröte (s. Anm. 75), S. 1125f.: „*Die unbedingten Huldigungen.* – Wenn ich an den gelesensten deutschen Philosophen, an den gehörtesten deutschen Musiker und an den angesehensten deutschen Staatsmann denke: so muß ich mir eingestehen: es wird den Deutschen […] jetzt recht sauer gemacht, und zwar von ihren eigenen großen Männern. […] Und was überhaupt mit drei solchen Vorbildern, die untereinander selber nicht Frieden halten wollen! Da ist Schopenhauer ein Gegner der Musik Wagners, und Wagner ein Gegner der Politik Bismarcks, und Bismarck ein Gegner aller Wagnerei und Schopenhauerei!" – Vgl. auch: [Anonym]: Fürst Bismarck und Richard Wagner. In: Die Musikwoche, Leipzig/Berlin (1901), Nr. 28, S. 223f., hier 224: „Die beiden grössten Genies, welche das 19. Jahrhundert hervorgebracht, hatten aufeinander keine sich in irgendeinem praktischen Ergebnisse verdichtende Anziehung ausüben können".
[243] Klaus Günther Just: Von der Gründerzeit bis zur Gegenwart. Geschichte der deutschen Literatur seit 1871. Bern/München 1973, bes. S. 27-31, hier: 28.
[244] Hans v. Wolzogen: Bismarck. In: Bayreuther Blätter, 21. Jg. (1898), S. 281-284, hier: 282f.

112

Dieses Konzept einer zukünftigen Verbindung Bismarck/Wagner greift Richard Graf du Moulin-Eckart nach dem verlorenen Weltkrieg 1918 in der Münchener Zeitung auf und gibt als „Weckruf" die Parole „Bayreuth und Friedrichsruh" aus, um den „deutschen Bau" Bismarcks und das Werk des „Meisters von Bayreuth", die beide vernachlässigt worden seien, zum doppelten Ausgangspunkt einer neuen Entwicklung zu machen:

Wir leiden und sühnen für den März 1890. Da war Sommer-Sonnenwende. Jetzt stehen wir vor dem kürzesten Tag.[245]

Im Rückblick auf das Kaiserreich sieht August Püringer im offiziellen Bayreuther Festspielführer des Jahres 1924 das Scheitern der Beziehung Bismarck/Wagner, deren Trachten untrennbar zusammengehöre, „wie Herz- und Lungenthätigkeit"[246], sogar als unmittelbare Ursache für die militärische Niederlage an. Auch dabei sind das „Kunst-" und „das Thatgenie"[247] wieder mit den Paradigmen ‚Idealismus/Geist‘ bzw. ‚Realismus/Staat‘ gekoppelt.

Während wir heute vergebens nach einer Persönlichkeit unter uns, dem 60 Millionen-Volke, aussehen, die nicht nur den Schnitt der Führerschaft hätte, sondern auch die widerspruchslose Geltung, gegen die es keine Bedenken gibt, wenn es um die Schicksalsfragen des ganzen Volkes geht, lebten vor 50 Jahren die reellen wie die ideellen Kräfte Deutschlands, seine physische wie seine psychische Persönlichkeit, in zwei gestaltungsmächtigen Genien verkörpert unter uns, in zwei heldischen Wollern und Könnern von Unsterblichkeitsmaß wirksam: in Bismarck, dem Meister staatlich-politischen Lebens, und in Richard Wagner, dem Meister aller künstlerischen und ethischen Instinkte des deutschen Wesens. Beide, nicht zufällig, dem großen Aufschwung der Befreiungskämpfe gegen Napoleon entstammt, die rechten Erben der wertvollsten Errungenschaften deutschnationaler Lauterkeit: der friderizianischen Staatsidee einerseits, des klassischen Weimarer Geistes- und des klassischen Wiener Seelen-Frühlings andrerseits, standen sie damals nach fünf Jahrzehnten begnadeten Dienstes am Volke in der Vollkraft reifsten Mannestums, jeder der besondere Schützling eines mächtigen deutschen Bundesfürsten, die einander verpflichtet waren und selbander allein den Bestand des neuen deutschen Reiches verbürgten; beide diese Schützlinge einzig beseelt von dem Streben, dem jungen völkischen Glücksstand, wie er sich in dem Friedensschluß von Frankfurt a.M. und in der Grundsteinlegung von Bayreuth dartat, jeder auf seine Weise in alle Zukunft Verwurzelung und Dauer zu geben! [...] Beider Streben – *mißlungen*! Wir müssen es gestehen.
Wie konnte aus so üppigem Segen so *heilloser* Unsegen keimen? „Ein Kobold half wohl da?" [...]
Dieser wars: Die beiden Genien unseres Volkstums durften nicht, jeder für sich, nur je eine Hälfte völkischer Arbeit, die reale jener, die ideale dieser besorgen. Sie mußten *einander in die Hände arbeiten* und dazu *einander auch die Hände reichen*! Das ethische und künstlerische Genie mußte vom politischen Hilfe erhalten, damit sein (Wagners) Werk eine auch das intellektuelle Bewußtsein des ganzen Volkes bestimmende

---

[245] Richard Graf du Moulin-Eckart: "Bayreuth und Friedrichsruh". In: Münchener Zeitung, Nr. 295 (27.10.1918), S. 1f., hier: 1.

[246] Püringer (s. Anm. 83), S. 177.

[247] Adolf Bartels: Geschichte der deutschen Literatur. 2. Bd. Das neunzehnte Jahrhundert. Leipzig 1901, S. 583 (BA 7.8.1, Nr. 52).

Macht erhalte. Und umgekehrt: das politische Genie bedurfte des Beistand des Ethikers und Künstlers, damit sein (Bismarcks) nationaler Wille auch vom tiefsten Gemüte des Volkes getragen worden wäre, in dessen Eigentum übergehe. [...] Im Wetteifer vereinter Kräfte mußten beide Meister, Bismarck und Wagner, für das Werk ihrer Hände stehen! Was Wagner wollte, unterbaute ja das Werk Bismarcks und, was Bismarck erstrebte, überdachte, schirmte Wagners Werk! [...]
Nein! Bismarcks und Wagners Trachten *gehörten* untrennlich *zusammen*, wie Herz- und Lungentätigkeit, oder wie Herz- und Hirnarbeit eines Leibes. Tausend nationale Wechselbeziehungen bestanden zwischen ihnen und drängten, sich durcheinander auszuwirken! Es ist der Fluch deutscher Torheit gewesen, daß diese Beiden in Wahrheit sich nie zueinander fanden! Daran gingen wir zu Grunde.[248]

Und so kam es, daß zwar um jeden der beiden Volksmeister sich wachsende Verehrergemeinden scharten, die aber jede vom anderen Großen die schiefsten, leichtfertigsten Urteile hatten und – sich dabei beruhigten! Deutscher Staatswille und deutsches Seelenbedürfnis durchdrangen einander nicht! Und wie der Körper ohne die Seele, die Seele ohne Körperkraft zerfallen oder sich verflüchtigen muß, so auch das deutsche Reich Bismarcks ohne das Reich Richard Wagners –, es mußte in die Brüche gehen![249]

Nun –, das Wagner'sche Werk lebt auch auf den Trümmern des Bismarckschen Reiches! Der deutsche Kulturgeist hat sich als lebenszäher erwiesen als der deutschpolitische... Da wir aber unabweisbar an ein großes Wiederaufbauen gehen müssen, halten wir nur ja fest: *Frucht tragen* wird Wagners Kulturgeist trotzdem erst können, wenn er eine *Staatsautorität* hinter sich hat, überwölbt und geschirmt ist von einem Volks-Reichsbau von Bismarck'schem Maß- und Machtinstinkt! Für jeden, der aus der Geschichte wirklich zu lernen vermag, heißt die Parole nicht: Bismarck oder Wagner, sondern *nun erst recht*: Wagners *und* Bismarcks Geist; *nur sie zusammen* schaffen uns Deutschen Heil![250]

Die bei Wolzogen, Moulin-Eckart und Püringer in auffallend rekurrenter Weise herbeigesehnte Integration Bismarck/Wagner impliziert in ihrer chiliastischen Struktur ein neues, ,drittes' Reich und eine entsprechende ,Führerpersönlichkeit', die die Paradigmen ,Bismarck' und ,Wagner' integriert. Vor diesem Hintergrund wird sowohl die Faszination erklärlich, die Hitler für die auf einen Heilsbringer wartenden Wagnerianer darstellen mußte, als auch Hitlers eigener Versuch, sich gleichzeitig an beide ideologischen Projekte anzukoppeln: das des Macht- und Militärpolitikers Bismarck (vermittelt über eine genealogische Reihe Bismarck-Hindenburg-Hitler[251]) und das des deutsch-völkischen Wagnerianismus (symptomatisch sind die förmlich inszenierten ,Einzüge' Hitlers ins Haus Wahnfried bei seinen Festspielbesuchen).

---

[248] Püringer (s. Anm. 83), S. 176f.
[249] Ebd., S. 178.
[250] Ebd., S. 181f.
[251] Vgl. Anm. 190.

3.3.4 Zusammenfassung

Als Element von Dioskurenpaaren ist Bismarck in der Regel Vertreter der Mythemkette ‚Wille/Staat'; andere Figuren wie Goethe, Schiller, Wagner, Johanna von Bismarck, aber auch Wilhelm I. stehen für das Paradigma ‚Gemüt/Zivilgesellschaft' und bilden ihrerseits eine eigene Klasse von Aktanten, die in Form von historischen Analogien in die Geschichte hinein verlängert werden kann. Schaut man sich die für die Figur Bismarck relevanten Dioskurenpaare wie Luther/Bismarck, Bismarck/Moltke, Wilhelm I./ Bismarck, Goethe/Bismarck usw. jedoch noch einmal in ihrer Gesamtheit an, dann wird deutlich, daß sie eine abgestufte Reihe von Vermittlungsschritten mit kontinuierlichem, ‚fließendem' Übergang zwischen den Extrempositionen der einzelnen Paradigmen herstellen und auf diese Weise die imaginäre Totalität eines die Gegensätze vereinenden ‚deutschen Nationalcharakters' generieren, der hier die Stelle des ‚dritten Merkmals' einnimmt.

> Denn was ist „deutsch"? – „Deutsch" ist die wundervolle Verbindung von Gegensätzen, von Heldenkraft und Kindersinn, von Kraft und Innigkeit, von Willensmacht und Gemütstiefe. [...]
> Wer etwas von solchen Gegensätzen in seiner Seele und seiner Brust fühlt, der hat etwas Urgermanisches mitgekriegt von seinen Vorfahren![252]

Je geringer der diskursive Abstand zwischen zwei Figuren ist, um so eher tendieren die in der Matrix positionierten Dioskurenpaare zu historischen Analogien, stellen also die historische Parallelität gemeinsamer Merkmale stärker heraus als die Differenzen. Das ist z.B. in der Regel der Fall, wenn Luther und Bismarck als Paar von „nationalem" und „kirchlichem Reformator"[254], „religiösem" und „politischem Erneuerer" der Deutschen[255], als „Stamm der Eichen gepaart mit dem Gemüt in den Blättern der Linde"[256] kombiniert werden, um so „deutschen Glauben und deutsche Politik"[257] zu vereinen.[258] Ähnliches gilt für das aus Hermann/Arminius (teils unter Einbeziehung Kleists) und Bismarck gebildete Paar.[259] Die Integrationskapazität nach ‚außen', in Richtung auf die Extrempositionen der Matrix ist jedoch gering, und zugleich entfällt die Möglichkeit, das Dioskurenpaar auf eine Mittelposition hin zu nivellieren, die dann wieder mit einem mythischen Aktanten besetzt werden könnte, der die positiven Aspekte vereint.

---

[252] Hunzinger (s. Anm. 66), S. 17 (BA 7.4.2, Nr. 15).

[253] Vgl. Ziegler (s. Anm. 18), S. 386-388 (BA 7.4.2, Nr. 14).

[254] Freytag (s. Anm. 154), S. 19 (BA 7.4.2, Nr. 20).

[255] Ziegler (s. Anm. 18), S. 387.

[256] Pudor (s. Anm. 119), S. 23 (BA 7.4.2, Nr. 5).

[257] W. R. Schulze (s. Anm. 16), S. 70 (BA 7.4.2, Nr. 1).

[258] Vgl. Ziegler (s. Anm. 18), S. 387 (BA 7.4.2, Nr. 14): „Luther ist der religiöse, Bismarck der politische Erneuerer seiner Deutschen. Das Religiöse aber ist ein ganz Innerliches und Ideales, das Politische ein Äußerliches, ein Reales und Realistisches."

[259] Vgl. Julius Bab (Preußen und der deutsche Geist. Heinrich v. Kleist. Konstanz 1915, S. 49), für den „Kleists Hermann, der gedichtete Befreier und Einiger der Deutschen, zugleich der wirkli-

TOTALITÄT DES DEUTSCHEN NATIONALCHARAKTERS				
(+) IDEALISMUS (weiblich)			**REALISMUS (männlich) (+)**	
GOETHE, SCHILLER, WAGNER, JEAN-PAUL	JOHANNA, WILHELM I.	LUTHER	BISMARCK	MOLTKE FRIEDRICH DER GROSSE
wahrhaft humane Bildung				verwegene [253] Männlichkeit
GOETHE			**BISMARCK**	
Idee, Gemüt, Geist ästhetischer Geist geniale Kraft, Wort, Schönheit ruhige Bildung, Schau, Herd das Schützenswerte, fühlendes Herz, heiliges Herz der Völker schneeiger Gletscher Faust, Werther, Egmont Süd, Südwesten Lessing, Luther, Kant			Tat, sittlicher Wille, Staat militärischer, preußischer Pflichtgeist, Schwert, Grossheit Heldentum, Kraft, Tat, Mauer das Schützende Lebenskraft schöpfende Lunge, hl. Leib der Völker tätiger Vulkan Düppel, Königgrätz, Sedan Nord, Nordosten Kurfürst, Fr. d. Große, Blücher	
WAGNER			**BISMARCK**	
die ideellen Kräfte, psychische Persönlichkeit, Meister künstlerisch-ethischer Instinkte Herz, Seele, dt. Seelenbedürfnis, deutscher Kulturgeist			die reellen Kräfte, psychische Persönlichkeit, Meister staatlich politischen Lebens, Lunge, Hirn Körper, deutscher politischer Geist/Staatswille	
	WILHELM I.		**BISMARCK**	
	das Zarte (weiblich)		das Strenge (männlich)	
		LUTHER	**BISMARCK**	
		deutscher Glaube, kirchlicher Reformator, religiöser Erneuerer	deutsche Politik, nationaler Reformator, politischer Erneuerer	
			BISMARCK	**MOLTKE**
			Feder von Stahl	Schwert

116

Sind umgekehrt die Abstände relativ groß – wie zwischen Goethe und Moltke –, so ist es kaum möglich, sinnvolle historische Analogien zu stiften, während es sich gleichzeitig geradezu anbietet, eine Zwischenposition zu interpolieren. In einer Rezension von August Julius Langbehns „Rembrandt als Erzieher" besetzt Max Bewer die Extrempositionen der Matrix beispielsweise mit Jean Paul und Moltke und „dividirt" daraus eine Mittelstellung für Bismarck:

> Der Verfasser von „Rembrandt als Erzieher" ist ein Genie von dieser aufrichtenden Kraft und dieser erquickenden Würze. Außer ihm hätte das Buch, in welchem die warme Phantasie Jean Pauls durch die scharfe Schwertkälte Moltkes rosig hindurchspielt, nur noch ein Einziger unter den Lebenden schreiben können, wenn sein geistig erleuchtetes Gemüth sich nicht im Staatsleben, sondern in der Literatur entladen hätte. Wenn man Jean Paul durch Moltke dividirt, so erhält man das Gemüth – Bismarcks. Bismarck, wenn er das Buch lesen würde, müßte den Eindruck haben, als schauten ihn die verborgensten Züge seiner tiefen Seele wie aus einem Spiegel an.[260]

Ausdrücklich betont werden muß hinsichtlich der Matrix, daß sie ganz aus dem Blickwinkel des Bismarck-Mythos rekonstruiert ist. Was dabei in der Form eines Ensembles untereinander austauschbarer Figuren ein jeweils kohärentes Paradigma bildet, kann in anderer Perspektive durchaus auf extreme Pole verteilt werden. Die Anordnung des Figurenarsenals ist also durchaus wandlungsfähig und darf auf keinen Fall als in irgendeiner Weise statisch mißverstanden werden.

Thomas Mann stellte beispielsweise in einem Brief an Julius Bab vom 14.9.1911 Goethe und Wagner in Opposition zueinander: „Beides zusammen geht nicht"[261]. Erst dieser Antagonismus der „zwei gewaltigen und kontradiktorischen Ausformungen des vielumfassenden Deutschtums" ermöglichte es ihm dann, in dem 1937 gehaltenen Vortrag „Richard Wagner und der ‚Ring des Nibelungen'" den Punkt der „Berührung dieser beiden sonst so

che Gründer des deutschen Reiches ist. Otto v. Bismarck: nicht Weissagung, nicht Prophezeiung – er ist es! er ist es mit Leib und Seele, mit Fleisch und Blut"; vgl. auch Schrader (s. Anm. 19), S. 1 (BA 7.1.4, Nr. 9); Friedrich Gundolf: Bismarcks Gedanken und Erinnerungen als Sprachdenkmal. In: Europäische Revue, VII. Jg., I. Halbbd., Berlin (1931), H. 4, S. 259-271, hier: 260f. (BA 7.2.7, Nr. 30); Paul Warncke: Heil Bismarck Dir, Du deutscher Held. In: Pasig (s. Anm. 19), S. 23f. (BA 7.6, Nr. 2 u. BA 7.9.2, Nr. 21); Arthur Eloesser: Heinrich v. Kleist. Eine Studie. Mit elf Vollbildern und einem Faksimile. Berlin 1904, S. 58f. (BA 7.6, Nr. 3); Matzdorf (s. Anm. 68), S. 5 (BA 7.6, Nr. 8); Rudolf Hildebrand: Deutsche Prophezeiungen über sieben Jahrhunderte hin. In: Gesammelte Aufsätze und Vorträge zur deutschen Philologie und zum deutschen Unterricht. Leipzig 1890, S. 256-314, hier: 312 (BA 7.9.2, Nr. 6); Paul Dehn: Bismarck als Mensch. In: Der Türmer, 12. Jg. (1909/10), Bd. II, S. 36-42, hier: 36 (BA 7.9.2, Nr. 30); Kräusel (s. Anm. 125), S. 3f. (BA 7.7, Nr. 16); Paul Warncke: Bismarcklied. In: Schäfer (s. Anm. 69), S. 21f. (BA 7.9.2, Nr. 27); Hunzinger (s. Anm. 66), S. 18 (BA 7.9.2, Nr. 37).

[260] Bewer: Rembrandt und Bismarck (s. Anm. 50), S. 40.
[261] Thomas Mann: Briefe 1889-1936. Hg. v. Erika Mann. Frankfurt/M. 1962, S. 91.

entgegengesetzten, so polarisch von einander entfernten Sphären" auszu-
machen (nämlich die Symbolik von Faust II), und beide Figuren semdialek-
tisch in ein Dioskurenpaar der „zwei Seelen" in der deutschen Brust einzubinden:

Denn dies beides sind ja wir, – Goethe und Wagner, beides ist Deutschland. Es sind die
höchsten Namen für zwei Seelen in unserer Brust, die sich voneinander trennen wollen und deren Widerstreit wir doch als ewig fruchtbar, als Lebensquell inneren Reichtums immer aufs neue empfinden lernen müssen [...].[262]

3.4 Trickster-Konzeptionen

3.4.1 Dioskurenpaar zeugt Trickster

Ein prädestiniertes Dioskurenpaar für das Erzeugen eines Trickster-Helden
durch ‚Dividieren‘ von Charaktereigenschaften stellen seine leiblichen Vor-
fahren dar. Auch Bismarcks Eltern und Großeltern werden von den Biographen als Dioskurenpaar abgebildet, bei dem jeder Teil eine Reihe wün-
schenswerter Eigenschaften zu einem charakteristischen Paradigma vereint.
Zusammen bilden sie eine imaginäre Totalität, die sich in Sohn Otto konkretisiert hat.

Durch die Vermählung des Schönhauser Landedelmannes mit der städtischen Beam-
tentochter kamen zwei ganz verschiedene Gedankenwelten zusammen, gleichsam Typen der beiden Grundpfeiler des preußischen Staatslebens: der militärische Landadel
und das preußische Beamtenelement. Der große, aus dieser Verbindung stammende
Sohn sollte beides in sich vereinigen.[263]

Dabei ist kaum von Bedeutung, welche konkreten Eigenschaften der Vater,
welche die Mutter einbringt. Wichtiger ist vielmehr die Synthese der binär
strukturierten Opposition von ‚Herz‘ und ‚Verstand‘ selbst, als die sich das
Oppositionspaar ‚Wille/Gemüt‘ hier reproduziert. So kommt es durchaus
vor, daß die Synthese in frühen Biographien bei Umkehr der historisch beleg-
ten Verteilung der Charaktermerkmale und Eigenschaften erfolgt. In einer
der ersten Bismarckbiographien überhaupt schreibt Gustav Jaquet 1867:

---

[262] Thomas Mann: Adel des Geistes. Sechzehn Versuche zum Problem der Humanität. Frankfurt/
M. 1955, S. 414f. – Auch Mandelkow (s. Anm. 186, S. 326) hat auf beide Stellen hingewiesen,
sie jedoch als einander widersprechend gedeutet. Vor dem Hintergrund der hier entwickelten
Theorie der Synthese antagonistischer Seme können der Brief von 1911 und der Vortrag von
1937 genauer als zwei aufeinanderfolgende und sich wechselseitig voraussetzende Schritte des
mythischen Narrationsprozesses verstanden werden.
[263] Häußner (s. Anm. 118), S. 8.

Dies sind die Eltern Otto v. Bismarcks. Der Vater ein rechter Ehrenmann, der als wahrer „Freiherr" auf dem alten Familienerbe [...] lebte; die Mutter eine recht deutsche Hausfrau, wirthlich, verständig, sanft und gut. Von ihr hat Otto von Bismarck Herzensmilde und lautere, ungeheuchelte Ehrfurcht vor der Religion, vom Vater Königstreue und jenen festen Sinn geerbt, der ihn Schweres überwinden, Widriges ertragen und in Stürmen nicht wanken läßt.[264]

Daß das Bild von Bismarcks Mutter als typisch deutscher Hausfrau, die Otto ihre „Herzensmilde" und lautere „Ehrfurcht vor der Religion" vererbt hat, den tatsächlichen Gegebenheiten (Luise Wilhelmine Mencken war Tochter des liberalen Cabinettsrats Anastasius Mencken und eine hochgebildete, eher intellektuelle Frau) nicht entspricht, spielt funktional keine Rolle. Wichtig ist allein die Synthese der beiden Paradigmen von ,männlich festem Sinn' und ,weiblicher Herzensgüte', was ein Anknüpfen an das Oppositionspaar von ,konservativ vs. liberal' ermöglicht und die biologische Erklärung für die diskursive Vermittlung nachzuliefern scheint. Nachdem die Kenntnis der Bismarckschen Familiengeschichte nach 1866 jedoch ins patriotische Alltagswissen eingegangen war, mußten die Paradigmen umgekehrt werden. Der Vater bekam jetzt das ,Herz', die Mutter den ,Verstand' zugesprochen.[265]

Wenn man Alles erwägt, was über die Erziehungsweise der Eltern Bismarcks mitgetheilt wird, so findet man das glückliche und kurze Wort [...]: „Der Vater war das Herz, die Mutter der Verstand des Hauses" im Grunde und im Ganzen bestätigt. Das Herz aber ist nun einmal das conservative, der Verstand das liberale Element im Menschen. Das Empfinden des Herzens bedarf der Ruhe und Sammlung; denn im Herzen findet sich, nach biblischer Anschauung, der Centralpunkt des menschlichen Geisteslebens, von welchem aus dasselbe sich in Fühlen, Wollen, Denken abzweigt. Der Verstand ist demnach, dem Herzen gegenüber, etwas Secundäres, freilich etwas überaus Wichtiges und Nothwendiges.

Die Synthesefunktion wurde dadurch jedoch nicht beeinträchtigt, sondern konnte noch leichter erfüllt werden. Denn der ,Herz'-Pol verkörpert das „conservative Element" („Ruhe", „Sammlung", „bewahren", „Glauben"), der ,Verstand'-Pol das „liberale Element" („bauen", „denken"), wobei die Synthese per se gefordert ist:

Der Mensch soll bauen (mit dem Verstand) und bewahren (mit dem Herzen); er soll liberal und conservativ sein; er soll sich bauen in der Einheit und Gemeinschaft mit Gott; er soll – denken *und* glauben.

Umrahmt wird diese Syntheseposition durch die zwei negativen Extreme: extremen Conservatismus, der nur bewahrt, ohne zu bauen, und extremen Liberalismus, der nur baut, ohne zu bewahren. Die Mittelposition wird wieder von Bismarck selbst eingenommen, denn „die Verbindung Beider" vollzieht sich im „Bismarckianismus".

---

[264] Jaquet (s. Anm. 27), S. 16.
[265] Vgl. Senfft v. Pilsach (s. Anm. 199), S. 10; Helmolt (s. Anm. 21), S. 106.

Dadurch wird der wahre Conservatismus und der wahre Liberalismus gerechtfertigt und zugleich die Verbindung Beider gefordert (welche, wie wir später zeigen werden, im Bismarckianismus sich vollzieht); der falsche Conservatismus aber, welcher sein Pfund vergräbt, und welcher nur bewahrt, ohne zu bauen, und der falsche Liberalismus, welcher sein Pfund verschleudert, und welcher nur baut, ohne zu bewahren, d.h., welcher schließlich auf Sand baut, diese Beide werden durch unsere Begriffsbestimmung angeklagt und verworfen. [...]
Der väterliche Conservatismus hätte den Junker Otto wahrscheinlich verzärtelt, der mütterliche Liberalismus ihn wahrscheinlich zu streng behandelt. So verband Gott Beides miteinander [...].[266]

Gegenüber der im letzten Satz des Zitats konnotierten Vermittlung von ‚Zartem‘ und ‚Strengem‘ aus der Schillerschen ‚Glocke‘ hat sich jetzt allerdings die Zuordnung zu den Geschlechtern vertauscht: Das ‚Herz‘ ist an den Mann, der ‚Verstand‘ an die Frau gebunden. Der – aus Sicht des Liberalismus – verhärtete Konservatismus wird durch die Zuschreibung des in damaliger Zeit sicherlich primär weiblich besetzten Merkmals ‚Herz‘ damit ebenso mediatisiert, wie aus konservativer Sicht die tendenziell negativ gewertete Position der ‚revolutionären‘ Liberalen durch die weibliche Codierung des revolutionären „Neurergeistes“[267] ‚abgemildert‘ wird. Der Geschlechtergegensatz wird also auf eine Reihe von Oppositionspaaren appliziert, um als „Operator“ zu fungieren, der „die Isomorphie“ von Gegensatzpaaren ausdrückt und sie zu einer Äquivalenzreihe anordnet.[268] Wird die Integration hier durch wechselseitigen Austausch semantischer Merkmale zwischen den beiden Paradigmen erreicht, so bedient sich Arnold Stiebritz eines anderen Modells: Aus den Charaktereigenschaften jedes Elternteils werden nur die jeweils positiven selektiert[269] und Sohn Otto zugesprochen. Über den Weg der Bildung von Dioskurenpaaren können auf diese Weise unliebsame Eigenschaften eines zu gebärenden Tricksterhelden getilgt werden.

So kann E. Marcks von den Gegensätzen sprechen „zwischen Bismarck und Menkken, Stadt und Land, Gegensätzen der Überlieferungen und Charaktere“, die tief in die Kindheit unsres Helden eingreifen. Ein Glück, daß die gesunde Kindesseele instinktiv und unbeirrt durch frühreife kritische Zweifel das Gute doppelt dankbar da ergreift, wo das Herz es zu Liebe und Bewunderung antreibt – so geben auch die so verschieden gearteten, in mancher Beziehung einander ergänzenden Eltern aus ihrem Besseren und Besten das mit, was das Wesen des künftigen Mannes grundlegend be-

---

[266] W. R. Schulze (s. Anm. 16), S. 27.
[267] Vgl. auch die Applikation eines Goethe-Gedichtes aus „Zahme Xenien VI“ im Bismarck-Jahrbuch für deutsche Frauen (1915), S. 61: „Vom Vater erbt ich die Gestalt,/ Des kühnen Reitermannes Wagen,/ Von Mutter Feinheit und Gewalt,/ Den Neurergeist in allen Lagen.“ – Vgl. dazu Bruns (s. Anm. 60), S. 319.
[268] Vgl. Claude Lévi-Strauss: Mythologica I. Das Rohe und das Gekochte. 2. Aufl., Frankfurt/M. 1980, S. 202. L.-St. weist darauf hin, daß der Geschlechtergegensatz universell applizierbar ist (vgl. S. 371).
[269] Ähnlich bei Klein-Hattingen (s. Anm. 13), Bd. I, S. 10: „Daß er der Eltern Haupteigenschaften in sich vereinigte, dem Vater an Gemüt, der Mutter an Verstandes- und Willenskraft glich, ohne jedoch, wie diese im Denken, jener im Fühlen, eine extreme Veranlagung erkennen zu lassen.“

stimmt. „*Sie* gab ihm ihren klaren Verstand, ihr lebhaftes Bildungsbedürfnis, ihre Empfindlichkeit für Erziehung, ihre Energie, ihre Kunst zu beherrschen, ohne ihr Herrschaftsverlangen; *vom Vater* vererbte ihm die Stattlichkeit, der heitere Humor und das männliche Behagen, dazu die Freude an Wald und Flur; auch ging ihm über der taktvollen Feinheit der Mutter die kurz abschneidende Art des Vaters nicht für geeignete Gelegenheiten verloren. Er erbte ferner von der in den Hofkreisen aufgewachsenen, von Kinderspielen her mit Friedrich Wilhelm IV. bekannten Mutter die bewußte Sicherheit im Verkehr mit der großen Welt, doch nicht das Verlangen nach Befriedigung von dort aus. Und anstatt der gewissen Kälte ihrer Natur ward ihm das kräftige Rechtsgefühl und das – wenn auch nicht jedem gezeigte und zuweilen hinter Schroffheit versteckte – goldene Herz des Vaters" (E. Heyck).[270]

Die geglückte Synthese kann dann zugleich auf andere Praxisbereiche übertragen werden, so daß die Paradigmen semantisch überdeterminiert werden. Wenn die Eltern zugleich ‚Adel' und ‚Bürgertum' oder ‚Land' und ‚Stadt'[271] repräsentieren, dann stellt Otto von Bismarck auch für diese Gegensatzpaare den lebenden Beweis einer möglichen Synthese dar.

Es ist nicht zum wenigsten, was uns unseren Bismarck von vornherein sympathisch macht, daß er der Sohn eines Edelmanns und einer bürgerlichen Mutter ist. [...] Also aus erlesenen Geschlechtern des Adels und des Bürgertums ist unser größter Staatsmann entsprossen, und beide Stände rühmen sich mit Stolz, Anteil an ihm zu haben, beide Stände freuen sich, Vorzüge, die sie sich gern im besonderen zuschreiben, in ihm wiederzufinden.[272]

Paradigma ‚Herz'	Paradigma ‚Verstand'
Vater	*Mutter*
das conservative Element	das liberale Element
Ruhe, Sammlung	unruhig, Neurergeist, Energie
bewahren, bauen, fühlen	bauen, denken
Gemüt (heiter und tief)	Verstandes- und Willenskraft
schlichte Herzenswärme	vorwärtstreibende geistige Eigenschaften
	Initiative, Schöpferkraft, Ehrgeiz, Kopf
Junkerblut, Landfreude	städtisch-juristisch-bureaukratischer Antrieb
Freude an Wald und Flur	staatlicher Ehrgeiz
gerade, bieder, treu	begabt, Sicherheit im Verkehr mit der großen Welt
Humor	Kunst zu beherrschen
robuste Natur, militärischer Zug,	Zartheit der Nerven
Jäger und Reiter	
warm	kalt

[270] Stiebritz (s. Anm. 18), S. 14f.
[271] Vgl. auch Lenz/Marcks: Bismarck-Jahr (s. Anm. 77), S. 2.
[272] Heinrich Guhrauer: Zu Bismarcks Gedächtnis. Drei Ansprachen gehalten am 1. April 1895 zu Bismarcks achtzigstem Geburtstage, im März 1897 bei d. Hundertjahrfeier Kaiser Wilhelms, u. am 2. Aug. 1898 bei der Trauerandacht. Gymnasialprogramm. Wittenberg 1899, S. 4f.

Die paradigmatischen Klassen von Oppositionspaaren können also an verschiedenste gesellschaftliche Antagonismen angeschlossen werden. Konnotiert das Paradigma des Konservatismus tendenziell das semantische Merkmal ‚Herz‘ und bildet es zusammen mit den Elementen ‚Landedelmann‘, ‚robuste Natur‘, ‚Freude am Lande‘, ‚Pferdezüchter‘, ‚Jäger‘ usw. den menschlichen Teil eines übergreifenderen ‚Natur‘-Paradigmas, so konnotiert das ‚Verstand‘- Paradigma wiederum die Zugehörigkeit zum Bereich der ‚Technik‘: Stiebritz sagt von der Mutter, daß sie Bismarck „ihre Energie" gab; bei Häußner wird innerhalb des Paradigmas des „preußischen Beamtenelements" der Staat als „Staatsmaschine" bezeichnet; Georg Lomer sieht Bismarck als aus „heterogenem Blute zusammengeschweißt" an.[273] Die Synthese aus ‚Herz‘- und ‚Verstand‘-Paradigma kann damit konnotativ auch wieder als eine zwischen Natur- und Technik-Paradigma gelesen werden.

3.4.2 Applikation kunstliterarischer Dioskurenpaare

Zum Teil werden solche Paradigmenketten auch mit den Charakterprofilen literarischer Figuren verknüpft, um sie dann wieder paarweise als kunstliterarische Dioskurenpaare auf Bismarck zu applizieren. Vor allem aus dem Figurenarsenal des Nibelungenliedes lassen sich eine ganze Reihe solcher Paare kombinieren, denn die Nibelungen-Geschichte war – wie neuere Forschungen zur Rezeptionsgeschichte zeigen – „seit den napoleonischen Befreiungskriegen, also seit Beginn des 19. Jahrhunderts, zum deutschen National-Mythos geworden".

In Siegfried und Hagen (merkwürdigerweise in beiden!) sah man deutsches Wesen und deutsche Tugenden in vorbildlicher Weise dargestellt und verkörpert: leuchtende Kraft, Treue und Kampfesmut bis zum bitteren Ende.[274]

Vor dem Hintergrund der aufgezeigten Doppelfunktion von Dioskurenpaaren und der entsprechenden Konstellation diskursiver Positionen im Kaiserreich verwundert es jedoch nicht, daß Bismarck gleichzeitig zu einem ‚Hagen‘ und ‚Siegfried‘[275] erklärt wird, denn erst beide zusammen decken das gesamte Spektrum der Matrix des deutschen Nationalcharakters ab und reproduzieren gemeinsam zwei für die Bismarck-Mythisierung wichtige Ideologeme und Symbole: durch Hagen, der auch in der Diachronie des Nibelungenstoffes zuerst einmal der eigentliche ‚deutsche‘ Positivheld ist, die sprichwörtliche ‚Nibelungentreue‘[276] und über die Gestalt Siegfrieds die Schmie-

[273] Georg Lomer: Bismarck im Lichte der Naturwissenschaft. Halle/S. 1907, S. 68.

[274] Ulrich Müller: ‚Mythen-Ökonomie‘ im Kulturenvergleich. Die ideologische Bedeutung epischer Mythen des Mittelalters in der Gegenwart. In: Bernd Thum (Hg.): Gegenwart als kulturelles Erbe. München 1985, S. 237-247, hier: 240.

[275] Zur Applikation Siegfrieds auf Bismarck vgl. auch: Günter Hess: Siegfrieds Wiederkehr. Zur Geschichte einer deutschen Mythologie in der Weimarer Republik. In: Internationales Archiv für Sozialgeschichte der deutschen Literatur, Bd. 6 (1981), S. 112-144.

[276] Vgl. v. Breslau (s. Anm. 174), S. 7f. (BA 7.2.8, Nr. 6) sowie Bleibtreu (s. Anm. 14), Bd. 2, S. 249 (BA 7.9.2, Nr. 36).

de- und Eisensymboliken[277], die damit zudem in einen Aktanten überführt werden. Auf Bismarck werden die Charaktermerkmale beider Figuren synchron abgebildet.

> Der Grundton, auf den sein ganzes Wesen gestimmt war, ist deutsch oder sagen wir lieber germanisch. [...] furchtlos wie Sigfrid und grimm wie Hagen. [...] Denn schon in grauer Vergangenheit hatte nicht die rohe Kraft allein, sondern die Verbindung von physischer und geistiger Ueberlegenheit den vollkommenen Helden germanischer Rasse gekennzeichnet.[278]

Abgeschwächt wird diese Charaktertotalität in Form eines Dioskurenpaars Wilhelm I./Bismarck („der würdevolle großherzige Gentleman, der als erster deutscher Kaiser [...] so glorreich seinem Volke vorleuchtete und sein treuer Hagen"[279]) oder als genealogische Reihe (Hagen/Hutten/Luther/Bismarck) realisiert:

> Der grimmig hassende Hagen mit seinem stolzen Mannendienst und grollenden Trotz, der ritterliche Hutten mit seinem sich selbst verzehrenden Feuer dämonischer Leidenschaft, der starkgläubige, gemütstiefe Luther mit seinem steifen Nacken und nachgiebigem Sendungsbewußtsein: sie alle leben in Bismarck [...], ungebrochen fort.[280]

Seit der Errichtung des Hamburger Bismarck-Denkmals von Hugo Lederer kann an die Stelle Hagens auch die ihrer Herkunft nach ursprünglich französische Rolandsfigur treten ("Wir sehen ihn vor unseren Augen übermenschlich groß, als Roland und Siegfried zugleich"[281]), wobei Siegfried selbst dann wiederum durch den ‚getreuen Eckhard‘[282] ersetzt ist oder sich zu einem Rüdiger transformiert:

---

277 Vgl. Renand (s. Anm. 79), S. 63 (BA 7.9.2, Nr. 1); Hettler (s. Anm. 27), S. 2f. (BA 7.9.2, Nr. 8); Baltz (s. Anm. 79), S. 7 (BA 7.9.2, Nr. 11); Ernst Ege: Beim achtzigjährigen Bismarck. Festspiel zum 1. April 1895. Stuttgart 1895, S. 22 (BA 7.9.2, Nr. 12); Jahnke: Fürst Bismarck (s. Anm. 27), S. II (BA 7.9.2, Nr. 16); Meyer (s. Anm. 79), S. 6 (BA 7.9.2, Nr. 20); Stein (s. Anm. 109), S. 22 (BA 7.9.2, Nr. 45).

278 v. Bezold: Zum Gedächtnis Bismarcks. Rede, gehalten v. Prof. v. B. in der Aula der Friedrich Wilhelms-Universität zu Bonn am 18. Januar 1899. Sonder-Abdruck der Bonner Zeitung (20.2.1899), S. 4 (BA 7.8.1, Nr. 36). – Vgl. auch Sorof (s. Anm. 102), S. 48 (BA 7.9.2, Nr. 17): „Wenn irgendwem, so war dem treuen Vasallen, in welchem sich mit der sieghaften, taufrischen Heldengrösse Siegfrieds die Mannentreue Hagens verband, in seinem königlichen Herren zugleich der treue Freund durch den Tod auf immer entrissen worden." – Vgl. auch Bleibtreu (s. Anm. 14), Bd. 1, S. 35 u. Bd. 2, S. 54f. (BA 7.9.2, Nr. 36).

279 Bleibtreu: England über Bismarck (s. Anm. 145), S. 55 (BA 7.9.2, Nr. 4).

280 Helmolt (s. Anm. 21), S. 98 (BA 7.8.1, Nr. 71).

281 Gustav Stresemann, zit. n.: Egmont Zechlin: „Der Inbegriff des germanischen Menschen". Bismarck-Bild 1915: eine Mischung von Sage und Mythos. In: Die Zeit, Nr. 14 (2.4. 1965), S. 4 (BA 7.6, Nr. 10).

282 Vgl. Aug. Herm. Kämpfer (War Bismarck ein Genie oder nicht? Ein Beitrag zu dem durch Dr. Schefflers „Bismarck" angeregten Problem. Halle/S. 1920, S. 4): „Und so steht Bismarck da nicht allein als der kühne und gewaltige Roland mit dem Schwert in der Hand, sondern auch als der getreue Eckart, der auch das Seelenleben seines Volkes in die richtigen Bahnen zu lenken trachtet [...]."

So blieb er alle Zeit deutsch bis in den tiefsten krystallklaren und doch geheimnisreichen Grund seiner Seele. Es paaren sich darin Gemüt und Verstand, Willenskraft und weises Maß, trotzige Leidenschaft und Besonnenheit; wie Hagen wahrt er dem Könige die Mannentreue, auch als er längst sich von ihm losgesagt, wie Rüdiger steht er zu seinem Wort auch im Angesichte der Gefahr. Tiefernst faßt er das Leben und seine Pflichten, und doch umgoldet er mit köstlichem Humor das Dasein, mit durchdringendem Verstande löst er die schweren Probleme der Staatskunst, und mit der ganzen Innigkeit des Gemütes lauscht er dem leisen Weben der Natur; schroff und rücksichtslos tritt er dem Feinde entgegen, und mit unendlicher Liebe und Güte umfaßt er die Seinen – die Falten, die der Zorn auf seine Stirn gezeichnet, glättet die Hand des Enkels.[283]

Bereits während des Ersten Weltkriegs zeichnet sich jedoch eine Tendenz ab, Bismarck nur noch als Hagen aufzufassen und das durch Siegfried oder Rüdiger kodifizierte ‚Gemüt'-Paradigma auszublenden; eine Entwicklung, die dann im Nationalsozialismus in der pathetischen Übernahme der bis dahin diskreditierten Fanatismusposition gipfelt und zu der verhängnisvollen Kopplung der Ideologeme ‚fanatisch' und ‚treu' führt.

Bismarck-Deutschland

Blitzenden Helmes, Schwert an der Seiten,
Seh ich ihn wieder vorüberschreiten.
Wie Tronje Hagen, die breite Gestalt,
Blaue Augen, so grimmig und kalt,
Hart darüber, dem Feind ein Grauen,
Dichte, buschige Augenbrauen.
Arg verspottet, ärger verhaßt,
Wie in Eisen und Stahl gefaßt,
Und im mühsam gebändigten stillen
Tiefen Herzen den trotzigen Willen,
Heiße Liebe und nüchterne Pflicht,
Ist er nicht, Deutschland, dein eigen Gesicht?
Hast du im Bösen wie im Frommen
Geist und Gestalt von ihm genommen,
Der aus dem Wirrwarr dich erschuf?
Hei, wie schmettert dein Schlachtenruf!
Willst, wie er, was an Stricken und Tauen.
Dich umschnürte, mit eins zerhauen.
Willst, wie er, was die Welt entzweit,
Zwingen die Tücke, den Haß und den Neid.
Willst, wie er, wie der Tronje Hagen,
Lieber vom Schwerte sein erschlagen,
Als vor des Feindes Ungebühr
Preiszugeben des Reiches Tür.

[283] Paul Liman: Fürst Bismarck nach seiner Entlassung. Leipzig 1901, S. 6. – Vgl. auch Hamann (s. Anm. 83), S. 4 (BA 7.2.2, Nr. 6).

O, mein Deutschland, daß diese Erde
Eines anderen Geistes werde,
Deines Geistes zu Land und zu Meer,
Schreite vorwärts so trotzig wie er![284]

3.4.3 Applikation kunstliterarischer Trickster: Bismarck/Faust

Die Abbildung von Figurenpaaren, die verschiedene, tendenziell in Opposition zueinander stehende paradigmatische Klassen von Mythemen repräsentieren, auf einen singulären Aktanten beerbt diesen mit den Strukturen beider Paradigmen und macht ihn zum Trickster, der sie in seiner Person vereint. Auch Trickster werden häufig aus der institutionalisierten Kunstliteratur, die zugleich ein Reservoir des Konversationswissens darstellt, entlehnt. Für Bismarck bietet sich als eine solche Vorlage Goethes Faust mit seinem Bekenntnis „Zwei Seelen wohnen, ach! in meiner Brust"[285] an[286], wobei die Applikation dieser bereits lange vor Erscheinen des „Faust" kursierenden[287] Sentenz noch zusätzlich dadurch motiviert ist, daß Bismarck die Stelle gelegentlich selbst verwendet hat.[288] Auch die Bismarck via Faust-Zitat in eini-

---

[284] Bismarck-Jahrbuch für deutsche Frauen, 21. Jg., Dresden (1916), S. 17f.

[285] Goethes Werke. Hg. im Auftrage der Großherzogin Sophie v. Sachsen. 14. Bd.: Faust. Erster Teil. Weimar 1887, S. 57, Vers 1112- 1117: „Zwei Seelen wohnen, ach! in meiner Brust,/ Die eine will sich von der andern trennen;/ Die eine hält in derber Liebeslust/ Sich an die Welt mit klammernden Organen;/ Die andre hebt gewaltsam sich vom Dust/ Zu den Gefilden hoher Ahnen."

[286] Auch in aktuellen journalistischen Genres findet sich die ‚Zwei-Seelen-Sentenz' recht häufig. Vgl. Nikolaus Piper: Börsenspekulanten. In: Die Zeit, Nr. 50 (4.12.1987), S. 30: „‚Zwei Seelen ruhen, ach! in meiner Brust, die eine will sich von der andern trennen... 'Will sagen: ‚Eigentlich bin ich für das Geschäft an der Börse gar nicht geschaffen'"; „Drei Seelen, ach! in seiner Brust" (Der Kellner ist König. Ein Bericht von Wolfram Runkel u. F. Blickle. In: Zeit-Magazin [1987], Nr. 15, S. 56); Ernst Hess: Zwei Seelen zwischen Sichtbeton. Zwiespältiges erlebt, wer heutzutage Goethes „Osterspaziergang" durch Sachsenhausen nachwandern will. In: Die Zeit, Nr. 14 (28.3.1986), S. 65; „Zwei Seelen wohnen, ach in meiner Brust... Die Polarität des Menschen ist immer wieder zentrales Thema der Figuren Rodins" (aus einer Anzeige für Repliken. In: Die Zeit, Nr. 45 [31.10.1986], S. 15); „Die Doppelstrategie der SPD – Brandts Nationalpopulismus zum einen, Lafontaines Sozialpopulismus zum anderen – ist so originell nicht. Sie weist nur offen aus, was Helmut Kohl (zwei Seelen in einer Brust) und jeder Kanzler nach ihm unter dem Zwang der Regierungsverantwortung mit sich selber ausmachen muß" (Robert Leicht: Wenn deutsche Schleusen brechen. In: Die Zeit, Nr. 6 [6.2.1990], S. 1); Michael Haller: Zwei Seelen im Konflikt. Gerade befreit und schon wieder gedemütigt – DDR-Bürger in der Krise. In: Die Zeit, Nr. 27 (29.6.1990), S. 13; Tina Stadlmayer: SPD: Zwei Seelen, ach, in meiner Brust. Mit 203 Stimmen gegen 202 votierten die SPD-Delegierten sensationell knapp für Bonn. In: die tageszeitung, 1.6.1991; Ulrich Storck: Hank Roberts. Weißer Mann, rotes Herz. Zwei Seelen wohnen in der Brust des amerikanischen Jazz-Cellisten. In: Die Zeit, Nr. 26 (21.6.1991), S. 76.

[287] Vgl. Georg Büchmann: Geflügelte Worte. Der Zitatenschatz des deutschen Volkes. 31. Aufl., durchges. v. Alfred Grunow. Berlin 1964, S. 200f.

[288] Meinhold (s. Anm. 226), S. 8: „‚Faust klagt über die zwei Seelen in seiner Brust, ich beherberge aber eine ganze Menge, die sich zanken. Es geht da zu wie in einer Republik.'" – Vgl. auch Tolzien (s. Anm. 79), S. 33 (BA 7.5.5, Nr. 6).

gen Biographien zugesprochenen ‚Zwei Seelen' korrelieren mit den übergreifenderen Paradigmen ‚Natur/Zivilgesellschaft' und ‚Kultur/Politik' sowie den darunter subsumierten Oppositionspaaren von ‚Herz' vs. ‚Verstand', ‚Gemüt' vs. ‚Geist' usw., und beide werden wiederum als zwei sich stets ergänzende Aspekte des deutschen Nationalcharakters verstanden, als „der echt deutsche Kampf zweier Seelen in einer Brust, der zwîvel in der mittelhochdeutschen Dichtung"[289].

Auch in Bismarck ist die deutsche Zweiseelennatur – der Mann, der nicht rasten und ruhen kann, dessen Wille die Welt bewegt, hat die innigste Sehnsucht nach einem der Natur hingegebenen Stilleben, einig mit der ewig gleichen heiligen Natur![290]

In einer Schrift des völkisch-konservativen „Werdandi- Bundes" nutzt Fritz Bley 1910 dieses Trickster-Konzept, um „vaterlandsliebenden Liberalismus"[291] (Paradigma: 'Streben nach Erweiterung persönlicher Freiheit'; ‚jugendlichere, ursprünglichere Anschauung'; ‚Süddeutschland'; ‚Westdeutschland und seine Industrie') und ebenfalls positiv gewerteten ‚Konservativismus' (Paradigma: ‚Streben nach Zusammenfassung aller völkischen Kräfte im Staatsgedanken'; ‚reifere, männlichere politische Anschauung'; ‚Norddeutschland'; ‚Ostdeutschland und seine Landwirtschaft') zu integrieren, um so gegenüber „der vaterlandslosen Demokratie"[292] französischer Prägung eine spezifisch deutsche Position zu beschreiben.

Wir sind vor dem Fehler gefeit, „Liberalismus" und „Konservatismus" [...] als unversöhnliche Gegensätze zu betrachten. Quellen doch beide selbst aus jedes einzelnen Brust: [...]
Selten wohl ist dieser Zwiespalt des Herzens fruchtbarer und segenbringender gewesen als in Bismarck [...].
Kein Wunder, daß dieser aus dem Reichtume des Empfindens entsprungene Widerstreit zweier Seelen gerade das deutsche Volksleben so tief durchzittert! [...]
Der Weg zur deutschen Einheit ist gepflastert mit dem wechselseitigen Sichdurchdringen liberaler und konservativer Gedanken. [...] Bismarck war nichts so sehr in der Seele zuwider, als alles in geistloser Gleichmacherei über einen Kamm zu scheren. Er wollte ganz und gar nicht durch die äußere Überlegenheit und straffere Gebundenheit des Nordens die innere Selbständigkeit der süddeutschen Staaten und die Ungezwungenheit der Lebensformen des einzelnen im Süden unterdrücken, sondern den Gegensatz im Süden ebenso innerlich *überwinden* wie ihm dies mit den preußischen Konservativen geglückt war. [...]
Auch unter dem Gesichtspunkte der unmittelbaren Gegenwartsforderungen ergibt sich für jedes gesunde Staatswesen die Notwendigkeit beider geistigen und politischen Strömungen. Für Deutschland schon deshalb, weil der preußische Konservatismus nicht nur aus geschichtlichen, sondern auch aus wirtschaftlichen Gründen im Landbau treibenden Osten, der Liberalismus dagegen in den Großstädten und den Industriegebieten des Westens nach Klima und Boden ihre natürliche Heimat haben!"[293]

---

[289] Helmolt (s. Anm. 21), S. 129 (BA 7.5.5, Nr. 7).
[290] Horawitz (s. Anm. 156), S. 32. Vgl. auch Stegmann (s. Anm. 22), S. 25 (BA 7.5.5, Nr. 4).
[291] Fritz Bley: Das Genie in demokratischer Erbpacht? Leipzig 1910 (Wertung. Schriften des Werdandibundes [1910], H. 6), S. 16.
[292] Ebd., S. 16.
[293] Ebd., S. 3-5.

Für Christian Rogge werden beide ‚Seelen' und die ihnen zugeordneten Paradigmen durch die kurz aufeinanderfolgende Veröffentlichung der politischen „Gedanken und Erinnerungen"[294] des Fürsten Bismarck sowie der eher privaten „Briefe an seine Braut und Gattin" [295] signifikant:

Es dürfte wohl eine einzigartige Erscheinung in der Weltgeschichte sein, daß ein Staatsmann, der wie wenige in das Rad der Geschichte eingegriffen hat [...] nach seinem Tode sich noch einen hohen Ehrenplatz in der zeitgenössischen Literatur erringt, und zwar durch zwei Werke, die völlig von einander verschieden sind. In den „Gedanken und Erinnerungen" kühle Ueberlegung, in den „Briefen an seine Braut und Gattin" der warme Pulsschlag des Herzens; dort klarer, durchdringender Verstand, hier Gemüt und Geist in reicher Fülle; fast ist es, als ob bei Bismarck sein Leben lang zwei Seelen in dem mächtigen Körper wohnten, und spätere Literarkritikaster mühen sich vielleicht noch einmal an dem Nachweis ab, daß gar nicht dieselbe Persönlichkeit beide Werke geschrieben habe.[296]

Über die einzelne Sentenz hinaus wird Bismarck mit der Applikation der ‚Zwei Seelen' zugleich in die zwischen ‚philosophischer Reflexion' und ‚realistischem Handeln' schwankende Struktur der Charaktermerkmale Fausts eingepaßt, die sich „in dem teils faustisch nach aller Schönheit in der Welt verlangenden, teils faustisch unbefriedigten, übervollblütigen Manne"[297] vereinen. Er gilt „wie Goethe selbst" als „eine Faustnatur"[298], als „der Faust des neunzehnten Jahrhunderts"[299], von dem August Hermann Kämpfer sogar schreibt, „daß man bei gründlichem Studium beinahe glauben könnte, Bismarcks Wesen habe Goethe bei der Abfassung des zweiten Teiles des Faust im Geiste vorgeschwebt"[300]. Kämpfer macht mit dieser Bemerkung deutlich, daß es nicht der räsonierende, grübelnde und philosophisch spekulierende Faust[301] des ersten Teils der Tragödie ist, der solche Applikationen

---

[294] O. v. Bismarck: Gedanken und Erinnerungen (s. Anm. 239).

[295] H. v. Bismarck: Briefe (s. Anm. 239).

[296] Christian Rogge: Bismarcks „Bekehrung". In: Der Türmer, 3. Jg. (1900/01), Bd. I, S. 561-568, hier: 561. – Die Briefe des Fürsten Bismarck „an seine Braut und Gattin" werden bereits im Vorwort der von Herbert v. Bismarck edierten Ausgabe (s. Anm. 239, S. V) als „Beweis" dafür angesehen, „daß sein [Otto v. B., R.P.] Gemüth eben so groß und tief war wie sein Geist".

[297] Eduard Heyck: Johanna v. Bismarck. Bielefeld/Leipzig 1907, S. 9 (BA 7.5.1, Nr. 19).

[298] Meinhold (s. Anm. 226), S. 8.

[299] Dälen (s. Anm. 61), S. 54. Abb.: BA 7.5.1, Nr. 34. – 1910 legt der Architekt Wilhelm Heinrich Kreis für das Bismarck-Nationaldenkmal auf der Elisenhöhe bei Bingen einen vieldiskutierten Entwurf vor, der Bismarck als ‚Faust' zeigt (vgl. Max Dessoir/Hermann Muthesius: Das Bismarck-Nationaldenkmal. Eine Erörterung des Wettbewerbes. Jena 1912, S. 67).

[300] Kämpfer (s. Anm. 282), S. 24 (BA 7.5.1, Nr. 31). – Emil Stutzer (Goethe und Bismarck als Leitsterne für die Jugend in sieben Gymnasialreden. Berlin 1904, S. 77) bemerkt, daß „das, was Goethe, der Vertreter der Humanität, im ‚Faust' als das Höchste gepriesen hat, von Bismarck, dem Verfechter der Nationalität, aufs großartigste verkörpert ward: die aufopfernde Tätigkeit im Dienste des Gemeinwohls".

[301] Vgl. Florian Geyer: Die Bismarck-Hetze. Berlin 1891, S. 23 [BA 7.5.1, Nr. 7]), der mit Blick auf „Faust I" feststellen kann, daß Bismarck „die Anlage zur vertieften Grübelei", „jeder Hauch einer contemplativen Faustnatur" gefehlt habe.

ermöglicht, sondern – wie bereits die Deichsymboliken zeigten – der tätige, bauende, schaffende Faust des zweiten Teils mit „seinem [...] Drang, ,die bildnerische Kraft und Leistung des Menschen an der nährenden Erde zu erproben‘"[302], so daß die Biographen auch für Bismarcks ,Deichbautätigkeit‘ immer wieder feststellen können: „Es wird die Spur von Deinen Erdentagen nicht in Aeonen untergehen!"[303]

Bereits in der Einleitung zu seiner „Faust"-Ausgabe von 1870 hatte Gustav von Loeper herausgestellt, daß Fausts titanisches Streben am Ende des zweiten Teils praktisch werde.[304] Goethe habe damit „Idealismus und Realismus, Wissenschaft und Leben, Vernunft und Freiheit"[305] versöhnt. Das realistische Landgewinnnungsprojekt rückt Faust zum einen von den abstrakt-philosophischen Reflexionen des Ersten Teils ab und zeigt ihn als tätigen Realisten. Zum anderen bleibt aber auch der realistische Faust des zweiten Teils noch zu einem guten Teil ,Denker‘, der die idealistisch-spekulative Diskursposition nicht gänzlich zugunsten eines extremen Pragmatismus aufgegeben hat, was etwa die Skrupel nach der ,Enteignung‘ von Philemon und Baucis zeigen.

Wird die so verstandene Struktur des Faust auf Bismarck appliziert, so rückt ihn dies ebenfalls in eine real-idealistische Mittelstellung: Bismarck hat die positiv gewertete Idee der deutschen Einheit durch ebenfalls positiv gewertetes realistisches Handeln in die Tat umgesetzt, so daß die Idee Gestalt und Form gewinnt, das Handeln seinerseits durch die Idee geprägt ist.

Umgekehrt läßt sich Faust/Bismarck wieder auf eine Reihe diskursiver Positionen der Gründerzeit beziehen, denn das real-idealistische Konzept grenzt sowohl die alte, negativ gewertete idealistische Diskursposition der im Michelschlaf verharrenden deutschen ,Dichter und Denker‘ aus wie auch den seit Mitte der 80er Jahre zunehmend als Gefahr beschriebenen extremen Realismus (die Rede ist nach der ersten Gründereuphorie dann vom ,bloßen Materialismus‘ der ,Bank- und Börsenmänner‘). Der als diachroner Wechsel zu beschreibende Übergang von ,deutschem Idealismus‘ vor 1848 zu ,preußischem Realismus‘ nach 1866 (vgl. Kap. 3.5.1) kann durch die Ap-

---

[302] Stiebritz (s. Anm. 18), S. 52 (BA 7.5.1, Nr. 29).

[303] Schiemann (s. Anm. 2), S. 3 (BA 7.5.1, Nr. 9). – In ähnlicher Form wird das Zitat nicht nur auf Bismarck angewendet (vgl. Otto Kaemmel: Festrede. In: Reden und Vorträge gehalten bei der Vorfeier des 77. Geburtstages Sr. Durchlaucht des Fürsten v. Bismarck am 31. März 1892 im großen Saale des Gewerbehauses zu Dresden. Dresden 1892, S. 15-35, hier: 34 [BA 7.5.1, Nr. 8]; Rée: Fürst Bismarck [s. Anm. 19], S. 14f. [BA 7.5.1, Nr. 10]; Friedrich Thielmann: In Memoriam! Den Manen des Fürsten Bismarck zum 1. April 1899. Betzdorf 1899, S. 25 [BA 7.5.1, Nr. 13]; Sorof [s. Anm. 102], S. 49 [BA 7.5.1, Nr. 16]; Th. Uhlig: Bismarck. In: Pasig [s. Anm. 19], S. 61f. [BA 7.5.1, Nr. 17]; Jahnke: Fürst Otto v. Bismarck [s. Anm. 62], S. 40 [BA 7.5.1, Nr. 27]; Stiebritz [s. Anm. 18], S. 218 [BA 7.5.1, Nr. 29]), sondern auch auf andere historische Figuren wie z.B. die Königin Luise (vgl. Hans Vaihinger: Königin Luise als Erzieherin. Eine Gedächtnißrede. Halle/S. 1894, S. 54). Vgl. Goethes Werke, Weimarer Ausgabe (s. Anm. 285), 15. Bd., Teil I, Weimar 1888, S. 316: „Es kann die Spur von meinen Erdetagen/ Nicht in Äonen untergehn."

[304] Vgl. Mandelkow (s. Anm. 186), S. 250.

[305] Gustav v. Loeper: Faust. Eine Tragödie von Goethe. Mit Einl. u. erläuternden Anm. v. G. v. L. 1. u. 2. Theil. 2 Bde. Berlin 1870, S. XII (zit. n. Mandelkow [s. Anm. 186], S. 250).

plikation Fausts somit als synchroner Binarismus auf Bismarck projiziert werden, der dann beide Aspekte vereint und damit auch für die innerhalb des Spielraums dieser Struktur möglichen kommenden Entwicklungen das jeweilige kompensatorische Konzept bereitstellt: Betonung seines ‚Idealismus' gegen den ‚bloßen Materialismus', Verteidigung seiner ‚Realismus'-Position gegen einen möglichen ‚Rückfall' auf die vergangene nationale Entwicklungsstufe der idealistisch-romantischen ‚Dichter und Denker'. Als Effekt aus dieser sich in den ersten Gründerjahren abzeichnenden Diskursposition resultiert ein enormer Bedarf an real-idealistischen Trickster-Konzepten für die verschiedensten gesellschaftlichen Praxisbereiche.

Die Literaturgeschichtsschreibung hat diese Mittelstellung Fausts an die Vorstellung des bildenden, ausführenden Künstlers gekoppelt, denn dessen Tätigkeit kann geradezu als Paradigma dafür erscheinen, eine Idee durch praktisches Formen in Realität umzusetzen und somit idealistisch-spekulatives Denken mit realistisch-pragmatischem Handeln zu vereinen. In seinem „Faust"-Kommentar schreibt Friedrich Lienhard 1913:

Dichter und Künstler sind in gewissem Sinne. alle *wahrhaft Schaffenden*. Nur ist das Material, aus dem sie schaffen, verschieden. Der eine baut, wie Michelangelo aus dem Marmorblocke die Gestalt heraus; der andere verreibt Farben und ordnet sie zu sinnvollen Bildern; der dritte sichtet und ordnet Steine zu einem architektonischen Gebilde; der vierte errichtet ein Gebäude der Philosophie und Lebensweisheit. So könnte man weitergehen und die aufbauende, nicht bloß analysierende Wissenschaft eine Kunst nennen; man kann schöpferische Staatsmänner und wirkungsvolle Erzieher mit dem schaffenden Künstler vergleichen. Und wenn Faust schließlich unfruchtbaren Meeresstrand in fruchtbares Land umgestaltet, was ist er denn anders als ein schaffender Künstler?[306]

3.4.4 Bismarck als ‚Künstler'

Vor dem Hintergrund solcher Überlegungen ist es kaum mehr verwunderlich, daß dieses Trickster-Konzept auch für Bismarck genutzt und der Reichskanzler zum Staatskünstler[307], seine politische Arbeit zum „Werk" der „Staatskunst"[308] erklärt wird. Wurde Bismarcks ‚Revolution von oben' in einigen Texten (vgl. Kap. 3.1.3) mit Hilfe der Rolle des ‚befugten Meisters' aus Schillers ‚Glocke' symbolisiert, so kann sie auch in das Trickster-

---

[306] Lienhard: Faust (s. Anm. 85), S. 8f. (BA 7.5.1, Nr. 21).

[307] Lomer (s. Anm. 273), S. 123 (BA 7.5.2, Nr. 9); J. E. Frhr. v. Grotthuss: Bismarck als Künstler des Wortes. In: Der Türmer, 10. Jg. (1907/08), Bd. II, S. 865-870, hier: 870 (BA 7.5.2, Nr. 10); Dehn (s. Anm. 259), S. 36f. (BA 7.5.2, Nr. 12); Storck: Neue Bismarck-Literatur (s. Anm. 155), S. 121 (BA 7.5.2, Nr. 17); Ella Kießling-Valentin: Bismarck und die Frauen. Leipzig 1917, S. 198 (BA 7.5.2, Nr. 19).

[308] Schiemann (s. Anm. 2), S. 10 (BA 7.5.2, Nr. 5); F. Sailer: Bismarck-Anthologie. Aus Reden, Briefen und Staatsschriften des Fürsten Reichskanzlers zusammengestellt. 2., verm. Aufl., Berlin 1894, S. 149 (BA 7.5.2, Nr. 6); Kohut: Bismarck als Mensch (s. Anm. 79), S. 10 (BA 7.5.2, Nr. 8); Hunzinger (s. Anm. 66), S. 13f. (BA 7.5.2, Nr. 15).

Konzept vom ‚Künstler' Bismarck überführt werden, wobei die „Glocke"-Applikationen – wie im folgenden Beispiel – nur noch in abgeschwächter Form denotiert sind:

> Die Staatskunst ist die vielfachste und schwerste der Künste [...]. Der schöpferische Staatskünstler muss nicht nur, nach Methoden die den geschichtsphilosophischen parallel gehen, aus der Geschichte der Völker, zumal aus der seines Volkes, die bestimmenden Fäden fassen und zum Bilde vereinigen, er muß auch in dem Wirrsal der die Zeit durchströmenden Ideen die für die Zukunft wahrhaft wirksamen vorauserkennen; nur so wird er das Vorhandene auf seine Echtheit und Lebensfähigkeit prüfen und den neuen Stoff für sein Werk bereiten können; er muss mit vollkommener Geistesfreiheit die vorhandenen Formen verachten und zerbrechen [...].[309]

Das Trickster-Konzept ‚Künstler' stellt Bismarck ebenso wie die Applikation des Faust-Charakters zwischen das alte deutsche Nationalstereotyp der idealistischen ‚Dichter und Denker' (konnotiert: Michelschlaf) und das neue, realistisch-politisch-militärische Paradigma, für das etwa das Dioskurenpaar Bismarck/Moltke repräsentativ ist. ‚Kunst' darf dabei jedoch nicht als Element des Idealismus-Paradigmas mißverstanden werden. Bezeichnet die Rede von den ‚Dichtern und Denkern' in erster Linie *philosophisches*, dann vor allem auch *theoretisch-wissenschaftliches* Denken im Sinne von nicht praktisch-werdender Theorie, so wird die künstlerische Tätigkeit dagegen als *pragmatisches* Handeln[310] auf idealistisch-geistiger Grundlage angesehen und stellt Bismarck zwischen beide Extreme: Seine realistische Politik ist zugleich idealistische Staatskunst, sein Ideal der deutschen Einheit setzt er künstlerisch-pragmatisch um[311], was Karl Theodor Reinhold durch Applikation eines Schillerschen Distichons zu verdeutlichen versucht:

> Daß dein Leben Gestalt, dein Gedanke Leben gewinne,
> Laß die belebende Kraft stets auch die bildende sein.[312]

Ausführlicher beschreibt Georg Lomer in einer Abhandlung, die Bismarck „vom Standpunkte moderner Naturwissenschaft, insbesondere der Anthropologie, Psychologie und Medizin, zu erfassen und zu verstehen"[313] sucht, im Kapitel „Bismarck als Künstler und Nervenmensch" diesen Vorgang:

---

[309] Leo (s. Anm. 90), S. 10 (BA 7.5.2, Nr. 7).

[310] Vgl. Julian Schmidt (s. Anm. 18), S. 438 (BA 7.8.2, Nr. 1); Hugo Weber: Die Pflege nationaler Bildung durch den Unterricht in der Muttersprache. Zugleich eine Darstellung der Grundsätze und der Einrichtung dieses Unterrichts. Leipzig 1872, S. 20 (BA 7.8.2, Nr. 2).

[311] Sein „Pragmatismus", das Umsetzen einer Idee in Realität, trennt den Künstler Bismarck zugleich von Napoleon, wie Bezold (s. Anm. 278), S. 8 (BA 7.7, Nr. 21) deutlich macht: „Wenn Napoleon sein erklärte, er liebe die Macht als Künstler, wie ein Musiker sein Instrument, so hat auch Bismarck seine Kunst geliebt, nur daß er sich nicht wie der furchtbare Korse durch eine zügellose Phantasie in das Bereich des Unmöglichen fortreißen ließ."

[312] Reinhold: System (s. Anm. 19), S. 11 (BA 7.5.2, Nr. 2). Das Distichon aus den „Tabulae votivae" ist bei Schiller mit „Dichtungskraft" überschrieben. Vgl. Schillers Werke. Nationalausgabe. Im Auftrag des Goethe- und Schiller-Archivs, des Schiller-Nationalmuseums und der Deutschen Akademie hg. v. Julius Petersen u. Gerhard Fricke. 1. Bd. Gedichte in der Reihenfolge ihres Erscheinens 1776-1799. Hg. v. J. P. u. Friedrich Beißner. Weimar 1943, S. 300.

[313] Lomer (s. Anm. 273), Vorwort.

Intelligent sein, heißt: den Eindrücken des Lebens mit offenen Sinnen gegenübertreten und sich aus ihrer Gesamtheit ein in sich abgerundetes Weltbild schaffen, das fortlaufend der Korrektur durch das flutende Leben unterliegt. [...]
Tritt zu dieser Kraft der Perzeption und Apperzeption die gestaltende Kraft einer lebhaften Fantasie und das zentrifugale Bestreben, das subjektiv umgeformte Weltbild wieder nach außen zu werfen, so haben wir es mit einer ausübend künstlerischen Natur zu tun, und eine solche haben wir auch in Bismarck vor uns. [...]
Der Dichter, der Tonkünstler leben in einer Scheinwelt, aus ihrer Phantasie herausgeboren. Einer Scheinwelt, deren Einfluß auf den Gang der irdischen Dinge nur ein bedingter ist. Der Staatsmann dagegen arbeitet – statt mit Fantasiefiguren und unpersönlichen Harmonien – mit *wirklichen Menschen*. Er ist wie keiner imstande, den Gesichten seiner Neues aufbauenden politischen Fantasie zur Verwirklichung zu verhelfen und kann auf seine Mitwelt um so nachhaltiger einwirken, als er Zahlen und Tatsachen, mit anderen Worten: statt ihres schönen Scheines *die Dinge selbst* in seinen Kalkül einstellt.[314]

Scharfe Weltbeobachtung füllt die Kammern des Geistes mit dem nötigen Arbeits-und Anschauungsmaterial. Die Fantasie aber ist es, die mit diesem Material schaltet und waltet, es zu neuartigen Kombinationen und Schlüssen verwertet und somit das eigentlich schöpferische Prinzip darstellt. [...]
Die Fantasie ist also das eigentlich bewegende und vorwärtsdrängende Element im Leben; und auch jede Bismarcksche Aktion großen Stils war, ehe sie körperlich ins Leben trat, vom vorauseilenden Spiele schöpferischer Fantasie als Kunstwerk ahnungsvoll empfangen. So die Schöpfung des Deutschen Reiches: in der Frankfurter Periode. So die blutige Lösung des preußisch-österreichischen Konfliktes im Anfang der sechziger Jahre.[315]

Die für Bismarck somit gewonnene Position des real-idealistischen Staatskünstlers erlaubt zudem die Identifikation von ‚Künstler' und ‚Werk'.

> Wie kann man Deutschland ohne Bismarck nennen?
> Nein, deutsches Reich und Bismarck, sie sind Eins!
> Kein irdischer Mund kann diese Namen trennen,
> Verschmolzen sind die Tiefen ihres Seins.
> Denn wie der Künstler glutvoll seine Werke
> Mit seines Wesens höchster Kraft durchdringt,
> So gabst Du Deutschland Deines Geistes Stärke,
> Dem Land, das Deine Seele heiss umschlingt.[316]

Auch umgekehrt kann Bismarcks Biographie zum Kunstwerk avancieren[317]:

Wie aber Bismarck ein Künstler ist, so ist sein Leben, das gleich einem Atlas das Schicksal Deutschlands auf den Schultern trug, ein Kunstwerk von bezwingendem Reize. Es ist ein Kunstwerk in seinem ganzen Aufbau, in dem Werden, in der Durch-

---

[314] Ebd., S. 123f.
[315] Ebd., S. 126.
[316] [Anonym]: Ein Gruss (s. Anm. 33), S. 5.
[317] Vgl. Gundolf (Sprachdenkmal [s. Anm. 259, S. 262]), der bemerkt, daß „wir in Bismarcks Wesen etwas Dichterisches ehren, das ihn ebenso zum Gedicht wie zum Dichter macht".

bildung des politischen Genius, in der Tatenfülle, in dem Einfluß, den seine Gestalt auf das Jahrhundert übte, das er nach seinem Willen geformt hat.[318]

Das Künstler-Konzept reproduziert sich in den Bismarcktexten mit Hilfe eines weiteren „Faust"-Zitats, das immer wieder auf Bismarck angewendet wird: „Grau, theurer Freund, ist alle Theorie, doch grün des Lebens goldner Baum"[319].

Er trug in sich die Gestaltungskraft, jedes Wissen in ein Können umzusetzen. Wenn unser Dichter sagt:

> „Grau, Freund, ist alle Theorie,
> Grün ist des Lebens goldner Baum"

in *Bismarck grünte des Lebens goldner Baum.*
Was ihn ernstlich anging, das ward ihm Erlebnis, ward ein Stück Leben und integrierender Bestandteil seiner selbst: so Musik, inwieweit er Gehör gab, so Liebe, Freundschaft und Feindschaft, namentlich alles Grau der Theorie, die er in reines Gold umschmolz; niemals beherrschte sie ihn![320]

Die Opposition von ‚grauer Theorie' vs. ‚grünes Leben' ermöglicht es dabei, Bismarcks künstlerisches Handeln nicht nur vom unpraktischen Idealismus der deutschen ‚Dichter' abzugrenzen, sondern auch von der Wissenschaft deutscher ‚Denker', womit die mögliche Alternative eines Oppositionspaars von ‚philosophischer Spekulation' vs. ‚wissenschaftlicher Theorie' blockiert wird, das die französisch-aufklärerische Diskursposition für Preußen-Deutschland eingenommen und gegen den deutsch-romantischen Idealismus gestellt hätte.[321]

Während man früher nach dem Ruhm größter Gelehrsamkeit strebte, wird heute nichts mehr gefürchtet, als für einen „Doktrinär" gehalten zu werden.

> Grau, teurer Freund, ist alle Theorie
> Und grün des Lebens goldner Baum –:

Dies Wort aus Göthes Faust ist das Programm unseres Geschlechtes geworden. Das ganze Streben unserer deutschen Nationalerziehung ist ein anderes geworden. Es geht auf Natürlichkeit und Gesundheit, auf die harmonische Übereinstimmung von Geist und Körper, *vor allem aber auf die Pflege des nationalen Gedankens.* Dieser in hervorragender Weise auf das Vorbild und öffentliche Wirken des Fürsten Bismarck zurück-

---

[318] Grotthuss: Bismarck als Künstler (s. Anm. 307), S. 870.

[319] Köppen (s. Anm. 17), S. 78 (BA 7.5.1, Nr. 2); Aegidi (s. Anm. 85), S. 138 (BA 7.5.1, Nr. 18). Vgl. Goethes Werke, Weimarer Ausgabe, 14. Bd. (s. Anm. 285), S. 95: „Grau, theurer Freund, ist alle Theorie,/ Und grün des Lebens goldner Baum".

[320] Aegidi (s. Anm. 85), S. 136.

[321] Vgl. auch Bamberger (s. Anm. 6), S. 7: „Die Politik ist keine Wissenschaft, höchstens ist sie eine Kunst" (BA 7.5.2, Nr. 1). Ferner Senfft v. Pilsach (s. Anm. 199), S. 100 (BA 7.5.2, Nr. 11) und Hunzinger (s. Anm. 66), S. 13f. (BA 7.5.2, Nr. 15): „Bei ihm ist die Politik *eine Kunst*. Zwar keine von den schönen Künsten, aber die ernsteste, die weltgeschichtliche Höhenkunst. Sie ist keine Wissenschaft, sondern ein absolutes Können. Bismarck lernt nicht, Bismarck entwickelt Kräfte. Darum empfand Bismarck eine unleugbare Antipathie gegen die Wissenschaft."

zuführende Zug der Zeit legt nicht mehr den Schwerpunkt auf das Wissen, sondern auf das Können.[322]

Die positiv gewertete Verbindung von ‚Idealismus' und ‚Realismus' wird auch beim Trickster-Konzept ‚Künstler' in vielen Fällen wieder durch die ‚Boden'-Symbolik garantiert, denn der ‚Künstler' Bismarck bleibt stets in Verbindung mit der realistischen Grundlage seines Volkstums:

> Der echte Künstler wurzelt in den Tiefen, im Boden der Nation, bringt die Schätze des Volkstums, sein wahres Wesen ans Licht. Wer dürfte behaupten, das deutsche Volk zu kennen, dem Goethe und Bismarck fremd sind?[323]

Auch hier erlaubt die ‚Tiefe' (mit der Konnotation des für die Romantik wichtigen Praxisbereichs ‚Bergbau') den Bezug zur idealistisch-romantischen Diskursposition. Sie wird jedoch durch den ‚Boden' sofort wieder realistisch gebrochen, so daß ‚Idealismus' und ‚Realismus' über die ambivalent verwendete ‚Boden'-Symbolik vermittelt werden. Schematisch läßt sich das ‚Künstler'-Konzept für Bismarck zusammenfassen:

(+) spekulativ (−)		idealistisch/pragmatisch	(+) pragmatisch (−)	
(+) „tot" (−)		„lebendig"	(+) „tot" (−)	
Idealismus (−)	**Idee (+)**	**Ideal-Realismus**	**Realismus (+)**	**Realismus (−)**
„Dichter und Denker" (individualistische Ideale) „graue Theorie" aber auch „Phantasten wie Napoleon"	„nationale Einheit" (nationale Ideale) ‚Tiefe'	‚Faust' – Bismarck ‚Staatskünstler' – Bismarck ‚Baumeister, Bildhauer' „Grün d. Lebens goldener Baum" „Können"	‚Boden'	„bloßer Materialismus" „graue Theorie" „Wissenschaft/ Wissen"

Ist Bismarck bei der Zuschreibung des Merkmals ‚Künstler' mit Blick auf die verwendeten Symbole in erster Linie Baumeister, Architekt oder Bildhauer, so gibt die Herausgabe der „Gedanken und Erinnerungen" sowie der „Briefe an seine Braut und Gattin" Gelegenheit, ihn zum „Künstler in der Sprache"[324] zu machen. Dabei ist das Trickster-Konzept des ‚Künstlers' Bismarck innerhalb unterschiedlichster diskursiver Konflikte funktionalisierbar, was

---

[322] Karl Th. Reinhold: Reformator (s. Anm. 83), S. 29 (BA 7.5.1, Nr. 3). Noch deutlicher formuliert Reinhold (s. Anm. 19, S. 24) 1890: „Niemals ist der Gegensatz von Theorie und Praxis glänzender ins Licht gestellt worden, als in diesem System, welches aus der grauen Nebelwelt gestaltloser nationaler Ahnungen den lebensvollen grünen Baum der deutschen Gegenwart erstehen ließ."

[323] Meinhold (s. Anm. 226), S. 53.

[324] Vgl. Aegidi (s. Anm. 85); Th. Matthias: Bismarck als Künstler. Leipzig 1902; Gundolf (s. Anm. 259).

in den Fallstudien (Kap. 4) u.a. am Beispiel der „Zeitschrift für den deutschen Unterricht" sowie verschiedener Konzepte konservativer Kulturkritik nach 1885 gezeigt wird.

3.5 Mythische Konfigurationen und Nationalstereotype

Pathetisch fragt Karl Musäus 1782 im Vorbericht zu seinen „Volksmärchen der Deutschen":

Was wäre das enthusiastische Volk unserer Denker, Dichter, Schweber, Seher, ohne die glücklichen Einflüsse der Phantasie?[325]

Damit prägt er nicht nur eine Sentenz, die in den folgenden Jahrzehnten als Diktum vom ‚Volk der Dichter und Denker' in den Vorrat elementar-literarischer Diskursparzellen eingeht, um dann nahezu inflationär appliziert zu werden[326], sondern zudem eine, die für das ‚geistige Deutschland' zugleich eine neue Diskursposition[327] innerhalb des Ensembles der europäischen Nationalstereotypen symbolisiert: die eines vor allem gegen Frankreich gewendeten, anti-aufklärerischen, anti-rationalen Idealismus[328], der sich – unter Akzentverschiebungen – wenig später in eine spezifisch romantische Variante transformiert.

Ebenso pathetisch begrüßte 1871, nachdem das „Vaterland des Denkens"[329] sich in den drei Bismarckschen Kriegen von 1862, 1866 und 1870/71 auch als politisch-realistische Entität konstituiert hatte, dem Bericht Franz Mehrings zufolge ein Leipziger Festredner die lang ersehnte nationalstaatliche Einheit, diesmal allerdings durch Negation der Musäusschen Sentenz: „Nun soll uns noch mal einer als ‚Volk der Denker und Dichter' verketzern."[330] Ein Ju-

---

[325] Johann Karl August Musäus: Volksmärchen der Deutschen. Vollst. Ausgabe, nach dem Text der Erstausgabe von 1782-86. Darmstadt o.J. [1961], S. 8.

[326] Vgl. Büchmann (s. Anm. 287), S. 162.

[327] Von einer Diskursposition im Hinblick auf Nationalstereotype soll dann gesprochen werden, wenn das System interdiskursiver Elemente für verschiedenste (tendenziell alle) Spezialdiskurse einer Kultur relativ kohärent verwendet wird, d.h. wenn es der Formulierung ähnlicher Binäroppositionen dient, die ihrerseits solche Paradigmen konstituieren, die die Formulierung von Oppositionen der Nationalstereotypen erlauben.

[328] Im Kontext der zitierten Musäus-Stelle wird die neue Diskursposition durch die Luftschiffersymbolik umrissen: „Der menschliche Geist ist also geartet, daß ihm nicht immer an Realitäten genügt; seine grenzenlose Tätigkeit wirkt in das Reich hypothetischer Möglichkeiten hinüber, schifft in der Luft und pflügt im Meere" (s. Anm. 325), S. 7f.

[329] Anne Germaine de Staël: Über Deutschland. Vollst. u. neu durchges. Fassung der deutschen Erstausgabe von 1814 in der Gemeinschaftsübersetzung v. Friedrich Buchholz, Samuel Heinrich Catel u. Julius Eduard Hitzig. Hg. u. mit einem Nachwort vers. v. Monika Bosse. Frankfurt/M. 1985, S. 16 u. 19.

[330] Franz Mehring: Kriegsgeschichtliche Probleme. In: F. M. Gesammelte Schriften. Hg. v. Thomas Höhle, Hans Koch u. Josef Schleifstein. Bd. 8: Zur Kriegsgeschichte und Militärfrage. Hg. v. Heinz Helmert. Berlin/DDR 1967, S. 368-424, hier: 368. – Ähnlich Robert Hamerling nach 1870/71: „Das Denker- und Träumervolk hatte sich endlich zu einer großen deutschen Tat

belruf, der eine ziemlich radikale Umkehr in den Vorstellungen von der kulturellen und nationalen Identität Deutschlands seit der Zeit einer Madame de Staël deutlich macht.

Sonst und Jetzt! Gestern und Heute: welcher gewaltige Gegensatz! Heute sind wir Deutschen ein politisch geeinigtes Volk: *ein Heer, ein Kaiser, ein Reich!* Vielfache Widersprüche im Innern: aber in jedem Kampf mit dem Ausland ein einiges Volk; endlich trotz scheinbarer momentaner Rückschritte ein im Ganzen und Großen vorwärtsschreitendes Volk.
Und wie stand es bei uns vor 30, 40, 50 Jahren? [...] Damals waren wir ein kleinbürgerliches Volk, ohne bedeutenden Handel, ohne hervorragende Industrie; in engen Verhältnissen lebend, pflegten wir die blasse Blume der Bescheidenheit. Ein relativ gebildetes Volk, bezeichneten uns unsere Nachbarn als die Nation der Denker, nicht ohne den ironischen Hintergedanken, daß wir unpraktische Leute seien. Und wie war unsere politische Bildung beschaffen? Gestehen wir ehrlich, daß sie gleich Null war.[331]

Solches Indiz verweist auf einen in der zweiten Hälfte des 19. Jahrhunderts mehrfachen Wechsel der für Deutschland und die damit verbundene Vorstellung vom ‚deutschen Wesen‘, Nationalcharakter oder Nationalstereotyp reklamierten Diskursposition innerhalb des Ensembles der anderen europäischen Nationen, der im folgenden nur in groben Zügen expliziert werden kann.[332]

3.5.1 Das real-idealistische Chamäleon: Wandlung der Vorstellungen vom deutschen Nationalcharakter

Hatte der Ausgang der „Querelle des Anciens et des Modernes"[333] zu einer realistisch-aufklärerischen Diskursposition für Frankreich geführt, die vor dem Hintergrund des späteren Bildes vom ‚leichtfüßigen‘ Franzosen kaum noch gegenwärtig ist[334], so mündet diese Lösung – wie Hans Robert Jauß ge-

---

erschwungen" (Hamerlings sämtliche Werke in 16 Bden. Hg. v. Michael Maria Rabenlechner. Bd. 13. Leipzig o.J., S. 234; vgl. Hugo Aust [Die Mythisierung der Gründungsidee. Robert Hamerlings ‚Homunkulus‘ auf dem Hintergrund der epischen Produktion um 1870. In: Helmut Koopmann: Mythos und Mythologie in der Literatur des 19. Jahrhunderts. Frankfurt/M. 1979, S. 263-275, hier: 267]). – Vgl. auch Liman: Entlassung (s. Anm. 283), S. 1 (BA 7.8.2, Nr. 6); E. Pfleiderer (s. Anm. 19), S. 5-7 (BA 7.9.4, Nr. 6) und Helmut Plessner: Ein Volk der Dichter und Denker? Zu einem Wort der Madame de Staël. In: Ders.: Diesseits der Utopie. Ausgew. Beiträge zur Kultursoziologie. Düsseldorf/Köln 1966, S. 66-73.
[331] Adolf Schmidt: Rede gehalten beim Bismarck-Kommers im Buchhändler-Hause zu Leipzig am 1. April 1894. Leipzig 1894, S. 3 (BA 7.8.2, Nr. 4).
[332] Ausführlich dazu: Gerhard/Link (s. Anm. 137).
[333] Hans Robert Jauß: Schlegels und Schillers Replik auf die „Querelle des Anciens et des Modernes". In: Ders.: Literaturgeschichte als Provokation. 2. Aufl., Franfurt/M. 1970, S. 67-106.
[334] Vgl. Jürgen Link: „Einfluß des Fliegens! – Auf den Stil selbst!" Diskursanalyse des Ballonsymbols. In: Ders./Wulf Wülfing (Hg.): Bewegung und Stillstand in Metaphern und Mythen. Fallstudien zum Verhältnis von elementarem Wissen und Literatur im 19. Jahrhundert. Stuttgart 1984, S. 149-164. – Ders.: Literaturanalyse als Interdiskursanalyse. Am Beispiel des Ursprungs literarischer Symbolik in der Kollektivsymbolik. In: Jürgen Fohrmann/Harro Müller (Hg.): Diskurstheorien und Literaturwissenschaft. Frankfurt/M. 1988, S. 284-307.

zeigt hat – sofort wieder in eine neue, diesmal deutsch/französische Querelle ein.[335] Deutschsprachige Intellektuelle eines vor allem protestantischen Bildungsbürgertums[336] wie etwa Herder, Möser, Lavater, Lenz, Hamann und der junge Goethe reklamieren in der zweiten Hälfte des 18. Jahrhunderts eine eher idealistische Gegenposition zu dem ‚einseitig auf den Verstand fixierten, toten Maschinismus‘ der Aufklärung.[337] Die bis dahin gültige Vorstellung einer gemeinsamen, kosmopolitisch ausgerichteten europäischen Aufklärungstradition wird zugunsten der Konstitution einer national akzentuierten Bewegung aufgegeben, was in der Kultur-[338] und Literaturgeschichtsschreibung später die Grundlage für ein neues, als ‚Deutsche Bewegung‘[339] apostrophiertes Verlaufsmodell der Literarhistorie abgibt, wobei – ausgehend von der Weimarer Klassik – eine eigene Traditionslinie für die deutsche Geistesgeschichte entworfen wird: Sturm und Drang, Sensualismus und Pietismus werden als spezifisch deutsche, gegenaufklärerische Bewegungen zusammengefaßt, die in der Weimarer Klassik ihren Höhepunkt finden und denen die Romantik zwar als gleichgeartete, aber schon wieder absteigende Linie des Modells zugeordnet wird.[340] Der damit generierte Gegensatz der Paradigmen ‚französisch-aufklärerisches Denken‘ vs. ‚idealistisch‘ bzw. ‚romantisch-deutsches Fühlen‘ wird als Serie binärer Oppositi-

---

[335] Vgl. Hans Robert Jauß: Vorwort. In: Ders.: Literaturgeschichte (s. Anm. 333), S. 7-10, hier: 8.

[336] Vgl. Werner Conze: „Deutschland" und „deutsche Nation" als historische Begriffe. In: Otto Büsch/James J. Scheehan (Hg.): Die Rolle der Nation in der Deutschen Geschichte und Gegenwart. Berlin 1985, S. 21-38, hier: 29.

[337] Vgl. Herder, Goethe, Frisi, Möser: Von deutscher Art und Kunst. Einige fliegende Blätter. Hamburg 1773. – Plumpe (Realismus [s. Anm. 141, S. 20]) führt einen Brief Schillers an Goethe von 1798 an, in dem es heißt, „daß die Franzosen gegenüber den Deutschen die ‚besseren Realisten‘ seien, ihr Realismus jedoch ‚keine Poeten machen‘ könne."

[338] Z.B. R. Joerden: Deutsche Bewegung. In: Sachwörterbuch der Deutschkunde. Unter Förderung durch die Deutsche Akademie hg. v. Walther Hoffstaetter u. Ulrich Peters. Bd. I. Leipzig/Berlin 1930, S. 229-231.

[339] Der Begriff geht auf Hermann Nohl zurück, der ihn in Anlehnung an Diltheys Basler Antrittsvorlesung über „die drei Generationen der deutschen Geistesgeschichte von 1770- 1830" entwickelt und in seiner Göttinger Vorlesung „Die Deutsche Bewegung" expliziert hat (H. N.: Die deutsche Bewegung und die idealistischen Systeme. In: Logos. Zs. für Philosophie der Kultur, 2. Bd., Tübingen [1911/12], S. 350-359). – Auch Friedrich Meinecke (Weltbürgertum und Nationalstaat. Studien zur Genesis des deutschen Nationalstaats. München 1907, 2. Aufl. 1911, S. 1ff.) hat zur Popularität des Begriffs beigetragen, worauf Conze (s. Anm. 336), S. 29, hinweist.

[340] Vgl. Jauß (s. Anm. 333), S. 68. – Zur Wiederaufnahme dieses Denkmodells um 1900 vgl. die Fallstudie zu Friedrich Lienhard. – In diesem Modell verbindet sich – wie Dieter Düding (Bedeutung und Funktion der Turner- und Sängervereine für die deutsche Nationalbewegung. München 1984, S. 25) gezeigt hat – die Annahme einer *natürlichen Wesensanlage* des deutschen Volkes mit der einer gewordenen Nation. Man glaubte zu erkennen, daß sich die ‚Natur‘ eines Volkes erst im Verlauf der Geschichte Geltung verschaffe. Die deutsche Geschichte mußte so als ein permanenter Kampf um die Lösung von westlich-rationalistischer, letztlich französischer ‚Überfremdung‘ angesehen werden. Alle kulturellen ‚Großtaten‘ erschienen somit als Akte der Befreiung, wobei der angenommenen französisch-rationalen Wesensart eine irrational deutsche entgegengesetzt wurde. – Eine umfassende Arbeit zur Entstehung und Wirkung des Konzepts der Deutschen Bewegung gilt innerhalb der Germanistik seit längerem als Desiderat.

onspaare formulierbar, wie sie Hermann Nohl später in seiner Vorlesung über die „Deutsche Bewegung" zusammengestellt hat:

Die neue Epoche gegenüber dem Zeitalter der Aufklärung beginnt überall da, wo der ‚Reflexion' des Verstandes als der alle Gewißheit begründenden Macht, der Abstraktion und Demonstration des Rationalismus einerseits, der psychologischen und naturwissenschaftlichen Analyse anderseits das ‚Leben' als ein von Grund aus individuelles, irrationales und als Totalität, die nur der Totalität des Erlebens zugänglich ist, entgegengehalten wird. Die Lage wurde allgemein so empfunden: nicht bloß daß der Verstand in der Erkenntnis mit seinen Trennungen und Gegensätzen das Leben, das ein einheitliches Ganzes ist, zerstört: die Herrschaft des Verstandes in der Aufklärung hat auch in Wirklichkeit das einheitliche Leben zerteilt, und die Aufgabe ist, diese Einheit – im Menschen zwischen seinen Kräften, in der Gesellschaft zwischen den einzelnen Menschen, endlich zwischen Mensch, Natur und Gott – wiederherzustellen.[341]

Der aus einer solchen Abfolge der literarischen Epochen resultierende Effekt einer spezifisch deutschen, idealistisch-romantischen Diskursposition erlaubte sowohl eine Abgrenzung gegen das ‚rationalistische' Frankreich als auch das ‚merkantilistische' England[342] und führte zu einer Verteilung symbolisch generierter Nationalstereotypen, wie sie Madame de Staël unter Verwendung eines Jean-Paul-Zitats prägnant verdeutlicht hat:

Das Gebiet des Meeres gehört den Engländern; das Gebiet der Erde den Franzosen; das Gebiet der Luft den Deutschen.[343]

Bereits im Vorfeld der 48er Revolution verschiebt sich diese – vor allem durch Symbole wie ‚Tiefe', ‚Wolken', ‚Wald' generierte[344] – romantisch-idealistische Position des deutschen Nationalcharakters in den verschiedensten Praxisbereichen und ihren Diskursen zu einer modern-realistischen Position hin, und zwar in dem Maße, wie die theoretisch-spekulativen Diskurse der Romantik im Zuge der Industrialisierung durch pragmatische Diskurse abgelöst werden. Ludwig Feuerbach schreibt 1842: „Der Geist der Zeit oder Zukunft ist der des *Realismus*"[345]. Entsprechend kann das vorher positiv besetzte Attribut des ‚Dichtens und Denkens' von dem Augenblick an negativ gewertet werden, wo es nur noch an die Vorstellung vom trägen Michelschlaf der Deutschen Nation und die mißglückten, weil „realitätsfernen und utopi-

---

[341] Hermann Nohl: Die Deutsche Bewegung. Vorlesungen u. Aufsätze z. Geistesgeschichte von 1770-1830. Hg. v. Otto Friedrich Bollnow/Frithjof Rodi. Göttingen 1970, S. 78.

[342] Ist England etwa für Herder mit Blick auf die gemeinsame Shakespeare-Rezeption noch ein mit Deutschland wesensverwandtes Volk, so wird es im Verlauf des Jahrhunderts immer weiter von Deutschland getrennt und tendenziell mit Frankreich zusammengerückt, eine Entwicklung, die ihren ersten Höhepunkt noch vor dem Ersten Weltkrieg mit den Burenkriegen findet. Vgl. Kap. 4.4 zu Friedrich Lienhard.

[343] Staël (s. Anm. 329), S. 29.

[344] Vgl. (auch zum Folgenden): Gerhard/Link (s. Anm. 137).

[345] Ludwig Feuerbach: Nothwendigkeiten einer Reform der Philosophie. In: L. F. Sämtliche Werke. Neu hg. v. Wilhelm Bolin u. Friedrich Jodl. Bd. 2. 2. Aufl., Stuttgart-Bad Cannstatt 1959, S. 215-222, hier: 221. – Vgl. dazu auch Hans-Ulrich Wehler: Einleitung. In: Ludwig August v. Rochau: Grundsätze der Realpolitik. Angewendet auf die staatlichen Zustände Deutschlands. Hg. u. eingel. v. H.-U. W. Frankfurt/M. 1972, S. 7.

schen Absichten"[346] der Märzrevolution gekoppelt ist. Gleichzeitig verschiebt sich das französische Nationalstereotyp – aus deutscher Sicht – vom positiv gewerteten aufklärerisch-rationalen Verstand zum oberflächlich-leichtlebigen ‚Esprit'. Das bedeutet später einen zumindest partiellen Positionstausch[347], zu dem sich erste Ansätze schon in der Zeit der Befreiungskriege beobachten lassen. Denn nach dem napoleonischen ‚Realismus-schock' der Niederlage von Jena und Auerstädt – signifikant geworden durch den Ausspruch der Königin Luise „Wir sind eingeschlafen auf den Lorbeeren Friedrichs des Großen" – wird elementar-literarisch in den verschiedensten Diskursen versucht, die französische Position zu besetzen und das französische Nationalstereotyp entsprechend zu verschieben. So gilt – wie hier nur angedeutet werden kann – der Hermann des Kleistschen Propagandadramas in seinem partisanenhaften Kalkül in bezug auf sein Volk und die eigene Frau schon als ‚Realpolitiker', wie Ludwig von Rochau ihn nicht besser hätte charakterisieren können, und ist – wie später Detlev von Liliencrons „Prolog zu Kleists Herrmannsschlacht" oder Arthur Eloessers Kleist-Studie zeigen – auf Bismarck und die seit den 60er Jahren deutlich werdende Realismusposition applizierbar[348]:

Auch Hermann ist kein strahlender Held gleich einem Siegfried oder Cid, sondern ein Realpolitiker, der richtige Mann am richtigen Platz, und wie die Schlacht am Teutoburger Wald sich als ein listiger Überfall und als ein Schlachten vollzieht, so enthält sich das Stück aller Rütli-Feierlichkeit und schwungvoller Verbrüderung. Hermann ist der Mann, den Kleist seinen vor lauter Humanität und Reflexion entarteten Deutschen wünschte, der Mann der tiefen religiösen und patriotischen Leidenschaft, der aber die Herrschaft über die eigene Empfindung behält und die Notwendigkeit mit

---

[346] Plumpe: Realismus (s. Anm. 141), S. 11.

[347] So berichtet Fontane 1871 über den Wartesalon von Gray, in dem er als Kriegsgefangener Truppenbewegungen beobachtet: „Theaterhaft bunt drängten sich Linie, Garde mobile und Legionäre; die Hauptmasse bildeten die Franctireurs. Ich konnte sie nicht ansehen, ohne immer wieder an einen lesenswerten Aufsatz Hugo v. Blombergs zu denken: ‚Über das Theatralische im französischen Volkscharakter'. Welche natürliche Begabung sich zurecht zu machen, sich zu drapieren und ornamentieren!" (Th. F.: Kriegsgefangen. Erlebtes 1870. Frankfurt/M. 1980 [Werke u. Schriften. Hg. v. Walter Keitel u. Helmuth Nürnberger. Bd. 36, hg. v. W. K.], S. 34. – Blombergs Aufsatz „Das Theatralische in Art und Kunst der Franzosen" erschien in der von Moritz Lazarus/Heymann Steinthal hg. „Zs. für Völkerpsychologie und Sprachwissenschaft", Bd. I [1860], S. 478ff. u. Bd. II [1862], S. 179ff. u. 345ff.). – Zu Beginn der 80er Jahre läßt Fontane seinen „Graf Petöfy" über die Franzosen sagen: „Es ist ein Phantasievolk, dem der Schein der Dinge vollständig das Wesen der Dinge bedeutet, ein Vorstellungs- und Schaustellervolk, mit einem Wort, ein Theatervolk" (Th. F.: Graf Petöfy. Frankfurt/M. 1986 [Werke u. Schriften. Bd. 9], S. 55).

[348] Vgl. Detlev v. Liliencron: Prolog zu Kleists Hermannsschlacht. An Bismarcks zehnjährigem Todestag. In: Mayer (s. Anm. 43), S. 265f.: „Zum Andenken an Bismarcks Todestag,/ Der vor zehn Jahren alle Welt durchbebte,/ Soll heute hier die Herrmannsschlacht erscheinen./ Kein besserer Name kann Kleists Rächer sein./ Was er gewollt: das große Vaterland,/ Bismarck hat's durchgesetzt mit seiner Kraft" (S. 266). – Vgl. auch die neuere Kleistforschung, z.B.: Frank Haase: Kleists Nachrichtentechnik. Eine diskursanalytische Untersuchung. Opladen 1986; Wolf Kittler: Die Geburt des Partisanen aus dem Geist der Poesie. Heinrich v. Kleist und die Strategie der Befreiungskriege. Freiburg 1987; Dirk Grathoff (Hg.): Heinrich v. Kleist. Studien zu Werk und Wirkung. Opladen 1988.

den Möglichkeiten vergleicht. Es ist vielleicht noch nicht bemerkt worden, wie sicher der dichtende märkische Junker seinen größten Landsmann und Standesgenossen vorgeahnt hat. Hermann trägt seine Pläne allein in sich wie Bismarck, dem es auch nicht darauf ankam, mißverstanden und selbst verachtet zu werden. Er betölpelt den Varus wie Bismarck Napoleon III., er redigiert die Fama von den Untaten der Römer wie Bismarck die Emser Depesche und nach allen Mitteln der List braucht er als letztes die offene Auslieferung seiner Absichten und seiner Persönlichkeit wie Bismarck. Er ist schroff und hochfahrend, dann spöttisch, humoristisch, liebenswürdig, ein Meister in der Kunst der Menschenbehandlung wie Bismarck, er hat dieselbe soldatische Religiosität, die nach feinster Vorbereitung die Entscheidung dem deutschen Gotte überläßt, und wenn den Cherusker beim Gesang der Barden die unterdrückte Leidenschaft einmal übers Haupt schlägt, gleicht er auch noch Bismarck, der nach ungeheuren Erschütterungen in Tränen ausbrechen konnte.[349]

Ihre zunehmende Bedeutung gewinnt die modern-realistische Diskursposition aber nicht in erster Linie als Konsequenz einer politischen Revolution, sondern vielmehr als Folge industriellen Wandels[350], der als diskursives Ereignis zu eigentümlichen Interferenzen im System der interdiskursiven Elemente führt und letztlich in ein Nebeneinander und Konkurrieren von romantisch-deutscher und realistisch-moderner Position mündet, die beide immer wieder neu zu semantischen Totalitäten vermittelt werden müssen.
Ein erstes massenformierendes Ereignis, an dem das Nebeneinander von Idealismus- und Realismus-Diskursposition in Preußen-Deutschland breit zutage tritt, sind die Schillerfeiern des Jahres 1859, die nicht nur Anlaß geben, über das Verhältnis von ‚Idee‘ und ‚Verwirklichung‘, von ‚Geist‘ und ‚Politik‘ nachzudenken, sondern deren Kombination – allerdings noch auf dem Terrain der Literatur – am Dioskurenpaar Goethe/Schiller erprobt wird: Beide werden in der Regel zu einem Paar verbunden, bei dem Goethe den Realismuspart, Schiller den des Idealismus übernimmt, eine Konvergenz, die Jürgen Link am Beispiel der Literaturgeschichtsschreibung untersucht hat[351] und die auch in eher journalistisch-pragmatischen Genres wie Schul- und Festreden immer wieder praktiziert wird. Die Synthese scheint aber 1859 noch nicht innerhalb einer Person möglich zu sein, während sie nach 1866 in der Mythisierung der Person Bismarcks immer wieder anzutreffen ist. Bismarck löst als mythischer Held damit einen wichtigen Antagonismus auf: Ist nämlich das ‚Wesen‘ des Deutschen im Sinne der gegen die französische Aufklärung gewendeten idealistischen Diskursposition durch irrationale ‚Tiefe‘ und ‚Gemüth‘ bestimmt, ist es gleichzeitig aber – spätestens seit von Rochaus Buch[352] – das ‚Wesen‘ des modernen Politikers, ‚Realist‘ zu sein, so wäre für einen deutschen Politiker die Diskursposition eines irrationalen Realisten, eines idealistischen Realisten oder realistischen Idealisten gefordert.

[349] Eloesser (s. Anm. 259), S. 58f.
[350] Die These der zwei europäischen Revolutionen entfaltet Hans-Ulrich Wehler in: Deutsche Gesellschaftsgeschichte. Bd. II. München 1987.
[351] Vgl. Link: Konvergenz (s. Anm. 233), bes. S. 225.
[352] Rochau: Grundsätze (s. Anm. 345).

3.5.2 Bismarck als ‚Real-Idealist‘

Bismarck erscheint nun zum einen als derjenige, der mittels des technischen Spezialdiskurses (vgl. die in 3.1 vorgestellten Eisen- bzw. Schmiede-Symboliken) und durch sein militärisches Handeln in die realistische Diskursposition eingesetzt wird und diese damit symbolisch für die deutsche Nation zurückgewinnt.[353] Er ist derjenige, der das deutsche Volk zu Realisten gemacht hat, der „es zu Thaten erzogen"[354] hat, der den „Wendepunkt"[355] markiert, von dem ab „wir [...] politisch und realistisch wurden und saure Mannesarbeit zu verrichten hatten"[356]. Denn

dem Volke der Dichter und Denker war die Politik von Haus aus fremd und wenig sympathisch, und so scheint es, als habe er das Fühlen und Empfinden seines Volkes erst in neue Bahnen zwingen müssen.[357]

Allein so Schlag auf Schlag folgten die großen Ereignisse – [...] –, daß man atemlos zusah und für anderes schlechthin keine Zeit, keinen Sinn, keinen Blick hatte. So sind wir durch die harte Zeit aus einer Nation von Dichtern und Denkern zu einem politischen, aus einem immer noch leidlich idealistischen zu einem recht realistischen Volke umgeschmiedet worden.[358]

Zugleich ist er aber auch stets derjenige, der den für Preußen- Deutschland neu entdeckten Realismus mythisch mit der alten, idealistisch-romantischen Position der ‚Dichter und Denker‘ vermittelt[359], so daß von der „realistisch-

---

[353] In dieser Hinsicht kann das „Entwicklungsmodell" Bismarck-Reich als „militärisch-industrieller Komplex" begriffen werden, worauf Harry Pross in einem Gespräch hingewiesen hat. Frankreich gegenüber konstituiert sich die realidealistische Position beispielsweise in der Opposition von französischer „Galanterie" vs. deutschem militärischem „Metall", wie sie Karl Bleibtreu (s. Anm. 14), Bd. 1, S. 27 (BA 7.7, Nr. 34), benutzt: „Wißt Ihr, bin nämlich 1815 geboren, wo es mit dem Napolium und der ganzen Franzosenwirtschaft ein Ende nahm. Das muß wohl auf mich abgefärbt haben, denn ich habe nicht für einen Silbergroschen Respekt vor der eingebildeten Bande. Das sind lauter zierliche Spazierstöcke und Galanteriedegen, die man umknicken kann wie Binsen und Rohr. Da lob ich mir einen derben deutschen Knotenstock und Husarensäbel, das ist Kernholz und echtes Metall." – Via Bismarck kann auch Fontanes „Mathilde Möhring" die militärisch-industrielle Diskursposition auf die eigene „Sehnsucht" nach „Auffrischung" ihrer „kleinen Verhältnisse" applizieren: „Ich darf sagen, daß die Reden des Fürsten erst das aus mir gemacht haben, was ich bin. Es ist so oft von Blut und Eisen gesprochen worden. Aber von seinen Reden möchte ich für mich persönlich sagen dürfen: Eisenquelle, Stahlbad. Ich fühle mich immer wie erfrischt" (Th. F.: Mathilde Möhring. Frankfurt/M. 1986 [Werke u. Schriften ‹s. Anm. 347›, Bd. 20, Hg. v. Gotthard Erler], S. 86f.).
[354] Kanig (s. Anm. 79), S. 8 (BA 7.2.7, Nr. 18).
[355] Ziegler (s. Anm. 18), S. 6.
[356] Ebd., S. 393.
[357] Ebd., S. 387.
[358] Ebd., S. 393. – Vgl. auch Finke (s. Anm. 19), S. 7 (BA 7.8.2, Nr. 5).
[359] Vgl. Bewer: Rembrandt (s. Anm. 50), S. 67f. (BA 7.2.7, Nr. 2); Ernst Schaumkell: Rede gehalten zur Feier des 80. Geburtstages Sr. Durchlaucht des Fürsten Bismarck am 1. April 1895 im Schützenhause zu Güstrow. Güstrow 1895, S. 6f. (BA 7.2.7, Nr. 7); Wilhelm Rudolf Schulze (s. Anm. 8), S. 64 (BA 7.2.7, Nr. 8); O. Pfleiderer: Fürst Bismarck. Rede vor einer Festversammlung in Lichterfelde. Am 1. April 1892. Berlin 1892 , S. 7f. (BA 7.2.7, Nr. 10); Otto v. der Pfordten: Fürst Bismarck. Eine Gedenkrede zu seinem Tode. Heidelberg 1898,

idealistischen Grundlage seines Wesens"[360] die Rede ist, die ihn zum „Real-idealisten"[361] macht. Für Otto Kaemmel steht zwar fest, daß der Reichskanzler

ein *Idealist* ersten Ranges ist. Und das ist wieder eine echt deutsche Eigenschaft. Wir rühmen uns ja gern eben dieses Idealismus, obgleich wir dabei wohl übersehen, daß er zu anderen Zeiten viel stärker gewirkt hat, als heute; wir sind stolz darauf, daß unsere Dichtung inmitten eines kläglichen politischen Zusammenbruches ihre glänzendste Höhe erstiegen hat, was gewiß nur möglich war inmitten eines Volkes, dessen gebildete Stände in einer idealen Welt mehr lebten, als in der Wirklichkeit, und wir wissen Alle, das Deutsche Reich verdankt seine Neugründung mindestens ebenso wie dem praktischen Bedürfniß dem idealen Sehnen nach einer staatlichen Einheit, die der Vorstellung von einem großen, in seinem Wesen und seiner Kultur einheitlichen Volke entsprach. Dieser Idealismus beseelt bewußt oder unbewußt unser ganzes Beamtenthum, unser Heer, unsere Geistlichen und Lehrer, und dieser Idealismus der Pflichterfüllung macht uns unüberwindlich. Aber unsere größten Männer haben mit einem hohen Ideale auch stets einen großartigen *Realismus* verbunden in den Mitteln, die sie wählten, um jenes zu erreichen, und zwar eben deshalb, weil sie Idealisten waren, denn ohne diesen Sinn für das Thatsächliche, für die sie umgebende Wirklichkeit konnten sie ihr Gedankenbild ja niemals zu verwirklichen hoffen. Immer werden es die größten Zeiten eines Volkes sein, wo sich in seinen führenden Männern Idealismus in den Zielen und Realismus in den Mitteln verbinden, und uns Deutschen zumal droht stets ein Rückgang, sobald uns große Ideale fehlen. Eben daß Bismarck das volksthümliche Ideal der deutschen Einheit rechtzeitig ergriff, hat ihn zum großen Manne gemacht.[362]

Und wenn seine Sozial- und Wirthschaftspolitik eine That des kühnsten Idealismus war, sie war auch Realpolitik im größten Stile, denn handgreifliche Gefahren waren und sind es, die sie zu beschwören versucht.[363]

Zum Teil wird Bismarcks Real-Idealismus auch als Übernahme des neuen französischen Nationalstereotyps (‚Esprit‘) dargestellt, das er jedoch mit deutscher ‚Realistik‘ vereint.

Bismarck war ein bestrickender Plauderer. Seine Unterhaltung vereinigte den Glanz französischen Esprits mit deutscher Gediegenheit.[364]

Auch Karl Bleibtreu plaziert Bismarck auf einer real- idealistischen Diskursposition, indem er ihm zugleich Ansätze zu französischer Weltoffenheit und deutschem Familialismus zuspricht. In einer Szene seines Romans läßt er den Duc de Morny, einen Halbbruder Napoleons, zum sächsischen Minister

S. 20 (BA 7.2.7, Nr. 11); Witt (s. Anm. 194), S. 6f. (BA 7.2.7, Nr. 13); Kawerau (s. Anm. 110), S. 8f. (BA 7.2.7, Nr. 14); Eduard Aust: Eine Bismarck-Gedenkrede in der Aula des Realgymnasiums zu Lippstadt gehalten am 28. Oktober 1898. Lippstadt, Realgymnasium u. Reformanstalt, 1898/99 , S. 8 (BA 7.2.7, Nr. 15); Sorof (s. Anm. 102), S. 49 (BA 7.2.7, Nr. 20); Kämpfer (s. Anm. 282), S. 6 (BA 7.2.7, Nr. 29).

[360] Kaemmel (s. Anm. 303), S. 30.
[361] E. Pfleiderer (s. Anm. 19), S. 15 (BA 7.2.7, Nr. 6).
[362] Kaemmel (s. Anm. 303), S. 23f.
[363] Ebd., S. 29.
[364] Lomer (s. Anm. 273), S. 127.

Baron Beust, der ebenfalls als „geschulter Salonlöwe" mit savoir vivre eingeführt wird, über Bismarck sagen:

"Wissen Sie, mein lieber Baron," äußerte er zu Beust, „dieser Preuße ist unstreitig ein
superiorer Mann. Allein, er ist – Pardon – ein Deutscher. Einen großen Stil des Welt-
manns wird nur ein Franzose und Engländer haben, allenfalls ein Italiener von sehr alter Familie, in gewissem rohen Sinne sogar ein russischer Fürst oder ein Madjare, ein
Deutscher nie. Sie bleiben – nochmals Pardon – bürgerlich. Eine gewisse Freiheit von
sogenannten moralischen Vorurteilen, eine vornehme Absonderung von der Canaille
werden Sie niemals kennen.

So weit scheint sich – aus der von Bleibtreu simulierten französischen Perspektive – die Distinktionsfunktion der Opposition von ‚savoir vivre' vs. ‚Familialismus' für die beiden Nationalstereotypen zu bestätigen. Doch läßt er
den Duc de Morny mit Bezug auf Bismarck im nächsten Satz entgegen dieser
Taxonomie zu der Feststellung kommen:

Dieser Preuße ist ein Mann von Welt, der französischste Deutsche, den ich je sah, aber
dabei ein braver *pere de famille*. Das reimt sich nicht.[365]

Bleibtreu operiert hier mit einem mehrfachen Chiasmus. Bismarck bekommt einmal einen Teil der französischen Diskursposition, nämlich ‚Esprit', zugesprochen. Dies aber nicht als militärisch-realistischer Preuße, sondern in seiner Eigenschaft als Deutscher, an den sonst in der Regel das ‚Idealismus'-Paradigma gekoppelt ist. Die Verbindung von ‚Weltmann' und ‚Familienvater' ist dabei aus der Sicht des Franzosen nur als Kopplung zweier
Nationalstereotype denkbar, so daß es der Franzose ist, der für Bismarck die
Trickster-Position generiert. Gelegentlich nutzt Bleibtreu auch in seinen
theoretischen Texten diese verfremdende Übernahme des französischen Nationalstereotyps.[366] So zitiert er in seiner 1886 erschienenen Streitschrift
„Revolution der Litteratur" einen auf die deutschen Verhältnisse der Gründerzeit abzielenden Text Lamartines über die Kontroverse zwischen idedali-
stischer Poesie und realistischer Naturwissenschaft zur Zeit des ersten Em-
pire[367], um dann für den Spezialdiskurs der Ästhetik die real-idealistische
Position zu fordern:

Der wirkliche Realist wird die Dinge erst recht sub specie aeterni betrachten und je
wahrer und krasser er die Realität schildert, um so tiefer wird er in die Geheimnisse jener wahren Romantik eindringen, welche trotz alledem in den Erscheinungsformen
des Lebens schlummert. [...]
Die *Neue Poesie* wird vielmehr darin bestehen, Realismus und Romantik derartig zu
verschmelzen, dass die naturalistische Wahrheit der trockenen und ausdruckslosen Photo-
graphie sich mit der künstlerischen Lebendigkeit idealer Composition verbindet.[368]

---

[365] Bleibtreu (s. Anm. 14), Bd. 2, S. 252.
[366] Vgl. auch Bleibtreu (s. Anm. 14), Bd. 3, S. 110 (BA 7.8.2, Nr. 7): „Weiß Gott, wenn ich nicht
wüßte, daß jeder Blutstropfen in mir unverfälschtes niedersächsisches Geblüt ist, ich würde
mich für einen Fremdling halten."
[367] Karl Bleibtreu: Revolution der Litteratur. Hg. v. J. J. Braakenburg. Tübingen 1973 (E: 1886),
S. 6-8.
[368] Ebd., S. 31.

Die durch den mythischen Trickster Bismarck besetzte real-idealistische Position erlaubte es, das deutsche Nationalstereotyp zugleich in Opposition zu England und Frankreich zu setzen. Denn gegenüber Frankreich konnte man sich nach dem gewonnenen Krieg von 1870/71 als die realistischere Nation konstituieren, dem ‚bloßen Manchestertum‘ der Engländer gegenüber blieb die idealistische Differenz der romantischen Diskursposition bestehen. Jedes Abweichen von der real-idealistischen deutschen Mittelposition beschwor damit zugleich die Gefahr, das Stereotyp einer der beiden anderen Nationen zu übernehmen und die Differenzqualität zu verlieren.

Konservative Kulturkritiker artikulieren in den 80er und 90er Jahren diese Gefahr eines Übergewichts und der Verhärtung des Realismus und versuchen daher – wie etwa Friedrich Lienhard – mit kompensatorischer Intention neu-idealistische Diskurse in Umlauf zu setzen und das deutsche Nationalstereotyp als „Nationalidealismus"[369] wieder stärker zum Idealismus hin zu gewichten. In diesem Sinne kann beispielsweise die Warnung Rudolf Stegmanns verstanden werden, der gegenüber dem herrschenden Realismus die „hochgewaltige Flugbahn" des Bismarckschen Denkens betont und damit – wie schon Madame de Staël – das „Gebiet der Luft" und die idealistische Diskursposition wieder ins Spiel bringt:

> Realistik der Ruf, die Ford'rung auf allen Gebieten;
> Aber vergeßt nicht, wir sind Deutsche von Ingos Geschlecht:
> Idealistisch war stets der Zug des echten Germanen;
> Sorgt denn, daß die Kultur Euch nicht zu Fremdlingen macht.
> Realismus ist gut, wenn er wurzelt im Idealismus,
> Aber vertauscht nicht das Gold thöricht mit niederem Blei:
> Wahret Euch selbst und ehrt die Natur, die Gott Euch gegeben,
> Und was die Mode befiehlt, prüft es behutsam aufs Korn,
> Daß, wer strauchle, nicht fällt: ein Irrtum auf Bismarck zu trumpfen,
> Seine Größe erschöpft im Realismus sich nicht:
> Er, der Gründer des Reichs, nahm hochgewaltig die Flugbahn,
> Der uns die Einheit gebracht, weicht einem Luther selbst nicht.
> Seine Wirkung erhebt und hält die Gemüter im Schwunge
> ‚Gleich‘ ihm im Bild, Realist, und wir beloben Dich gern.
> Naturalismus zerstreut und kältet das Herz, die Idee nur
> Bindet und wärmt, ihren Sieg kündet uns Bismarcks Gestirn.[370]

Andere Autoren imaginieren die real-idealistische Tricksterstellung Bismarcks als einen permanenten Prozeß des Pendelns zwischen den Polen von ‚Wille‘ und ‚Gefühl‘:

Wir schätzen die Willens- und Tatmenschen ganz anders, weit höher ein, als zu Anfang des Jahrhunderts, wo sich der Deutsche eines solchen Tatmenschen [Napoleon, R.P.] als seines schlimmsten Feindes zu erwehren hatte. Hier bedeutet in unserem nationalen Leben und Empfinden Bismarck, der große Mann des Willens und der Tat, einen

---

[369] Friedrich Seeßelberg: Volk und Kunst. Kulturgedanken. Berlin 1907, S. 84.
[370] Stegmann (s. Anm. 22), S. 125.

Wendepunkt, den wir bis tief in die Arbeit der Philosophie herein spüren: auf den Intellektualismus ist der Voluntarismus gefolgt; und wer ganz besonders scharfe Sinne hat, der könnte vielleicht fragen, ob nicht hinter diesem schon wieder ein neues Zeitalter der Imponderabilien, der Stimmungen und Gefühle im Anzug sei, wie ja Bismarck selber einmal das Gefühl für stärker und standhafter erklärt hat als den Verstand der Verständigen.[371]

Stärker integriert werden können Idealismus und Realismus wieder mit Beginn des Weltkriegs. Im Gegensatz zu den drei Bismarckschen Kriegen garantiert der militärische Praxisbereich jetzt aber nicht mehr in erster Linie den realistischen Aspekt der deutschen Diskursposition (denn der reproduziert sich inzwischen viel stärker durch Technik und Industrie), sondern den des Idealismus, eines großen einigenden Zieles. Der Weltkrieg kann so zum idealistischen Korrektiv gegenüber dem einseitigen Realismus der ‚Bank- und Börsenmänner‘ des Kaiserreichs werden.

Und Deutschland, das Land hoher, doch wesentlich wissenschaftlicher nicht künstlerischer Kultur, wird von Völkern, deren geistige Durchbildung nach dem Grade der Durchschnittsmasse bemessen, unermeßlich tiefer steht, mit den niedrigsten Schimpfereien und Verleumdungen überhäuft, als sei es nichts als eine öde Kaserne voll Soldaten, Beamten und Schulprofessoren. Das neue Deutschland der Techniker und Geschäftsleute glich weniger als irgendein anderes einem Land der Dichter und Denker, und es mußte eine Prüfung kommen der ungeheuersten Art, um aufs neue darzutun, daß die Stärke und Tiefe des deutschen Gemüts auch durch den ödesten Mammondienst nicht verschüttet werden kann.[372]

Ein wichtiges Vermittlungskonzept ist dabei das des ‚Helden‘, der aus idealistischem Antrieb realistisch handelt. Als Wortspiel mit minimaler phonetischer Differenz stellt W. Sombart dieses Integral dem für England reservierten Nationalstereotyp der ‚Händler‘ in seiner 1915 erschienenen Schrift „Händler und Helden“ entgegen.[373]
Das Spiel der Distinktion zwischen dem solchermaßen konstituierten deutschen und englischen Nationalstereotyp kann zudem auf die seit den späten 80er Jahren innenpolitisch aktuelle diskursive ‚Front‘ zwischen ‚Industriekapital‘ und ‚konservativer Kulturkritik‘ abgebildet werden, wobei diese Opposition konnotativ stets auch als eine von ‚Technik‘- vs. ‚Natur‘- Para-

---

371 Ziegler (s. Anm. 18), S. 6 (BA 7.2.5, Nr. 8).
372 Bleibtreu (s. Anm. 14), Bd. 3, S. 504f. (BA 7.5.1, Nr. 26). – Vgl. auch Marie Diers: Bismarcks Bild im deutschen Volk. In: Der Türmer, 17. Jg. (April 1915), Bd. II, S. 11-17, hier: 16: „Es ist im deutschen Volkscharakter eine wundersame Mischung von herber Realistik und süßer Poesie. Ich glaube, diese Mischung ist eines der Geheimnisse, an der sich unsere Feinde jetzt die Köpfe einrennen, denn das Blut, das beides in sich vereint, hat eine gesunde Lebenskraft."
373 Vgl. Jochen Köhler: Der Wille zum Reich. Genesis und Geltung eines Mythos. In: Ästhetik und Kommunikation (November 1984), H. 56, S. 25-31, hier: 28: „Vor die selbstgerechte historische Alternative ‚Händler‘ oder ‚Helden‘ (vgl. den gleichnamigen Buchtitel von W. Sombarts patriotischen Besinnungen 1915) gestellt, schlug sich Preußen unwiderstehlich auf die Seite der ‚Helden‘." Bereits in den Jahren vor dem Ersten Weltkrieg läßt sich eine Tendenz zur Distinktion gegenüber dem englischen Nationalstereotyp beobachten (vgl. z.B. Carl Boesch: Der Engländer und der Deutsche. Eine psychologische Studie. In: Friedrich Seeßelberg [Hg.]: Werdandi-Jahrbuch 1913. Berlin 1913, S. 81-92).

digma (vgl. die Programmschriften der Heimatkunstbewegung, z.B. Friedrich Lienhards „Los von Berlin"[374]) gelesen werden kann. Für die konservativ-kulturkritischen Bewegungen galt es daher, den ‚Realisten des Geldes' die Legitimationsfigur ‚Bismarck' zu entziehen.

Die antisozialen Krämer schätzen in Bismarck nichts so sehr, als den Umstand, daß er kein Idealist gewesen sei, woraus sie glauben schließen zu dürfen, daß er ihrem öden Materialismus die historische Weihe gegeben habe. [...]
Es kommt in der Politik zwar auf die Machtfaktoren und auf den Vorteil an, immer aber auf die *historischen* Machtfaktoren und auf den *nationalen* Vorteil. Den Sinn für diese beiden kann man gar nicht sicherer verlieren, als wenn man sich dem rohen, schäbigen, dummen, widerwärtigen Materialismus ergibt, der viele Bismarck-Anbeter und einzelne Bismarck-Organe auszeichnet. Der deutsche Idealismus, den sie mit einem Idiotengrinsen glauben ablehnen zu dürfen, ist in Wirklichkeit eine der sichersten Garantien, die es für die historische Existenz des deutschen Volkes überhaupt gibt.[375]

3.5.3 Bismarck und Napoleon I. im Mythensystem

Da es im Kaiserreich aber kaum möglich gewesen wäre, den Realpolitiker Bismarck eindeutig negativ zu codieren, wird er mit Napoleon I. zu einem Oppositionspaar verbunden, das die Taxonomie der Paradigmen ‚Idealismus'/‚Ideal-Realismus'/‚Realismus' dadurch verlängert, daß ein negativ gewerteter französisch-napoleonischer Realismus von einem positiv besetzten deutschen Realismus unterschieden wird. Als solch ‚antagonistische Dioskuren', die stets auch die jeweiligen Nationalstereotypen repräsentieren[376], bilden Napoleon und Bismarck den Kern eines synchronen Mythensystems, in dem Napoleon den Part des eigentlichen Realpolitikers mit konnotierter negativer Wertsetzung zugewiesen bekommt. Die sich emphatisch als ‚Realisten' verstehenden ‚Händler' werden damit automatisch auf eine nicht-deutsche Position verschoben und können – aus Sicht der konservativen Kulturkritik – ausgegrenzt werden. In einem 1911/12 im „Türmer" erschienenen Artikel nimmt Jeannot Emil Frhr. v. Grotthuss daher ebenso emphatisch die

---

[374] Friedrich Lienhard: Los von Berlin. In: F. L. Gesammelte Werke in drei Reihen. Dritte Reihe: Gedankliche Werke in sechs Bdn. Stuttgart 1926ff., Bd. 1, S. 129-135. Die Texte Lienhards werden im folgenden nach dieser Ausgabe zitiert. Römische Ziffern geben die Reihe, arabische den Bd. in der Reihe an.

[375] J. E. Frhr. v. Grotthuss: Türmers Tagebuch: Deutscher Idealismus. Das Recht und Unrecht der Nationalitäten. In: Der Türmer, 13. Jg. (1910/11), Bd. II, H. 10, Juli 1911, S. 510f.

[376] Vgl. Hausegger (s. Anm. 155), S. 9 (BA 7.7, Nr. 5): „Wenn wir Bismarck einen großen Staatsmann nennen, so wird es uns doch schwer, ihn einem Machiavelli, Richelieu, Talleyrand oder Napoleon zuzugesellen. Was ihn von diesen unterscheidet, fällt mit dem zusammen, was die deutsche Eigenart von der romanischen abhebt."–Albert Eggor: Bismarck und Napoleon oder Die Saaten des blutigen Schlachtfeldes von Königgrätz. Illustrirter historisch- politischer Roman aus den Jahren 1866-1868. Berlin 1869, Bd. 4, S. 1238: "Graf Bismarck und Napoleon, einander gleich an geistiger Kraft und politischer Macht, stehen sich ebenbürtig gegenüber. Der Eine ganz Deutscher im höchsten Sinne des Wortes, der Andere ganz Franzose [...]."

Idealismusposition für sich in Anspruch. Sein Bild eines Napoleon, der letztlich den deutschen „Ideologen" Kant, Fichte und Schiller unterlegen ist, gewinnt dabei vor dem Hintergrund der Tatsache, daß Napoleon selbst den Begriff ‚Ideologe' pejorativ akzentuiert hatte[377], eine zusätzliche ironische Dimension:

Der Glaube schafft Götter. *Dieser* Glaube hat das Götterbild ‚Realpolitik' geschaffen. Und der Glaube macht die Gläubigen stolz und die Ungläubigen verächtlich: *darum* ist dem Realpolitiker der, der an seine Göttin nicht glaubt, ein Wesen, das ebenso tief unter ihm steht wie unter dem Gläubigen Mohammeds der ungläubige Frankenhund – wennschon kein Mekkapilger es fertigbringen wird, diesem Hunde einen Ekelnamen zu geben, in den er eine so abgrundtiefe Verachtung legen kann wie der Gläubige der Realpolitik in das Wort ‚Ideologe' ...
Wo finden wir armen Ideologen Trost in solcher Verachtung? Nun, vielleicht in einem Blick auf die Weltgeschichte. Die, sonderbar genug, nicht aus *der* Wirklichkeit gewachsen ist, auf der der Sockel jenes Götterbildes steht, sondern aus der ganz gemeinen Wirklichkeit der Dinge. [...] Einer Wirklichkeit, die deshalb den Gedanken der Ideologen Schiller, Kant und Fichte die Macht verliehen hat, ein ganzes Volk zu ergreifen, das dann – *kraft dieser ideologischen Gedanken* – den gewaltigsten Realpolitiker aller Zeiten, den großen Korsen, niederwarf. Einer Wirklichkeit, die ein halbes Jahrhundert später den stärksten Mann dieses Volkes, Bismarck, zum Testamentsvollstrecker *der* Ideologen gemacht hat, die – von allen metternichtigen Realpolitikern ihrer Zeit verfolgt und verhöhnt – für den ideologischen Gedanken der deutschen Einheit gelebt, gearbeitet und gelitten hatten. Einer Wirklichkeit, die ihre einstweilen dauerhafteste Siegerkrone einem ‚Ideologen' verliehen hat, der – zum Trotz allen Realpolitikern seiner Zeit und aller kommenden Zeiten – als Richtschnur für alles Erdenleben die ideologische Weisung gegeben hat: ‚Liebe deinen Nächsten wie dich selbst.'[378]

Im „Türmer" wird das Oppositionspaar Bismarck vs. Napoleon I. bis zum Beginn des Ersten Weltkriegs in den verschiedensten Kontexten immer wieder als Prüfstein für den deutschen Realidealismus genutzt[379], so daß es als Teil einer relativ stabilen Konfiguration mythisierter Figuren erscheint.

Bismarck besaß in hohem Grade, was er selbst Augenmaß genannt hat, die Fähigkeit, Form und Maß zu erkennen und zu halten, eine unentbehrliche Eigenschaft des Künstlers. Deshalb trägt Bismarcks Werk die Kraft des Bestandes in sich, und deshalb berührt sein politisches Schaffen auch künstlerisch. Die Kunst des Maßhaltens findet man nur selten bei Politikern. Napoleon I. war wie ein durchgehendes Pferd. An seiner Stelle würde sich Bismarck mit der Rheingrenze begnügt haben, um dem neuen französischen Staatswesen eine solide Grundlage zu geben. Napoleon ging immer weiter, bis er mit seinen Schöpfungen zusammenbrechen mußte.[380]

[377] Vgl. den Artikel „Ideologie" von Ulrich Dierse in: Historisches Wörterbuch der Philosophie. Hg. v. Joachim Ritter u. Karlfried Gründer. Bd. 4. Darmstadt 1976, Sp. 158-164, bes. Sp. 159f.
[378] J. E. Frhr. v. Grotthuss: Türmers Tagebuch: Bismarcks Erben. Wahljammer. Realpolitik und Ideologen. In: Der Türmer, 14. Jg. (1911/12), Bd. I, S. 699-714, hier: 714.
[379] Vgl. dazu ausführlich R.P. in: Wülfing/Bruns/Parr (s. Anm. 97), S. 181-191.
[380] Dehn: Bismarck als Mensch (s. Anm. 259), S. 36.

Besetzt ein mythischer Held wie Bismarck aufgrund seiner Tricksterstellung die integrierende Mittelposition dieses als Konfigurationsmatrix adjektivischer „Charaktereigenschaften"[381] zu denkenden Mythensystems, so müssen die übrigen Figuren notwendigerweise auf den negativ gewerteten Extrempositionen plaziert werden[382]. August Hermann Kämpfer beispielsweise teilt die Genies in einseitige und vielseitige ein, wobei er Faust und Bismarck zu den vielseitigen, Napoleon zu den einseitigen Genies zählt:

Bei dem einseitigen Genie ist immer eine Störung des Gleichgewichtes vorhanden; einzelne Eigenschaften sind in übertriebenem Maße – hypertrophisch – entwickelt auf Kosten anderer. Das Wesen der Hypertrophie ist aber in der Regel krankhaft; und so hat das einseitige Genie – im Gegensatz zum vielseitigen – oft genug den Charakter des Krankhaften. [...] Innerlich arbeitet das einseitige Genie auch sehr bedeutend; die Arbeit bezweckt aber nur die Durcharbeitung der Ideen, von welchen der Betreffende beherrscht wird, und weniger einen inneren Umschmelzprozeß, wie ihm das vielseitige Genie in der Regel unterworfen ist. [...]. Sehr oft dagegen bringt das einseitige Genie Störungen des Gleichgewichtes in die Welt, indem es sein unharmonisch gestörtes Innere auf die äußere Welt überträgt. [...]
Ein markantes Genie dieser Art war Napoleon der Erste. Der bezeichnendste Zug seines Wesens war eine ins Maßlose gesteigerte Willenshypertrophie, wozu noch das Feldherrntalent hinzukam.[383]

Unter dem Paradigma der ‚Charaktermerkmale' Napoleons wird in vielen Texten zudem eine Reihe weiterer Figuren wie Cromwell, Talleyrand und Metternich subsumiert, so daß eine Klasse von Figuren entsteht, die untereinander zur Analogie tendieren.[384]
Ist das preußisch-deutsche Mythensystem im wilheminischen Kaiserreich im Hinblick auf die zeitliche Parallelität der textuellen Manifestationen zu Napoleon, Bismarck, Königin Luise usw. zwar als synchrones System zu betrachten, so bildet es doch in seiner Struktur zugleich den diachronen Wechsel von der idealistischen deutschen Diskursposition der Befreiungskriege zur real-idealistischen nach 1866 ab. Die Kernzelle des Mythensystems der Befreiungskriege bildete schon früh die Begegnung zwischen Napoleon und Königin Luise in Tilsit. Dabei wurde dem *deutschen Idealismus* – verkörpert durch Luise und das Charaktermerkmal ‚Herz' – der *französische Realismus* Napoleons I. – vor allem an Merkmalen wie ‚Schnelligkeit' und ‚sozialer Aufstieg' festgemacht[385] – gegenübergestellt.

---

[381] Link/Wülfing: Einleitung. In: Dies.: Nationale Mythen (s. Anm. 137), S. 10f.
[382] Bleibtreu: England über Bismarck (s. Anm. 145), S. 51: „Nein, so geniale Züge wir in der Politik Richelieus, Cromwells und Napoleons bewundern, möchten wir doch beinahe die Behauptung wagen, daß ein solcher Meistervirtuose der diplomatischen Technik in den auswärtigen Angelegenheiten kaum jemals erstanden sei, daß Bismarck als diplomatischer Spezialist ungefähr die Stellung unter seinen Kollegen einnehme, wie sein Lieblingsdichter Shakespeare in der Litteratur."
[383] Kämpfer (s. Anm. 282), S. 16f.
[384] Vgl. BA 7.7.
[385] Charakteristisch sind etwa solche ikonischen Darstellungen, die Napoleon auf einem aus vollem Galopp gestoppten und mit den Vorderbeinen steil nach oben aufgerichteten Pferd zeigen, wie z.B. die Ölgemälde von Engelbert Wilmes („Napoleon Bonaparte", 1810) und

Als sich [...] – 1807 – zu Tilsit Königin Luise und Napoleon Bonaparte gegenüberstanden, berührten sich zwei bedeutsame Kräfte: in der Königin der Deutschen ein gemütswarmer Idealismus, im Franzosenkaiser ein großzügiger Brutalismus.[386]

Solange die Königin Luise auch nach 1871 noch im Mythensystem präsent
war[387], mußte Bismarck mit Blick auf Frankreich von der negativ codierten
‚Realismus'-Position Napoleons, die lange Zeit auch noch für die Handels-
und Wirtschaftspolitik Louis Napoleons bestanden hatte, abgerückt werden.
D.h. trotz seiner Realpolitik mußte er so weit zu einem ‚Idealisten' gemacht
werden, daß er als Gegenspieler Napoleons I. und entsprechend auch Napoleons III. erscheinen konnte.[388] Andererseits war er als ‚Realist' zu konstituieren, um in Opposition zum deutschen Michelschlaf des Frankfurter Bundestages, vor allem aber zu Metternich treten zu können, was ihn wiederum
automatisch in die Nähe Napoleons rückte[389]. Die Lösung liegt auch hier
wieder darin, Bismarck als real-idealistischen Trickster zu konstituieren, wobei diese Diskursposition gegenüber dem Mythensystem der Befreiungskriege als Fortschritt in der Entwicklung dargestellt werden kann, ohne die
idealistische Diskursposition zu verwerfen. Auf diese Weise kann Bismarck
gegenüber Napoleon sowohl als der bessere ‚Realist' als auch der bessere
‚Idealist' ausgegeben werden.[390] Napoleon selbst wird – aus Perspektive der
Trägerschaft des Bismarck-Mythos – zu einem Negativ-Trickster, der die Eigenschaften, weder ‚Realist' noch ‚Idealist' zu sein, in sich vereint.

Woran ist Napoleon I. im letzten Grunde gescheitert? Daran, daß er von diesen un-
wägbaren Kräften, den Kräften des Gemüths, gar nichts ahnte. Er war ein herzloser
Phantast des Verstandes, kein Idealist und darum auch kein Realist, und er war es deshalb nicht, weil er keine Heimath hatte.[391]

Jacques-Louis David („Bonaparte überquert die Alpen am St. Bernhard", 1800). Abb. des Ge-
mäldes von David in: Rainer Schoch: Das Herrscherbild in der Malerei des 19. Jahrhunderts.
München 1975, Abb. 34.

[386] Friedrich Lienhard: Was ist deutscher Idealismus. In: Werke, III, 1 (s. Anm. 374), S. 3-24, hier: 4.

[387] Der Luisenmythos reproduziert sich nach dem 100. Geburtstag 1876 nahezu inflationär und
wird immer wieder auch in Bismarck-Texte integriert. Vgl. Wilhelm Kahl (Bismarck lebt. Gedächtnisrede bei der allgemeinen Trauerfeier am 7. August 1898. Freiburg/Br. 1898), S. 12:
„Nie hat Bismarck um eines Haares Breite die Linie weiser und vornehmer Selbstbeschränkung überschritten. Sie vergleichen ihn heute mit Napoleon. Der steht in diesem Punkte so tief
unter ihm, wie das Gemeine unter dem Erhabenen. [...] Ist das Bild der Königin Luise vor Napoleon vergessen?"

[388] Vgl. dazu ausführlich Rolf Parr: ‚Tartuffe' oder ‚Faust'? Bismarck und Louis Napoleon in deut-
schen und französischen Karikaturen seit 1852. In: Ruth Jung/Gerhard Landes/Raimund
Rütten/Gerhard Schneider (Hg.): Die Karikatur zwischen Republik und Zensur. Bildsatire in
Frankreich 1830-1880. Eine Sprache des Widerstands? Marburg 1991.

[389] Ziegler (s. Anm. 18), S. 388: „Bismarck hat vielen das moralische Rückgrat gebrochen. Und
auch darin hatte er im Gegensatz zu Luther etwas von dem Realisten Napoleon, daß er zwar
feinfühliger als dieser die Imponderabilien, das was in der Volksseele unterirdisch schwingt und
klingt, zu schätzen und zu benützen wußte [...]."

[390] Die „Abgrenzung eines ‚wahren' von einem ‚falschen' oder naturalistischen Realismus" läßt
sich – ebenfalls mit der Funktion nationaler Distinktion – auch für den literarästhetischen Diskurs belegen (vgl. Plumpe: Realismus [s. Anm. 141], S. 22f.

[391] Kaemmel (s. Anm. 303), S. 25.

Für Bismarck, Wilhelm I., Moltke, Goethe/Schiller oder die Königin Luise scheint dagegen zu gelten, daß die Negation des einen Merkmals stets das *positive* Besetzen des anderen nach sich zieht[392], wobei diese Figuren, wie gezeigt, Dioskurenpaare bilden können, die die positiven Eigenschaften vereinen. Andererseits bedeutet dies einen maximalen Abstand zwischen Bismarck (im weiteren zwischen allen anderen ‚deutschen' Figuren dieses Mythensystems) und Napoleon.

Die Konfiguration verschiedener Mythen zu einem synchronen System erscheint somit als Projektion des binär strukturierten Paradigmas ‚Idealismus' vs. ‚Realismus' sowie der integrierenden ‚realidealistischen' Mittelposition auf ein Ensemble historischer Figuren. Einzelne der den Figuren zugeschriebenen semantischen Merkmale realisieren jeweils selektive Oppositionen aus dem Paradigma und bestimmen im narrativen Syntagma ihre Handlungen.

	IDEALISMUS(−) (negativ gewertet)	IDEALISMUS(+) (positiv gewertet)	IDEALISMUS/REALISMUS(+) (positiv gewertet)	REALISMUS(+) (positiv gewertet)	REALISMUS(−) (negativ gewertet)
synchrones System mythisierter Figuren aus deutscher Sicht	Napoleon I. (= Egoismus) (Talleyrand, Cromwell, Metternich)	Königin Luise Schiller, Goethe, Wagner Wilhelm I.	Bismarck (Schiller/Goethe)	Moltke (Goethe als Teil d. Dioskurenpaares mit Schiller)	Napoleon I.
Wandel der deutschen Diskursposition im Verlauf des 19. Jahrhunderts	Preußen-Deutschland nach 1848 und bis ca. 1866 (= Michelschlaf)	Preußen der Befreiungskriege und kulturkritische Diskursposition nach 1870	Bismarck-Deutschland		materialistisches Deutschland der Gründerzeit aus konservativ-kulturkritischer Perspektive
dominante kulturelle Konzepte	DICHTER UND DENKER	HELDEN, idealistische KÜNSTLER	REAL-IDEALISTEN realistische KÜNSTLER		HÄNDLER

---

[392] Das bedeutet eine Verdopplung der – wie die Untersuchung der Dioskurenpaare gezeigt hat – stets auch für sich allein positiv besetzbaren Paradigmen ‚Realismus' und ‚Idealismus', die für die deutschen Figuren stets positiv, für Napoleon jedoch immer negativ gewertet werden.

Narrativiert wird die Mittelposition Bismarcks durch ein Nebeneinander von *Analogiebildung*[393] zu Napoleon bei gleichzeitiger Betonung unüberbrückbarer Differenz, was die Möglichkeit zu weitestgehender *Distinktion* schafft. Bismarcks ‚mythisches‘ Geburtsjahr 1815, zugleich das Jahr der endgültigen Niederlage Napoleons und seiner Verbannung, ermöglicht den Biographen eine ambivalente Verknüpfung beider Aspekte, denn diese ‚mythische‘ Koinzidenz von ‚Beginn‘ und ‚Ende‘ kann sowohl als ‚Anbruch einer neuen Zeit‘ als auch als ‚Beerben‘ Bismarcks durch Napoleon semantisiert werden.

Otto Eduard Leopold von *Bismarck-Schönhausen* [...] ward am 1. April des Jahres 1815 geboren; [...] also gerade ein Jahr nach *dem* Tage, an welchem der Unterdrücker Deutschlands, Napoleon, durch die Waffen der wider ihn aufgestandenen Völker Europa’s gestürzt, seines Kaiserthums verlustig erklärt ward. Gewiß ein gewichtiger, bedeutungsvoller Tag, und ein Beleg dafür, [...] daß bedeutende Männer gemeinhin auch an den Gedenktagen großer Begebenheiten geboren seien![394]

Die Distinktion erfolgt vor allem über eine Reihe von differenzierenden Charaktereigenschaften, die Napoleon als ‚ehrgeizigen Phantasten ohne Bezug zu seinem Volk und zu einer sittlichen Idee‘, Bismarck als ‚beharrlichen Willensmenschen, der die Interessen seines Volkes vertritt und sich nach außen maßvoll verhält‘, erscheinen lassen. Dabei wird beiden durchaus Ähnlichkeit in der Art ihres realpolitischen Handelns bescheinigt, jedoch scharf nach der Motivation unterschieden:

Fürst Bismarck ist alle Zeit Real-Politiker gewesen im eminentesten Sinne des Wortes und er hätte das niemals vollbringen können, was er geleistet hat, wenn er die Unerschrockenheit und die Rücksichtslosigkeit verloren hätte, ohne welche ein Staatsmann größten Stiles nicht denkbar ist. Aber darin liegt der Unterschied zwischen ihm und dem ersten Napoleon, der hinsichtlich des Ruhmes und des Einflusses wohl manche Parallele bietet, ich sage, darin liegt der gewaltige Unterschied, daß Napoleon nicht bestimmt ward von einer großen sittlichen Idee, daß, wenn man sein ganzes Leben überschaut, Nichts entgegentritt, als das durch dämonische Genialität unterstützte Streben, sich selbst zum mächtigsten Sterblichen zu machen, während Fürst Bis-

---

[393] Vgl. z.B. Wilhelm Busch (Bismarck und sein Vermächtnis [s. Anm. 148], S. 21): „Der bei Bismarck zur Gewaltsamkeit gesteigerte Machtgedanke nahm bisweilen eine fast napoleonische Färbung an.“– Vgl. auch Bleibtreu: England über Bismarck (s. Anm. 145), S. 54f., sowie Rudolf Schulze (s. Anm. 8), S. 60, der feststellt, daß „man nicht leicht zwei“ Männer finden wird, „deren *politische Thätigkeit* eine so große *Aehnlichkeit* aufweise, wie die von – *Napoleon und Bismarck*“.

[394] Jaquet (s. Anm. 27), S. 14. – Vgl. auch bei Wülfing/Bruns/ Parr (s. Anm. 97), S. 113-119; Ferdinand Schmidt: Fürst Bismarck. Ein Lebensbild. Glogau 1878, S. 14 (BA 7.7, Nr. 3); Krickl (s. Anm. 55), S. 6 (BA 7.7, Nr. 6); Hamann (s. Anm. 83), S. 3f. (BA 7.7, Nr. 14); E. Pfleiderer (s. Anm. 19), S. 4 (BA 7.7, Nr. 15); Kräusel (s. Anm. 125), S. 3f. (BA 7.7, Nr. 16); Oskar Klein-Hattingen (s. Anm. 13), S. 685 (BA 7.7, Nr. 27); Berthold Otto (s. Anm. 58), S. 87 (BA 7.7, Nr. 31); Hermann Schindler: Bismarck. Sein Leben und sein Werk. Dargestellt für das deutsche Volk. Dresden 1914, S. 9 (BA 7.7, Nr. 33); Bleibtreu (s. Anm. 14), Bd. 2, S. 27 (BA 7.7, Nr. 34); Stiebritz (s. Anm. 18), S. 12 (BA 7.7, Nr. 35); Udo Gaede: Bismarck und wir. Vortrag gehalten am 31. März 1915. Potsdam 1915, S. 3 (BA 7.7, Nr. 36); Schreck (s. Anm. 19), S. 6 u. 36 (BA 7.7, Nr. 38); Hans Henning Grote: Das Schicksalsbuch des deutschen Volkes. Von Hermann dem Cherusker bis Adolf Hitler. Berlin o.J., S. 261 (BA 7.7, Nr. 42).

marck's ganzes Leben und Wirken seinen Mittelpunkt hat, seinen Anfang und sein Ende in der Hingabe an den Dienst des Vaterlandes [...].[395]

Heinrich Finke, Historiker in Freiburg, stellt Bismarck in einer Gedenkrede von 1899 Napoleon und Richelieu gegenüber. Dabei zeichnen sich alle drei – vor allem durch ihren ‚Willen' – zwar als ‚Realisten' aus, Richelieu habe aber – streng dem aristokratisch-monarchischen Prinzip folgend – lediglich den Auftrag seines Königs vollstreckt und Napoleon aus bloß persönlichem Antrieb gehandelt. Bismarck dagegen sei im Gegensatz zu beiden „der Mandatar des Volkes" gewesen, der „mit dem Volke und für sein Volk" schuf:

Napoleons allmächtiger Wille, sein durchgreifender, nur auf die Realitäten gerichteter Verstand gleicht dem Bismarcks: beide benutzen die Revolution für ihre Zwecke. Aber jener gründet ein Weltreich, das er nach persönlichem Belieben umwandelt, dessen Wesen und Kern nicht der Wille des Volkes, der Nation, sondern die eigene Willkür ist; Bismarck beschränkt sich auf die Heimath und lehnt jedes Uebergreifen energisch ab. Der Korse hat nur das persönliche Interesse vor sich, Bismarck das Interesse seines Volkes: Napoleon liebt nur seine gloire, Bismarcks tiefstes Empfinden galt nur der Größe des Vaterlandes. Er baut vor für die Zukunft, Napoleon wollte der Zukunft nicht gedenken. So zerbröckelt ihm sein Weltreich unter den Händen, Bismarcks Schöpfung füllt sich mit stets neuer Lebenskraft.

Die aufgebaute Opposition wird bis hin zur Art der Anteilnahme am Tod der beiden Helden weitergeführt: Um Napoleon trauern lediglich die Intellektuellen, um Bismarck das Volk.

So begreifen wir, daß Napoleons Scheiden die Welt kalt ließ. Das Mitgefühl der obern Kreise, der Denker und Dichter, wie es sich im cinque maggio Manzonis ausprägt, galt der Wandelbarkeit des Geschickes, das einen so gewaltigen Heros vereinsamt sterben ließ. Bismarcks Tod erschütterte unbestreitbar sein Volk bis in die Tiefen.[396]

Bismarck hat solche Oppositionspaare später zur Selbststilisierung in seinen „Gedanken und Erinnerungen" genutzt und sein Verhältnis zu Napoleon III. als eines der Opposition zwischen Figuren mit den Charaktermerkmalen ‚ehrlich und gemäßigt' versus ‚betrügerisch und begehrlich' dargestellt. Gerade solche Oppositionspaare werden dann wieder vorzugsweise in der ‚biographisch-anekdotischen' Bismarckliteratur aufgegriffen:

Napoleon I. verdarb, weil er, pochend auf seine kriegerischen Erfolge, mit allen Staaten Händel anfing, statt den Frieden zu erhalten. Das Kriegsglück machte ihn rauflustig und übermütig. Er begab sich in seinem Allerwelts-Herrscherdünkel in Gefahren ohne Ende und kam darin um. Seine große Schöpfung ging nach kurzem Bestand in die Brüche, weil er die erste Tugend des Staatsmannes – die weise Mäßigung nach den größten Erfolgen – gegenüber den anderen Völkern nicht übte und Europa in einen Krieg nach dem anderen verwickelte, während ich nach 1871 den Frieden zu erhalten mich bemühte. Aber nicht bloß zu Napoleon I. stellte ich mich in einen bewußten Gegensatz, auch zu Napoleon III. Dieser bemühte sich allerdings', nur die günsti-

---

[395] Bernhard Windscheid/Bernhard Tröndlin: Bismarck als Staatsmann und Parlamentarier. Zwei Festreden gehalten bei der Bismarck-Feier zu Leipzig. Leipzig 1885, S. 14f.

[396] Finke (s. Anm. 19), S. 6.

geren Seiten seines Onkels nachzuahmen; doch indem er in der Rolle des „ehrlichen Maklers" immer ein Stück für sich abzubekommen versuchte, verfiel er in die Gewohnheit jener italienischen Diplomaten des vergangenen Jahrhunderts, welche Schlauheit mit Falschheit verwechselten. *Ich spielte meine Karten blank aus.* Ich setzte der *vermeintlichen Schlauheit* die *frappierende Wahrheit* gegenüber.[397]

Ein Ansatzpunkt zur Intervention ergibt sich mit solchen Systemen mythisierter Figuren auch für nicht-hegemoniale Trägergruppen, denn sie beinhalten immer zugleich die Möglichkeit, Bismarck auf die Napoleon-Position zu verschieben. Constantin Frantz ist einer der wenigen Bismarckgegner, die sich öffentlich zu Wort melden. Er versucht, die nach 1870/71 übliche Gegenüberstellung von Bismarck und Friedrich dem Großen dadurch aufzubrechen, daß er Bismarck (die hegemoniale Variante umkehrend) in Analogie zu Napoleon setzt:

Die Gewalt des in ihm [Bismarck, R.P.] waltenden Willens hat eben sein Bewußtsein überwältigt, so daß er gewissermaßen seiner selbst nicht Herr ist, und wie von einem Fatum getrieben erscheint. Nicht unähnlich, wie es einst dem ersten Napoleon erging, der auch so geartet war, daß sein gewiß sehr scharfer Verstand doch nur den Eingebungen seines Willens diente.[398]

Auch findet diese Macht den Genuß ihrer selbst nur darin, daß sie alle anderen Mächte zu beherrschen sucht. Sie hat den rastlosen Trieb ihre Wirkung zu steigern, ihr Gebiet auszudehnen. So wird Hr. v. Bismarck durch jeden Erfolg nur zu immer neuen Unternehmungen angereizt. Schon möchte er sich zum Meister der ganzen europäischen Politik machen, sein innerer Dämon will es so.
Auch hierin wieder nicht unähnlich dem ersten Napoleon, der sich eben durch seine Erfolge in's Maßlose verlor, während man hingegen an Friedrich II. die weise Selbstbeschränkung ehren muß.[399]

3.5.4 Der typische ‚Deutsche': Bismarck

Als Integrator der positiv gewerteten Aspekte nimmt Bismarck somit innerhalb des synchronen Systems mythisierter Figuren die spezifisch ‚deutsche' Position gegenüber allen anderen europäischen Nationen ein und gilt – „das lebendige Urbild des größten und deutschesten Deutschen"[400] – als „Inbegriff des Deutschen"[401] schlechthin.

---

[397] Liman: Entlassung (s. Anm. 283), S. 246.
[398] Gustav Adolph Constantin Frantz: Bismarckianismus und Friedericianismus. München 1873, S. 12.
[399] Ebd., S. 14.
[400] O. Geyer (s. Anm. 118), S. 153. Ebenso: Carl Woermann: Alldeutschlands Liebeslied. In: Reden und Vorträge (s. Anm. 303), S. 35 (BA 7.8.1, Nr. 13); Walther Hoffmann: Bismarck-Ehrung durch die Deutsche Studentenschaft. Im Auftrage des Ausschusses. Heidelberg 1899, S. 40 (BA 7.8.1, Nr. 40); Paul Pasig: Dem Fürsten Bismarck. In: Pasig (s. Anm. 19), S. 32f. (BA 7.8.1, Nr. 46); Bartels (s. Anm. 247), S. 90 (BA 7.8.1, Nr. 52); Ehlert (s. Anm. 156), S. 7 (BA 7.8.1, Nr. 58); Hermann Mosapp: Luther und Bismarck. Berlin 1915, S. 6 (BA 7.8.1, Nr. 64); Chamberlain (s. Anm. 145), S. 40.
[401] Chamberlain (s. Anm. 145), S. 41.

Die folgende Tabelle zeigt einige weitere – nicht immer vollständig ausdifferenzierte – Oppositionspaare an Hand der im Belegstellenarchiv wiedergegebenen Textpassagen auf:

NAPOLEON	RICHELIEU	BISMARCK	QUELLE
REALIST, aber ohne hohe sittliche Idee		REALIST mit einer großen sittlichen Idee	BA 7.7/4
durch dämonische Genialität unterstütztes Streben			BA 7.7/4
ZIEL: sich selbst zum mächtigsten Sterblichen machen		ZIEL: Hingabe an den Dienst des Vaterlandes	BA 7.7/4
EHRGEIZ als Antrieb, gewandter Diener menschlicher Selbstsucht, Glück		NOTH der Nation als Antrieb	BA 7.7/5
Skrupellosigkeit der Mittel bei Phantasterei in den Zielen		Skrupellosigkeit der Mittel, aber Politik als Wissenschaft des praktisch Möglichen (= besserer Realist)	BA 7.7/11
herzloser Phantast des Verstandes, kein Idealist und kein Realist; keine Heimat (= [–] ,Boden')		Gemüth (= [+] ,Heimat' und [+] ,Boden')	BA 7.7/12
heuchlerische Versicherungen		That und Wirklichkeit	BA 7.7/16
niederdrückende, überwältigende Größe eines diabolischen Genies		(Dioskurenpaare): Bismarck und Wilhelm I., Goethe und Schiller	BA 7.7/17
impulsiv, kühn, maßlos, Größenwahn			BA 7.7/18
das Gemeine		das Erhabene vornehme Selbstbeschränkung	BA 7.7/19
Künstler, aber zügelloser Phantast			BA 7.7/21
Vom ,Ewig-Weiblichen' bestimmt, Pikanterie, Galanterie maßlose Selbstsucht		Mangel an Egoismus	BA 7.7/23
Eitelkeit			BA 7.7/24
	Identifizierung der persönlichen Interessen mit dem Staat, aber: im Auftrag des Königs und gleichgültig gegen das Volk	Identifizierung der persönlichen Interessen mit dem Staat, aber: Mandatar des Volkes	BA 7.7/25
rauflustig, herrschsüchtig		Mäßigung, Wahrheit	BA 7.7/26
Ehrgeiziger großen Stils		[–] Ehrgeiz, Willens-, kein Verstandesmensch	BA 7.7/28
[–] wahre Größe, [+] kalter, rücksichtsloser Egoismus (Intellekt ohne Gewissen)		[+] wahre Größe, stete, stille, tatkräftige Begeisterung	BA 7.7/32
machte sich zum Kaiser		schützte seinen König	BA 7.7/37
Politik = Leidenschaft		Politik = heroische Tugend	BA 7.7/39

Die Kopplung der Tricksterfigur ‚Bismarck‘, die für eine ganze Reihe von sem-dialektischen Vermittlungsleistungen steht, mit einem präsupponierten ‚deutschen Wesen‘ wird dabei vor allem durch das für die hermeneutische Geisteswissenschaft typische Verfahren ermöglicht, ihre Objekte als ‚spezifischen Ausdruck‘ eines ‚allgemeineren Geistes‘ aufzufassen. Das Objekt der Betrachtung wird[402] als ‚Teil‘ eines ‚Ganzen‘ zu sich selbst ins Verhältnis gesetzt und auf diese Weise verdoppelt. Es ist zugleich konkreter ‚Ausdruck‘ wie auch ‚allgemeiner Geist‘. Effekt dieses hermeneutischen Zirkels ist in letzter Konsequenz die – vor allem durch ‚Spiegel‘-Symbole signifizierte[403]– Identität von ‚Substanz‘ und ‚Manifestation‘[404], was die Möglichkeit bietet, ideologische Konflikte und de facto vorhandene Widersprüche auszublenden, denn der Zirkel schafft eine Homogenität des integrierenden Trickster-Objekts ‚Bismarck‘ mit dem Objekt ‚deutscher Geist‘ bzw. ‚deutsches Volk‘, bei dem ‚Wesen‘ und ‚Erscheinung‘ beliebig die Seiten miteinander tauschen können. In der einen Blickrichtung „concentrirt“[405] sich der deutsche Nationalcharakter in Bismarck: „In Bismarck ist das Wesen des deutschen Volkes einmal wieder zur *Person* geworden“[406]; „ein gut Theil der besten deutschen Eigenschaften finden wir in ihm verkörpert“[407]; „er ist das Fleisch und Blut gewordene Nationalgefühl des deutschen Volkes“[408]; „Fürst Bismarck ist kurz und gut die machtvollste Verkörperung deutscher Art seit Luthers Tagen“[409].

---

[402] Vgl. das bei Friedrich Lienhard (Kap. 4.4) zu findende Konzept von ‚Persönlichkeit und Volkstum‘.

[403] Vgl. Liman: Entlassung (s. Anm. 283), S. 15 (BA 7.8.1, Nr. 43); Gustav Weck: Dem Unsterblichen. In: Schäfer (s. Anm. 69), S. 7f. (BA 7.8.1, Nr. 53); Bleibtreu (s. Anm. 14), 2. Bd., S. 295 (BA 7.8.1, Nr. 61).

[404] Vgl. für Bismarck: [Anonym]: Ein Gruss (s. Anm. 33), S. 8: „Denn deutsches Reich und Bismarck, sie sind Eins!“; vgl. auch Hamann (s. Anm. 83), S. 3 (BA 7.8.1, Nr. 23), für den „die Begriffe ‚Bismarck‘ und ‚Deutsches Reich‘ untrennbar“ geworden sind.

[405] Windscheid/Tröndlin (s. Anm. 395), S. 4 (BA 7.5.4, Nr. 3); Julian Schmidt (s. Anm. 18), S. 390 (BA 7.5.4, Nr. 1).

[406] August Julius Langbehn: Rembrandt als Erzieher. Von einem Deutschen. 36. Aufl., Leipzig 1891, S. 158 (BA 7.8.1, Nr. 12).

[407] Bismarck-Kalender (s. Anm. 108), S. 9 (BA 7.8.1, Nr. 3).

[408] Kamp (s. Anm. 83), S. 8 (BA 7.8.1, Nr. 7).

[409] Kaemmel (s. Anm. 303), S. 17 (BA 7.8.1, Nr. 14). – Vgl. auch Hausegger (s. Anm. 155), S. 6 (BA 7.8.1, Nr. 6); F. Geyer (s. Anm. 301), S. 100f. (BA 7.8.1, Nr. 10); Schaumkell (s. Anm. 359), S. 8 (BA 7.8.1, Nr. 21); Kohut: Bismarck als Mensch (s. Anm. 79), S. 10f. u. 39f. (BA 7.8.1, Nr. 34); Hermann Debes: Fürst Bismarck, der politische Reformator Deutschlands. Ein Lebens- und Charakterbild. Halle/S. 1899, S. 1, 83 u. 85 (BA 7.8.1, Nr. 38); Reuße (s. Anm. 221), S. 8 (BA 7.8.1, Nr. 42); Wilhelm Dibelius: Bismarck und die Aufgaben unserer Zeit. Festrede gehalten beim Posener Bismarckkommers am 9. April 1904. Posen 1904, S. 3f. (BA 7.8.1, Nr. 56); Robert Hoeninger: Bismarck und die Zukunft der deutschen Nation. Festrede auf dem Berliner Bismarck-Kommers am 1. April 1905. Berlin 1905, S. 3 (BA 7.8.1, Nr. 57); Freytag (s. Anm. 154), S. 17 (BA 7.8.1, Nr. 62); v. Hezzel: Bismarck und das deutsche Gemüt. Vortrag, zu Memmingen am 18. April 1915 gehalten v. Oberkonsistorialpräsident D. v. H., München 1915, S. 17 (BA 7.8.1, Nr. 66); Kämpfer (s. Anm. 282), S. 8 (BA 7.8.1, Nr. 76); Marcks: Hindenburg (s. Anm. 112), S. 75 (BA 7.8.1, Nr. 77).

Als Integrationsfigur bringt er „den im Weiten und Unklaren schweifenden deutschen Geist zu der kraftvollen Konzentration", „welche nun alles im Sturm nimmt"[410] und gilt als „Brennpunkt nationaler Strömungen"[411]. Umgekehrt präfiguriert Bismarck das ‚deutsche Wesen', das sich dann erst mit zeitlicher Verzögerung im deutschen ‚Volkscharakter' ‚realisiert'.[412]

Und in jedem Zug ist Bismarck seinem Volke nicht so sehr Vorbild, Ziel, als Ausdruck, das ist Ideal. Er sammelt in sich, was Deutschlands Wesen, an Blut und Geist, ausmacht: Kraft und Inbrunst, Zorn und Treue, Wille und Wehmut. Er ist Herr und Diener, Stolz und Demut, Haß und Ehrfurcht. Er ist Erbe und Ahn, Sohn und Vater. Und er ist einsam, aber Gatte, das heißt einer, der sich so lange trotzig behält, bis er sich ganz an die Frau hergibt, die in ihm, ihrem Schicksal, aufgeht.[413]

Aus der Parallelität der beiden Blickrichtungen (vom ‚Ausdruck' zum ‚deutschen Wesen' und umgekehrt vom ‚Wesen' zu Bismarck als konkretem ‚Ausdruck') ergeben sich notwendigerweise Versuche, beide in einen mehrfachen dialektischen Prozeß des wechselseitigen Austauschs zwischen „Gemeinschaft" und „Personwillen" zu integrieren:

Nur wer die höchsten Ziele einer sittlichen Gemeinschaft, der er angehört, in seinen Personwillen aufnimmt, nur der handelt, wie er soll. In welchem Maße ihm das gelingt, davon hängt ab, ob und was er dazu beiträgt, sein Volk und damit die Menschheit den letzten Zwecken des Daseins entgegenzuführen. Die aber sind die Größten unter den Sterblichen, in denen das Sinnen und Denken, das Dichten und Trachten des Volksgeistes derart Gestalt gewinnt, daß sie mit nachhaltiger Kraft die träge Masse beleben, sie fortreißen zu energischen Thaten und so mit ihr in raschem, begeistertem Anlaufe eine Höhe erklimmen, die vorher niemand für erreichbar gehalten hätte. [...] Die Fortbildung einer Gesamtheit geht fast stets von einzelnen aus. Die neue Form des öffentlichen Lebens ist dann das Werk, die nationale Größe das Abbild ihrer Persönlichkeit.[414]

---

[410] Reinhold: Reformator (s. Anm. 83), S. 33 (BA 7.5.4, Nr. 2).

[411] Rudolf Bonin: Luther, Lessing, Bismarck im Werdegang des deutschen Volkes. Leipzig 1899, S. 17.

[412] Nur wenige Autoren stellen – wie Friedrich Nietzsche (Die fröhliche Wissenschaft. Nr. 357: *Zum alten Problem: „was ist deutsch?"* In: F. N. Werke [s. Anm. 75], Bd. 3, S. 225-229, hier: 225f.) – das Denkmodell der Identität von ‚deutschem Wesen' als Genotyp und Bismarck als Phänotyp in Frage: „Man rechne bei sich die eigentlichen Errungenschaften des philosophischen Gedankens nach, welche deutschen Köpfen verdankt werden: sind sie in irgendeinem erlaubten Sinne auch noch der ganzen Rasse zugute zu rechnen? Dürfen wir sagen: sie sind zugleich das Werk der ‚deutschen Seele', mindestens deren Symptom [...]? Oder wäre das Umgekehrte wahr? wären sie gerade so individuell, so sehr *Ausnahme* vom Geiste der Rasse, wie es zum Beispiel Goethes Heidentum mit gutem Gewissen war? Oder wie es Bismarcks Macchiavellismus mit gutem Gewissen, seine sogenannte ‚Realpolitik', unter Deutschen ist?"

[413] Richard Schaukal: Bismarck. In: Bühne und Welt, 17. Jg. (Aprilh. 1915), S. 158.

[414] O. Geyer (s. Anm. 118), S. 5 (BA 7.8.1, Nr. 10). Auch seine Leser bindet Geyer in das Spiel von Genotyp und Phänotyp ein: „Daß uns indessen nicht annähernd gelingen wird, die Größe des unvergleichlichen Mannes zu entfalten, wenn der geneigte Leser nicht selbst einen Teil von dessen Wesen in sich trägt, ist niemand klarer als uns. ‚Wär' nicht das Auge sonnenhaft, die Sonne könnt' es nicht erblicken.' Bismarck wird nur von deutschen Patrioten ganz verstanden"(S. 6f.).

In seinem 1915 erschienenen Bismarck-Roman bezeichnet Karl Hans Strobl diesen dialektischen Zirkel, den man aus der Perspektive des hier erprobten Mythosbegriffs auch als eine Form der Meta-Integration eines Tricksters in ein übergeordnetes Totalitätskonzept verstehen kann[415], selbst als ‚Mythos‘:

Der Gegenstand einer Bismarck-Dichtung muß sein: *der Mann und sein Volk.* Man muß sehen, wie alle Kräfte des Volkes in diesem Einzigen zusammenströmen, wie sie aus ihm wieder über das Volk hinzuwirken beginnen, zu dessen eigenem Erstaunen, ja Mißvergnügen. Es hat lange genug gedauert, bis das Volk den Schicksalssinn von Bismarcks Leben begriffen hatte, und wie sehr es selbst in ihm gespiegelt sei.

In diesem einen Leben finden sich alle Grundbestandteile der deutschen Art: Dürer ist darin und Ludwig Richter, Beethoven und Brahms, Lessing und Jean Paul, Luther und Kant, die Quitzows und Jakob Böhme. Alle Tiefen und alle Höhen, alles Licht und aller Schatten, alles Klare und alles Krause, alles Ernste und alles Heitere, alles Große und alles Kleine.

Das historische Geschehen ist nichts Nebensächliches, aber es ist auch nicht Bismarcks ganzes Um und Auf; nur ein Teil seines Wirkens ist politische Gestalt geworden. Der Politiker Bismarck ist nur ein Teil der ungeheuren, umfassenden, universalen, in jedem Belang heroischen, persönlich-menschlichen Wesenheit Bismarck.

Der Gegenstand einer Bismarck-Dichtung muß sein: der Weg vom Persönlichen zum Überpersönlichen. Der Weg des Helden aus dem Bereich des Handelns zum Mythos.[416]

---

[415] Nur hingewiesen sei an dieser Stelle darauf, daß sich auch das für die geistestypologische Hermeneutik grundlegende Konzept der ‚Deutschen Bewegung‘ (von Dilthey über Nohl und Korff bis hin zu Kluckhohn) über Symbole wie ‚Boden‘, ‚Wald‘, ‚Tiefe‘, ‚Gemüt‘ usw. generiert hat. Es würde den Rahmen der vorliegenden Arbeit sprengen, die Verbindungen genauer aufzuzeigen, doch scheint die Kopplung der Figur ‚Bismarck‘ mit der Vorstellung eines genuin ‚deutschen Wesens‘ ein bevorzugtes Feld für die Applikation des geistestypologischen Verfahrens gewesen zu sein.

[416] Karl Hans Strobl: Bismarck. Roman. 3 Bde. Leipzig 1915, 1916, 1919, hier: Bd. 1, S. 5.

4. Bismarcks ‚Real-Idealismus' und die konservative Kulturkritik – Fallstudien

4.1 Otto Lyon: „Politik ist Kunst". Bismarck-Mythisierung in der „Zeitschrift für den deutschen Unterricht"

1887 gründen der – auf Betreiben Bismarcks – nach Leipzig berufene Sprachwissenschaftler Rudolf Hildebrand[1] und sein Schüler, der Dresdener Realschuldirektor Otto Lyon, die „Zeitschrift für den deutschen Unterricht". Ziel ist es, die bisher in schulformspezifischen und fächerübergreifenden Organen verstreute Diskussion um das Unterrichtsfach ‚Deutsch' an einem publizistischen Ort zusammenzuführen, dem Deutschunterricht eine stärkere Stellung im schulischen Fächerkanon zu sichern und so zur „Pflege des Deutschtums" und der Erziehung zu „einer nationalen Bildung und Gesinnung"[2] beizutragen.
Kaum erstaunlich erscheint es bei einem solchen Programm, daß sich in den 90er Jahren in einer Reihe von Beiträgen zunehmend Mythisierungen der Figur Bismarcks finden, „des deutschen Volkes deutschesten Sohn"[3], in dem „alles deutsche Wesen unsrer Zeit in Lieb und in Zorn seinen treuesten, reinsten Ausdruck gefunden hat"[4] und der als „Inkarnation deutschen Wesens und deutschen Geistes"[5], als „lebendige Verkörperung des nationalen Gedankens"[6] angesehen wird.

> *Bismarck!* – aus überquellendem Herzen
> Dringt es stammelnd hervor, und: *Bismarck*
> Nennen wir alles, was deutsch und ehrlich,
> Nennen wir alles, was rein und edel,
> Nennen wir alles, was echt und groß.[7]

---

[1] Vgl. Konrad Burdach: Die Wissenschaft von deutscher Sprache. Ihr Werden Ihr Weg Ihre Führer. Berlin/Leipzig 1934, S. 167: Hildebrand blieb Gymansiallehrer, „bis er 1868 ‚auf Betreiben keines Geringeren als des Kanzlers des Norddeutschen Bundes, des Grafen Bismark, unter gleichzeitigem Scheiden aus dem Schuldienst zum außerordentlichen Universitätsprofessor für neuere deutsche Literatur ernannt' wurde" (zit. n. Franz Greß: Germanistik und Politik. Kritische Beiträge zur Geschichte einer nationalen Wissenschaft. Stuttgart-Bad Cannstatt 1971, S. 88).

[2] Otto Lyon: Plan der Zeitschrift. In: Zs. für den deutschen Unterricht (im folgenden zit. als ZfdU), 1. Jg. (1887), S. 11-13, hier: 11.

[3] Edmund Bassenge: Die Deutschen und ihr erster Kaiser. Rede zur Hunderjahrfeier. In ZfdU 11 (1897), S. 281-291, hier: 288.

[4] E. Schmid/Fr. Speyer: Zu unserm Deutschen Lesebuch für höhere Mädchenschulen. In: ZfdU 11 (1897), S. 70-80, hier: 80.

[5] Otto Lyon: Rez.: Friedrich Lange: Reines Deutschtum. Grundzüge einer nationalen Weltanschauung. Berlin 1893. In: ZfdU 8 (1894), S. 421-424, hier: 424.

[6] Ders.: Bismarck als Künstler in Politik und Sprache. In: ZfdU 9 (1895), S. 245-304, hier: 301.

[7] Ders.: Bismarck (Gedicht). In: ZfdU 9 (1885), S. 235-244, hier: 242.

Förderer eines solchen Bismarckkultes innerhalb dieser deutschdidakti-
schen Zeitschrift ist vor allem der Herausgeber Lyon selbst, der nicht nur
regelmäßig die vielfältigen Ausgaben der Bismarckschen Reden und Schriften rezensiert und für „jede Schulbibliothek", „jedes deutsche Haus"[8]
empfiehlt, sondern 1895 sogar eine Festnummer herausgibt: „Seiner Durchlaucht dem Fürsten Bismarck zum achtzigsten Geburtstage in inniger Verehrung und Dankbarkeit ehrfurchtsvoll dargebracht". Kernstück dieses Heftes
ist Lyons umfangreicher Aufsatz „Bismarck als Künstler in Politik und Sprache".[9] Die bisherige Forschung – meist ideologiekritisch orientierte Arbeiten aus den siebziger Jahren[10] – hat bereits herausgearbeitet, daß der Bis-
marckkult Lyons als Deutschtumkult verstanden werden muß, dessen tragende Ideologeme mit denen des Zeitschriftenprojektes deckungsgleich
sind und später in Lyons fragwürdigem, das Konzept der ‚Deutschen Bewegung' konnotierendem Begriff des „Germanismus"[11] – einer Parallelbildung
zu Humanismus – gipfeln.

Doch die Strukturen und Funktionen der Bismarck-Mythisierung Lyons
scheinen weitaus komplexer angelegt zu sein, als es diese einfache Analogie-
relation deutlich werden läßt. Denn ausgehend von den im letzten Kapitel
aufgezeigten Verfahren semantischer Totalisierung von Widersprüchen, läßt
sich aufzeigen, daß die Figur Bismarcks auch in den Texten Lyons komplexe
Vermittlerfunktionen bei der Verbindung national-patriotischer und ästhe-
tisch-didaktischer Diskurse einnimmt. Dabei geht es gleichzeitig darum, Lösungen für die sich in der Wilhelminischen Umbruchzeit verschärfenden
schul- und kulturpolitischen Probleme – wie den Humanismus/Realismus-
Streit im höheren Schulwesen und den Ruf nach einem einheitlichen, nationalen Bildungsziel – anzubieten sowie die verschiedenen konservativen Bewegungen kultureller Kritik und Erneuerung – als potentielle Träger dieses
Projektes – einzubeziehen. Auch Lyon vermag es dabei kaum, die Vermittlung der realen Widersprüche einzulösen, bietet jedoch über die Mythisierung einer historischen Figur eine zumindest diskursive Lösung an.

---

8 Ders.: Rez.: Bismarcks Briefe an den General Leopold v. Gerlach. In: ZfdU 10 (1896), S. 413-
429, hier: 429. Ähnlich empfiehlt Lyon die von Horst Kohl hg. "Politischen Reden des Fürsten
Bismarck" (Stuttgart 1892-1894 [Rez. in: ZfdU 9 ‹1895›], S. 326f.): „Wir können nur wünschen, daß das vorliegende Werk namentlich auch von Schulbibliotheken angeschafft werde."
– Vgl. auch Lyons Rez.: Heinrich v. Poschinger: Die Ansprachen des Fürsten Bismarck 1848-
1894. Stuttgart 1895. In: ZfdU 9 (1895), S. 328.
9 Ders.: Künstler (s. Anm. 6), S. 245.
10 Vgl. Greß (s. Anm. 1), bes. S. 113-119; Synes Ernst: Deutschunterricht und Ideologie. Kritische
Untersuchung der „Zs. für den deutschen Unterricht" als Beitrag zur Geschichte des Deutschunterrichts im Kaiserreich (1887-1911). Bern 1977, bes. S. 149-165; Johannes G. Pankau: Wege zurück. Zur Entwicklungsgeschichte restaurativen Denkens im Kaiserreich. Eine Untersuchung
kulturkritischer und deutschkundlicher Ideologiebildung. Frankfurt/M. 1983, bes. S. 141-186.
11 Otto Lyon: Der deutsche Unterricht auf dem Realgymnasium. In: ZfdU 7 (1893), S. 705-734,
hier: 708. – Vgl. auch Horst Joachim Frank: Geschichte des Deutschunterrichts. Von den Anfängen bis 1945. München 1973, S. 518. Der Begriff „Germanismus" soll die Opposition ‚antike
vs. moderne Kultur' durch Betonung eines nationalen, spezifisch deutschen Humanismus auf-
heben. Diese „innige Verschmelzung" habe Goethe „im zweiten Teil seines Faust" präfiguriert
(Lyon, S. 714).

Zielstrebig beginnt Lyon seinen Aufsatz mit einem ersten Integrations-schritt: „Politik ist Kunst" und steht „mitten in der wirklichen Welt der Din-ge, die sich hart im Raume stoßen"[12]. Sie ist „schaffend und gestaltend", „aufbauend und schöpferisch" und dient als solch „fruchtbares Können" der „Verwirklichung" und „Ausführung" von Idealen auf realistische Weise.[13] Diese Vorstellung einer Symbiose von Politik und Kunst entfaltet sich dabei auf der Negativfolie der „wissenschaftlichen Theorie, die über den Dingen schwebt"[14] und mit den „Idealen bloßer Theoretiker" auf „das Letzte, Höch-ste"[15] zielt.[16]

Auf diese Weise ergibt sich eine Opposition zwischen einem tendenziell als *idealistisch* (ab-)gewerteten Bereich *theoriegeleiteten Handelns* und einem tendenziell als *realistisch* (auf-)gewerteten Bereich *künstlerisch-politischer Tätigkeit*:

Die herrlichsten philosophischen, nationalökonomischen, wirtschaftlichen, sozialen, sittlichen und religiösen Theorien, sie mögen noch so menschenfreundlich und völker-beglückend sein, sind noch lange keine Politik. Denn Politik ist immer Verwirkli-chung, Ausführung. Und was sich in der Theorie oft blendend schön und sinnverwir-rend herrlich ausnimmt, das ist in der Welt der Wirklichkeit nicht zu brauchen; es ist für den wahren politischen Künstler nichts als ein hohler Schall, ein Gewand ohne Körper, ein leeres Wortgebäude, ein totes Nichts. Er kann nur das anerkennen und verwenden, was den Keim des Lebens in sich trägt; denn seine Thätigkeit ist nicht scheidend, trennend, zersetzend, wie die des gelehrten Zergliederers und abstrakten Denkers, sondern sein Thun ist aufbauend und schöpferisch, es geht den Wegen der Natur nach und folgt ihrem Beispiele, und daher wirkt es zuletzt wie die Natur: schaf-fend und gestaltend.[17]

Im Text nur schwach realisiert ist dagegen die denkbare komplementäre, zweite Extremposition eines negativ zu wertenden realistischen, „bloßen improvisatorischen Handelns"[18], wie es „Draufgänger"[19] und „Vabanque-spieler"[20] zeigen. Politik und Kunst rücken innerhalb dieser Taxonomie in eine Position, die strukturell zwischen den beiden Extremen angelegt ist und diese miteinander vermittelt. Entsprechend kann Lyon – seinen ersten Ge-dankengang abschließend – definieren:

---

12 Lyon: Künstler (s. Anm. 6), S. 245; vgl. Friedrich Schiller: Wallensteins Tod, II, 2. In: Schillers Werke. Nationalausgabe. 8. Bd. Wallenstein. Hg. v. Hermann Schneider u. Lieselotte Blumen-thal. Weimar 1949, S. 207.

13 Lyon: Künstler (s. Anm. 6), S. 245-247.

14 Ebd., S. 246.

15 Ebd., S. 245.

16 Damit ist Lyon nicht einmal besonders originell, denn Bismarck selbst pflegte sich als ‚politi-scher Künstler' darzustellen: „‚Die Politik ist keine Wissenschaft, wie viele der Herren Profes-soren sich einbilden, sie ist eben eine Kunst. Sie ist ebensowenig eine Wissenschaft wie das Bildhauen und das Malen.' (15. März 1884)" (in: Gerhard Tolzien: Fürst Bismarck. Eine vierte deutsche Zeit- und Kriegs-Betrachtung. 2. Aufl., Schwerin 1915, S. 17).

17 Lyon: Künstler (s. Anm. 6), S. 245.

18 Ebd., S. 257.

19 Ebd., S. 259.

20 Ebd., S. 260.

Politik ist aufbauendes, schöpferisches Thun, an dem die leidenschaftliche Wärme des Herzens und die schaffende, vor- und rückschauende Phantasie, die sich den Stand der Dinge in Vergangenheit und Zukunft in klaren Bildern vor die Augen des Geistes zu stellen vermag, ebensoviel Anteil haben wie der helle, klare Verstand, der immer die Verhältnisse der Gegenwart und die jeweilige Lage der Dinge mit seinem reinen Lichte durchdringt.[21]

Soll Politik als Kunst die Pole von Herz und Phantasie auf der einen, Verstand auf der anderen Seite umschließen, so muß auch der Künstler selbst sich durch ‚Ganzheitlichkeit' auszeichnen, muß die ‚Totalität' bieten, die dem einzelnen auch auf kulturellem Gebiet in einer höchst arbeitsteiligen Gesellschaft nicht möglich ist zu leben.

Nur ein *ganzer* Mann, bei dem Kopf und Herz, Licht und Wärme, Verstand, Gefühl und Wille in voller Harmonie stehen, jedes gleich gesund und gleich stark entwickelt, nur ein solcher vermag die Dinge zu sehen, wie sie sind, nur er vermag zu heilen, zu retten, zu erlösen.[22]

Die geforderte Harmonie gewinnt der Künstler aber vor allem aus der „vollkommenen Übereinstimmung mit dem innersten Denken, Fühlen und Wollen seines Volkes". Ragt er einerseits durch seine Arbeit und Persönlichkeit „über die Durchschnittsware, über die sich völlig gleichenden Erzeugnisse der Alltagsmenschen" hinaus und zeigt er in seiner „Gesinnung" dem Volk ein „neues Leitbild"[23], so muß er doch als wahrer nationaler Künstler ‚bodenständig' bleiben, d.h. seinem ‚Volkstum' verbunden.[24] Der gängigen organischen Staatsauffassung – etwa in der Tradition der Staatslehre Adam Müllers, der die Einheit von Staat/Volk als organischen Körper, als Persönlichkeit ansieht[25] – wird eine entsprechend organische Ästhetik an die Seite gestellt, die den Künstler, Politiker, Feldherrn und auch Erzieher als denjenigen erscheinen läßt, der der Entwicklung seiner Nation zwar voraus ist, ihr aber doch nur die eigene höhere Stufe einer Entwicklung, die dem angenommenen ‚Wesen' der Nation entspricht, als Leitbild vor Augen stellt. ‚Organische Entwicklung' des Bestehenden zu einer höheren Stufe erscheint damit als Prinzip aller künstlerischen und erzieherischen Tätigkeit. Zwei Beispiele können deutlich machen, wie stringent Lyon dieses Konzept verfolgt. In einer Rezension von Friedrich Langes Schrift „Reines Deutschtum" hebt er einige Kapitel hervor,

in denen nachgewiesen wird, daß die nach außen und innen möglichst geschlossene Nationalität eine unbedingte Notwendigkeit für die Entwickelung der Menschheit zu

---

[21] Ebd., S. 246.
[22] Ebd., S. 247.
[23] Ebd., S. 248f.
[24] Vgl. dazu Friedrich Lienhards Konzept von ‚Persönlichkeit und Volkstum' (s. Kap. 4.4).
[25] Vgl. Adam Müller: Kritische, ästhetische und philosophische Schriften I. Hg. v. Walter Schroeder u. Werner Siebert. Neuwied 1967; Karlheinz Rossbacher: Heimatkunstbewegung und Heimatroman. Zu einer Literatursoziologie der Jahrhundertwende. Stuttgart 1975, S. 47.

ihren höchsten Zielen hin sei und daß wieder innerhalb der Nation das Persönliche das eigentliche Schöpferische sei, das den toten Stoff der Allgemeinheit belebe.[26]

Und zu Horst Kohls „Bismarck-Jahrbuch 1894" heißt es:

Wir begrüßen es mit Freuden, daß in dem vorliegenden Unternehmen ein Sammelpunkt für die Bismarckforschung geschaffen ist; denn ein so umfassender und gewaltiger Geist wie Bismarck wird erst durch eine sorgsame Forschung seinem ganzen Wesen nach in unser Volk hineingearbeitet werden, und so erst wird das gesamte deutsche Volk nach und nach zu der vollen Höhe und Größe des Bismarckschen Standpunktes emporgezogen werden, so erst wird es der Entwickelung deutschen Geistes und deutscher Art möglich sein, in Bismarcks Wesen und Geist immer mehr hineinzuwachsen.[27]

Im zweiten Teil seines Aufsatzes versucht Lyon nun, Bismarck als *Staatskünstler* auszuweisen, und zwar, indem er ihn Metternich gegenüberstellt, der damit im preußisch-deutschen Mythensystem die üblicherweise mit Napoleon I. ausgefüllte Position erhält. Metternich habe „die Reste einer absterbenden Kulturentwickelung künstlich"[28] aufrechterhalten und „nicht die geringste Fühlung mit der deutschen Volksseele" besessen. Seiner Politik fehle der „nationale Gehalt und die volkstümliche Kraft"; er habe nicht dem Volk, sondern der Souveränität gedient und sei nur ein „kunstreicher Politiker" gewesen. Bismarck dagegen kann sich durch eine Reihe von Integrationsleistungen als politischer Künstler qualifizieren. Er verbinde „Ruhe und Umsicht mit ebenso großer Leidenschaftlichkeit und entschlossener Kühnheit" zu einer „wunderbaren Harmonie aller Kräfte"[29]. Er zeige in den Geschichtsdebatten seiner Parlamentsreden einen großartigen Realismus, bei dem „sein Ausdruck frei von jedem Pathos, aber doch niemals nüchtern"[30] sei; und er sei es, der Volk und Fürsten „auf dem Wege gesunder politischer Reform"[31] verbinde. Die hier mit der Mythisierung Bismarcks zum politisch-nationalen Künstler gewonnene Vermittlerstellung zwischen tendenziell ‚realistischen' und tendenziell ‚idealistischen' Positionen stellt als Modell auch Lösungen für eine Reihe von schulstrukturellen und kulturellen Problemen der 90er Jahre bereit.

4.1.1 Humanismus/Realismus-Streit im höheren Schulwesen

Schuladministration und Kultusbürokratie versuchen seit der Mitte der 80er Jahre das Schulsystem der gewandelten Situation eines industriell expandierenden Landes anzupassen, was zu einer zweifachen Ausdifferenzierung der Struktur des Schulwesens führt[32]: Zum einen entstehen vertikale Säulen der

---

26 Lyon: Rez: Lange (s. Anm. 5), S. 422f.
27 Ders.: Rez.: Horst Kohl: Bismarck-Jahrbuch. 1. Bd. Berlin 1894. In: ZfdU 9 (1895), S. 327.
28 Ders.: Künstler (s. Anm. 6), S. 250.
29 Ebd., S. 251.
30 Ebd., S. 269.
31 Ebd., S. 271.
32 Vgl. Detlef K. Müller: Sozialstruktur und Schulsystem: Aspekte zum Strukturwandel des Schulwesens im 19. Jahrhundert. Göttingen 1977.

Volks-, Real- und höheren Schulen mit dem Effekt der Bildung relativ homogener Jugendgruppen, zum anderen mit den Oberrealschulen, Realgymnasien und humanistischen Gymnasien fachliche Differenzierungen innerhalb des höheren Schulwesens. Als Folge ergibt sich ein Konflikt zwischen dem alten, humanistischen Gymnasium und den neu geschaffenen Realgymnasien und Oberrealschulen, der als Streit um den Stellenwert der alten Sprachen Griechisch und Latein ausgetragen und schnell zu einem ideologisch vielfältig determinierten Kampf (Statusinteressen der Gymnasiallehrer, divergierende didaktische Konzeptionen der Fächer, politische Ausrichtungen) um die beiden diskursiven Positionen von ‚Idealismus‘ und ‚Realismus‘ wird. Beide versuchen dabei auf dem Terrain des jeweils anderen ‚Boden gutzumachen‘. Konnte der schulische Humanismus seine Existenz dabei kaum noch durch den Verweis auf seine berufliche Verwendbarkeit legitimieren, so doch um so stärker durch die Beförderung ‚vaterländischer‘ Gesinnung[33]; dies aber nicht in den alten Sprachen, denen gegenüber der Verdacht des ‚Kosmopolitismus‘[34] ebenso vorgebracht wurde wie gegen die philosophischen, die ‚griechischen‘ Gedichte Schillers[35], sondern durch einen auf das Nationale ausgerichteten Deutschunterricht, der nicht nur von „Schulkaiser“[36] Wilhelm II. als neue ideologische Integrationsklammer verstanden wurde. Umgekehrt mußte auch der didaktische Realismus „seine Idealität und höhere Weihe dokumentieren“, was ebenfalls durch Ausrichtung auf nationale Ziele, nationale Ideale geschehen konnte, so daß der Humanismus in dieser Hinsicht kompensatorische Funktion bekam.[37]
Drei Lösungsversuche, die neben der Frage nach der Organisationsstruktur der Gymnasien immer auch die Problematisierung des zugrunde gelegten Bildungsbegriffs umfassen, zeichnen sich zwischen 1890 und 1900 ab: Er-

---

33 Vgl. Eckhard Glöckner: Zur Schulreform im preußischen Imperialismus. Preußische Schul- und Bildungspolitik im Spannungsfeld der Schulkonferenzen von 1890, 1900 und 1920. Glashütten/Ts. 1976, S. 245f.

34 Eine wichtige Rolle in der Diskussion spielte vor allem die von der Diesterwegstiftung gekrönte Preisschrift Hugo Webers (Die Pflege nationaler Bildung durch den Unterricht in der Muttersprache. Zugleich eine Darstellung der Grundsätze und der Einrichtung dieses Unterrichts. Leipzig 1872): „Der nationalen Bildung steht die *kosmopolitische* und die von gewissen Seiten gepflegte *konfessionelle Bildung* entgegen“ (S. 5). „Wir sagen daher: Jede auf Kosmopolitismus berechnete Bildung entnationalisirt; sie lehnt sich gegen die Volksnatur auf, erzeugt Karikaturen, verflacht die Gesinnungen und Gefühle, verwirrt die Gedanken; sie macht heimat- und ruhelos, erweckt Weltschmerzelei, zersplittert die Sinne und Gedanken, raubt dem Individuum den innern Halt, verrückt ihm den festen Standpunkt [...]. Ja, der *Kosmopolitismus* wird zur *moralischen Entartung* [...]“ (S. 9).

35 Soll Schiller etwa doch noch im realistisch-nationalen Sinne ‚gerettet‘ werden, so wird versucht, ihn als ‚Realisten‘ oder gar ‚Realpolitiker‘ auszugeben. Vgl. dazu Wolfgang Kirchbach: Friedrich Schiller der Realist und Realpolitiker. Berlin 1905.

36 Fr. Polack: Kaiserworte und Schulaufgaben. Allerlei Verbesserungsvorschläge für die Schulerziehung. Wittenberg 1891, S. 6.

37 Glöckner (s. Anm. 33), S. 250, sowie L. Freytag: Der Idealismus auf der Realschule, namentlich im Hinblick auf den deutschen Unterricht. In: Central-Organ für die Interessen des Realschulwesens, 2. Jg., Berlin (1874), S. 460-477, hier: 461: „Aber der deutsche Unterricht soll mehr, er soll Höheres leisten; er vor Allem soll ein Gegengewicht des Idealismus gegen den Alles überwuchernden Realismus bilden.“

stens versuchen Bildungspolitiker und Pädagogen ein integrierendes, realistisch-nationales Bildungs*ziel* zu formulieren, das aber inhaltlich – zumindest auf der Ebene der Fachdidaktiken – kaum konkretisiert wird, sondern – zweitens – zu Gunsten eines eher formalen Bildungs*prinzips* aufgegeben wird: An die Stelle des neuen Bildungsideals tritt die symbolträchtige Topik von der fächerübergreifenden *Konzentration*[38] des Lehrplans. Als eine dritte Möglichkeit, ‚realistische‘ und ‚humanistische‘ Didaktik-Konzeptionen miteinander zu vermitteln, wird der *Deutschunterricht* konzipiert.[39] Besonders deutlich wird diese Lösung in Rudolf Hildebrands „Einführung" zum ersten Jahrgang der „Zeitschrift für den deutschen Unterricht":

Zwischen dem Gymnasialwesen und dem Realschulwesen ist ein Streit im Gange, der manchmal schon aussieht wie der nun beliebte sogenannte Kampf ums Dasein in der Fassung, daß der Bestand und das Gedeihen des einen Theils abhänge von der Vernichtung des anderen. Und doch zeigen sich beide Richtungen, wenn man geschichtlich zurückblickt auf den Gang der Dinge, so natürlich aus den Verhältnissen erwachsen, wie es nur denkbar ist, wie Brüder aus Einer Familie, von Einem Vater, allenfalls aus verschiedener Ehe entsprossen. [...]
Wenn sich die eine Richtung nach dem Realismus benennt [...], kann die da herrschende Pflege der in der Gegenwart gegebenen Thatsachen, Verhältnisse und Bedürfnisse des Idealen entbehren, wenn etwas Ganzes herauskommen soll? [...]
Ergibt sich nicht daraus, daß der deutsche Unterricht für beide Richtungen des Schulwesens der gegebene einigende Boden ist? daß in ihm die eine für ihr Reales das zusammenfassende Ideale zu suchen hat, die andere aber für ihr Ideales den einzig gegebenen realen Grund und Boden?[40]

Zu einer Verbindung der „Bücherratzen" mit den „Bastlern", wie Hans Fallada sie in seinem Roman „Damals bei uns daheim"[41] nennt, kommt es in

---

[38] Vgl. Wilhelm Albert: Grundlegung des Gesamtunterrichts. Vom Orbis Pictus zur pädagogischen Symphonie. Werden und Wachsen des Konzentrationsgedankens im Wandel dreier Jahrhunderte. Wien 1928; Rolf Parr: Konstruktion der Mitte – ‚Konzentration‘ als Ordnungsraster in verschiedenen Diskursen des 19. Jahrhunderts. In: kultuRRevolution, Nr. 6 (1984), S. 35-38; Manfred Eckert: Die schulpolitische Instrumentalisierung des Bildungsbegriffs. Zum Abgrenzungsstreit zwischen Realschule und Gymnasium im 19. Jahrhundert. Frankfurt/M. 1984, bes. S. 224.

[39] Hasko Zimmer (Bedingungen und Tendenzen der Entwicklung des Deutschunterrichts im 19. und 20. Jahrhundert. In: Anneliese Mannzmann [Hg.]: Geschichte der Unterrichtsfächer I. München 1983, S. 35-64, bes. S. 46-51) weist darauf hin, daß die Aufwertung des Faches ‚Deutsch‘ historisch „nur über den gesellschaftlichen Bedeutungsverlust der alten Sprachen bei gleichzeitiger Durchsetzung des realistischen Prinzips im gymnasialen Lehrplan geschehen" (S. 46) konnte. „Auf bildungspolitischer Ebene wurde dem Deutschunterricht immer dort eine Mittelpunktstellung in der höheren Bildung zugesprochen, wo das ‚Nationale‘ als Ausweg aus dem Humanismus-Realismus-Konflikt verstanden" wurde (S. 47).

[40] Rudolf Hildebrand: Zur Einführung. In: ZfdU 1 (1887), S. 1-10, hier: 8-10. – Ähnlich äußerte sich Rudolf Hildebrand auch schon in der 1867 erschienenen und seit der 2. Aufl. (1879) breit rezipierten Schrift „Vom deutschen Sprachunterricht in der Schule und von deutscher Erziehung und Bildung überhaupt". 5. Aufl., Leipzig 1896, S. 127f.

[41] Hans Fallada: Damals bei uns daheim. Erlebtes, Erfahrenes und Erfundenes. Stuttgart 1941, S. 28. – Vgl. Glöckner (s. Anm. 33), S. 243.

der Schule selbst nicht.[42] Die konkurrierenden Diskurspositionen von ‚Realismus' und ‚Idealismus' können lediglich in Ausnahmemenschen – etwa dem 'Künstler' Bismarck – oder in der Vorstellung eines organischen Staatswesens selbst, dem sie sich als konstitutive Teile einfügen, miteinander verbunden werden. Der gesuchte Kompromiß durfte nämlich nicht als bereits in den Realgymnasien verwirklicht angesehen werden[43], denn das hätte eine Verbindung von aufklärerischer Vernunft und technischer Rationalität zur Überwindung des Systems bedeuten können. Die gesuchte Verbindung war vielmehr die von *realistisch* und *national*.[44] So stellt Lyon zwar fest, daß „die Bildung, die das Realgymnasium geben will, kurz als die deutsche"[45] bezeichnet werden kann und „ihre Stätte" „in dem *realistischen Gymnasium*, oder wie man vielleicht besser und schlagender sagen könnte, in dem *deutschen Gymnasium*"[46] habe. Dennoch sieht er sich vor dem Hintergrund des in der Schulwirklichkeit de facto festzustellenden Scheiterns der Parallelität von humanistischer und realistischer Bildung unter nationaler Intention gezwungen, einen wechselseitigen, partiellen Austauschprozeß zwischen humanistischen Gymnasien und Realgymnasien zu beschreiben, dessen Ergebnis wiederum die Parallelität beider Schulformen ist und zugleich dem politischen status quo entspricht:

Es war [...] ganz natürlich, daß zunächst beide Richtungen, die altklassische und die deutschmoderne, feindlich aufeinanderprallten. Aber allmählich zwang eine Richtung die andere zu größerer Annäherung. Das Gymnasium nahm mehr und mehr moderne Bildungsstoffe auf, vor allem auch den Unterricht in der Muttersprache, und die Realschule zog antike Bildungselemente, vor allem das Lateinische, in ihren Bereich und stieg so allmählich zu einem realistischen Gymnasium empor. Weiter, als die Annäherung bisher geschehen ist, darf sie aber wohl kaum gehen, wenn nicht die alte verwerfliche Einseitigkeit [...] wiedererstehen [...] soll. So haben wir in der lebendigen Zweiheit *Gymnasium und Realgymnasium* die einzige den thatsächlichen Verhältnissen genau entsprechende Gestalt unseres höheren Bildungswesens.[47]

Gerade diese Parallelität von humanistischer und realistischer Bildung bei gleichzeitig dennoch angestrebter Integration im Nationalen läßt den Rückgriff auf eine mythische Integrationsfigur notwendig erscheinen. Eine weite-

[42] Bestenfalls bestanden in einzelnen Schulen realistische und humanistische Zweige nebeneinander. – Glöckner (s. Anm. 33, S. 262f.) sieht als Ergebnis des Reformprozesses die humanistische und realistische Gymnasialkonzeption zwar als formal gleichberechtigt, aber in keiner Weise aufeinander bezogen an, obwohl beide getrennt voneinander Systemfunktionen im Kaiserreich erfüllten.

[43] Vgl. Glöckner (s. Anm. 33), S. 56 u. 252f.

[44] Ludwig Gurlitt berichtet 1904 im „Türmer-Jahrbuch" (Pädagogik, S. 301-309, hier: 302) über einen Artikel von G. Lentz in der „Zs. für die Reform der höheren Schulen" (1902, Nr. 3, S. 53): „‚Danken wir Gott', ruft er aus, ‚daß wir durch das Verdienst Bismarcks aus jenen nebelhaften Gefühlen der blassen Humanität herausgerissen worden sind, daß er jeden richtigen Deutschen gelehrt hat, vor allem deutsch-national zu fühlen [...]. Also [...], *nationale* Erziehung muß die Losung sein [...]!'"

[45] Lyon: Realgymnasium (s. Anm. 11), S. 716.

[46] Ebd., S. 714.

[47] Ebd., S. 716f.

re Lösungsmöglichkeit des Konfliktes besteht demnach darin, an die Verbindungsstelle beider Konzeptionen auf solche mythischen Helden zurückzugreifen, die als *Trickster* im Sinne von Lévi-Strauss fungieren und die die Widersprüche zwar vermitteln, aber selbst etwas von der Doppeldeutigkeit der Ausgangsantagonismen zurückbehalten, wie die beiden folgenden Beispiele deutlichmachen: Weist der *Real*schuldirektor Lyon Bismarck als „Künstler in Politik und Sprache" eine Position zu, die sich aus abgewertetem idealistisch-wissenschaftlichem Handeln und aufgewertetem realistisch-künstlerischem Handeln ergibt, so läßt sich von einer Vermittlung unter der Dominanz realistischer Bildungskonzepte sprechen. Conrad Rethwisch, Vertreter des *humanistischen* Gymnasiums, mythisiert in seiner Schrift über „Deutschlands höheres Schulwesen im 19. Jahrhundert" 1893 Bismarck zwar in ähnlicher Weise, diesmal jedoch unter der Dominanz des humanistischen Aspektes:

Wir hatten wieder *deutsche Helden*, Männergestalten, in denen uns verkörpert vor Augen trat, was in der Seele der Besten als Bild von dem gelebt, wozu wir heranzureifen berufen waren. [...]
Im Aufblick zu dem *ehernen Kanzler*, der so gewaltig deutsch geredet mit allen Widersachern Deutschlands, empfand das deutsche Volk das ganze Vollgefühl von dem, was es an Mut und Mark besaß. – So recht als der lebendige Träger der Vereinigung des alten Ideals humaner Bildung mit dem neuen Strebeziel des gemeinnützigen Handelns ragte der *große Feldherr* empor, der, vollendete Geistesbildung um ihrer selbst willen schätzend, im starken Gefühl der Pflicht all sein Können in den Dienst des Vaterlandes stellte, draußen vor dem Feind und daheim im Rate seiner Mitbürger.[48]

Was sich hier an der Bismarck-Mythisierung zweier führender Schulmänner des Wilhelminischen Kaiserreichs beobachten läßt, hat Hartmut Titze auf die Formel der doppelten Identifikation „Bismarck und Goethe"[49] gebracht, die für das Selbstverständnis des Oberlehrertyps nach 1870 charakteristisch war und einen Ausweg aus der prekären Situation bot, zusammen mit dem ideologisch anrüchig gewordenen Humanismus politisch zu einer nicht-hegemonialen Randgruppe zu werden. So traktieren Lehrer wie der Görlitzer Gymnasialdirektor Emil Stutzer ihre Schüler nicht nur bei jeder sich bietenden Gelegenheit (Abiturientenentlassung, Sedanfeier, Einweihung eines Goethe-Denkmals) mit Reden, die das Dioskurenpaar Goethe und Bismarck zum Gegenstand machen[50], sondern setzen es zugleich in Analogie zur real-idealistischen Struktur des gymnasialen Schulwesens:

Am Himmel unsers Lebens müssen also *Goethe und Bismarck vereint* als Leitsterne glänzen. Nur in diesem Zeichen wird Deutschland siegen, wird es auf seine ideale

---

48 Conrad Rethwisch: Deutschlands höheres Schulwesen im neunzehnten Jahrhundert. Geschichtlicher Überblick im Auftrage des Königl. Preußischen Ministeriums der geistlichen, Unterrichts- und Medizinal-Angelegenheiten. Berlin 1893, S. 103.

49 Hartmut Titze: Die soziale und geistige Umbildung des preußischen Oberlehrerstandes von 1870 bis 1914. In: Zs. für Pädagogik. 14. Beih.: Historische Pädagogik. Hg. v. Ulrich Herrmann. Weinheim 1977, S. 107-128, hier: 107. – Zur weiteren Entwicklung bis 1914 vgl. Wolfgang Emmerich: Zur Kritik der Volkstumsideologie. Frankfurt/M. 1971, S. 70f.

50 Emil Stutzer: Goethe und Bismarck als Leitsterne für die Jugend in sieben Gymnasialreden. Berlin 1904, S. 9, 36, 42, 77, 87f., 91f.

Größe neben der realen Macht stolz sein können. Es gilt, nach besten Kräften Humanität und Nationalität, Gedanken und Taten, Individualismus und Gemeinsinn, ideales Streben und praktische Tüchtigkeit harmonisch zu vereinen.[51]

Die Mythisierung Bismarcks, wie sie sich bei Lyon darstellt, vermag die aufgezeigten kulturellen Probleme und Tendenzen integrierend aufzugreifen. Sein Entwurf enthält sowohl Lösungsangebote für den Humanismus/Realismus-Konflikt im höheren Schulwesen als auch Anschlußmöglichkeiten für Elemente kulturkritischen Denkens im außerschulischen Bereich: Lyon entfaltet ein nationales Bildungsziel innerhalb des Deutschunterrichts, der in seiner Zeitschrift ohnehin schon als ideologische Klammer angesehen wird, und koppelt dies zudem an eine mythische Integrationsfigur. In der Figur des ‚Künstlers‘ Bismarck werden so ästhetische, pädagogische (speziell deutschdidaktische), national-patriotische und kulturkritische Diskursparzellen zu verbinden gesucht, so daß das mythische Konstrukt ‚Bismarck‘ zu einem mehrfach überdeterminierten semantischen Komplex wird. Bei Lyon führt diese Tendenz zu einer immensen Aufwertung der sozialhistorischen Position des Lehrers innerhalb des Spektrums der sich als hegemoniale Eliten verstehenden Gruppen. Als Vermittler antizipierter nationaler Entwicklung zu höherer Stufe wird auch der Lehrer zum ‚Künstler‘ und kann den gleichen Führungsanspruch, wie er Bismarck zugestanden wird, für sich reklamieren: Die für Bismarck gewonnene Künstlerposition als Integrationsfeld realistischer und idealistischer Diskurspositionen wird auf eine neue Trägerschaft innerhalb des Spektrums hegemonialer Intelligenz, die höhere Lehrerschaft, appliziert.[52]

Die inneren Wirren aber, in denen sich unser Volk gegenwärtig befindet, werden nur dadurch gelöst werden, daß man die Erziehungs- und Unterrichtsthätigkeit unter dem Gesichtspunkt der Kunst und nicht, wie bisher, unter dem der Gelehrsamkeit betrachtet [...].

Diese Auffassung [der Standpunkt der ‚Gelehrsamkeit‘, R.P.], die ebenso falsch ist wie die, welche über die Politik vor Bismarck herrschte, wird die Zukunft ändern; das wird sie aus Bismarcks Thätigkeit vor allem mit lernen; sie wird den Lehrer in gleiche Linie mit dem Staatsmann und Offizier stellen, d.h. unter die Künstler, und alle die Ideen und Gedanken, die heute die Schule einem großen Teile unseres Volkes gegenüber vergeblich geltend zu machen versucht, die staatserhaltenden und staatsrettenden Gedanken, werden die Herrschaft gewinnen über die revolutionären und staatsumwälzenden Anschauungen weiter Kreise. Der Lehrer, dessen Kunst den herrlichsten Stoff, die Menschenseele, zum Gegenstande hat, wird in dem neuen Staate, wie er von Bismarck geschaffen ist, ganz von selbst durch die vorwärtstreibende Wucht der Bismarckschen Gedanken zu der Stellung erhoben werden, die allein seiner Wirksamkeit die weittragende Gewalt geben wird, die auf unser Volk wirken muß, wenn es nicht zuletzt der Revolution anheimfallen soll.[53]

---

[51] Ders.: Goethe und Bismarck in ihrer Bedeutung für die deutsche Zukunft. In: Xenien. Halbmonatsschrift für literarische Ästhetik und Kritik, 3. Jg. (1909), H. 7, S. 26-31, hier: 28f.

[52] Umgekehrt sind es oft gerade die Lehrer, die Elemente des Bismarck-Mythos reproduzieren. Vgl. dazu die Anthologie von Johannes Pawlecki (Hg.): Dichterstimmen aus der deutschen Lehrerwelt. 2. Aufl., Langensalza 1893.

[53] Lyon: Künstler (s. Anm. 6), S. 303.

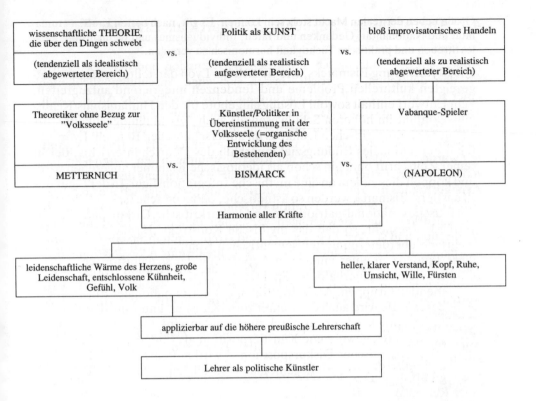

Im Sinne Lyons vermag auch der Deutschlehrer an der höheren Schule auf diese Weise „zu heilen, zu retten, zu erlösen"[54]. Jeder einzelne preußische Gymnasiallehrer verkörpert somit – vermittelt über das Trickster-Konzept des ‚Künstlers' – die oben bereits am Beispiel Bismarck/Goethe beschriebene Macht-Kultur-Synthese.

---

[54] Ebd., S. 247. – Ähnliche Funktion hat auch Lyons Artikel „Fürst Bismarck und das Fremdwort" (in: Zs. des allgemeinen deutschen Sprachvereins, 10. Jg. [1895], Sp. 87- 98) sowie der Bericht des Lehrers Joh. Kreutzer aus Köln über „Die Huldigungsfahrt der höheren Lehrerschaft nach Friedrichsruh" (in: ZfdU 9 [1895], S. 393-404) und Emil Stutzers Aufsatz „Goethe und Bismarck in ihrer Bedeutung für die deutsche Zukunft" (s. Anm. 51, S. 30).

4.2 August Julius Langbehn: „Bismarck als Erzieher"[55]

Außerhalb der pädagogisch-didaktischen Diskussion und der „Zeitschrift für den deutschen Unterricht" lassen sich enge Anschlußmöglichkeiten einer solchen Bismarck-Mythisierung auch für verschiedene Ansätze konservativer Kulturkritik aufzeigen. Hatte Bismarck die idealistisch-deutsche, romantische Diskursposition durch seine militärischen Aktionen in eine realistische transformiert, die sofort wieder zu einer real-idealistischen vermittelt wurde, so bildete sich nach der Reichsgründung in den späten 80er Jahren bis hin zum Ersten Weltkrieg eine deutliche Verhärtung des realistischen Aspekts heraus hin zum ‚bloßen Materialismus', was zugleich die Gefahr in sich barg, auf die englische Position verschoben zu werden. Die konservativen kulturkritischen Bewegungen versuchen daher, den Idealismus-Part wieder neu und stärker zu gewichten und streben nun ihrerseits eine Metamorphose des Nationalstereotyps an: Neu-Idealismus oder „Nationalidealismus"[56]. Daraus resultieren einmal Versuche, die Position des Künstler-Idealisten auch in den Bereich des Politischen hinein auszuweiten und aufzuwerten, zum anderen werden mythische Vorbild-Politiker wie Bismarck zu Künstlern erklärt.

Erstes Beispiel ist hier der ‚Rembrandtdeutsche' August Julius Langbehn. Auch für ihn ist die tendenziell negative Bewertung der ‚bloßen Wissenschaft' – ähnlich wie bei Lyon – die Folie, auf der er seine eigene Kunstauffassung entfaltet: Der deutsche Professor ist ihm – wie Georg Brandes in einer Rezension des Rembrandt-Buches prägnant herausstellte – „die deutsche Nationalkrankheit"[57]; und „er hofft, daß die Zukunft dem Künstler den Platz des Professors geben werde"[58], denn „das Wissen erzeugt Pygmäen", Glaube und Kunst in ihrer Subjektivität dagegen „Heroen"[59]. Die großen, konstruktiven Helden sieht auch Langbehn in den historischen Idealen einer Nation repräsentiert:

Von ihnen ist derselbe beschränkende regelnde normirende Einfluß innerlich zu erwarten, welchen die politische Neugestaltung Deutschlands äußerlich auf dasselbe ausgeübt hat und künftig noch ausüben wird; sie stehen zwischen Kunst und Politik in der Mitte; sie führen aus dieser zu jener hinüber.[60]

---

[55] Zur Applikation von Langbehns Rembrandt-Buch auf Bismarck vgl. Paul Dehn: Bismarck als Erzieher. In Leitsätzen aus seinen Reden, Briefen, Berichten und Werken zusammengestellt und systematisch geordnet. München 1903; Otto Heinrich Jäger: Der Anti-Rembrandt: Bismarck als Erzieher. Borussen gewidmet. Gotha 1891; Heinrich Pudor: Kaiser Wilhelm II. und Rembrandt als Erzieher. 2., verm. Aufl., Dresden 1891.

[56] Friedrich Seeßelberg: Volk und Kunst. Kulturgedanken. Berlin 1907, S. 84.

[57] Georg Brandes: Rez.: Rembrandt als Erzieher. Von einem Deutschen. In: Freie Bühne für modernes Leben, 1. Jg., Berlin (1890), S. 390-392, hier: 391.

[58] Ebd., S. 391f.

[59] August Julius Langbehn: Rembrandt als Erzieher. Von einem Deutschen. 36. Aufl., Leipzig 1891, , S. 186.

[60] Ebd., S. 195.

Jedoch scheut Langbehn davor zurück, Bismarck direkt an diese Mittlerstelle zwischen ‚Politik‘ und ‚Kunst‘ zu setzen, wie es Lyon in seinem Aufsatz versucht. Er entwirft vielmehr als Ersatz für die aufgegebene Trickster-Stellung des mythischen Helden Bismarck ein auf zwei Ebenen angelegtes ‚gedoppeltes Dioskurenpaar‘, dessen Integration dem preußisch-deutschen Staat als Zukunftsaufgabe aufgetragen wird:

Der großen Persönlichkeit Bismarck's fehlt immerhin der Hauch eines feineren Geisteslebens; die rauhe Zeit, in der und für die er geboren ward, hielt solche Einflüsse fern: er trägt nur das Schwert, das Myrthenreis ward ihm versagt. In dem preußisch-deutschen Staat und Volk der Zukunft sollte sich der Geist Bismarck's mit demjenigen Schiller's und Goethe's zur Einheit verschmelzen [...].[61]

Ziel der ‚Verschmelzung‘ des Dioskurenpaares Goethe/Schiller – das im Mythensystem ohnehin stets der Vermittlung von ‚Realismus‘ und ‚Idealismus‘ dient – mit Bismarck ist die Umwandlung des preußischen ‚Soldatenstaates‘ in einen ‚Künstlerstaat‘, d.h. ein Wechsel von der militärisch-realistischen Diskursposition des Jahres 1870/71 zu einer neu-idealistischen:

Die Franzosen erstaunten 1870, daß das Volk der Denker sich in ein Volk der Krieger verwandelt hatte; mögen sie und hoffentlich recht bald erstaunen, wenn das Volk der Forscher sich in ein Volk der Künstler verwandelt. Und trage jeder Deutsche dazu bei, den Umsetzungsprozeß dieser national-chemischen Kräfte zu beschleunigen.[62]

Der Realismus-Aspekt wird jedoch auch bei Langbehn nicht aufgegeben, sondern reproduziert sich über Bismarcks Bauerntum und entsprechende ‚Boden‘-Symboliken, die aber zugleich mit dem Trickster-Konzept vom ‚Künstler‘ verbunden werden, so daß Bismarck als ‚Künstler/Bauer‘ zum vertikalen Integrator zwischen Volk und König wird:

Im Bauer begegnet sich das irdische mit dem himmlischen, das äußere mit dem inneren Leben des Menschen, der König mit dem Künstler. Der Bauer, als Hausherr, ist ein ökonomischer König im Kleinen; der König, als Landesherr, ist ein ökonomischer Künstler im Großen; der bildende und anschauende Künstler steht in der Mitte zwischen beiden: die unwillkürlichen Empfindungen der Volksseele hat er mit dem Bauern, das selbstherrliche Recht ihrer Ausgestaltung mit dem Könige gemein. Shakespeare ist ein solcher Künstler: denn er ist ebenso sehr Bauer d.h. Mann des Volkes wie er König in der Dichtung ist; Friedrich der Große ist ein solcher König: denn er ist ebenso sehr – literarischer – Künstler wie Bauer d.h. Oekonom im bedeutendsten und weitesten Sinne des Wortes; Bismarck ist ein solcher Bauer: denn er ist ebenso sehr – politischer – Künstler wie König d.h. selbstherrlicher Charakter. Shakespeare endete als Grundbesitzer; Friedrich II begann als Verskünstler; Bismarck blieb das Erste zeitlebens und versuchte sich gelegentlich auch im Andern. Der König von Gottesgnaden, der Künstler von Geistesgnaden, der Bauer von Volkesgnaden stehen gewissermaßen gleichberechtigt neben einander; und wenn sie zusammenhalten, so sind sie unbesiegbar.[63]

---

[61] Ebd., S. 202.
[62] Ebd., S. 203.
[63] Ebd., S. 127f.

4.3 Michael Georg Conrad: „Bismarck der Künstler" und das ideologische Projekt der realistischen Wochenschrift „Die Gesellschaft"

Ein zweites, paralleles Beispiel für kulturkritische Bismarck- Mythisierung ist Michael Georg Conrads Aufsatz „Bismarck der Künstler"[64], ursprünglich als Vortrag für den national-idealistisch orientierten Werdandi-Bund konzipiert. Programm dieses Bundes war es, „die Seelenkraft des deutschen Volkes *durch das Mittel der Kunst* zu erhalten und zu stärken" sowie „den Künstlern" (Malern, Musikern, Schriftstellern, Schauspielern und Wissenschaftlern), „deren Kunst auf gesunder deutscher Gemütsgrundlage beruht, größeren und unmittelbareren Einfluß *auf die Kultur*" zu verschaffen.[65] Conrads Vortrag, der Bismarck in die Trickster-Position des verschiedene Praxisbereiche miteinander verbindenden politischen Künstlers rückt, konnte diese Programmatik einlösen. Bereits auf den Rand der thematisch noch unspezifischen Einladung durch den Vorsitzenden des Werdandi-Bundes und Professor für Philosophie der Raumkunst an der Technischen Universität Berlin, Friedrich Seeßelberg, notiert Conrad:

Ich antwortete 6.3.09:
Als Thema liegt mir im Sinn: Bismarck und die Kunst. Wir müssen für alles zerstreute Große in der Entwicklung unseres Volkes immer neue Verknüpfungen suchen zur Verdichtung unseres germanischen Kulturgewebes. Bismarck und die Kunst wären wohl ein gutes Thema.[66]

In der als Werdandi-Schrift „Wertung" erschienenen Druckfassung seines Vortrags stellt Conrad Bismarcks Künstlertum entsprechend als einen Ort ästhetischer Integration dar und konfrontiert diesen Blick auf den Reichskanzler vom Ort der Ästhetik aus mit der bis dato üblichen moralischen Bewertung bedeutender Persönlichkeiten, die nur in der Lage gewesen sei, „die Spannung des Fragwürdigen"[67] deutlich zu machen.

Wie anders, wenn statt des Sittlichen das Ästhetische eintritt: [...] alle Mißklänge lösen sich in einer unendlichen Harmonie [...], jeder lebenstüchtige Einzelne wird in diesem wundervollen Zusammenhange des schöpferischen Weltwillens zum Mitarbeiter Gottes! Er hilft sich, er hilft die Welt vollenden – alles rundet sich!

---

[64] Michael Georg Conrad: Bismarck der Künstler. Leipzig 1910 (Wertung. Schriften des Werdandibundes [1910], H. 1).

[65] Friedrich Seeßelberg: Zum zweiten Werdandijahre. In: Werdandi. Monatsschrift für deutsche Kunst und Wesensart im Auftrage des Werdandibundes hg. v. F. S., 2. Jg., Leipzig (1909), H. 1, S. 1-4, hier: 1f. – Zum „Werdandi-Bund" vgl. auch Rolf Parr: Der Werdandi- Bund. „Der größte Humbug, den wir in den letzten Zeiten erleben durften". In: kultuRRevolution, Nr. 22 (1990), S. 37-42.

[66] Brief Seeßelbergs an Conrad vom 2.3.1909 (Original im Nachlaß Conrad in der Stadtbibliothek München, Sign. 988/76).

[67] Conrad: Bismarck der Künstler (s. Anm. 64), S. 7.

„Der Wille zur Macht verklärt" sich „im Willen zur künstlerischen Vollendung"[68]; an die Stelle der ethischen tritt eine ästhetische Sichtweise, mit dem Effekt, daß das Trickster-Konzept ‚Künstler' eine Reihe von bisher als disparat empfundenen Gegensätzen auflöst:

Seit wir Bismarck erlebt, ist es den Deutschen nicht mehr gestattet, vorschnell von Kunst als Gegensatz zur Politik, als Widerspiel zur Wissenschaft zu reden und vom Künstlertum als von etwas dem Denkertum feindseligem zu fabeln.[69]

Auch Conrad reklamiert – wie schon Otto Lyon in der ‚Zeitschrift für den deutschen Unterricht' – für Bismarck somit die integrierende Mittelstellung des bildenden (= praktisch formenden) Künstlers, der durch sein Künstlertum („Phantasie"[70]) stets Idealist, durch seine praktische Tätigkeit („Boden"-Symbolik[71]) stets Realist ist.

So wird sich als der beste Lenker des Staatswesens der Vollmensch erweisen, der mit schöpferischer Energie und künstlerischer Phantasie das edelste Wissen, die souveränste Gescheitheit verbindet. Nicht der Staatsbeamte, *sondern* der *Staatskünstler* wird aus der nüchternen Staatsmaschine einen sinnvollen Organismus schaffen, aus dem öden Interessenverband ein Staatskunstwerk als Gefäß für die edelsten Früchte neuer Volkskultur.[72]

Zugleich läßt sich das künstlerische ‚Bilden' als Überführen des Paradigmas ‚chaotische Natur' in das Paradigma ‚geordnete Kultur' verstehen, womit die Deichsymbolik konnotiert wird:

Das Staatswesen, das in seiner Politik der gestaltenden Künstlerhände entbehrt, vergeudet seine Kräfte in chaotischem Mühen. Ohne die bindende Künstlerkraft staatsmännischer Gehirne zerfließen die Begierden und Strebungen der Massen ins Uferlose.[73]

Nach einem Gang durch die Bismarck-Biographie, der jede bedeutende Lebensstation als ‚künstlerisch' beleuchtet („Bismarck ein Künstler, seine Reichsschöpfung ein Kunstwerk, seine Schriften Kunstwerke, sein ganzes Wesen und Leben künstlerisch"[74], er selbst ein „Künstlerpatriarch"[75] und „naturfrommer, gottergebener, heldischer Künstler-Edelmann"[76] mit „stürmischer Künstlerphantasie"[77], seine Frau Johanna „ein echtes Künstlerweib"[78]), endet Conrad pathetisch:

---

[68] Ebd., S. 6.
[69] Ebd., S. 7.
[70] Ebd.
[71] Ebd., S. 11 u. 13: „Wurzelfest und bodenständig hat Bismarck als Sprößling einer langen Linie von arbeits- und kriegstüchtigen Landedelleuten von Jugend auf ein sicheres Verhältnis zur Natur gewonnen. Im freien Sonnenlicht und in treuer Erdennähe konnte sich alles Elementare seiner Persönlichkeit artgerecht in ungebrochener Genialität entwickeln."
[72] Ebd., S. 7.
[73] Ebd., S. 9.
[74] Ebd., S. 6.
[75] Ebd., S. 24.
[76] Ebd., S. 26.
[77] Ebd., S. 11.
[78] Ebd., S. 26.

So ist Bismarck in jedem Sinne deutscher Vollmensch und Künstler, in seinem politischen Werk, in seinem Leben als Privatmann, in seinen intimen persönlichen wie staatsmännischen Schriften, eine mächtige Synthese deutschen Geistes- und Gemütswesens im neunzehnten Jahrhundert, ein Erzieher und Veredler unserer nationalen Eigenart und damit ein Verschönerer der Welt, ein Mitarbeiter Gottes. [79]

Wird Bismarck hier als Künstler mythisiert, so muß im Gegenzug der Schriftsteller zu einem nationalen Helden à la Bismarck werden, wie man es in den ersten Jahrgängen von Conrads Münchener Zeitschrift „Die Gesellschaft"[80] ebenso findet wie in der Programmatik des Werdandibundes:

Denn welche öffentlich wirkende Persönlichkeit ist heute „Künstler" – oder vielmehr: welche ist es nicht? Das Künstlerische beginnt gegenwärtig allen hervorragenden Disziplinen ihr Hauptgepräge zu geben; und man darf getrost sagen, daß jeder aus dem trocknen Verstandestume herausstrebende Kulturmensch – so oder so – den Schwerpunkt seines inneren Ichs immer mehr in das Künstlerische zu verlegen beginnt. [81]

Dieses Programm entspricht in großen Teilen auch dem ideologischen Projekt[82] Conrads in der „Gesellschaft", und es verwundert nicht, wenn der Werdandibund gerade den ,Künstler' Bismarck, wie Conrad ihn vorstellt, emphatisch rezipiert. So resümiert Friedrich Seeßelberg in einem Brief vom 14.12.1909 den Vortrag Conrads:

Ihr langsamer Aufbau der Bismarcktaten bis zum Höhepunkt hin war entzückend. [...] Wie man immerfort auf scheinbare Verwunderlichkeiten stößt usw. Dann von der

---

79 Ebd., S. 27. – Vgl. Paul Dehn: Bismarck als Mensch. In: Der Türmer. Monatsschrift für Gemüt und Geist, Stuttgart, 12. Jg. (1909/10), Bd. II, S. 36-42, hier: 36: „Bismarck war ein Künstler im höchsten Sinne. Von der Politik hat er selbst gesagt, sie sei ebensowenig eine Wissenschaft wie das Bildhauen und das Malen. Er nannte die Politik eine Kunst, die sich nicht lehren lasse, für die man begabt sein müsse. Der Münchener Schriftsteller Michael Georg Conrad war der erste, der die Gestalt Bismarcks dadurch ins rechte Licht rückte, daß er ihn als Künstler auffaßte, als den großen Former und Gestalter, der das gewaltigste Kunstwerk seiner Zeit, das neue Deutsche Reich, schuf, wie der echte Künstler aus dem Vollen heraus, auch mit Blut und Eisen. Bismarck besaß in hohem Grade, was er selbst Augenmaß genannt hat, die Fähigkeit, Form und Maß zu erkennen und zu halten, eine unentbehrliche Eigenschaft des Künstlers. Deshalb trägt Bismarcks Werk die Kraft des Bestandes in sich, und deshalb berührt sein politisches Schaffen auch künstlerisch. [...] Bismarck war mit seinem Werk verwachsen wie ein echter Künstler."
80 Vgl. Russel A. Berman: Literarische Öffentlichkeit. In: Horst Albert Glaser (Hg.): Deutsche Literatur. Eine Sozialgeschichte. Bd. 8: Jahrhundertwende: Vom Naturalismus zum Expressionismus. 1880-1918. Hg. v. Frank Trommler. Reinbek 1982, S. 69-85, hier: 72f.: „Das Schriftstellerideal war nicht mehr der ordentliche, zurückgezogene, etwas muffige Bürger, sondern ein Held, der die Tiefe der ,Seele des Volkes' entfesselte und die Bande eines entfremdeten Kultur durchbrach. [...] Man liest von einem ,Sedan des Geistes'. Die Parallelisierung des Künstlers mit dem nationalen Helden Bismarck wurde dann in Conrads Münchener Zeitschrift ,Die Gesellschaft' fortgesetzt: Der scheinbar Vernunft und Parlament verachtende Kanzler galt als Vorbild für den übermenschlichen Künstler, der sich vom blutarmen krittelnden Rezensenten anschaulich abhob."
81 Seeßelberg: Zum zweiten Werdandijahre (s. Anm. 65), S. 2.
82 Zum Begriff vgl.: Jürgen Link/Ursula Link-Heer: Literatursoziologisches Propädeutikum. München 1980, S. 297.

Art, wie da ein Schulmeister das Schlagwort „Bism. als Künstler" prägt und dies so sonderbar kleinlich meint u. gerade auf der Folie dieser Albernheit kommt *Ihre* Auffassung von Bismarck dem Künstler erst recht zur Geltung.[83]

Bismarck löst für Conrad den ideologisch gleichen Führungsanspruch ein, der in den ersten Jahrgängen der „Gesellschaft" noch Zola[84] auf der einen, Wagner[85] und Nietzsche[86] auf der anderen Seite zugesprochen wurde. 1880 schreibt Conrad in den „Parisiana" über die Wirkungen beim Erscheinen Zolascher Romane:

> Selbst der eiserne Kanzler hält einen Augenblick in seiner gewohnten Hantirung inne und durchfliegt das Zola'sche Werk. Das begreift sich. Sie haben etwas Verwandtes; die etwas brüske Methode, die Arbeit in Hemdärmeln, die herkulische Kraft sind Beiden gemeinsam. Ich mache diese Bemerkung mit der gebührenden Reserve, mit dem schuldigen Respect vor der Eigenart großer Persönlichkeiten und enthalte mich weiterer Vergleiche.[87]

Die „herkulische Kraft" reproduziert Conrad an anderen Stellen nicht nur in bezug auf Bismarck[88], sondern auch von Zola ist immer wieder in ähnlicher Weise die Rede. Zu fragen wäre daher, ob beide Figuren nicht in gleicher Weise geeignet sind, wichtige Ideologeme des Conradschen Publikumsprojekts zu reproduzieren und ob der Wechsel von Zola (in den 80er und 90er Jahren) zu Bismarck (verstärkt seit ca. 1910[89]) wirklich als ideologischer Wechsel vom ‚kosmopolitischen Naturalismus' zur ‚patriotischen Heimatkunst' verstanden werden muß, wie es in der herkömmlichen Literaturgeschichtsschreibung[90] in der Regel der Fall ist.

---

83 Brief im Nachlaß Conrad in der Stadtbibliothek München, Sign. 990/76.

84 Vgl. Michael Georg Conrad: Parisiana. Plaudereien über die neueste Literatur und Kunst der Franzosen. Breslau/Leipzig 1880; ders.: Zola und Daudet. In: Die Gesellschaft, 1. Jg. (1885), S. 746-760 u. 800-805; Hedwig Reisinger: Michael Georg Conrad. Ein Lebensbild mit besonderer Berücksichtigung seiner Tätigkeit als Kritiker. Diss. München 1939, bes. S. 10-17.

85 Vgl. Michael Georg Conrad: Wagners Geist und Kunst in Bayreuth. München 1906. – Vgl. auch Heinrich Stümcke: Michael Georg Conrad. Eine litterarische Skizze. Bremen 1893, S. 4.

86 Vgl. den Überblick zu Conrads Nietzsche-Rezeption bei Peter Pütz: Friedrich Nietzsche. 2. Aufl., Stuttgart 1975, S. 74.

87 Conrad: Parisiana (s. Anm. 84), S. 194.

88 Vgl. Kernworte Bismarcks. In: Die Gesellschaft, 1. Jg., Nr. 14 (7.4.1885). – Vgl. auch Michael Georg Conrad: Zu Bismarcks siebzigstem Geburtstag. In: Die Gesellschaft, 1. Jg. (1885), S. 222f., wo Conrad unter Anklang an Goethes Prometheus-Gedicht und die Sturm- und Drang-Position applizierend schreibt, daß „ihn [Bismarck, R.P.] zum Staatenzertrümmerer und Staatenerbauer geschmiedet die harte, späte Zeit"; in diesem Zusammenhang spricht Conrad auch von „überschäumender genialer Kraft, schrankenbrechender Kühnheit" und „prachtvollem Genietrotz" (S. 222); ders.: Es rumort in der Schriftstellerwelt! In: Die Gesellschaft, 1. Jg., Nr. 16 (21.4.1885), S. 289-292 u. 406-408.

89 Vgl. auch: Michael Georg Conrad: Richard Wagner und Bismarck. In: Bayreuther Blätter, 33. Jg. (1910), S. 229. Ders.: Bismarcks Trutzbild. Gedicht. In: Karl Leopold Mayer: Bismarck in deutscher Dichtung. Berlin 1914, S. 248.

90 Vgl. den Überblick bei Agnes Strieder („Die Gesellschaft" – Eine kritische Auseinandersetzung mit der Zs. der frühen Naturalisten. Frankfurt/M. 1985), S. 9-13.

Denn Conrads im Wilhelminischen Kaiserreich durchaus kulturrevolutionäres Projekt einer Parteinahme für den Naturalismus Zolas ging bereits von Beginn an einher mit eher konservativ-kulturkritischen Attitüden, als deren Kronzeugen Wagner und Nietzsche herangezogen wurden. Entgegen den „Bettelsuppen" der literarischen Familienblätter der Zeit versprach die Redaktion der „Gesellschaft" in der programmatischen Einführung zur ersten Nummer, sich zu bemühen, „jene ächte, natürliche, deutsche Vornehmheit zu pflegen, welche in der Reinlichkeit des Denkens, in der Kraft des Empfindens und in der Lauterkeit und Offenheit der Sprache wurzelt"[91]. Die Zeitschrift sollte sich zur „Pflegestätte jener wahrhaften Geistesaristokratie entwickeln, welche berufen ist, in der Litteratur, Kunst und öffentlichen Lebensgestaltung die oberste Führung zu übernehmen"[92]. Vergleichsmaßstab für die „Geistesaristokratie" der Schriftsteller ist dabei neben Zola[93] auch Bismarck, wie ein Artikel Conrads zu den Tagungen des „Allgemeinen deutschen Schriftstellerverbandes" deutlich machen kann.[94] Heinrich und Julius Hart hatten 1882 in den „Kritischen Waffengängen" einen „Offenen Brief an den Fürsten Bismarck"[95] veröffentlicht, in dem sie die staatliche Förderung der Schriftsteller mit dem Hinweis auf die systemstabilisierende Funktion von Literatur einzuklagen versuchten. Conrad kehrt den Spieß in seinem Kommentar ironisch um und fragt, was denn die Literatur für das Reich getan habe und führt als negatives Beispiel die Versuche des ‚Allgemeinen deutschen Schriftstellerverbandes' an, sich als berufsständische Vereinigung zur Sicherung der materiellen Existenz von Schriftstellern zu profilieren:

Ist es nicht zum allergrößten Teil ein fremder, unzeitgemäßer Geist, der dem großen Deutschen Bismarck aus eurer goldgeschnittenen Makulatur entgegentritt? Was soll dem Manne der Natürlichkeit und der rücksichtslosen That, der mit ungeheurem Tiefsinn und wilder Energie die deutschen Volkstrümmer aus dem Unsinn einer zerfahrenen Geschichte mühsam gerettet und unter unerhörten Anfechtungen zu einem neuen Reichswesen zusammengeschweißt, eure Litteratur, die nicht im sturmgepeitschten Leben titanenhaft herangereift, sondern nach ästhetischen Schablonen bei der Studierlampe kümmerlich zusammengedacht worden ist? [...]
Einem Bismarck kann nur – ein anderer Bismarck imponieren, und den habt ihr in eurer Litteratur nicht und werdet ihn bei der herrschenden Schriftsteller-Züchtung in alle Ewigkeit nicht herausbringen.[96]

[91] Zur Einführung. In: Die Gesellschaft, 1. Jg., Nr. 1 (1.1.1885), S. 1-3, hier S. 1f.
[92] Ebd., S. 2.
[93] Rezipiert wurde vor allem die Milieutheorie und das Konzept des ‚roman expérimental'.
[94] Conrad: Es rumort (s. Anm. 88), S. 290.
[95] Heinrich und Julius Hart: Offener Brief an den Fürsten Bismarck. In: Kritische Waffengänge, Leipzig (1882), H. 2, S. 3-8.
[96] Conrad: Es rumort (s. Anm. 88), S. 291f.

Die Gesellschaft.

Realistische Wochenschrift
für
Litteratur, Kunst und öffentliches Leben.

Herausgegeben von
∼ M. G. Conrad. ∼

| I. Jahrgang. | München, 31. März 1885. | Nr. 13. |

Der alte deutsche Erbfeind, der Parteigeist ist es, den ich anklage vor Gott und der Geschichte, wenn das ganze herrliche Werk unserer Nation von 1866 und 1870 wieder in Verfall gerät, durch die Feder hier verdorben wird, was durch das Schwert geschaffen wurde.

Bismarck in seiner Reichstagsrede am 14. März 1885.

Abb. 5: Titelblatt „Die Gesellschaft" (1. Jg., Nr. 13, 31.3.1885).

Neben Zola rezipiert Conrad vor allem in seinen frühen Texten auch Nietzsche[97], der – Propagator des großen Individuums – zwar eigentlich als Zolas Gegenpol erscheinen mußte, dessen Gegner jedoch im selben Lager zu finden waren: bei den Mittelmäßigen, den Halbgebildeten, den Allzuvielen, die anzugreifen Conrad über Jahrzehnte hin nicht müde wurde. Schon in der Programmatik der „Gesellschaft" gab es neben dem Rückbezug auf Zola den Ruf nach „echter, natürlicher, deutscher Vornehmheit", was ein Anknüpfen an patriotisch-nationale Ideologien offenhielt und bisweilen in einen regelrechten Kult des ‚Genies' und ‚Führers'[98] mündete. Im Bismarck-Vortrag formuliert Conrad:

Die Kunst will auf diesem Sterne, wo das Durchschnittliche des Nüchtern-Praktischen, das Mittel- und Untermittelmäßige des Philiströsen die Herrschaft zu führen scheint, die leuchtenden Gipfel menschlicher Entwicklung über die dumpfe Genügsamkeit der Massen, über die animalische Schwelgerei der Genusskreaturen hinweg erreicht sehen. Sie will in genialen Schöpfungen wie in den alltäglichen Nutzwerken unserer irdischen Bedürftigkeit Leitbilder reiner, ewiger Schönheit aufstellen und damit Führerin, Erlöserin der Völker werden – in einem nicht weniger mächtigeren und heiligeren Sinn wie ihre Schwester, die Religion: […]
Nicht die Kunst aus der Froschperspektive! Wie sollten wir mit ihr aus den Niederungen menschlichen Dichtens und Trachtens in die Ätherhöhen irdischer Vollendung gelangen?[99]

Dieser bereits früh auch in der „Gesellschaft" artikulierte Führungsanspruch der Literatur (und damit der Literaten im engeren, der Künstler überhaupt im weiteren Sinne) erlaubte es Conrad später, ins Lager der konservativ-völkischen Heimatkunst überzuwechseln, ohne dies als ideologischen Bruch ansehen zu müssen. Denn das soziale Milieudenken Zolas ließ sich im Kontext der Heimatkunstbewegung auf ‚Landschaft', im Kontext der um 1900 einsetzenden Gobineaurezeption[100] auf ‚Rasse' als entscheidenden Milieus übertragen. Wenn Bismarck für Conrad das „seltene Phänomen eines deutschen Staatsmannes von absolut origineller, auf stärkster deutscher Wurzel ruhender Artung" darstellt, das er zudem durch das Trickster-Konzept vom ‚Künstler' Bismarck ästhetisch überdeterminiert, so ist damit eine ästhetisch-ideologische Konzeption geschaffen, die sowohl das Milieutheorem Zolas als auch das vom großen einzelnen mit Führungsanspruch koppelt. Bismarck als „Staatskünstler" entspricht Nietzsches Konzept vom großen einzelnen, ist aber zugleich auf das ‚Milieu' seines Volkes zurückverwiesen, dessen ‚Ausdruck' er darstellt. Er ist – wie Conrad und sein Projekt

---

[97] Vgl. auch die Nietzsche-Applikation in „Bismarck der Künstler" (s. Anm. 64), S. 22: „Im gewöhnlichen Sinne kann kein Großer Freunde haben. Freundschaft gibt es nur inter pares. Und auch hier nur, nach einem sinnreichen Worte Nietzsches: Sternenfreundschaft. Bismarck hatte keine Zeit, mit den mitzeitigen Spitzen der vaterländischen Geisteswelt persönliche Bekanntschaft zu suchen […]."

[98] Vgl. das Kap. „Der Künstler als Erzieher und Leiter" bei Strieder (s. Anm. 90), S. 131-134.

[99] Conrad: Bismarck der Künstler (s. Anm. 64), S. 8f.

[100] Vgl. die Gobineau-Übersetzungen Ludwig Schemanns, der – ebenfalls für den Werdandi-Bund – ein Buch mit dem Titel „Gobineau und die deutsche Kultur" (Leipzig 1910 [Werdandi-Bücherei, Bd. 3]) verfaßt hat.

selbst – zugleich Revolutionär und doch konservativ „in steter revolutionärer Spannung bei der ehrlichsten konservativen Grundstimmung"[101].

4.4 Friedrich Lienhard: Neu-Idealismus

Für das kulturpolitische Projekt des Heimatkunst-Autors Friedrich Lienhard, „diesen" – wie Samuel Lublinski in seiner „Bilanz der Moderne" formulierte, „Gartenlaubenpoeten siebenten Ranges", der sich als „praeceptor Germaniae"[102] aufspielt – stellt der ‚Idealismus' das ideologisch dominante Positivparadigma dar. Gegenüber Lyon, Langbehn und Conrad bedeutet das ein Abrücken von der nicht zuletzt via Bismarck-Mythisierung konstituierten real-idealistischen Integrationsposition und zugleich eine semantisch nicht mehr zu vermittelnde Verschärfung der Opposition ‚Realismus' vs. ‚Idealismus'. Hatten Schulpädagogen und Deutschdidaktiker wie Otto Lyon bei der Neugestaltung des höheren Schulwesens das realistische Moment als *national-realistisches* neu zu formulieren versucht, so favorisiert Lienhard eine *national-idealistische* Variante: die Verbindung von individuellem Idealismus (gekoppelt an die Vorstellung von Dichtung als ‚Höhenkunst'[103], die die Menschen zu einer qualitativ neuen Existenzstufe erhebt) mit dem Glauben an eine kulturimperialistische „europäische Sendung" Deutschlands[104], die den Kern seiner Auffassung vom deutschen Nationalcharakter bildet.

Sollte nun, nach 1900, nicht Deutschland in der *Erneuerung des klassischen Idealismus* vorangehen? Solches Vorangehen in die *Höhe* wäre *charakteristisch-deutsch*, darin würden wir *neu* sein in ganz Europa. Also auf, deutscher Idealismus![105]

Von besonderer Wichtigkeit ist es Lienhard dabei, für den jeweiligen Zeitpunkt seiner eigenen Bemühungen das Ende einer Verfallsepoche geistestypologisch zu belegen, da nur dann das angestrebte neuidealistische Zeitalter als ein in absehbarer Zeit zu erreichendes erscheinen kann.

Scharf unterscheiden sich von jener Epoche des deutschen Idealismus die seitherigen achtzig Jahre. Groß an Arbeitsenergie, groß in der Bewältigung der Materie, sei es in

---

[101] Conrad: Zu Bismarcks siebzigstem (s. Anm. 88), S. 222.

[102] Samuel Lublinski: Die Bilanz der Moderne. Berlin 1904. Mit einem Nachwort neu hg. v. Gotthart Wunberg. Tübingen 1974, S. 301f.

[103] Zur ‚Höhen'-Metaphorik vgl. die Einleitung des ersten Heftes der von Karl Muth hg. Zs. „Hochland" (Monatsschrift für alle Gebiete des Wissens, der Literatur und Kunst, 1. Jg., Kempten/München [1903]), an der Lienhard gelegentlich mitgearbeitet hat.

[104] Vgl. Friedrich Lienhard: Deutschlands europäische Sendung. In: F. L. Gesammelte Werke in drei Reihen. Dritte Reihe: Gedankliche Werke in sechs Bänden. Stuttgart 1926ff. Fünfter Bd., S. 84-107. Die Texte Lienhards werden im folgenden nach dieser Ausgabe zitiert. Römische Ziffern geben die Reihe, arabische den Bd. in der Reihe an. – Vgl. auch das Gedicht „Deutsche Sendung" aus der im Frühjahr 1915 unter dem Titel „Heldentum und Liebe" erschienenen Sammlung von Kriegsgedichten. In: Werke, II, 1, S. 244f.

[105] Ders.: Zwischen Demokratie und Imperialismus. In: Werke, III, 1, S. 161-166, hier: 166.

Technik, Industrie oder Spezialwissenschaft; klein aber in der Synthese, in der Ideen-würde.[106]

Daraus resultiert notwendig eine Re-Diachronisierung. Denn ließ sich der Real-Idealismus des Trickster-Konzepts vom ‚Künstler' Bismarck mit Blick auf den mehrfachen Wechsel der deutschen Diskursposition seit der Aufklä-rung als synchrone Abbildung einer diachronen Entwicklung verstehen, so löst Lienhard diese Synchronie zugunsten einer wechselnden Abfolge von ‚idealistischen' (deutschen) und ‚realistischen' (der Tendenz nach ‚nicht-deutschen Epochen') wieder auf[107]. Schon früh[108] greift er beispielsweise in die seit Mitte der 80er Jahre verstärkt geführte Naturalismus-Debatte und die daraus resultierende Frage nach der Funktion des Schriftstellers[109] ein und entwickelt später ein Verlaufsschema für die deutsche Literaturge-schichte des 18. und 19. Jahrhunderts, das ‚idealistische' und ‚materialisti-sche' Epochen der Geistesgeschichte als einander ablösend darstellt.

Deutlich steht, wie schon früher ausgeführt wurde, die Epoche des deutschen Idealis-mus oder der klassisch-romantischen Blüteperiode in der Geistesgeschichte Europas (1750 bis 1830). Ein Erlösungswerk steht an der Spitze: Klopstocks „Messias"; ein Er-lösungswerk steht am Schluß: Goethes „Faust". Goethe ist geboren, als eben die er-sten Messiasgesänge erschienen waren; und er ist gestorben unmittelbar nach der Vollendung des Faust.
Genau in die Mitte fällt der Ausbruch der französischen Revolution, die erst idea-listisch war, dann dämonisch wurde. Dämonen des Westens drangen in das innere Deutschland ein; und im Herzen Deutschlands, dort wo die Klassiker wirkten, fiel die erste Entscheidungsschlacht. Paris und Weimar-Jena gerieten in Gegensatz, wie Tita-nen und Götter, wie Sinnlich-Dämonisches und Geistig-Göttliches. In Weimar suchte man von innen aus zu bauen und die Menschen von der Seele aus zu erneuern; das ging den jakobinischen Dämonen in Paris zu langsam, sie packten von außen zu. [...]
Und nun griff, von Leipzig und Waterloo her, das politische neunzehnte Jahrhundert in das noch andauernde beseelte achtzehnte Jahrhundert ein: im Jahre der Schlacht von Waterloo und des Wiener Kongresses wurde Bismarck geboren. Sechsundfünfzig Jahre zuvor hatte Schiller das Licht der Welt erblickt; und sechsundfünfzig Jahre spä-ter wurde das Deutsche Reich gegründet. Wir verstehen aber, weshalb Goethe sich auch fernerhin abseits hielt: er empfand sich in seiner Sendung – ebenso wie Wilhelm von Humboldt – als Vertreter des noch nachwirkenden innerlichen Deutschlands. Auch ein zukünftiger Goethe, als Vertreter künftiger Formen von Esoterik, wird sich hier nicht anders verhalten. Es ist ein Gesetz der Arbeitsteilung; die Aufgaben eines Bismarck kann und will kein Goethe lösen.
Merkwürdig in der Rhythmik der Geistesgeschichte ist auch die Tatsache, daß kurz vor der Katastrophe von 1806, zwischen 1801 und 1805, eine ganze Reihe von bisherigen Führern des geistigen Deutschlands heimgerufen wurden. Es starben binnen weniger Jahre Klopstock, Kant, Herder, Schiller, Novalis; Hölderlin wurde geisteskrank; Goethe machte eine schwere Krankheit durch.

---

[106] Ders.: Unser Zeitalter. In: Werke, III, 1, S. 25-44, hier: 28.
[107] Ders.: Was ist deutscher Idealismus. In: Werke, III, 1, S. 3-24, hier: 4f.
[108] Vgl. ders.: Reformation der Litteratur. In: Die Gesellschaft, 4. Jg. (1888), 1. Bd., S. 145-158 u. 224-238.
[109] Vgl. Jutta Kolkenbrock-Netz: Fabrikation. Experiment. Schöpfung. Strategien ästhetischer Legitimation im Naturalismus. Heidelberg 1981.

178

Achtzig Jahre später haben wir ein ähnliches Schauspiel: unmittelbar vor dem siegrei-
chen Durchdringen des Naturalismus (Zola, Ibsen) starben in demselben Jahrzehnt,
zwischen 1880 und 1890, die letzten Idealisten: Carlyle, Emerson, Richard Wagner,
Franz Liszt, Gobineau, Heinrich von Stein; und Nietzsche tauchte in die Nacht des
Wahnsinns unter.[110]

Effekt einer solchen, an mythisierten ‚Dichterhelden' orientierten Literaturgeschichtsschreibung ist vor allem die Etablierung einer Folge von in sich ab-
geschlossenen Epochen. Dabei ‚reifen' die ‚Blüteperioden' nicht wie in der
Schererschen ‚Wellentheorie' langsam heran, um dann auf wenige Jahre,
wenn nicht sogar, wie bei Gervinus[111], auf einen konkreten Punkt (z.B. die
Goethe-Schiller-Konvergenz[112]), eingegrenzt zu werden, sondern längere
‚Blüteperioden' wechseln abrupt mit solchen des Verfalls. Die „klassisch-
romantische Blüteperiode" ist so für Lienhard durch die lange Zeitspanne
der Lebensdaten Goethes umrissen. Ihr Ende und der Beginn des „politischen neunzehnten Jahrhunderts" kündet sich mit der Schlacht von Jena und
Auerstedt an. Vollzogen wird der Epochenwechsel mit Goethes Tod („eine
Epoche der seelischen Verdüsterung begann bald nach Goethes Tod"[113]),
und hat mit der Reichsgründung 1871 bzw. der Entlassung Bismarcks 1890
(die an dieser Stelle noch nicht thematisiert wird) zwei vorläufige Endpunk-
te, die zugleich den Beginn des neu-idealistischen Zeitalters markieren. Im
Laufe der folgenden Jahre ist Lienhard allerdings gezwungen, diesen Wechsel (meist unter Verwendung mythischer Skalen von Jahreszahlen) immer
wieder in die Zukunft zu verlagern (Burenkrieg, Beginn des Ersten Weltkriegs, Ende des Ersten Weltkriegs).
In entsprechendem Gegensatz zu der im Wilhelminismus für die Idealismus-
Realismus-Frage vorgeschlagenen Lösung, die darauf hinauslief, Goethe
und Bismarck in der klassischen Macht/Kultur-Synthese zu einem Dioskurenpaar zu verbinden, stehen bei Lienhard beide in strenger „Arbeitsteilung" für verschiedene Epochen.[114] Idealismus und Materialismus werden
„einander ablösen", können aber nicht sem-dialektisch über die Grenzen
‚realistischer' bzw. ‚idealistischer' Epochen hinweg vermittelt werden. Diese
Alternative zur gängigen Bismarck-Mythisierung wird streng durchgehal-
ten, auch wenn es bisweilen den Anschein hat, als ob Lienhard doch auf ein
Real-Idealismus-Konzept zurückgreife. So heißt es etwa in der auf Karl

---

[110] Lienhard: Unser Zeitalter (s. Anm. 106), S. 38f.
[111] Vgl. dazu Wolfgang Pfaffenberger: Blütezeiten und nationale Literaturgeschichtsschreibung.
Eine wissenschaftsgeschichtliche Betrachtung. Frankfurt/M. 1981. Zu Scherer bes. S. 259ff.; zu
Gervinus S. 223ff.
[112] Vgl. Jürgen Link: Die mythische Konvergenz Goethe-Schiller als diskurskonstitutives Prinzip
deutscher Literaturgeschichtsschreibung im 19. Jahrhundert. In: Bernard Cerquiglini/Hans
Ulrich Gumbrecht (Hg.): Der Diskurs der Literatur- und Sprachhistorie. Wissenschaftsgeschichte als Innovationsvorgabe. Frankfurt/M. 1983, S. 225-242.
[113] Lienhard: Unser Zeitalter (s. Anm. 106), S. 28.
[114] Ebd., S. 38.

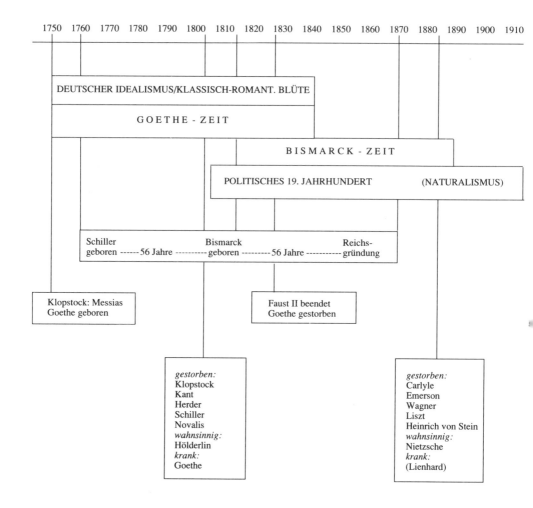

| 1750 | 1760 | 1770 | 1780 | 1790 | 1800 | 1810 | 1820 | 1830 | 1840 | 1850 | 1860 | 1870 | 1880 | 1890 | 1900 | 1910 |

DEUTSCHER IDEALISMUS/KLASSISCH-ROMANT. BLÜTE

G O E T H E - Z E I T

B I S M A R C K - Z E I T

POLITISCHES 19. JAHRHUNDERT   (NATURALISMUS)

Schiller   Bismarck   Reichs-
geboren ------ 56 Jahre --------- geboren --------- 56 Jahre ----------- gründung

Klopstock: Messias
Goethe geboren

Faust II beendet
Goethe gestorben

gestorben:
Klopstock
Kant
Herder
Schiller
Novalis
wahnsinnig:
Hölderlin
krank:
Goethe

gestorben:
Carlyle
Emerson
Wagner
Liszt
Heinrich von Stein
wahnsinnig:
Nietzsche
krank:
(Lienhard)

Epochen der Literaturgeschichte nach Lienhard

Bleibtreus „Revolution der Literatur"[115] anspielenden Schrift „Reformation der Litteratur":

Es muß zu der *naturwissenschaftlichen* Auffassungsweise, die ja nur das Gegenwärtige, Greifbare zu ordnen weiß, die weitblickende *historische* treten [...].[116]

Und ähnlich ist im Aufsatz „Persönlichkeit und Volkstum als Grundlagen der Dichtung" vom „realistischen Idealisten und idealistischen Realisten"[117] die

---

[115] Karl Bleibtreu: Die Revolution der Litteratur. Hg. v. J. J. Braakenburg. Tübingen 1973.
[116] Lienhard: Reformation (s. Anm. 108), S. 238.
[117] Ders.: Persönlichkeit und Volkstum als Grundlagen der Dichtung. In: Werke, III, 1, S. 45-54, hier: 48.

Rede, der der einzig wahre Dichter sei. Die hier anklingende Verbindung von ,Realismus' und ,Idealismus' wird jedoch in zweifacher Weise wieder aufgefangen. Zum einen rücken beide dadurch enger zusammen, daß ihnen der absolute Negativ-Signifikant ,Materialismus' entgegengestellt und der Realismus zur Bedingung des Idealismus erklärt wird. Deutlich wird dies im Schillerkapitel der Schriftenreihe „Wege nach Weimar"[118], wo Lienhard gezwungen ist, das Gervinussche Dioskurenpaar vom ,Idealisten Schiller' und ,Realisten Goethe' umzudeuten, will er Goethe für seinen Neu-Idealismus zum Schutzpatron und „Vorbild"[119] machen.

Und so müssen wir wieder einmal mahnen, die alten Trennungsworte: Goethe sei „Realist", Schiller aber „Idealist" gewesen, einfach fallen zu lassen. Denn ein dritter, der Materialismus der Gegenwart, in verfeinerter Form „Monismus" [...] nimmt Goethe zu unrecht für sich in Beschlag. Beide Dichter waren durchaus und ganz Idealisten. Wie alle Großen der Geistesgeschichte. Das Reich des Geistes, widergespiegelt aus dem Reich der Materie, ohne das der Geist für uns einfach nicht faßbar wäre, ist ihnen das einzig Wirkliche und Wertvolle. Der denkende Schiller hat sich dieses geradezu religiöse Erlebnis mehr durch spekulatives Ringen geklärt, Goethe mehr durch empirische Beobachtung. Bei beiden aber war Spekulation und Beobachtung getragen und durchdrungen von seelischen Kämpfen – und so wurde dies alles erst Erlebnis. Der klassische Idealismus ist ein durchaus reales *Erlebnis höherer Art.*[120]

Zum anderen werden Idealismus und Realismus in ein Konzept von „Persönlichkeit und Volkstum" eingebunden, in dem die geniale Einzelpersönlichkeit den Idealismuspol vertritt und das Volkstum als fester ,Boden' und ,Wurzelgrund'[121] der Realität erscheint, auf dem und für den die Einzelpersönlichkeit schafft. Der Volks,boden' ist jetzt aber nicht mehr – wie bei der Mythisierung Bismarcks – Garant des ,Realismus', sondern reproduziert das Merkmal ,Nationalität'. Die Formel „Persönlichkeit und Volkstum" bedeutet dann nichts anderes als eine Umschreibung für Lienhards Projekt eines nationalen Idealismus:

Persönlichkeit und *Volkstum*, das sind die zwei erdfesten Realitäten, die Kernpunkte alles gesund wachsenden Kulturlebens. Die Persönlichkeit ist der innere Ring, an den sich konzentrisch ein weiterer Ring ansetzt: das Volk. Die Persönlichkeit würde für sich allein verwildern in Selbstsucht, Laune, Ziellosigkeit, hätte sie nicht um sich her als eine Art „Kontrolle" die Volksgenossen, mit denen sie fühlt und lebt, mit denen und für die sie denkt und dichtet – oft auch von ihnen gereizt, oft in Widerspruch zu einer ganzen Zeit und ihren Verstimmungen, die sie in sich selbst bereits sieghaft über-

---

118 „Wege nach Weimar. Beiträge zur Erneuerung des Idealismus" ist ein sechsbändiges Werk betitelt, das „von Herbst 1905 bis Herbst 1908 in Monatslieferungen erschienen ist". Vgl. das Vorwort zur 2. Aufl., Stuttgart 1910, S. VII.

119 Friedrich Lienhard: Los von Berlin? In: Werke, III, 1, S. 129-135, hier: 135.

120 Ders.: Wege nach Weimar. Bd. 5: Schiller (1907). In: Schriften, III, 4, S. 121f.

121 Vgl. Langbehn (s. Anm. 59). Zur ,Boden'-Symbolik generell: Axel Drews/Ute Gerhard: Der Boden, der nicht zu bewegen war. Ein zentrales Kollektivsymbol der bürgerlichen Revolution in Deutschland. In: Jürgen Link/Wulf Wülfing: Bewegung und Stillstand in Metaphern und Mythen: Fallstudien zum Verhältnis von elementarem Wissen und Literatur im 19. Jahrhundert. Stuttgart 1984, S. 142-148.

wunden hat. Ein Dichter in diesem umfassenden Sinne, der Zeit und Volk, Gegenwart und Vergangenheit zugleich überschaut, kann sich gar nicht mehr in die „Probleme" der augenblicklichen Zeit zwängen. Er hat sich, ohne etwa „Reaktionär" zu sein, auf eine überzeitliche Höhe durchgerungen, so daß er nun, nach allen Bitternissen, wieder selbst tief glücklich ist und auch andre glücklich zu machen für seinen schönsten Beruf hält.[122]

Die dieser Verbindung entsprechende, gegen den Naturalismus konzipierte[123] nationale Literatur definiert Lienhard in einem anderen Aufsatz als

solche Kunst und Dichtung, die bei allem scharf *persönlichen* Künstlertum doch dem *Geist unseres Volkstums* entspricht und dem *Herzens-Verständnis der gebildeten Gesamtheit* nicht entrückt ist.[124]

Die von Lienhard intendierte Verbindung von Idealismus und Nationalismus entspricht den tatsächlichen Diskurspositionen der Zeit keineswegs, was er selbst sehr genau als einen doppelten Chiasmus beschreibt. Zum einen sind die Nationalen nur ‚national', ohne ‚idealistisch' zu sein:

Auch haben wir da mit einem ganz besonderen Hemmnis zu rechnen. In nationalen Kreisen ist zumeist der Sinn für eine schneidige Politik so stark entwickelt, daß die ruhigere und reife Seelenverfassung für Kunst und Poesie gern als eine Rückständigkeit aus der Zeit des verträumten, des unpolitischen, des lyrischen und musikalischen Deutschlands empfunden und belächelt, ja – wie Beispiele beweisen – öffentlich bekämpft wird. Das halte ich für einen verhängnisvollen Fehler. Man sollte eins tun und das andere nicht lassen. Der Sinn für große Politik tut uns Deutschen gewiß not: aber ein gesunder Sinn für eine starke und charaktervolle Haltung Deutschlands schließt einen gesunden Sinn für starke und innige, für erhabene und milde Poesie eines vollen Mannes und Sängers wahrlich *nicht* aus [...].[125]

Die Kosmopoliten dagegen sind zwar ‚idealistisch', aber eben nicht genügend ‚national':

Das sind die einen, die Nationalen oder besser die *Nur-Nationalen.* Demgegenüber scheint sich der alte Idealismus, mit etlichen Hautschürfungen, in ein buntes Lager hinübergeflüchtet zu haben: in das Lager des Kosmopolitismus. Da sind die Friedensfreunde und ihre Bewegung, da ist die ethische Gesellschaft, da ist Egidys Gruppe; dann wirkt da der Kreis der meisten jüngeren, sozialistisch durchtränkten Literaten, die von Tolstoi und Ibsen, Strindberg und Nietzsche, den gesellschaftskritischen Europäern, gleichmäßig angeregt sind. Das Moderne oder besser *Nur-Moderne* könnte man zusammenfassend diese andere Richtung des Zeitgeistes nennen. Ihnen ist das Humanitätsprinzip das Höchste, Toleranz ist ihr Lieblingswort, das Judentum ist stark unter ihnen vertreten, während die Nationalen antisemitisch angehaucht sind. Kosmopolitismus, Verwischung nationaler Gegensätze, Nichtbeachtung der Rassenunterschiede, Humanität für alle statt des konfessionell zerspaltenen und darum allein schon abzulehnenden Christentums, viel Sinn für die soziale Frage, für die sie aber auf

---

[122] Lienhard: Persönlichkeit (s. Anm. 117), S. 49.
[123] "Sehen Sie, meine Herren vom Naturalismus, Sie sind ja doch abhängige Talente, die uns nichts *Charakteristisch-Deutsches* zu sagen haben [...]" (Ders.: Demokratie [s. Anm. 105], S. 166).
[124] Ebd., S. 161.
[125] Ders.: Wo sind die nationalen Berliner? In: Werke, III, 1, S. 152-160, hier: 159.

dem Boden der heutigen Staatsordnung keine rechte Lösung wissen: – das ist es ungefähr, was *diese* Spielart des Zeitgeistes kennzeichnet.[126]

Stellt sich das Projekt eines von nationalem Sendungsbewußtsein getrage-
nen deutschen Idealismus also in vielerlei Hinsicht als diskultural heraus, so
versucht Lienhard in einer Reihe von Texten dennoch, es durch vielfältigen
Rekurs auf Figuren des synchronen Mythensystems des Kaiserreichs zu stützen: Das Anknüpfen an das Figurenarsenal eines etablierten Mythensystems, das von seinem theoretischen Status her dem kulturellen Interdiskurs
einer Kultur zugehört, kann dabei eine gewisse kulturelle Akzeptanz schaffen und ermöglicht zugleich – unter Nutzung seiner Ambivalenzen – die einzelnen Figuren dieses Systems so in Relation zueinander zu setzen, daß eine
Lienhards Idealismus-Projekt entsprechende Variante entsteht.

4.4.1 Lienhards Mythensystem: Bismarck, Napoleon, Königin Luise, Friedrich der Große, Goethe

Eine solch ambivalente Stellung als mythischer Held nimmt Bismarck ein,
auf den Lienhard nicht nur in seinen theoretisch-programmatischen Schriften rekurriert, sondern den er auch zum Gegenstand einiger Gedichte gemacht hat. Zwar bleibt Bismarck zuerst einmal Vertreter des ‚materiali-
stisch-politischen‘ 19. Jahrhunderts und übernimmt damit den Gegenpart zu
Lienhard selbst:

Das Jahrhundert Darwins und Bismarcks hat auf materiellem Gebiet gewaltig gearbeitet. Man nennt es das „eiserne Jahrhundert", wie man vom „eisernen Kanzler"
spricht; ein Netz von Eisenbahnschienen und Telegrafendrähten umspannt den Leib
der Erde; Maschinen rauchen, Großstädte schwellen an, Massen werden in Bewegung
gesetzt. Industrie, Technik, exakte Wissenschaft, soziale Fürsorge leisten Erstauntli-
ches. Es ist ein Zeitalter der Massen und Methoden, der Apparate und des Mechanismus.[127]

Andererseits jedoch erscheint Bismarck als ‚Persönlichkeit‘ bzw. ‚Genie‘
und erfüllt damit eine der Voraussetzungen, wie sie das Konzept von „Persönlichkeit und Volkstum" für einen ‚Idealisten‘ fordert. Daher ist es nur fol-
gerichtig, wenn Lienhard den Reichskanzler neben Luther, Friedrich dem
Großen und Wilhelm I. (die in dieser Hinsicht zur historischen Analogie tendieren) als Beispiel erfolgreicher Verbindung von ‚Person‘ und ‚Nation‘ anführt.

Der Mensch, der nicht bloß Gehirn, sondern volle Persönlichkeit ist, steht mit seiner
Erde in fester Berührung. Die Grundlage, das Beet gleichsam, der Garten, worin die

---

[126] Ders.: Jahrhundertwende. In: Werke, III, 1, S. 96-103, hier: 98f.

[127] Ders.: Was ist deutscher Idealismus? (s. Anm. 107), S. 21f. – Zur semantischen Opposition von
‚Eisen‘ vs. ‚idealistische Literatur‘ vgl. auch das Gedicht „Hölderlin und Novalis" (in: Werke,
II, 1, S. 306): „Am Anfang jener eisernen hundert Jahr',/ Da man mit Erzgranaten das Reich
erschuf,/ Zerbrachen goldne Melodieen:/ Hölderlin starb – und es starb Novalis."

Menschenblume sich auswächst, ist die Natur seines Landes und Volkes. Es ist daher, falls wir die Persönlichkeit als Zweck setzen, ein warmes Lebensverhältnis zu den Idealen des ganzen Volkstums unmittelbares Mittel zum Zweck. Und umgekehrt ist die Ausbildung der Persönlichkeit wieder Mittel zur Erreichung eines starken Volkstums. Dieses Hand-in-Hand-Gehen von Persönlichkeit und Volkstum halte sich jeder vor Augen. Der einzelne erhält dadurch festen Untergrund und großen, stolzen Hintergrund. Er fühlt sich als Stück einer Gesamtheit und in seinem kleinen Teile als Vertreter einer Gesamtheit; und das gibt seinen Handlungen und Worten doppelte Wucht. „Meine Zeit gehört nicht mir, sondern dem Staate." (Friedrich.) – „Ich habe keine Zeit, müde zu sein." (Wilhelm I.) – „Wir Deutsche fürchten Gott und sonst nichts auf der Welt!" (Bismarck.) – „Ich kann's ja nicht lassen, ich muß sorgen für das arme, elende, verachtete, verratene und verkaufte Deutschland!" (Luther.)[128]

Unter diesem Aspekt kann der mythische Held Bismarck dem ,Materialismus' sogar entgegengestellt werden. Allerdings bleibt der Reichskanzler – bezogen auf die Epochengliederung – auch dann noch eine Figur des materialistischen Zeitalters. Lienhard kann daher auch nicht auf diejenige Lösung des Konflikts zurückgreifen, die Bismarck – wie bei Otto Lyon – zum real-idealistischen Künstler erklärt; denn das würde ihn um die Möglichkeit bringen, die Stelle eines neu-idealistischen Propheten und Heilsbringers selbst zu besetzen, da alle Zukunftshoffnungen dann schon erfüllt gewesen wären und – wie Heinrich von Sybel bereits 1871 befürchtete[129] – eine Zeit der Leere begonnen hätte. Lienhard löst das Problem vielmehr dadurch, daß er sein Projekt zugleich als *Ablösung* des materialistischen Zeitalters (dem Bismarck eigentlich angehört) und als ergänzende *Fortführung* Bismarckscher Politik auf kulturellem Gebiet darstellt. In dem frühen Aufsatz „Ohne Bismarck" (1894) wendet er sich gegen die Stilisierung Bismarcks zum ,größten deutschen Bauern' durch den Bund der Landwirte. Zeigt sich diese traditionelle Bismarck-Klientel über die Entlassung des Reichskanzlers empört, so ist diese für Lienhard willkommener Anlaß, die materialistische Epoche erneut für beendet zu erklären und somit dem eigenen Konzept ein Wirkungsfeld zu öffnen. Das Bürgertum (die eigentliche Zielgruppe Lienhards) habe es sich unter der Obhut Bismarcks gemütlich einzurichten gewußt und sei dabei in den vor-bismarckschen Michelschlaf zurückgefallen, was den weiteren Weg für eine idealistische ,Reformation' des Geisteslebens verstellt habe.

Dieses deutsche Bürgerthum, wie gesagt, und unser breiter deutscher Provinz- und Volks-Geist schliefen. Sie fühlten sich vertreten und beschirmt von ihrem Alles überragenden Staatsmanne und glaubten behaglich ruhen zu dürfen, wenn nur ihr Bismarck wache.[130]

---

[128] Ders.: Persönlichkeit (s. Anm. 117), S. 53f.

[129] Vgl. Hans-Ulrich Wehler: Das Deutsche Kaiserreich 1871-1918. 5., durchges. u. erg. Aufl., Göttingen 1983, S. 96.

[130] Friedrich Lienhard: Ohne Bismarck. In: Das Zwanzigste Jahrhundert. Deutsch-nationale Monatshefte für sociales Leben, Politik, Wissenschaft, Kunst und Literatur. Geleitet v. F. L., 4. Jg. (1894), 2. Bd., S. 43-51, hier: 44.

Damit wendet sich Lienhard gegen das wirkungsmächtige und weit verbreitete Konzept, Bismarck als ‚getreuen Eckart‘ darzustellen, der das deutsche Volk von seiner Einsiedelei im Sachsenwald aus berät und beschützt. Lienhard verwahrt sich jedoch gegen den Vorwurf, Bismarck-Gegner zu sein, indem er sich zu dessen „wahrem Fortsetzer" erklärt.

Ich hoffe, daß man mich nicht falsch verstanden hat, wenn ich hier, lediglich vom Vernunft-Standpunkte, unsere, des jüngeren Geschlechtes, Stellung zu Bismarck, wenigstens für mich persönlich, anzudeuten suchte. Nicht Feinde des greisen Helden sind wir, nein, vielleicht seine wahren Fortsetzer: insofern wir ein All-Deutschland und ein Frei-Deutschland zu schaffen suchen; insofern wir 1870 nur als eine große Stufe auf dem Wege deutscher Staats-Entwickelung betrachten, eine Stufe, die uns nicht zu dauerndem Ausruhen verführen darf.[131]

Da es „völlig unfruchtbar" sei, ein „jüngeres Geschlecht mit Haß auf die Aera Bismarck und auf den Fürsten selbst zu erfüllen"[132], versucht Lienhard, die Figur des mythischen Helden Bismarck subtil für die Durchsetzung seines Publikumsprojektes zu nutzen. Dabei rekurriert er auf bekannte Mytheme, bindet sie jedoch unter teils geänderter Wertung und mit neuen Konnotationen ins eigene Konzept ein, so daß man von einem Prozeß sekundärer Mythisierung sprechen könnte. Als erstes Beispiel kann die – unausgesprochene – Selbstinszenierung Lienhards als ein „geistiger Bismarck" dienen:

Erst wenn wir wieder gemeinsame Edelziele (Ideale) haben, werden wir geistig ein Deutsches Reich bilden. Erst der Mann, der uns diese Edelziele in Bewußtsein und Willen bringt, wird eine Art geistiger Bismarck sein.[133]

Deutlicher als Lienhard selbst reklamieren seine Exegeten und Verehrer für ihn die Stelle eines ‚geistigen Bismarck‘. Wie ein Blick auf die frühe Sekundärliteratur zeigt, ist auch dabei der Rückgriff auf die für den Bismarck-Mythos konstitutiven Symboliken typisch: Lienhard als „Schmiedemeister neuer goldener Flügel für die besondere Sehnsucht unserer Zeit"[134]; als „Einsiedler aus dem Wasgen- und Thüringerwalde"[135], der Bismarck als ‚Einsiedler im Sachsenwald‘ entspricht; oder als ‚getreuer Eckart‘[136]:

---

[131] Ebd., S. 47.

[132] Ebd., S. 48.

[133] Ders.: Los von Berlin? (s. Anm. 119), S. 135. – In „Wo sind die nationalen Berliner?" (s. Anm. 125, S. 154) nimmt umgekehrt Bismarck die Position Lienhards innerhalb der literarischen Szene Berlins ein: „Für jeden ‚Neutöner‘ ist man hier empfänglich, jede drollige und krankhafte Sonderart beachten Redakteur und Reporter regsam, für jeden närrischen Ismus ist man unparteiischer Kritiker – aber ein literarischer, weitdeutscher Bismarck würde vermutlich im Durchschnitts-Berlin nicht mehr Freunde finden als der gehaßte politische Bismarck."

[134] Wilhelm Edward Gierke: Friedrich Lienhard und wir. Dem deutschen Dichter F. L. zum 50. Geburtstage dargebracht. Stuttgart 1915, S. 64.

[135] Wilhelm Kiefer: Friedrich Lienhard. In: Bühne und Welt, 17. Jg. (Oktober 1915), S. 458-463, hier: 461.

[136] Vgl. zu Bismarck BA 7.9.1, Nr. 1-28.

Für Lienhards bestes Werk halte ich sein Leben und Mannestum. Nur habe ich nie begriffen, warum er den Namen Lienhard annahm und nicht auf seinem alten guten aus der Geschichte beharrte: *Der getreue Eckart*.[137]

Ähnlich führt Lienhard selbst an anderer Stelle den Begriff der „Reichsbeseelung" in Analogie zur „Reichsgründung" ein[138] und kann so – in Gegensatz zu dem die Macht/Kultur-Synthese bereits als erreicht signifizierenden Dioskurenpaar Goethe/Bismarck – sein Prinzip einer Arbeitsteilung der Epochen aufrechterhalten. In einem weiteren Aufsatz, der am Beispiel des Übergangs von Schelling zu Darwin den Untergang des Idealismus alter Provenienz konstatiert, heißt es entsprechend:

> Der Reichsgedanke, diese Hochburg des deutschen Idealismus nach Zersetzung der philosophisch-religiösen Ideale, wurde dann im stürmischen Siegeslauf der Kriege von 1866 und 1870 in Tat umgesetzt. Bismarck schuf den Reichskörper.
> Aber welche *Seele* zog in das Reich ein?[139]

Eine weitere Möglichkeit, die Bismarckposition zu adaptieren, besteht darin, einzelne Mytheme zu übernehmen. Wird Bismarck in der Funktion des Reichseinigers beinahe stereotyp als ‚Wieland der Schmied' dargestellt[140], der mit wuchtigen Schlägen die deutsche Einheit in Form eines symbolischen Reichsschwertes zusammenschmiedet, so übernimmt auch Lienhard diese Symbolik. Das Ergebnis ist eine Vermischung der ursprünglich ‚realistischen' Diskursposition Bismarcks mit dem ‚idealistischen' Projekt Lienhards: die Anwendung der als genuin ‚realistisch' geltenden ‚Eisen'/ 'Schmiede'-Symbolik („Stahl", „Erz", „schmieden", „härten"), die sich zudem in der Schlußstrophe des folgenden Gedichts schon ins romantische „Gold" transformiert hat, auf das idealistisch zu schaffende „Herz" bzw. den „deutschen Geist":

> Schmiedewerk
>
> [...]
> Wir schlagen das Alte zusammen
> Und schlagen Spinnwebgreuel tot.
> Wir schmieden, schmieden, schmieden
> Und sparen nicht an Stahl und Erz –
> Wir schmieden und wir härten
> Das neue deutsche Herz!
> [...]

---

[137] Gierke (s. Anm. 134), S. 49.

[138] Friedrich Lienhard: Wo bleibt der Meister der Menschheit? Zur Einführung. In: Werke, III, 5, S. 1f., hier: 2.

[139] Ders.: Von Schelling zu Darwin. In: Werke, III, 5, S. 73-77, hier: 74f. – In abgewandelter Form findet sich der Gedanke bei Lienhard immer wieder: „Oft schon hat der Verfasser der folgenden Kriegsgedanken dichterisch und literarisch den Wunsch geprägt: dem *deutschen Reichskörper* muß noch eine *deutsche Reichsseele geschaffen werden*" (Ders.: Europäische Sendung [s. Anm. 104], S. 84). – „Des Reiches Krone wurde geprägt in zwei raschen glücklichen Kriegen; die deutsche *Seelenkrone* ist jetzt zu schmieden im größeren Kampf gegen halb Europa, ja die halbe Welt" (ebd., S. 92).

[140] Vgl. BA 7.9.2.

> Es gab uns ja die Gerten
> Der alte starke Sachsenwald.
> Dann schmieden auch wir und härten
> Die Heldenkrone, die nimmer zerreißt –
> Wir schmieden aus Licht und Golde
> Den neuen deutschen Geist![141]

Die Kopplung von ‚Bismarck' und ‚Deutschtum' hindert Lienhard aber nicht daran, den Altreichskanzler in anderen Kontexten als Erben Napoleons I. zu situieren, was zur Folge hat, daß Bismarck automatisch wieder dem materialistischen Jahrhundert zugerechnet wird:

> Von Hebbel und Heine bis Ibsen und Dehmel derselbe durchgehende Zug: ein Kampf und Krampf um den Geist unter der lastenden Wucht der Materie.
> Das ist nicht mehr Goethe-Stimmung, das ist das Zeitalter unsres gestiefelt-wuchtigen Bismarck, der im Jahre der Schlacht von Waterloo geboren wurde und Napoleons Realpolitik geerbt zu haben scheint.
> Die Weltachse hat eine Drehung vollzogen. Sie wälzte sich nach der Seite des Realismus. Und alle Gegenstöße des Idealismus – d.h. der Weltanschauung, die vom Primat des Geistes und des Gemütes, der Güte und des Vertrauens ausgeht – waren umsonst: von Carlyle bis Emerson, von Schopenhauer bis zu Richard Wagner [...].[142]

Ähnlich janusköpfig stellt sich auch die Mythisierung Napoleons I. dar, der zwar gegenüber der Königin Luise als brutaler Materialist erscheinen kann, andererseits aber ebenso wie Bismarck als ‚große Persönlichkeit' mit dem Merkmal ‚Genie' zumindest einer Anforderung an einen Idealisten genügt.

> Was gab der Reformation Nachdruck? Nicht ein neues System oder ein Verein oder ein „Ismus" oder eine Technik, sondern die Persönlichkeit Luthers. Hat Friedrichs *Heer* den Siebenjährigen Krieg erfochten? Nein, der Mann, der das Heer zu beseelen wußte. Die Revolutionsheere waren erbärmlich ausgerüstet: das ungestüme Genie Napoleons hat diese kunstlosen Scharen trotzdem von Sieg zu Sieg gerissen.[143]

Erfüllt Napoleon somit einen Teil des neuidealistischen Programms, dann ist es verständlich, wenn Lienhard fordert, „den Begriff Idealismus" so weit zu fassen, daß „die dämonischen Lebensenergien eines Napoleon und Byron"[144] dazugehören.

---

[141] Friedrich Lienhard: Schmiedewerk. In: Werke, II, 1, S. 257f., hier: 257. – Ebenso in der Ode „Hölderlin und Novalis" (s. Anm. 127), S. 306: „Der Seelen Reichsschmied rufen wir hoffend an,/ Er soll ein Geistland schaffen, wie Bismarck schuf:/ Akropolis mit Golgatha sei/ Markig versöhnt in Europas Mitte!".

[142] Ders.: Unser Zeitalter (s. Anm. 106), S. 30f.

[143] Ders.: Persönlichkeit (s. Anm. 117), S. 53.

[144] Ders.: Unser Zeitalter (s. Anm. 106), S. 33. – Interessant ist auch eine Anmerkung zu dieser Stelle, die die Abgrenzung noch einmal deutlicher macht: "Hier muß ich ausdrücklich anmerken, daß ich für *Schwärmer* (‚Idealisten'?) wie Alexander I. von Rußland und Rührszenen am Grabe Friedrichs des Großen nichts übrig habe, sondern bei den *wahren* Genies stehe: Napoleon und Blücher" (ebd.). – Zur Bedeutung des Treffens von Zar Alexander und Friedrich Wilhelm III. vgl. Wulf Wülfing: Eine Frau als Göttin. Luise v. Preußen. Didaktische Überlegungen zur Mythisierung von Figuren der Geschichte. In: Geschichtsdidaktik 6 (1981), S. 253-271.

Die positive Genie-Eigenschaft Napoleons reicht aber in der Systematik dieses Mythensystems nicht aus, um den französischen Kaiser mit dem Positivbild des deutschen Idealismus schlechthin, der Königin Luise, gleichzustellen. Im Gegenteil: Werden Luise und Napoleon I. konfrontiert, so muß der Franzose Napoleon unweigerlich von der positiven oder doch zumindest ambivalenten Wertung hin zum totalen Negativcharakter verschoben werden.

Am Tage von Tilsit (6. Juli 1807) traten Baldr und Loki sich gegenüber: Engel und Dämon, Luise und Napoleon. Der Geist Europas war in diesen zwei Gestalten polarisiert. Hier der geniale Hasser und Vernichter, der Erbe der brutalen Revolution, eiskalt, ganz Verstand, Berechnung, Willen, Egoismus großen Stils; dort die anmutigste aller Mütter, voll von Liebe für ihr Volk, durchdrungen von dem edlen Trieb zu beglücken, Wunden zu heilen, Tränen zu trocknen.[145]

Die Position einzelner mythischer Aktanten ist auch in Lienhards Mythensystem nicht vom isolierten ideologischen ‚Wert‘ einer einzelnen mythisierten Figur abhängig, sondern von ihrem je spezifischen Stellenwert innerhalb einer synchronen Konfiguration.

Neben der Königin Luise erscheint als weiterer positiver mythischer Held Friedrich der Große, der für Lienhard die gesuchte Gleichzeitigkeit von „Reichskörper" und „Reichsseele" in seinem Staatswesen schon einmal verwirklicht habe. Statt – wie einige Zeitgenossen – Bismarck zum Real-Idealisten zu erklären, greift Lienhard mit Friedrich dem Großen auf eine historische Figur zurück, die in der Epoche gelebt hat, die ihm als ‚Blüteperiode‘ des deutschen Idealismus gilt.

So bildete unser Friedrich der Große, trotz aller französischen Formen, eine seltsame Einheit zwischen Geist und Tat. Seine Gedichte und Briefe beben von verhaltener Glut und Kraft, sind Begleitakkorde, sind seelische Entladungen: und der strenge Rhythmus seiner Schlachten ist dann die kongeniale dramatische Tat. Ein feines Ohr hört denselben Pulsschlag hier und dort. [...]
Genau so braucht heute kein Riß zu klaffen zwischen der dynamischen Entfaltung des äußeren Deutschlands und der Entfaltung der künftigen deutschen Innenwelt – kurz geformt:

zwischen Reichskörper und Reichsseele.[146]

Die Verbindung Idealismus/Realismus findet so nur innerhalb des idealistischen Zeitalters statt, nicht aber über seine Grenzen hinweg. Sie ist nur eine Ausnahme, die in anderen Texten gleich wieder zugunsten eines Dioskurenpaares ‚Friedrich der Große/Goethe‘ aufgelöst und auf zwei Figuren verteilt wird. Friedrich, der Soldatenkönig, ist tendenziell ‚Realist‘, wodurch Goethe automatisch auf die Idealismus-Position rückt, ein Effekt des Mythensystems, der Lienhard diesmal von der Schwierigkeit einer Um-Interpretation des ‚Realisten‘ Goethe im Gervinusschen Sinne entbindet. Doch auch hier ist eine diachrone Abfolge beibehalten: Der ‚Idealismus‘ Weimars tritt dem ‚Realismus‘ Sanssoucis mit zeitlicher Sukzession als Korrektiv gegenüber.

---

[145] Friedrich Lienhard: Königin Luise. In: Werke, III, 3, S. 60-69, hier: 65.
[146] Ders.: Europäische Sendung (s. Anm. 104), S. 87.

188

Nicht Weimar *oder* Sanssouci, sondern Weimar *und* Sanssouci! Deutschland braucht *beide*: den König und den Dichter, Friedrich und Goethe.[147]

Das seherische Herz [...], das sich an der ewig wunderbaren und geheimnisvollen *Schöpfung* [...] entfacht und entfaltet hat: das war Sanssoucis Grenze. In dies Revier ist Friedrich nicht vorgedrungen. [...] Wieder einmal waren eines Mannes stark entwickelte Kräfte zugleich seine Beschränktheiten. Es *mußte* sich neben und nach ihm ein Weimar entfalten, um das Gleichgewicht herzustellen; es mußte nach und neben den Staatsarbeiten des Kopfes nunmehr das *Herz Deutschlands* seine Sprache offenbaren.[148]

Auch das Dioskurenpaar ‚Friedrich und Goethe‘ kann als eine Alternative zur gängigen Verbindung Goethe/Bismarck angesehen werden, die Lienhard nicht aufgreifen kann, da das sein Konzept einer strikten Epochentrennung aufbrechen müßte. Bismarck kann aber als „Fortsetzung" Friedrichs[149] indirekt in dieses Paar eingebunden werden. Ideologisch fallen mit Beginn des Ersten Weltkriegs idealistisches Sendungsbewußtsein und realistisch-militärisches Handeln zusammen, so daß Lienhard jetzt ein Dioskurenpaar Bismarck/Friedrich realisieren kann:

Es wird uns jetzt blutvolle Gegenwart, wenn wir uns an Friedrichs des Großen ähnlichen Heldenkampf gegen europäische Übermacht erinnern. Eine gerade Linie führt von ihm zu uns. Ohne Friedrich und seinen Siebenjährigen Krieg kein Bismarck und kein Reich. Auch er ein Diener der Idee, ein Werkzeug der über ihm waltenden Macht: der Macht, die das Deutsche Reich geformt hat, wie sie jetzt die deutsche Reichsseele formen will.

Man beachte das tiefsinnige Zahlenspiel: ungefähr in der Mitte zwischen dem Siebenjährigen Kriege (etwa 1760) und dem Kriege von 1870 ist Bismarck geboren (1815). Fünfundfünfzig Jahre nach rechts und nach links! Mit der Linken reicht er Friedrich dem Großen die Hand, mit der Rechten schmiedet er einem andren edlen Hohenzollern das Deutsche Reich.[150]

Bismarck erscheint als Station des Übergangs und nicht – wie vielen Zeitgenossen Lienhards – als Vollendung aller deutschen Träume.[151] Selbst in einem der Kriegsgedichte von 1915, wo Bismarck – ähnlich wie die Königin Luise in den Befreiungskriegen – als ‚Schutzpatron‘ des deutschen Heeres fungiert, muß er durch einen zweiten mythischen Helden aus der ‚idealistischen Blüteperiode‘ ergänzt werden: Bismarck neben Friedrich dem Großen.

Heerschau

Nun alle Deutsche zum Kampfe kamen,
Treten auch Bilder herab aus den braunen Rahmen,
Schreiten schirmend durch unser bedrohtes Land,
Breiten über ziehende Heere die segnende Hand
Und sagen:

---

147 Ders.: Der Meister der Menschheit, Bd. 2. In: Werke, III, 5, S. 169.
148 Ders.: Thüringer Tagebuch. In: Werke I, 1, S. 65f.
149 Ebd., S. 70f.
150 Ders.: Europäische Sendung (s. Anm. 104), S. 88.
151 Vgl. Heinrich v. Sybel, zit. n. Wehler (s. Anm. 129).

"Kameraden, ihr müßt euch schlagen
Für Deutschlands Bestand!
Kameraden, wir erwarten von euch die Vollendung
Von Deutschlands heiliger, unerfüllter Sendung!
[...]

Und durch die gleichmäßig grauen Regimenter weht
Ein gleichmäßiger Wunsch, ein einzig Gebet.
Vor ihnen aber, riesenhaft, steht
Bismarck neben Friedrich dem Großen.[152]

Der Kriegsbeginn ist für Lienhard aber nicht nur eine Chance, seine Vorstellung einer kulturellen Sendung Deutschlands, die er als „unseren eigentlichen ‚Imperialismus'"[153] versteht, an den militärischen Imperialismus zu koppeln[154]. Er gibt Lienhard – nach dem erfolglosen diskursiven Interventionsversuch um 1900 – noch einmal die Gelegenheit, das Ende der materialistischen Epoche und den Beginn neu-klassischer Zeit auszurufen:

Kriege sind im ruhigen Werden und Wachsen der Völker die vulkanischen Ausbrüche: es entladen sich in ihnen Stauungen. Es sind Krisen und Epochen. Die Befreiungskriege 1813/15 schlossen die napoleonische Epoche ab; der Krieg 1870 erfüllte den Kaiser- und Einheitstraum der Deutschen. So empfinden wir alle diesen gegenwärtigen europäischen Krieg als den Abschluß der letzten vierzig Jahre, dieses Zeitalters naturwissenschaftlicher, technischer und kaufmännischer Entwicklung – einer *Entwicklung nach außen*.[155]

Das Kalkül Lienhards, den Krieg als Epochenschwelle etablieren zu können, geht jedoch nicht auf. Der August 1914 wird nicht als ‚Zeitenwende' zu

---

[152] Friedrich Lienhard: Heerschau. In: Werke, II, 1, S. 246.
[153] Ders.: Europäische Sendung (s. Anm. 104), S. 104.
[154] Vgl. dazu Steve Uran: Burentum und Deutschtum. Nationalistische Stereotype zwischen Imperialismus und Faschismus. In: LiLi. Zs. für Literaturwissenschaft und Linguistik. Beih. 9: Stereotyp und Vorurteil in der Literatur. Göttingen 1978, S. 111-131, hier: 121f. – Ein prägnantes Beispiel für die Kopplung von militärischem und kulturellem Imperialismus bietet die Schrift „Wetterleuchten im Osten. Kulturbetrachtungen" (Leipzig 1909 [Wertung. Schriften des Werdandibundes ‹1909›, H. 1]) von Adelbert Ernst, der wie auch Lienhard Mitglied des Werdandi-Bundes war. Sein Aufruf zur kulturellen Wehrpflicht steht unter dem Titelmotto: „Zur Selbsterhaltung der deutschen Nation gehört vor allem nächst der Wehrhaftigkeit in Waffen: *Wehrhaftigkeit des deutschen Geistes.*" Dabei beruft sich E. emphatisch auf Bismarck: „Bismarck, zu dir kommen wir. Wieder ist es um die Zeit, da dein Volk ein besonderes Recht hat, mit dir Zwiesprach zu halten. Siehe, wir suchen ihn, den verlorenen Hammer. Wo fandest du ihn, du Schmied von Gottes Gnaden, als du das Reich zusammenschweißtest? Dein Hammer war das deutsche Heer, und deutscher Kriegergeist war es, in dem du ihn geschwungen hast. [...] Wenn die Kunst nach dem Ausdruck des eigenen Könnens ringt: ‚wahrlich, dann ist *das deutsche Heer das vornehmste Kunstwerk des lebenden Deutschtums!*'" (S. 9).
[155] Lienhard: Europäische Sendung (s. Anm. 104), S. 89; vgl. ders.: Deutsche Dichtung in ihren geschichtlichen Grundzügen. Leipzig 1917, S. 103: „Wenn wir nun vom Ablauf dieser idealistischen oder klassisch-romantischen Stimmung bis zur Gegenwart wieder einige achtzig Jahre oder ein volles Menschenalter rechnen, so kommen wir genau in den jetzigen epochemachenden Weltkrieg. Wir dürfen damit das realistisch-naturalistische Zeitalter seit Goethes Tod als beendet betrachten."

einer neuen idealistischen Epoche verstanden. Es sind vielmehr die alten mythischen Narrationen der Befreiungskriege, die – durchsetzt mit Elementen des Bismarck-Mythos – erneut appliziert und massenhaft in Umlauf gesetzt werden[156]; denn der Beginn des Ersten Weltkriegs im August 1914 wird durch eine ganze Reihe von mythischen Jahrhundertereignissen regelrecht ‚eingerahmt‘: 1913 – ein Jahr vor Kriegsbeginn – feiert man die 100. Wiederkehr der Befreiungskriege; 1915 – ein Jahr nach Kriegsausbruch – den 100. Geburtstag Bismarcks und gleichzeitig den 100. Jahrestag der Verbannung Napoleons.[157]

[156] Vgl. beispielsweise den ersten Kriegsjahrgang des „Türmer“: J. E. Frhr. v. Grotthuss: Mit Gott. In: Der Türmer, 16. Jg. (1913/14), Bd. II, H. 12, September 1914, S. 713-715; Der Geist von 1813. In: Der Türmer, 16. Jg. (1913/14), Bd. II, S. 832f.; Oscar A. H. Schmitz: Das wirkliche Deutschland. In: Der Türmer, 17. Jg. (1914/15), Bd. I, S. 1-5; Prophetisches vor hundert Jahren. In: Der Türmer, 17. Jg. (1914/15), S. 403-405.

[157] Vgl. dazu: Rolf Parr: ‚Bismarck-Hindenburg‘ im ‚Befreiungskrieg‘. Applikationen preußischdeutscher Mythen im „Türmer“ (1913-1917). In: Wulf Wülfing/Karin Bruns/R.P.: Historische Mythologie der Deutschen 1798-1918. München 1991, S. 181-191.

5. Zusammenfassung

Situiert man das mythische Konstrukt ‚Bismarck' im Kontext des komplexen Systems moderner Kollektivsymbolik und seiner Evolution, so läßt sich pointiert sagen, daß Bismarck einerseits kein ‚Ballon' mehr ist wie etwa Napoleon I., der – stets das semantische Merkmal ‚Bewegung' reproduzierend – einen schnellen hohen Aufstieg vollführt, um ebenso jäh abzustürzen; daß er andererseits aber ebensowenig dem ‚Stillstand' der Metternichschen Restauration unterliegt. Stellen „Bewegung" und „Stillstand"[1] im ersten Drittel des 19. Jahrhunderts als kohärente diskursive Positionen noch die beiden wichtigsten antagonistischen Verwendungsweisen des kulturellen Interdiskurses dar, so mußte der Bismarck-Mythos beide überwinden. Denn ‚Bewegung' hätte ‚Revolution' bedeutet und historische Analogien zu 1789, zur Februar- und 48er Revolution hergestellt, ‚Stillstand' dagegen eine Perpetuierung des biedermeierlichen Michelschlafes, den es gerade zu überwinden galt.

Drei Lösungen der folglich in zwei Richtungen notwendigen Distinktion, die mittels des Systems elementar-literarischer Anschauungsformen generiert werden und zugleich drei Konzepte des mythischen Trickster-Helden Bismarck darstellen, lassen sich unterscheiden:

Erstens die ‚Deich/Flut'-Symbolik, in der Bismarck als ‚Deichhauptmann' einen sich nicht bewegenden ‚Technik/Körper' darstellt, der gerade durch seine Statik die Verhältnisse der Restaurationszeit ‚in Bewegung' bringt. Die ‚Deich'-Symbolik ist dabei höchst ambivalent: Den positiv gewerteten ‚Deichen' gegen die Revolutions‚flut' korrespondieren negativ gewertete ‚Deiche' des deutschen Michel‚schlafes', dessen ‚Fesseln' Bismarck sprengt oder die er – dann selbst ‚Flut' – hinwegspült.

Zweitens die ‚Boden'-Symbolik, die zwar den Aufstieg, also die Bewegung nach ‚oben', zuläßt, aber immer zugleich die Verbindung mit der Erde beibehält, so daß ‚Realismus' und ‚Idealismus' in einem zweifachen chiastischen Positionstausch reproduziert werden: Zum einen steht der realistische ‚Boden' konnotativ auch für die romantische ‚Tiefe'. Zum anderen erscheint die ‚Höhe' der Politik trotz aller ‚Abgehobenheit' gegenüber dieser ‚Tiefe' doch wiederum als realistisch. Das der Einbindung einzelner solcher Symbole in kohärente diskursive Positionen vorangehende Spiel ihrer je binär organisierten Distinktionen untereinander ermöglicht die für ihre spätere Verbindung in einem mythischen Trickster-Aktanten notwendigen Ambivalenzen.

Drittens das Trickster-Konzept vom ‚Baumeister', ‚Schmied' und ‚Künstler'

---

[1] Vgl. Jürgen Link/Wulf Wülfing: Bewegung und Stillstand in Metaphern und Mythen: Fallstudien zum Verhältnis von elementarem Wissen und Literatur im 19. Jahrhundert. Stuttgart 1984.

Bismarck, das es erlaubt, vorgängige ‚Ideen' in realistisches ‚Handeln' zu überführen, so daß ‚Realismus' und ‚Idealismus' im Kunstwerk bzw. in der Person des realistischen Künstlers zusammenkommen. Alle drei Konzepte sind dabei geeignet, innerhalb des Ensembles der übrigen europäischen Nationen für das deutsche Nationalstereotyp eine real-idealistische Position ‚antimoderner Modernität' zu reklamieren, die einerseits die nötigen Distinktionen gegenüber England und Frankreich erlaubt, andererseits als ‚Fortschritt' gegenüber der idealistisch-romantischen Vorstellung vom ‚Volk der Dichter und Denker' erscheinen kann. Das die Bismarck-Mythisierung zwischen 1860 und 1914 dominierende, universell applizier- und transformierbare Paar in Opposition zueinander stehender Paradigmen ist somit das von ‚Realismus vs. Idealismus'. Beide lassen sich als diskursive Positionen, als je kohärente Verwendungsweise ganzer Klassen weiterer Oppositionspaare wie ‚Technik' vs. ‚Natur', ‚Natur' vs. ‚Kultur', ‚Wille' vs. ‚Gemüt', ‚Staat' vs. ‚Familie' usw. verstehen, die ihrerseits wiederum in ähnlichen Korrelationsbeziehungen stehende untergeordnete Paradigmen bilden. Unter diesen Paradigmen können nun verschiedene historische Ereignisse subsumiert werden, die – an solche Symbolparadigmen gekoppelt – zugleich den Status von diskursiven Ereignissen gewinnen: die 48er Revolution, deren ‚Sturmflut' eingedeicht werden muß; die geographische Situation Preußen-Deutschlands zwischen Frankreich und Rußland, die als Feinde von allen Seiten ‚hereinbranden'; die ‚rote Flut' der Sozialdemokratie; Bismarcks Entlassung; der Beginn des Ersten Weltkriegs.

Das Handeln des mythischen Helden Bismarck besteht nun stets darin, in sem-dialektischer Weise Übergänge zwischen den antagonistischen Paradigmen herzustellen: Er dämmt die Revolutionsflut ein, sprengt dann die alten Deiche, um das neu erblühte Vaterland wieder in den festen ‚Ring' der Einigkeit einzubinden; er steht nicht nur oberflächlich mit beiden Beinen ‚auf' dem festen Volksboden, sondern ist ‚tief' in ihm ‚verwurzelt' und ragt dennoch in die ‚Höhe'; er ist Realist, aber zugleich Künstler. Wichtiger Bildbereich innerhalb des Technik-Paradigmas ist dabei der des ‚Schmiedens'. Denn der Rekurs auf frühindustrielle Praktiken ermöglicht die Integration des gesamten Komplexes der ‚Schmiede'-, ‚Schmelz'-, ‚Eisen'- und thermodynamischen Symboliken mit dem Paradigma des ‚deutschen Gemüts', und zwar vor allem dann, wenn die Schmiede- und Eisensymbole nicht nur als repräsentative Elemente technischer Praxis eingebracht werden, sondern – via Applikation aus dem Nibelungenlied – zugleich als repräsentative Elemente des deutsch-romantisch-idealistischen Paradigmas und damit des literarischen Interdiskurses erscheinen können. Diese doppelte Codierung der real-idealistischen Diskursposition läßt sich noch heute prägnant an der Bandbreite der Bayreuther Inszenierungen von Wagners ‚Ring' ablesen, die dann als Wieder-Ausdifferenzierungen der historisch ursprünglich integrierenden Diskursposition verstanden werden können: von Patrice Chereaus ‚Kapitalismus- und Industrialismus-Applikation' über Peter Halls ‚romantischen Ring' bis hin zu Harry Kupfers moderner Technik-Apokalypse, die gerade mit den Ambivalenzen der ihrer Herkunft nach eigentlich ‚romantischen'

Techniksymbole spielt.[2] Nibelungen, Germanen, ‚Tiefe' der deutschen ‚Erde',
aus der das ‚Erz' gehoben wird, und zugleich Krupp, Stinnes und Haniel könnte aus dieser Perspektive die Kurzformel für den Bismarck-Mythos lauten.
Neben diese Integration von in Opposition zueinander stehenden Symbolen
tritt die Vermittlung von Charaktermerkmalen, die einzelnen Personen zugesprochen werden, wie ‚Wille' vs. ‚Gemüt', ‚Herz' vs. ‚Verstand', ‚männlich vs.
weiblich', über die staatliche und zivilgesellschaftliche Praktiken integriert
werden. Dies geschieht vor allem über die Bildung von Dioskurenpaaren, in
denen Bismarck jeweils einen der beiden Pole verkörpert, bzw. durch die Applikation von Dioskurenpaaren auf Bismarck, wodurch dieser die Funktion
eines Tricksters (‚ehrlicher Makler', ‚Faust', ‚Staatskünstler') übernimmt.
Der Trickster ‚Bismarck' ist sowohl innerhalb der Konfiguration weiterer
Mythen (Napoleon, Goethe, Schiller, Luise) situierbar als auch innerhalb
des übergreifenderen Zusammenhangs der europäischen Nationalstereotypen, so daß der zwischen Realismus und Idealismus changierende Charakter
der mythisierten Figur Bismarck eine spezifisch deutsche Position generiert,
Bismarck selbst zum Prototyp des Deutschen wird. Schematisch läßt sich der
Bismarck-Mythos für die zweite Hälfte des 19. Jahrhunderts mit dem als
Faltblatt beigegebenen *Strukturschema* darstellen, das eine Zusammenfassung des hier unternommenen Gedankenganges gibt und zugleich die für
den Bismarck-Mythos spezifische Konkretisation der Mythos-Formel von
Lévi-Strauss verdeutlicht.

Die aufgezeigten diskursiven Mechanismen der Bismarck-Mythisierung
sind bis heute wirksam und bestimmen gerade die historisierenden Narrationen. So schreibt Ernst Engelbergs populär gewordenes Bismarck-Buch das
Modell der Synthese von Vater- und Muttercharakter fort[3], um Bismarcks
konservative Revolution als eine bürgerliche (und damit im Sinne der früheren DDR als zur ‚Erbe-Aneignung' fähige) ausweisen zu können: Die Ehe
zwischen der intellektuell-hofnahen Bürgerstochter und dem gemüthaft-tä-
tigen Landmann wird als „soziale Symbiose"[4] interpretiert, die in Sohn Otto, der ‚Geist' mit ‚tätigem Leben' verbunden habe, manifest geworden sei.
Die mythische Textur der Engelbergschen Narration wird bereits durch eine
Reihe von Kapitelüberschriften signifiziert: „Preußens Zusammenbruch
und Aufbruch"[5]; „Vom Gutsherrn zum Politiker"[6]; „Bismarcks Freiheit in
der Gebundenheit"[7]. Ähnliche Kapitelüberschriften lassen sich auch bei Lothar Gall finden („Zwischen zwei Welten"; „Die väterliche und die mütterli-

---

2 Hinzu kommt die – von Lévi-Strauss wiederholt betonte – mythische Struktur des Wagnerschen
  Musikdramas (vgl. zuletzt ders./Didier Eribon: Das Nahe und das Ferne. Eine Autobiographie
  in Gesprächen. Frankfurt/M. 1989, S. 255).
3 Ernst Engelberg: Bismarck. Urpreuße und Reichsgründer. Berlin 1985; vgl. bes. das Kap. „Die
  junkerlichen Bismarcks und der höfische Mencken in revolutionärer Zeitenwende", S. 23-64.
4 Ebd., S. 64.
5 Ebd., S. 65ff.
6 Ebd., S. 207ff.
7 Ebd., S. 566ff.

che Welt"; „Zwischen den Fronten"; „Neue Wege zu alten Zielen"), doch dominieren sie die entsprechenden Narrationssequenzen selbst nicht in gleichem Maße.[8] In einem anderen Fall ist es eine Äußerung Fontanes über den ‚Deichhauptmann' Bismarck, die den Kommentator des Verhältnisses Bismarck/Fontane unter die diskursiven Zwänge des Bismarck-Mythos stellt, so daß sich die Deichsymbolik zu einer komplexen Pictura verselbständigt, die kaum noch in der Kontrolle des vermeintlichen Autorsubjekts zu stehen scheint:

Auch Fontane wurde durch das Verhalten des Kanzlers zwischen Abscheu und Bewunderung hin und her gerissen. [...] Am 24. Februar 1891 [...] wurde er dem Fürsten im ‚Habsburger Hof', Berlin, vorgestellt und stand dem entlassenen *Deichhauptmann des Reiches* anläßlich eines Empfanges gegenüber, einem grollenden, auf seinen Stock gestützten Riesen, der die *Dämme* errichtet hatte, die das Ganze *zusammenhielten*, fast ganz allein, aus eigener Machtvollkommenheit, was vielleicht sein größter Fehler gewesen war [...]. Jetzt begann das Verspielen des Erbes, und er sah die *Deiche* schon *brechen*.[9]

Über den hier in den Mittelpunkt gestellten Bismarck-Mythos hinaus kann als ein weiteres Ergebnis festgehalten werden, daß das theoretisch beschriebene sem-dialektische Verfahren der Mythisierung einen grundlegenden Mechanismus der Überführung *diskursiver* Strukturen in *narrative* darstellt. Es bildet damit so etwas wie die mikroskopische Keimzelle übergreifenderer semiotischer Makrostrukturen[10], wie sie neben historisierenden Narrationen vor allem auch in aktuellen journalistischen Genres immer wieder begegnen. Auch dabei werden Trickster-Figuren generiert[11], die als Aktanten bisher nicht miteinander in Verbindung stehende oder – dem Alltagsdenken nach – sich sogar ausschließende semantische Merkmale vereinen, indem sie „von der empirischen Vielfalt zur begrifflichen Einfachheit" übergehen „und dann von der begrifflichen Einfachheit zur bezeichnenden Synthese".[12]

---

[8] Lothar Gall: Bismarck. Der weiße Revolutionär. Frankfurt/M. 1983, Inhaltsverzeichnis.

[9] Herbert Roch: Fontane, Berlin und das 19. Jahrhundert. Berlin 1962, S. 269 [Hervorhebungen von mir, R.P.].

[10] Vgl. auch Jürgen Link: Literaturwissenschaft und Semiotik. In: Walter A. Koch (Hg.): Semiotik in den Einzelwissenschaften, Halbbd. II. Bochum 1990, S. 521-564; ders./Rolf Parr: Semiotische Diskursanalyse. In: Klaus-Michael Bogdal (Hg.): Neue Literaturtheorien. Eine Einführung. Opladen 1990, S. 107-130.

[11] Besonders häufig findet das Verfahren für Titelzeilen Verwendung: „Der heißkalte Photograph. Die Porträts des Helmut Newton" (Andreas Kilb, in: Die Zeit, Nr. 17 [17.4.1987], S. 55); „Opfer und Priester zugleich. Erhard Epplers Heimkehr mitten in die Sozialdemokratie" (Gunter Hofmann, in: Die Zeit, Nr. 23 [1.6.1984], S. 7); „Zahlen im Kopf, Lyrik im Herzen. Annäherung an das Leben eines Kombinatsleiters" (Marlies Menge, in: Die Zeit, Nr. 28 [4.7.1986], S. 16); „Ein schwarzes Schaf in roten Reihen. Die denkwürdige Politkarriere des Dr. Hartl" (Luitgard Koch, in: die tageszeitung [21.11.1986], S. 10); „Ein Konservativer als Sozialdemokrat" (Alfred Grosser: Die Kanzler. In: Zeit-Magazin, Nr. 12 [17.3.1989], S. 51-60, hier: 56); „Mit heißem Herz und kühlem Kopf. Heiner Geißler" (Gerhard Spörl, in: Die Zeit, Nr. 40 [30.9.1983], S. 2). – Vgl. auch Jürgen Link: Elementare narrative Schemata in der Boulevardpresse. In: Rolf Kloepfer/Karl-Dietmar Möller (Hg.): Narrativität in den Medien (Papiere des Münsteraner Arbeitskreises für Semiotik, papmaks 19 und MANA, Mannheimer Analytika, Mannheim-Analytiques 4/1985). Münster/Mannheim 1986, S. 209-230.

[12] Claude Lévi-Strauss: Das wilde Denken. Frankfurt/M. 1973, S. 155.

5.1 Digestivum: Die Ähnlichkeit der Dinge

Platon mag den – hier als ‚Mythos' rekonstruierten – sem-dialektischen Mechanismus bereits im Sinn gehabt haben, als er Sokrates im „Phaidros" feststellen ließ, daß „offenbar wohl irgendeine einzige bestimmte Kunst vorhanden" ist, „mit deren Hilfe man imstande ist, alles allem ähnlich zu machen", eine Kunst, „Schritt vor Schritt etwas vom Platz zu rücken und durch die Ähnlichkeiten jeweils von dem wirklichen Ding zum Gegenteil wegzuführen". Denn – so Sokrates im Gespräch mit Phaidros weiter – „wenn du mit kleinen Schritten deinen Platz wechselst, wirst du eher unbemerkt auf die entgegengesetzte Seite kommen als mit großen".

PHAIDROS: Selbstverständlich.
SOKRATES: Also muß jemand, der einen anderen täuschen will, ohne doch selbst getäuscht zu werden, die Ähnlichkeit der Dinge und ihre Unähnlichkeit genau auseinanderhalten.
PHAIDROS: Das ist freilich notwendig.[13]

---

[13] Platon: Phaidros. Hg. u. übersetzt v. Wolfgang Buchwald. München 1964, S. 101-115 (zit. n. Claudia Schmölders: Die Kunst des Gesprächs. Texte zur Geschichte der europäischen Konversationstheorie. 2. Aufl., München 1986, S. 74f.). Nicht ganz so applikabel ist die Schleiermachersche Übersetzung (vgl. Platon: Sämtliche Werke. Bd. 4. Nach der Übersetzung v. F. Schleiermacher mit der Stephanus-Numerierung hg. v. Walter F. Otto u.a. Reinbek 1958, S. 43f.).

6. Anhang

6.1 Literaturverzeichnis

AEGIDI, Ludwig: Bismarcks Künstlernatur. Eine Studie. In: Deutsche Revue über das gesamte nationale Leben der Gegenwart, 26. Jg. (1901), S. 129-138.

ALBERT, Wilhelm: Grundlegung des Gesamtunterrichts. Vom Orbis Pictus zur pädagogischen Symphonie. Werden und Wachsen des Konzentrationsgedankens im Wandel dreier Jahrhunderte. Wien 1928.

ANKEL, Otto: Fürst Bismarck. Rede, gehalten am Geburtstag Sr. Majestät des Kaisers, 27. Januar 1897. Städtische Oberrealschule zu Hanau 1899. Jahresbericht über das Schuljahr 1898-1899.

[ANONYM]: Am Mausoleum im Sachsenwalde. In: J. Pasig, S. 102f.

[ANONYM]: Der gelbe Kürassier. In: J. Pasig, S. 83.

[ANONYM]: Die Ostwacht. In: Arras, S. 184.

[ANONYM]: Drei Namen. In: J. Pasig, S. 104f.

[ANONYM]: Ein Gruss an das deutsche Volk. Zur Erinnerung an den Sieg der Treue zwischen Kaiser Wilhelm II. und Fürst Bismarck 1893. Von einem deutschen Mädchen. Dresden 1893.

[ANONYM]: Ein Leuchtturm im Meer. In: J. Pasig, S. 5.

[ANONYM]: Fürst Bismarck und Richard Wagner. In: Die Musikwoche, Nr. 28 (1901), S. 223f.

[ANONYM]: Fürst Bismarck. In: Deutschland. Wochenschrift für Kunst, Literatur, Wissenschaft und soziales Leben, Berlin, Nr. 26 (29.3.1890), S. 433-435.

[ANONYM]: Offener Brief an Sr. Durchlaucht den Fürsten Bismarck von einem ehemaligen Nihilisten. Berlin 1890.

ARDENNE, Baron v.: Bismarck und Moltke. In: Der Türmer, 18. Jg. (April 1915), S. 18-24.

ARNDT, Ernst Moritz: E. M. Arndts ausgewählte Werke in sechzehn Bden. Hg. u. mit Einl. u. Anm. versehen v. Heinrich Meisner u. Robert Geerds (Hundertjahr-Jubel-Ausgabe 1813-1913). 2. Bd. Gedichte I. Leipzig 1908.

ARRAS, Paul: Bismarck-Gedichte. Gesammelt v. P. A. Leipzig 1898.

AUST, Eduard: Eine Bismarck-Gedenkrede in der Aula des Realgymnasiums zu Lippstadt gehalten am 28. Oktober 1898. Lippstadt 1898/99.

AUST, Hugo: Die Mythisierung der Gründungsidee. Robert Hamerlings ‚Homunkulus' auf dem Hintergrund der epischen Produktion um 1870. In: Koopmann, S. 261-275.

BAB, Julius: Preußen und der deutsche Geist. Heinrich v. Kleist. Konstanz 1915.

BABCOCK-ABRAHAMS, Barbara: ‚A Tolerated Margin of Mess': The Trickster and His Tales Reconsidered. In: Journal of the Folklore Institute, 11. Jg. (1974), S. 147-185.

BACHER, Alexander: Zum und vom 1. April 1885. Vierzehn Gelegenheits-Gedichte v. A. B. Stuttgart 1885.

BALDER, Armin: Die Wahrheit über Bismarck. Ein offenes Wort an die deutsche Nation. Leipzig 1892.

BALTZ, Johanna: Des Kaisers Kronenschmied oder: Getreu den Hohenzollern. Festspiel zum achtzigsten Geburtstage Sr. Durchlaucht des Fürsten Otto v. Bismarck. Essen 1895.

BAMBERGER Ludwig: Herr v. Bismarck. Als Einleitung: Deutschland, Frankreich und die Revolution. Breslau 1868.

BARTELS, Adolf: Geschichte der deutschen Literatur. 2. Bd. Das neunzehnte Jahrhundert. Leipzig 1901.

Ders.: Bismarck als Held der Dichtung. In: Bühne und Welt, 17. Jg. (Aprilh. 1915), S. 159-165.

Ders.: Bismarck der Deutsche. Düsseldorf 1915.

BARTHES, Roland: Mythen des Alltags. Frankfurt/M. 1964.

Ders.: Das semiologische Abenteuer. Frankfurt/M. 1988.

BASSENGE, Edmund: Die Deutschen und ihr erster Kaiser. Rede zur Hundertjahrfeier, gehalten bei dem Festaktus in der Annenschule zu Dresden. In: Zs. f. d. deutschen Unterricht, 11. Jg. (1897), S. 281-291.

BERMAN, Russel A.: Literarische Öffentlichkeit. In: Horst Albert Glaser (Hg.): Deutsche Literatur. Eine Sozialgeschichte. Bd. 8: Jahrhundertwende: Vom Naturalismus zum Expressionismus. 1880-1918. Hg. v. Frank Trommler. Reinbek 1982, S. 69-85.

BEWER, Max: Bismarck, Moltke und Goethe. Eine kritische Abrechnung mit Dr. Georg Brandes. Düsseldorf 1890.

Ders.: Rembrandt und Bismarck. Dresden 1890.

Ders.: Bismarck und der Hof. Dresden 1892.

Ders.: Grabschriften auf Bismarck. 5. Aufl., Dresden 1892.

Ders.: Bismarck und der Kaiser. Dresden 1895.

Ders.: Bismarck und der Kaiser. Große Ausgabe. Dresden 1895.

Ders.: Vaterland. Laubegast-Dresden 1906.

BEZOLD, v.: Zum Gedächtnis Bismarcks. Rede, gehalten v. Prof. v. B. in der Aula der Friedrich-Wilhelms-Universität zu Bonn am 18. Januar 1899. Sonder-Abdruck der Bonner Zeitung (20.2.1899).

BIERBAUM, Otto Julius: Stilpe. Ein Roman aus der Froschperspektive. Berlin 1897.

BIGELOW, Poultney: Bismarck. Aus dem Englischen. Leipzig 1892.

BIRT, Theodor: Gedenkwort beim Tode des Fürsten Bismarck am 2. August 1898 in der Aula der Marburger Universität, gesprochen von Th. B. Marburg 1898.

Ders.: Schiller und Bismarck. Zwei Ansprachen, gehalten in Marburg. Marburg 1905.

BISMARCK. Illustrirte Rundschau für Bismarck-Biographie, Deutsche Geschichte, Kunst und Leben, 1. Jg. (1895).

BISMARCK, Herbert v. (Hg.): Fürst Otto v. Bismarcks Briefe an seine Braut und Gattin. 2 Bde. Berlin/Stuttgart 1900.

BISMARCK, Otto v.: Gedanken und Erinnerungen. Berlin/Stuttgart 1898.

BISMARCK-JAHRBUCH für Deutsche Frauen, 20. Jg., Dresden (1915); 21. Jg., Dresden (1916).

BISMARCK-KALENDER für das Schaltjahr 1880. XIII. Jg., Minden 1880.

BLANCKMEISTER, Franz (Hg.): Ein Besuch bei Luther, Goethe u. Bismarck. In: Pfarrhaus, 10. Jg., Leipzig (1894), Nr. 11, S. 165-167.

BLEIBTREU, Karl: Revolution der Litteratur. Hg. v. J. J. Braakenburg (Deutsche Texte, Bd. 23). Tübingen 1973 (E: 1886).

Ders.: England über Bismarck. In: Die Gesellschaft, 3. Jg. (1887), S. 45-55.

Ders.: Bismarck. Ein Weltroman in 4 Bdn. Berlin/Leipzig 1915.

BLEY, Fritz: Das Genie in demokratischer Erbpacht? Leipzig 1910 (Wertung. Schriften des Werdandibundes [1910], H. 6).

BLUMENBERG, Hans: Wirklichkeitsbegriff und Wirkungspotential des Mythos. In: Fuhrmann, S. 11-66.

Ders.: Arbeit am Mythos. Frankfurt/M. 1979.

BOCK, Woldemar v.: „Goethe und Bismarck." Parallele oder Kontrast? Zur Erwägung gestellt v. W. v. B. Frankfurt/M. 1899 (Frankfurter zeitgemäße Broschüren. Neue Folge, hg. v. Joh. Mich. Raich, Bd. 19, H. 8/9).

BOESCH, Carl: Der Engländer und der Deutsche. Eine psychologische Studie. In: Friedrich Seeßelberg (Hg.): Werdandi-Jahrbuch 1913. Berlin 1913, S. 81-92.

BÖTHLINGK, Arthur: Festrede zur Bismarck-Feier am 1. April 1890 gehalten in der städtischen Festhalle zu Karlsruhe. Karlsruhe 1890.

BÖTTICHER, Georg: Der Deutsche Michel. 3. Aufl., Leipzig 1892.

BOHRER, Karl Heinz (Hg.): Mythos und Moderne. Begriff und Bild einer Rekonstruktion. Frankfurt/M. 1983.

BONIN, Rudolf: Luther, Lessing, Bismarck im Werdegang des deutschen Volkes. Leipzig 1899.

BOURDIEU, Pierre: Sozialer Raum und ‚Klassen'. Leçon sur la leçon. Zwei Vorlesungen. Frankfurt/M. 1985.

Ders.: Die feinen Unterschiede. Kritik der gesellschaftlichen Urteilskraft. 2. Aufl., Frankfurt/M. 1988.

BRANDES, Georg: Rez.: Rembrandt als Erzieher. Von einem Deutschen. In: Freie Bühne für modernes Leben, 1. Jg., Berlin (1890), S. 390-392.

BRANDT, Peter: Das studentische Wartburgfest vom 18./19. Oktober 1817. In: Düding/Friedemann/Münch, S. 89-112.

BRESLAU, Kurt v.: Er geht! Was nun? Blick in die Politik der Zukunft. Berlin 1890.

BRESSLAU, Harry: Bismarcks Stellung zu Preußentum und Deutschtum. Rede gehalten am 31. März 1915 zu Straßburg bei der akademischen Gedenkfeier des 100. Geburtstages des Fürsten Bismarck. Straßburg 1915.

BROCKE, Bernhard vom: ,Wissenschaft und Militarismus'. Der Aufruf der 93 „An die Kulturwelt!" und der Zusammenbruch der internationalen Gelehrtenrepublik im Ersten Weltkrieg. In: William M. Calder III/Hellmut Flashar/Theodor Lindken (Hg.): Wilamowitz nach 50 Jahren. Darmstadt 1985, S. 649-719.

BROCKHAUS, Heinrich Eduard: Stunden mit Bismarck 1871-78. Hg. v. Hermann Michel. Leipzig 1929.

BRUNS, Karin: Machteffekte in Frauentexten. Nationalistische Periodika (1895-1915). In: Ursula A. J. Becher/Jörn Rüsen (Hg.): Weiblichkeit in geschichtlicher Perspektive. Fallstudien und Reflexionen zu Grundproblemen der historischen Frauenforschung. Frankfurt/M. 1988, S. 309-338.

BÜCHMANN, Georg: Geflügelte Worte. Der Zitatenschatz des deutschen Volkes. 31. Aufl., durchges. v. Alfred Grunow. Berlin 1964.

BÜSCH, Otto/SCHEEHAN, James J. (Hg.): Die Rolle der Nation in der Deutschen Geschichte und Gegenwart. Berlin 1985 (Einzelveröffentlichungen der Historischen Kommission zu Berlin. Bd. 50).

BURDACH, Konrad: Die Wissenschaft von deutscher Sprache. Ihr Werden Ihr Weg Ihre Führer. Berlin/Leipzig 1934.

BURKHARDT, Johannes: Reformations- und Lutherfeiern. Die Verbürgerlichung der reformatorischen Jubiläumskultur. In: Düding/Friedemann/Münch, S. 212-236.

BURMEISTER, Ludwig: Bismarck, Deutschlands größter Sohn. In: J. Pasig, S. 106f.

BURRIDGE, K. O. L.: Lévi-Strauss und die Mythen. In: Leach: Mythos und Totemismus, S. 132-163.

BUSCH, Wilhelm: Bismarck und sein Vermächtnis. Rede bei der Gedächtnisfeier in der Universitäts-Kirche, zu Marburg am 10. Mai 1915. Marburg 1915.

Ders.: Bismarck und Moltke, Politik und Heerführung. Ein Kriegsvortrag. Marburg 1916.

BUSSE, Hans H.: Bismarcks Charakter. Eine graphologische Studie. Mit 40 Handschriften-Proben von Bismarck und Anderen. Leipzig 1898.

CAHN, W.: Aus Eduard Laskers Nachlaß I. Berlin 1902.

CHAMBERLAIN, Houston Stewart: Bismarck der Deutsche. In: Ders.: Deutsches Wesen. Ausgewählte Aufsätze. München 1916, S. 34-41.

CLAUSEWITZ, Carl v.: Vom Kriege. Hinterlassenes Werk. Frankfurt/M. 1980.

CONRAD, Michael Georg: Parisiana. Plaudereien über die neueste Literatur und Kunst der Franzosen. Breslau/Leipzig 1880.

Ders.: Zu Bismarcks siebzigstem Geburtstag. Betrachtung v. M. G. C. In: Die Gesellschaft, 1. Jg. (1885), S. 222f.

Ders.: Es rumort in der Schriftstellerwelt! In: Die Gesellschaft, 1. Jg., Nr. 16 (21.4.1885), S. 289-292 u. 406-408.

Ders.: Zola und Daudet. In: Die Gesellschaft, 1. Jg. (1885), S. 746-760 u. 800-805.

Ders.: Wagners Geist und Kunst in Bayreuth. München 1906.

Ders.: Bismarck der Künstler. Leipzig 1910 (Wertung. Schriften des Werdandibundes [1910], H. 1).

Ders.: Richard Wagner und Bismarck. In: Bayreuther Blätter, 33. Jg. (1910), S. 229.

Ders.: Bismarcks Trutzbild. In: Mayer, S. 248.

CONZE, Werner: „Deutschland" und „deutsche Nation" als historische Begriffe. In: Büsch/Scheehan, S. 21-38.

CROMMELIN, Armand: Goethe und Bismarck, die Staatskünstler. In: Bayreuther Blätter, 42. Jg. (1919), S. 11-23.

DÄLEN, Eduard: Bismarck. Eine Vision. Mit 90 Illustrationen. Oberhausen/Leipzig 1882.

DAUMILLER: Zu Nürnbergs Bismarckfeier 1895. In: Rée, 1895, S. 17.

DEBES, Hermann: Fürst Bismarck, der politische Reformator Deutschlands. Ein Lebens- und Charakterbild. Halle/S. 1899.

DEHN, Paul: Bismarck als Erzieher. In Leitsätzen aus seinen Reden, Briefen, Berichten und Werken zusammengestellt und systematisch geordnet. München 1903.

Ders.: Bismarck als Mensch. In: Der Türmer, 12. Jg. (1909/10), Bd. II, S. 36-42.

DELEUZE, Gilles/GUATTARI, Félix: Anti-Ödipus. Kapitalismus und Schizophrenie I. Frankfurt/M. 1981.

DEMIROVIC, Alex: Ideologie, Diskurs und Hegemonie. In: Zs. für Semiotik, Bd. 10 (1988), H. 1-2, S. 63-74.

DER GEIST von 1813. In: Der Türmer, 16. Jg. (1913/14), Bd. II, S. 832f.

DERRIDA, Jacques: Die Schrift und die Differenz. Frankfurt/M. 1976.

Ders.: Grammatologie. Frankfurt/M. 1983.

DESSOIR, Max/MUTHESIUS, Hermann: Das Bismarck-Nationaldenkmal. Eine Erörterung des Wettbewerbes. Jena 1912.

DEUTSCHES HISTORISCHES MUSEUM (Hg.): Bismarck – Preussen, Deutschland und Europa. Katalog. Berlin 1990.

DIBELIUS, Wilhelm: Bismarck und die Aufgaben unserer Zeit. Festrede gehalten beim Posener Bismarckkommers am 9. April 1904. Posen 1904.

DIERS, Marie: Bismarcks Bild im deutschen Volk. In: Der Türmer, 17. Jg. (April 1915), Bd. II, S. 11-17.

DIERSE, Ulrich: Ideologie. In: Historisches Wörterbuch der Philosophie. Hg. v. Joachim Ritter u. Karlfried Gründer. Bd. 4. Darmstadt 1976, Sp. 158-164.

DIETSCH, Karl: Festrede gehalten bei der Bismarckfeier der Stadt Hof am 1. April 1885. Hof 1885.

DOUGLAS, Mary: Die Bedeutung des Mythos. Mit besonderer Berücksichtigung von „La Geste d'Asdiwal". In: Leach: Mythos und Totemismus, S. 82-108.

DREWS, Axel/GERHARD, Ute/LINK, Jürgen: Moderne Kollektivsymbolik. Eine diskurstheoretisch orientierte Einführung mit Auswahlbibliographie. In: Internationales Archiv für Sozialgeschichte der deutschen Literatur, 1. Sonderh. Forschungsreferate (1983), S. 256-375.

Ders., GERHARD, Ute: Der Boden, der nicht zu bewegen war. Ein zentrales Kollektivsymbol der bürgerlichen Revolution in Deutschland. In: Link/Wülfing: Bewegung, S. 142-148.

DÜDING, Dieter: Bedeutung und Funktion der Turner- und Sängervereine für die deutsche Nationalbewegung. München 1984.

Ders.: Das deutsche Nationalfest von 1814: Matrix der deutschen Nationalfeste im 19. Jahrhundert. In: Düding/Friedemann/Münch, S. 67-88.

Ders./FRIEDEMANN, Peter/MÜNCH, Paul (Hg.): Öffentliche Festkultur. Politische Feste in Deutschland von der Aufklärung bis zum Ersten Weltkrieg. Reinbek 1988.

EBEL, Eduard: So gingst Du von uns. In: J. Pasig, S. 39.

EBERS, A.: Bismarck-Buch. Charakterzüge, Denkwürdigkeiten und Erinnerungen. Für das deutsche Volk gesammelt u. herausgegeben Hannover/Berlin 1909.

ECKERT, Manfred: Die schulpolitische Instrumentalisierung des Bildungsbegriffs. Zum Abgrenzungsstreit zwischen Realschule und Gymnasium im 19. Jahrhundert. Frankfurt/M. 1984.

EGE, Ernst: Beim achtzigjährigen Bismarck. Festspiel zum 1. April 1895. Stuttgart 1895.

EGGOR, Albert: Bismarck und Napoleon oder Die Saaten des blutigen Schlachtfeldes von Königgrätz. Illustrierter historisch-politischer Roman aus den Jahren 1866-1868. Berlin 1869.

EHLERT, Gustav: Festrede gehalten von Pastor Ehlert-Potsdam beim Kommers aus Anlaß der Einweihung des Bismarck-Turmes zu Burg am 22. März 1907. Burg/M. 1907.

EHRENTHAL, Ludwig: Gedächtnislied auf den Fürsten Bismarck. In: Schäfer, S. 17f.

EHRHARDT-APOLKA, Max: Bismarck im Denkmal des In- und Auslandes. I. Bd. Eisenach/Leipzig 1903.

EICKELPASCH, Rolf: Mythos und Sozialstruktur. Düsseldorf 1973.

ELOESSER, Arthur: Heinrich v. Kleist. Eine Studie. Mit elf Vollbildern und einem Faksimile. Berlin 1904.

200

EMMERICH, *Wolfgang:* Zur Kritik der Volkstumsideologie. Frankfurt/M. 1971.

ENGELBERG, *Ernst:* Bismarck. Urpreuße und Reichsgründer. Berlin 1985.

ENGELS, *Friedrich:* Was nun? In: Der Sozialdemokrat, Nr. 10 (8.3.1890). Zit. n.: Karl Marx/ Friedrich Engels: Werke (MEW). Bd. 22. Berlin/DDR 1963, S. 7-10.

ERLEY, *Otto:* Ihr Eichen des Sachsenwaldes. In: J. Pasig, S. 69f.

ERNST, *Adelbert:* Wetterleuchten im Osten. Kulturbetrachtungen. Leipzig 1909 (Wertung. Schriften des Werdandibundes [1909], H. I).

ERNST, *Synes:* Deutschunterricht und Ideologie. Kritische Untersuchung der „Zs. für den deutschen Unterricht" als Beitrag zur Geschichte des Deutschunterrichts im Kaiserreich (1887-1911). Bern 1977.

EVERS, *Mathias:* Bismarck und Moltke, Deutschlands Dioskuren. Eine vaterländische Festgabe zum 20. Gedenktage der Wiederaufrichtung des Deutschen Kaiserreichs am 18. Januar 1891. Düsseldorf 1891.

FABER, *Karl-Georg:* Realpolitik als Ideologie. Die Bedeutung des Jahres 1866 für das politische Denken in Deutschland. In: Historische Zs., Bd. 203 (1966), S. 1-45.

FALKE, *Robert:* Bismarcks religiöse Persönlichkeit. Zu seinem hundertjährigen Geburtstage am 1. April 1915. Berlin 1915 (Volksschriften zum großen Krieg Nr. 23/24).

FALLADA, *Hans:* Damals bei uns daheim. Erlebtes, Erfahrenes und Erfundenes. Stuttgart 1941.

FEUERBACH, *Ludwig:* Nothwendigkeiten einer Reform der Philosophie. In: L. F. Sämtliche Werke. Neu hg. v. Wilhelm Bolin u. Friedrich Jodl. Bd. 2. 2. Aufl., Stuttgart-Bad Cannstatt 1959, S. 215-222.

FOHRMANN, *Jürgen/MÜLLER, Harro (Hg.):* Diskurstheorien und Literaturwissenschaft. Frankfurt/M. 1988.

FINKE, *Heinrich:* Fürst Bismarck. Rede bei der Gedächtnissfeier der Kgl. Akademie zu Münster i.W. am 23. Februar 1899. Münster 1899.

FLEX, *Rudolf:* Der Held des Jahrhunderts. Bismarck-Festspiel. Der deutschen Studentenschaft gewidmet. Eisenach 1900.

FONTANE, *Theodor:* Briefe II. Briefe an die Tochter und an die Schwester. Hg. v. Kurt Schreinert. Zu Ende geführt u. mit einem Nachwort vers. v. Charlotte Jolles. Erste wort- und buchstabengetreue Edition nach den Handschriften. Berlin 1969.

Ders.: Graf Petöfy. Frankfurt/M. 1986 (Werke u. Schriften. Hg. v. Walter Keitel u. Helmuth Nürnberger. Bd. 9).

Ders.: Kriegsgefangen. Erlebtes 1870. Frankfurt/M. 1980 (Werke u. Schriften. Hg. v. Walter Keitel u. Helmuth Nürnberger. Bd. 36, hg. v. W. K.).

Ders.: Mathilde Möhring. Frankfurt/M. 1986 (Werke u. Schriften. Hg. v. Walter Keitel u. Helmuth Nürnberger. Bd. 20, hg. v. Gotthard Erler).

FOUCAULT, *Michel:* Die Geburt der Klinik. Eine Archäologie des ärztlichen Blicks. Frankfurt/M. 1976.

FRANK, *Horst Joachim:* Geschichte des Deutschunterrichts. Von den Anfängen bis 1945. München 1973.

FRANK, *Manfred:* Was ist Neostrukturalismus? Frankfurt/M. 1983.

FRANTZ, *Gustav Adolph Constantin:* Bismarckianismus und Friedericianismus. München 1873.

FREILICH, *Morris:* Lévi-Strauss' Myth of Method. In: Heda Jason/Dimitri Segal (Ed.): Patterns in Oral Literature. Paris 1977, S. 223-249.

FREYTAG, *Hugo:* Worte Bismarcks. Zu seinem 100. Geburtstag am 1. April 1915 zusammengestellt. Berlin 1915.

FREYTAG, *L.:* Der Idealismus auf der Realschule, namentlich im Hinblick auf den deutschen Unterricht. In: Central-Organ für die Interessen des Realschulwesens, 2. Jg., Berlin (1874), S. 460-477.

FÜSSEL, *Kuno:* Zeichen und Strukturen. Münster 1983.

FUHRMANN, *Manfred (Hg.):* Terror und Spiel. Probleme der Mythenrezeption. München 1971 (Poetik und Hermeneutik IV).

FUNKE, *Alfred:* Bismarck der deutsche Mensch. Berlin 1939.

201

GAEDE, Udo: Bismarck und wir. Vortrag gehalten am 31. März 1915. Potsdam 1915.

GALL, Lothar: Bismarck. Der weiße Revolutionär. Frankfurt/M. 1983.

GARLEPP, Bruno: Bismarck-Denkmal für das deutsche Volk. Jubiläumsausgabe zum hundertsten Geburtstage des großen Kanzlers 1815-1915. Berlin 1915.

GERHARD, Ute: Politik als Dramenkonstellation. Soziale Perspektiven von Mythisierungen im 19. Jahrhundert. In: Link/ Wülfing: Bewegung, S. 226-232.

Dies./LINK, Jürgen: Zum Anteil der Kollektivsymbolik an den Nationalstereotypen. In: Link/ Wülfing: Nationale Mythen, S. 16-52.

GEYER, Florian: Die Bismarck-Hetze. Berlin 1891.

GEYER, Otto: Eine Bismarck-Fahrt. Festschrift zur Erinnerung an die Huldigung der Leipziger in Friedrichsruh. Leipzig 1895.

GIERKE, Wilhelm Edward: Friedrich Lienhard und wir. Dem deutschen Dichter F. L. zum 50. Geburtstage dargebracht. Stuttgart 1915.

GLASER, Rudolf: Bismarcks Stellung zum Christentum. Ein Volksabend. Gotha 1909 (Volksabende. Begründet v. Hermann Kaiser, hg. v. Hermann Müller-Bohn, H. 19).

GLÖCKNER, Eckhard: Zur Schulreform im preußischen Imperialismus. Preußische Schul- und Bildungspolitik im Spannungsfeld der Schulkonferenzen von 1890, 1900 und 1920. Glashütten/ Ts. 1976.

GLÜCK-AUF. Berg- und Hüttenmännische Zeitung zu Ehren des achtzigsten Geburtstages Sr. Durchlaucht des Altreichskanzlers Fürst Bismarck, 3. Jg., Essen, Nr. 13 (30.3.1895).

GNERICH, Paul/BACH, Hugo: Denn sie sind unser! Luther, Goethe, Bismarck, das Gemeinsame ihrer Lebens- und Weltanschauung in Aussprüchen aus ihren Prosaschriften zusammengestellt v. P. G. u. H. B. Stuttgart 1910.

GOETHE ÜBER BISMARCK. Eine Gabe zum 1. April. Als Manuscript gedruckt. Berlin 1887.

GOETHES WERKE. Hg. im Auftrage der Großherzogin Sophie v. Sachsen. 14. Bd.: Faust. Erster Teil. Weimar 1887; 15. Bd., Teil I: Der Tragödie zweiter Teil. Weimar 1888.

GRAEVENITZ, Gerhart v.: Mythos. Zur Geschichte einer Denkgewohnheit. Stuttgart 1987.

GRATHOFF, Dirk (Hg.): Heinrich v. Kleist. Studien zu Werk und Wirkung. Opladen 1988.

GREIMAS, Algirdas Julien/COURTES, Joseph: Sémiotique – dictionnaire raisonné de la théorie du langage. Paris 1979.

GRESS, Franz: Germanistik und Politik. Kritische Beiträge zur Geschichte einer nationalen Wissenschaft. Stuttgart-Bad Cannstatt 1971.

GRIMM, Reinhold/HERMAND, Jost (Hg.): Deutsche Feiern. Wiesbaden 1977.

GRIMM, Wilhelm: Wir Deutsche fürchten Gott, sonst nichts auf dieser Welt. In: Schäfer, S. 16.

GRÖPPEL, Peter-Arndt: Heldenverehrung als politische Gefahr: Der Bismarck-Kult des deutschen Bürgertums im 2. Reich. Beih. zur Diareihe 10 2292. Grünwald/München 1976.

GROTE, Hans Henning: Das Schicksalsbuch des deutschen Volkes. Von Hermann dem Cherusker bis Adolf Hitler. Berlin o.J.

GROTTHUSS, Jeannot Emil Frhr. v.: Goethe und Bismarck. In: Der Türmer, 1. Jg. (1898/99), Bd. I, S. 4-15.

Ders.: Türmers Tagebuch. Das deutsche Gemüt im Burenkampfe. In: Der Türmer, 2. Jg. (1899/ 1900), H. 5, Februar 1900, S. 552-554.

Ders.: Bismarck als Künstler des Wortes. In: Der Türmer, 11. Jg. (1907/08), Bd. I, S. 865-870.

Ders.: Aus deutscher Dämmerung. Schattenbilder einer Übergangskultur. 3. Aufl., Stuttgart 1909.

Ders.: Türmers Tagebuch: Deutscher Idealismus. Das Recht und Unrecht der Nationalitäten. In: Der Türmer, 13. Jg. (1910/11), Bd. II, H. 10, Juli 1911, S. 510f.

Ders.: Türmers Tagebuch: Bismarcks Erben. Wahljammer. Realpolitik und Ideologen. In: Der Türmer, 14. Jg. (1911/12), Bd. I, S. 699-714.

Ders.: Schiller und wir. In: Der Türmer, 15. Jg. (1912/13), Bd. I, S. 438-442.

Ders.: Napoleon der Große? In: Der Türmer, 13. Jg. (August 1913), H. 11, S. 619-622.

Ders.: Mit Gott. In: Der Türmer, 16. Jg. (1913/14), Bd. II, H. 12, September 1914, S. 713-715.

GUHRAUER, Heinrich: Zu Bismarcks Gedächtnis. Drei Ansprachen gehalten am 1. April 1895 zu Bismarcks achtzigstem Geburtstage, im März 1897 bei der Hundertjahrfeier Kaiser Wilhelms, u. am 2. Aug. 1898 bei der Trauerandacht. Gymnasialprogramm. Wittenberg 1899.

GUMBRECHT, Hans Ulrich: Mythen des XIX. Jahrhunderts aus der Perspektive des späten XX. Jahrhunderts oder: La mythologie - c' est toujours la pensée des autres. In: lendemains. Zs. für Frankreichforschung und Französischstudium, 8. Jg. (1983), H. 30, S. 4-9.

Ders.: Artikel „Entmythisierung". In: Enzyklopädie des Märchens. Handwörterbuch zur historischen und vergleichenden Erzählforschung. Hg. v. Kurt Ranke. Bd. 4. Berlin 1984, Sp. 21-38.

GUNDOLF, Friedrich: Bismarcks Gedanken und Erinnerungen als Sprachdenkmal. In: Europäische Revue, VII. Jg. (1931), I. Halbbd., H. 4, S. 259-271 u. H. 5, S. 400.

Ders.: Brief an Gustav Roethe vom 27.8.1914. In: Gundolf Briefe. Neue Folge. Hg. v. Lothar Helbing u. Claus Victor Bock. 2. Aufl., Amsterdam MCMLXV, S. 141-143.

GURLITT, Ludwig: Pädagogik. In: Türmer-Jahrbuch 1904. Stuttgart 1904, S. 301-309.

HAASE, Frank: Kleists Nachrichtentechnik. Eine diskursanalytische Untersuchung. Opladen 1986.

HABERMAS, Jürgen: Erkenntnis und Interesse. In: Ders.: Technik und Wissenschaft als ‚Ideologie'. Frankfurt/M. 1968, S. 146-168.

Ders.: Die Verschlingung von Mythos und Aufklärung. Bemerkungen zur Dialektik der Aufklärung – nach einer erneuten Lektüre. In: Bohrer, S. 405-431.

HAHN, Ludwig: Zwanzig Jahre. 1862-1882. Rückblicke auf Fürst Bismarcks Wirksamkeit für das deutsche Volk. Eine politische, aber keine Parteischrift. Berlin 1882.

HAMANN, Ludwig: Ehrungen des Fürsten Bismarck zum 80. Geburtstage 1895. Eine Chronik der nationalen Feiertage, sowie gesammelte Reden und Ansprachen für das deutsche Volk und die Verehrer des Alt-Reichskanzlers. Leipzig 1895.

HAMERLING, Robert: Hamerlings sämtliche Werke in 16 Bden. Bd. 13. Hg. v. Michael Maria Rabenlechner. Leipzig o.J.

HART, Heinrich u. Julius: Offener Brief an den Fürsten Bismarck. In: Kritische Waffengänge (1882), H. 2, S. 3-8.

HARTEN, Hans-Christian u. Elke: Die Versöhnung mit der Natur. Gärten, Freiheitsbäume, republikanische Wälder, heilige Berge und Tugendparks in der Französischen Revolution. Reinbek 1989.

HÄUSSNER, J.: Bismarcks Jugend 1815-1847. In: Kaiser-Wilhelm-Dank, S. 3-51.

HAUSEGGER, Friedrich v.: Bismarck ein Vertreter deutschen Geistes. Festrede gehalten v. F. v. H. in der Versammlung des Deutschen Vereines in Graz am 30. März 1885. Graz 1885.

HEBBEL, Friedrich: Sämtliche Werke. Historisch-kritische Ausgabe besorgt v. Richard Maria Werner. Bd. VI. Berlin 1904.

HEIM, Robert: Frankreichs Mythen-Forscher. In: Neue Zürcher Zeitung. Fernausgabe, Nr. 41 (20.2.1981), S. 37.

HEINE, Heinrich: Deutschland. In: Mayer, S. 14f.

HEINRICHS, Hans Jürgen: Sprachkörper. Zu Claude Lévi-Strauss und Jacques Lacan. Frankfurt/M. 1983.

HELMOLT, Hans F.: Bismarck. Der Eiserne Kanzler. Zugleich Bismarcks Leben in Bildern und Dokumenten. Leipzig 1915.

HELMUTH, O. H. Gotthold v.: Das Deutsche Volk und Bismarck vor dem höchsten Gericht. Eine patriotische Denkschrift. Berlin 1899.

HERDER, GOETHE, FRISI, MÖSER: Von deutscher Art und Kunst. Einige fliegende Blätter. Hamburg 1773.

HERMAND, Jost: Hauke Haien. Kritik oder Ideal des gründerzeitlichen Übermenschen? In: Wirkendes Wort, 15. Jg. (1965), S. 40-50.

HEROLD, Franz: Im Sachsenwalde. In: Der Türmer, 10. Jg. (August 1908), H. 11, S. 40.

HERR v. BISMARCK. Zum 28. Februar. In: Der kleine Reactionär. 2. Jg., Berlin, Nr. 10 (7.3.1863), S. 1.

HERZOG, Albert: Zu Bismarcks Gedächtnis. In: J. Pasig, S. 96f.

HESEKIEL, George: Das Buch vom Grafen Bismarck. Mit Illustrationen v. W. Diez u.a. Bielefeld/Leipzig 1869.

HESS, Günter: Siegfrieds Wiederkehr. Zur Geschichte einer deutschen Mythologie in der Weimarer Republik. In: Internationales Archiv für Sozialgeschichte der deutschen Literatur, Bd. 6 (1981), S. 112-144.

HETTLER, *Johann Heinrich:* Das Märchen vom Bismarck und der Kaiserkrone. Frankfurt/M. 1891.

HEYCK, *Eduard:* Der Reichsschmied. In: Der Türmer, 15. Jg. (1912/13), II. Bd., S. 860.

Ders.: Johanna v. Bismarck. Bielefeld/Leipzig 1907.

HEYSE, *Wilhelm:* An Bismarcks Gruft. In: J. Pasig, S. 90.

HEZZEL, *D. v.:* Bismarck und das deutsche Gemüt. Vortrag, zu Memmingen am 18. April 1915 gehalten v. Oberkonsistorialpräsident D. v. H. München 1915.

HILDEBRAND, *Rudolf:* Zur Einführung. In: Zs. f. d. deutschen Unterricht, 1. Jg. (1887), S. 1-10.

Ders.: Deutsche Prophezeiungen über sieben Jahrhunderte hin. In: Gesammelte Aufsätze und Vorträge zur deutschen Philologie und zum deutschen Unterricht. Leipzig 1890, S. 256-314.

Ders.: Vom deutschen Sprachunterricht in der Schule und von deutscher Erziehung und Bildung überhaupt. 5. Aufl., Leipzig 1896.

HOENINGER, *Robert:* Bismarck und die Zukunft der deutschen Nation. Festrede auf dem Berliner Bismarck-Kommers am 1. April 1905. Berlin 1905.

HOFFMANN, *Hans:* Die große Woche von Friedrichsruh. In: Bismarck. Illustrirte Rundschau, 1. Jg. (1895), H. 1, S. 4-20.

HOFFMANN, *Walther:* Bismarck-Ehrung durch die Deutsche Studentenschaft. Im Auftrage des Ausschusses. Heidelberg 1899.

HOFFMEISTER, *Hermann Wilhelm:* Luther und Bismarck als Grundpfeiler unserer Nationalgröße. Parallele zur Erweckung der Vaterlandsliebe und Pflege des Deutschtums. 4. Aufl., Berlin 1884.

Ders.: Der eiserne Siegfried. Eine neuzeitliche Nibelungenmär. 2., verb. Aufl., Berlin 1888.

HONNETH, *Axel:* Ein strukturalistischer Rousseau. Zur Anthropologie von Claude Lévi-Strauss. In: Merkur, 41. Jg. (1987), H. 9/10, S. 819-833.

HORAWITZ, *Adalbert:* Fürst Bismarck. Erinnerungsblätter zum siebzigsten Geburtstage. Wien 1885.

HORN: Bismarcks Tod. In: J. Pasig, S. 68f.

HORSTMANN, *Axel:* Der Mythosbegriff vom frühen Christentum bis zur Gegenwart. In: Archiv für Begriffsgeschichte, Bd. XXIII (1979), H. 1, S. 7-54; H. 2, S. 197-245.

HUCH, *Rudolf:* Mehr Goethe. Leipzig/Berlin 1899.

HÜBNER, *Kurt:* Die Wahrheit des Mythos. München 1985.

HUNZINGER, *D.:* Bismarcks Werk und Geist. Gedächtnisrede. Hamburg 1915.

JÄGER, *Otto Heinrich:* Der Anti-Rembrandt: Bismarck als Erzieher. Borussen gewidmet. Gotha 1891.

JAHNKE, *Hermann:* Fürst Bismarck. Sein Leben und seine Zeit. Vaterländisches Ehren- und Heldenbuch des 19. Jahrhunderts. Mit zahlreichen Illustrationen erster deutscher Künstler. 2 Bde. 2., verm. u. vervollst. Aufl., Berlin 1899.

Ders.: Fürst Otto v. Bismarck. Ein Volksabend. Gotha 1915 (Volksabende. Hg. v. Hermann Müller-Bohn, 9. H.).

JAKOBOWSKI, *Ludwig:* Vom „Handlanger" Bismarck. In: Mayer, S. 160.

JAKOBSON, *Roman:* Closing Statement: Linguistics and Poetics. In: Thomas A. Sebeok (Hg.): Style in Language. Cambridge 1960, S. 350-377.

JAQUET, *Gustav:* Preußens Minister-Präsident Graf Bismarck-Schönhausen, der unermüdliche Patriot. Sein Leben, Streben und Wirken, dem preußischen Volke geschildert. Leipzig 1867.

JAUSS, *Hans Robert:* Schlegels und Schillers Replik auf die „Querelle des Anciens et des Modernes". In: Ders.: Literaturwissenschaft als Provokation. 2. Aufl., Frankfurt/M. 1970, S. 67-106.

JESINGHAUS, *Walter:* Luther und Bismarck. In: Schäfer, S. 37.

JOERDEN, *R.:* Deutsche Bewegung. In: Sachwörterbuch der Deutschkunde. Unter Förderung durch die Deutsche Akademie hg. v. Walther Hoffstaetter u. Ulrich Peters. Bd. I. Leipzig/Berlin 1930, S. 229-231.

JOLLES, *André:* Einfache Formen. Halle/S. 1930.

JORDAN, *Wilhelm:* Zu Bismarck's Geburtstag. In: Bismarck. Illustrirte Rundschau, 1. Jg. (1895), H. 1, S. 3.

JUST, *Klaus Günther:* Von der Gründerzeit bis zur Gegenwart. Geschichte der deutschen Literatur seit 1871. Bern/München, 1973.

KAEMMEL, Otto: Festrede. In: Reden und Vorträge, S. 14-35.

KÄMPFER, Aug. Herm.: War Bismarck ein Genie oder nicht? Ein Beitrag zu dem durch Dr. Schefflers „Bismarck" angeregten Problem. Halle/S. 1920.

KAHL, Wilhelm: Bismarck lebt. Gedächtnisrede bei der allgemeinen Trauerfeier am 7. August 1898. Freiburg/Br. 1898.

KAISER-WILHELM-DANK, Verein der Soldatenfreunde: Bismarck. Deutschlands Eiserner Kanzler. Ein Gedenkbuch unter Mitarbeit v. G. Egelhaaf, E. Evers, J. Häußner, K. Mayr, D. Schäfer, in großer Zeit dem Deutschen Volke zum 100. Geburtstage seines großen Kanzlers dargeboten [...]. Berlin 1915.

KAMMLER, Clemens: Michel Foucault. Eine kritische Analyse seines Werks. Bonn 1986.

KAMP: Drei patriotische Reden. Otto v. Bismarck. Wilhelm I. Wilhelm II. Oldenburg 1889.

KANIG, Otto: Unsre nationale Trauerfeier um den Fürsten Bismarck im Lichte des Abschieds Elia's von Elisa. Predigt über II. Könige 2, 9-14, gehalten in der Nicolaikirche zu Pulsnitz am 13. Sonntage nach Trinitatis. Dresden 1899.

KANTEL, Hermann: Festschrift zur Enthüllung des Bismarck-Denkmals in Wiesbaden am 9.10.1898. Wiesbaden 1898.

KAWERAU, Gustav: Gedächtnißrede auf den Fürsten Bismarck gehalten Breslau, den 1. April 1899. Breslau 1899.

KERNWORTE Bismarcks. In: Die Gesellschaft, 1. Jg., Nr. 14 (7.4.1885), S. 241f.

KIEFER, Wilhelm: Zur Ehrung Friedrich Lienhards. In: Bühne und Welt, 17. Jg. (1915), Nr. 10, S. 445f.

Ders.: Friedrich Lienhard. In: Bühne und Welt, 17. Jg. (1915), Nr. 10, S. 458-463.

KIESSLING-VALENTIN, Ella: Bismarck und die Frauen. Leipzig 1917.

KINNE: Des Deutschen Reiches Waffenschmied. In: Schäfer, S. 33f.

KIRCHBACH, Wolfgang: Friedrich Schiller der Realist und Realpolitiker. Berlin 1905.

KITTLER, Wolf: Die Geburt des Partisanen aus dem Geist der Poesie. Heinrich v. Kleist und die Strategie der Befreiungskriege. Freiburg 1987.

KLEIN-HATTINGEN, Oskar: Bismarck und seine Welt. Grundlegung einer psychologischen Biographie. Bd. I: Von 1815-1871; Bd. II (in zwei Teilen): Von 1871-1898. Berlin 1902, 1903, 1904.

KNAPP, Gotthold: Zu Fürst Bismarcks siebenzigstem Geburtstag. 1. April 1885. In: Günther Mahal: Lyrik der Gründerzeit. Tübingen 1973 (Deutsche Texte, 26), S. 71-75.

KÖHLER, Jochen: Der Wille zum Reich. Genesis und Geltung eines Mythos. In: Ästhetik und Kommunikation (November 1984), H. 56 („Deutsche Mythen"), S. 25-31.

KÖHNE, Max: Preußens Eckardt. In: J. Pasig, S. 11f.

KÖPPEN, Fedor v.: Fürst Bismarck der Deutsche Reichskanzler. Ein Zeit- und Lebensbild für das deutsche Volk. Leipzig 1876.

KOEPPING, Klaus-Peter: Trickster, Schelm, Pikaro: Sozialanthropologische Ansätze zur Problematik der Zweideutigkeit von Symbolsystemen. In: Ethnologie als Sozialwissenschaft. Hg. v. Ernst Wilhelm Müller u.a. Sonderh. 26 der „Kölner Zs. f. Soziologie u. Sozialpsychologie". Köln 1984, S. 195-215.

KOHL, Horst (Hg.): Fürst Bismarck-Gedenkbuch. Festgabe zum 75. Geburtstage des Fürsten Bismarck. Chemnitz 1890.

Ders. (Hg.): Bismarckbriefe 1836-1873. 6., stark verm. Aufl., Bielefeld/Leipzig 1897.

Ders.: Briefe des Generals Leopold v. Gerlach an Otto v. Bismarck. Stuttgart 1912.

KOHUT, Adolf: Fürst v. Bismarck und die Literatur. Eine politisch-literarische Studie. Leipzig 1889.

Ders.: Bismarck als Mensch. Berlin 1899.

KOLKENBROCK-NETZ, Jutta: Fabrikation. Experiment. Schöpfung. Strategien ästhetischer Legitimation im Naturalismus. Heidelberg 1981.

Dies.: Poesie des Darwinismus – Verfahren der Mythisierung und Mythentransformation in populärwissenschaftlichen Texten von Wilhelm Bölsche. In: lendemains. Zs. für Frankreichforschung und Französischstudium, 8. Jg. (1983), H. 30, S. 28-35.

Dies.: Diskursanalyse und Narrativik. Voraussetzungen und Konsequenzen einer interdisziplinären Fragestellung. In: Fohrmann/Müller, S. 261-283.

Dies.: Wissenschaft als nationaler Mythos. Anmerkungen zur Haeckel-Virchow-Kontroverse auf der 50. Jahresversammlung der deutschen Naturforscher und Ärzte in München (1877). In: Link/Wülfing: Nationale Mythen, S. 212-236.

KOOPMANN, Helmut (Hg.): Mythos und Mythologie in der Literatur des 19. Jahrhunderts. Frankfurt/M. 1979 (Studien zur Philosophie u. Literatur des 19. Jahrhunderts. Bd. 36).

KOSELLECK, Reinhart: Vergangene Zukunft. Zur Semantik geschichtlicher Zeiten. Frankfurt/M. 1979.

KOSER, Reinhold: Fürst Bismarck. Festrede zur Feier des 77. Geburtstages gehalten in Bonn am 1. April 1892. Bonn 1892.

KOWALSKA, Elzbieta: Zur Definition des Mythos. In: Acta Universitatis Lodziensis, Ser. 1, Nr. 59 (1979), Lodz: Universität, S. 133-143.

KRÄUSEL, E.: Zwei Festreden gehalten am Festkommers zur Feier des 80. Geburtstages Sr. Durchlaucht des Fürsten Bismarck und zur Feier des 25jährigen Bestehens des Deutschen Reiches. Lüben 1896.

KREUTZER, Joh.: Die Huldigungsfahrt der höheren Lehrerschaft nach Friedrichsruh. In: Zs. f. d. deutschen Unterricht, 9. Jg. (1895), S. 393-404.

KRICKL, Julius: Festrede zur Feier des 70. Geburtstages des Deutschen Reichskanzlers Otto Fürsten v. Bismarck gehalten in der am 1. April 1885 v. K.-K.-Abgeordneten Georg Ritter v. Schönerer veranstalteten Festversammlung im Sofien-Saale zu Wien v. J. K. sen. Wien 1885.

KÜSTER, Rainer: Mythische Struktur und Metapher. In: Zs. für germanistische Linguistik (1979), S. 304-322.

LANGBEHN, August Julius: Rembrandt als Erzieher. Von einem Deutschen. 36. Aufl., Leipzig 1891.

LAPOINTE, François H. u. Claire C.: Claude Lévi-Strauss and His Critics. An International Bibliography of Criticism (1950-1976). Followed by a Bibliography of the Writings of Claude Lévi-Strauss. New York/London 1977.

LEACH, Edmund: Claude Lévi-Strauss – Anthropologe und Philosoph. In: Lepenies/Ritter, S. 49-76.

Ders. (Hg.): Mythos und Totemismus. Beiträge zur Kritik der strukturalen Analyse. Frankfurt/M. 1973.

LEHMANN, Peter Lutz: Bismarck. In: Ders.: Von Goethe zu George. Heidelberger Essays. Heidelberg 1986, S. 76-92.

LELBACH, Karl: Napoleon in der Auffassung und in den Versuchen künstlerischer Gestaltung im Drama bei Grillparzer, Grabbe und Hebbel. Diss. Bonn 1914.

LENZ, Max: Rede gehalten in der königlichen Friedrich-Wilhelms-Universität, 22. Dezember 1898. Berlin 1899.

Ders.: Bismarck. In: Allgemeine Deutsche Biographie, 46. Bd., Nachträge bis 1899. Leipzig 1902, S. 571-775.

Ders./MARCKS, Erich: Das Bismarck-Jahr. Monatsschrift zur Vorbereitung der Bismarckfeier der deutschen Studentenschaft vom 19. Juni bis 22. Juni 1915 in Hamburg. Auf Veranlassung des Bismarckausschusses der deutschen Studentenschaft und des Hamburger Akademischen Bismarckausschusses hg. v. Prof. M. L. u. Prof. E. M., Nr. 1, Hamburg (21. Juni 1914).

LEO, Friedrich: Rede zum Gedächtnisse des Fürsten Bismarck am 20. November 1898 im Namen der Georg-Augusts-Universität gehalten. Göttingen 1898.

LEPENIES, Wolf/RITTER, Hanns Henning (Hg.): Orte des wilden Denkens. Zur Anthropologie von Claude Lévi-Strauss. Frankfurt/M. 1965.

LEVI-STRAUSS, Claude: The Structural Study of Myth. In: Journal of American Folklore, 68 (1955), S. 428-444.

Ders.: Das Ende des Totemismus. Frankfurt/M. 1965, 5. Aufl. 1981.

Ders.: Strukturale Anthropologie I. Frankfurt/M. 1967.

Ders.: Strukturale Anthropologie II. Frankfurt/M. 1975.

Ders.: Jean-Jacques Rousseau, Begründer der Wissenschaften vom Menschen. In: Ders.: Anthropologie II, S. 45-56.

Ders.: Das wilde Denken. Frankfurt/M. 1973.

Ders.: Mythologica I. Das Rohe und das Gekochte. 2. Aufl., Frankfurt/M. 1980.

Ders.: Mythologica II. Vom Honig zur Asche. Frankfurt/M. 1976.

Ders.: Mythologica III. Der Ursprung der Tischsitten. Frankfurt/M. 1976.

Ders.: Mythologica IV/1. Der nackte Mensch 1. Frankfurt/M. 1976.

Ders.: Mythologica IV/2. Der nackte Mensch 2. Frankfurt/M. 1976.

Ders.: Mythos und Bedeutung. Fünf Radiovorträge. Gespräche mit Claude Lévi-Strauss. Hg. v. Adelbert Reif. Frankfurt/M. 1980.

Ders.: Eingelöste Versprechen. Wortmeldungen aus dreißig Jahren. München 1985.

Ders.: Die eifersüchtige Töpferin. Nördlingen 1987.

Ders./ERIBON, Didier: Das Nahe und das Ferne. Eine Autobiographie in Gesprächen. Frankfurt/M. 1989.

LIENHARD, Friedrich: Reformation der Litteratur. In: Die Gesellschaft, 4. Jg. (1888), 1. Bd., S. 145-158 u. S. 224-238.

Ders.: Ohne Bismarck. In: Das Zwanzigste Jahrhundert. Deutsch-nationale Monatshefte für sociales Leben, Politik, Wissenschaft, Kunst u. Literatur, 4. Jg. (1894), 2. Bd., S. 43-51.

Ders.: Neue Ideale. Gesammelte Aufsätze v. F. L. Leipzig/Berlin 1901.

Ders.: Deutsche Dichtung in ihren geschichtlichen Grundzügen. Leipzig 1917.

Ders.: Friedrich Lienhard. Gesammelte Werke in drei Reihen. Stuttgart 1926ff.

Ders.: Der Meister der Menschheit, Bd. 2. In: Werke, III, 5, S. 169.

Ders.: Deutschlands europäische Sendung. In: Werke, III, 5, S. 84-107.

Ders.: Einführung in Goethes Faust. Leipzig 1913.

Ders.: Heldentum und Liebe. In: Werke, II, 1, S. 244f.

Ders.: Hölderlin und Novalis. In: Werke, II, 1, S. 306.

Ders.: Jahrhundertwende. In: Werke, III, 1, S. 96-103.

Ders.: Königin Luise. In: Werke, III, 3, S. 60-69.

Ders.: Los von Berlin? In: Werke, III, 1, S. 129-135.

Ders.: Persönlichkeit und Volkstum als Grundlagen der Dichtung. In: Werke, III, 1, S. 45-54.

Ders.: Schmiedewerk. In: Werke, II, 1, S. 257f.

Ders.: Thüringer Tagebuch. In: Werke I, 1, S. 65f.

Ders.: Unser Zeitalter. In: Werke, III, 1, S. 25-44.

Ders.: Von Schelling zu Darwin. In: Werke, III, 5, S. 73-77.

Ders.: Was ist deutscher Idealismus? In: Werke, III, 1, S. 3-24.

Ders.: Wege nach Weimar. Bd. 5: Schiller (1907). In: Werke, III, 4, S. 121f.

Ders.: Wo bleibt der Meister der Menschheit? Zur Einführung. In: Werke, III, 5, S. 1f.

Ders.: Wo sind die nationalen Berliner? In: Werke, III, 1, S. 152-160.

Ders.: Zwischen Demokratie und Imperialismus. In: Werke, III, 1, S. 161-166.

LILIENCRON, Detlev v.: Prolog zu Kleists Hermannsschlacht. An Bismarcks zehnjährigem Todestag. In: Mayer, S. 265f.

LIMAN, Paul: Bismarck-Denkwürdigkeiten aus seinen Briefen, Reden und letzten Kundgebungen, sowie nach persönlichen Erinnerungen zusammengefaßt u. erläutert. Neue Prachtausgabe in zwei Bden. Berlin 1899.

Ders.: Fürst Bismarck nach seiner Entlassung. Leipzig 1901.

Ders.: Bismarck in Geschichte, Karikatur und Anekdote. Ein großes Leben in bunten Bildern. Stuttgart 1915.

LINK, Jürgen: Zur Theorie der Matrizierbarkeit dramatischer Konfigurationen. Am Beispiel des Einakters *Die Probe* (L' Epreuve) von Marivaux. In: Aloysius van Kesteren/Herta Schmidt (Hg.): Moderne Dramentheorie. Kronberg/Ts. 1975, S. 193-219.

Ders.: Die Struktur des Symbols in der Sprache des Journalismus. Zum Verhältnis literarischer und pragmatischer Symbole. München 1978.

Ders.: Literaturwissenschaftliche Grundbegriffe. Eine programmatische Einführung auf strukturalistischer Basis. 2. überarb. u. erg. Aufl., München 1979.

Ders.: Von „Kabale und Liebe" zur „Love Story" – Zur Evolutionsgesetzlichkeit eines bürgerlichen Geschichtentyps. In: Jochen Schulte-Sasse (Hg.): Literarischer Kitsch. Texte zu seiner Theorie, Geschichte und Einzelinterpretation. Tübingen 1979, S. 121-155.

Ders.: Kollektivsymbolik und Mediendiskurse. In: kultuRRevolution. zs. f. angewandte diskurstheorie, Nr. 1 (Oktober 1982), S. 6-20.

Ders.: Die mythische Konvergenz Goethe-Schiller als diskurskonstitutives Prinzip deutscher Literaturgeschichtsschreibung im 19. Jahrhundert. In: Bernard Cerquiglini/Hans Ulrich Gumbrecht (Hg.): Der Diskurs der Literatur- und Sprachhistorie. Wissenschaftsgeschichte als Innovationsvorgabe. Frankfurt/M. 1983, S. 225-242.

207

Ders.: Elementare Literatur und generative Diskursanalyse. München 1983.

Ders.: Schillers *Don Carlos* und Hölderlins *Empedokles* : Dialektik der Aufklärung und heroisch-politische Tragödie. In: Ders.: Elementare Literatur, S. 87-125.

Ders.: Faust II, gelesen als Katachresenmäander der europäischen Kollektivsymbolik. In: kultuR-Revolution. zs. f. angewandte diskurstheorie, Nr. 3 (Juni 1983), S. 51-56.

Ders.: Wie Marquis Posa zur Hyäne Elisabeth wurde. Zur Dialektik politischer Aufklärung bei Schiller. In: kultuRRevolution. zs. f. angewandte diskurstheorie, Nr. 3 (Juni 1983), S. 30-34.

Ders.: Marx denkt zyklologisch. Mit Überlegungen über den Status von Ökologie und ‚Fortschritt‘ im Materialismus. In: kultuRRevolution. zs. f. angewandte diskurstheorie, Nr. 4 (Oktober 1983), S. 23-27.

Ders.: „Einfluß des Fliegens! – Auf den Stil selbst!" Diskursanalyse des Ballonsymbols. In: Ders./Wülfing: Bewegung, S. 149-164.

Ders.: Elementare narrative Schemata in der Boulevardpresse. In: Rolf Kloepfer/Karl-Dietmar Möller (Hg.): Narrativität in den Medien (Papiere des Münsteraner Arbeitskreises für Semiotik, papmaks 19 und MANA, Mannheimer Analytika, Mannheim-Analytiques 4/1985). Münster/Mannheim 1986, S. 209-230.

Ders.: Isotope, Isotopien: Versuch über die erste Hälfte von 1986. In: kultuRRevolution. zs. f. angewandte diskurstheorie, Nr. 13 (Oktober 1986), S. 30-46.

Ders.: Über Kollektivsymbolik im politischen Diskurs und ihren Anteil an totalitären Tendenzen. In: kultuRRevolution. zs. f. angewandte diskurstheorie, Nr. 17/18 (Mai 1988), S. 47-53.

Ders.: Literaturanalyse als Interdiskursanalyse. Am Beispiel des Ursprungs literarischer Symbolik in der Kollektivsymbolik. In: Fohrmann/Müller, S. 284-307.

Ders.: Literaturwissenschaft und Semiotik. In: Walter A. Koch (Hg.): Semiotik in den Einzelwissenschaften, Halbbd. II. Bochum 1990 (Bochumer Beiträge zur Semiotik 8), S. 521-564.

Ders./LINK-HEER, Ursula: Literatursoziologisches Propädeutikum. München 1980.

Ders./PARR, Rolf: Semiotische Diskursanalyse. In: Klaus-Michael Bogdal (Hg.): Neue Literaturtheorien. Eine Einführung. Opladen 1990, S. 107-130.

Ders./WÜLFING, Wulf (Hg.): Bewegung und Stillstand in Metaphern und Mythen. Fallstudien zum Verhältnis von elementarem Wissen und Literatur im 19. Jahrhundert. Stuttgart 1984.

Ders./WÜLFING, Wulf (Hg.): Nationale Mythen und Symbole in der zweiten Hälfte des 19. Jahrhunderts. Strukturen und Funktionen von Konzepten nationaler Identität. Stuttgart 1991.

LINKENBACH, Hans Ludwig: Er lebt uns noch. Festspiel zur Bismarck-Feier. Ems 1905.

LOEB, Ernst: Faust ohne Transzendenz: Theodor Storms *Schimmelreiter.* In: Studies in Germanic Languages and Literatures. In Memory of Fred A. Nolte. Ed. by Erich Hofacker u. Liselotte Dieckmann. St. Louis 1963, S. 121-132.

LOEPER, Gustav v.: Faust. Eine Tragödie von Goethe. Mit Einleitung u. erläuternden Anm. v. G. v. L. Erster u. Zweiter Theil. 2 Bde. Berlin 1870.

LOMER, Georg: Bismarck im Lichte der Naturwissenschaft. Halle/S. 1907.

LORENTZEN, Theodor: Gedächtnisrede auf den Fürsten Bismarck gehalten am 21. Sept. 1898 in der Aula der Ober-Realschule. Heidelberg 1899.

LOWE, Charles: Fürst Bismarck. Eine historische Biographie. Autorisierte Übersetzung v. Dr. E. Alb. Witte. Leipzig 1894.

LUBLINSKI, Samuel: Die Bilanz der Moderne. Berlin 1904. Mit einem Nachwort neu hg. v. Gotthart Wunberg (Deutsche Texte, Bd. 29). Tübingen 1974 (E: 1904).

LYON, Otto: Plan der Zeitschrift. In: Zs. für den deutschen Unterricht, 1. Jg. (1887), S. 11-13.

Ders.: Der deutsche Unterricht auf dem Realgymnasium. In: Zs. f. d. deutschen Unterricht, 7. Jg. (1893), S. 705-734.

Ders.: Rez.: Friedrich Lange: Reines Deutschtum. Grundzüge einer nationalen Weltanschauung. Berlin 1893. In: Zs. f. d. deutschen Unterricht, 8. Jg. (1894), S. 421-424.

Ders.: Bismarck. In: Zs. f. d. deutschen Unterricht, 9. Jg. (1895), S. 235-244.

Ders.: Bismarck als Künstler in Politik und Sprache. In: Zs. f. d. deutschen Unterricht, 9. Jg. (1895), S. 245-304.

Ders.: Fürst Bismarck und das Fremdwort. In: Zs. des allgemeinen deutschen Sprachvereins, 10. Jg. (1895), Sp. 87-98.

Ders.: Rez.: Heinrich v. Poschinger: Die Ansprachen des Fürsten Bismarck 1848-1894. Stuttgart 1895. In: Zs. f. d. deutschen Unterricht, 9. Jg. (1895), S. 328.

Ders.: Rez.: Horst Kohl (Hg.): Politische Reden des Fürsten Bismarck. Stuttgart 1892-1894. In: Zs. f. d. deutschen Unterricht, 9. Jg. (1895), S. 326f.

Ders.: Rez.: Bismarcks Briefe an den General Leopold v. Gerlach. In: Zs. f. d. deutschen Unterricht, 10. Jg. (1896), S. 413-429.

MACHEREY, Pierre: Zur Theorie der literarischen Produktion. Studien zu Tolstoij, Verne, Defoe, Balzac. Darmstadt 1974.

MANDELKOW, Karl Robert: Goethe in Deutschland. Rezeptionsgeschichte eines Klassikers. Bd. I. 1773-1918. München 1980.

MANN, Thomas: Adel des Geistes. Sechzehn Versuche zum Problem der Humanität. Frankfurt/M. 1955.

Ders.: Briefe 1889-1936. Hg. v. Erika Mann. Frankfurt/M. 1962.

MARCKS, Erich: Goethe und Bismarck. Festvortrag gehalten in der 26. Generalversammlung der Goethe-Gesellschaft in Weimar am 3.6.1911. In: Goethe-Jahrbuch. Hg. v. Ludwig Geiger. 32. Bd., Frankfurt/M. 1911, S. 1*-26*.

Ders.: Goethe und Bismarck. Das geistige und das politische Deutschland. In: Die neue Rundschau, 29. Jg. (1918), S. 865-883.

Ders.: Paul v. Hindenburg als Mensch, Staatsmann, Feldherr. Berlin 1932.

MARQUARD, Odo: Lob des Polytheismus. In: Hans Poser (Hg.): Philosophie und Mythos. Ein Kolloquium. Berlin/New York 1979, S. 40-58.

MATTHIAS, Th.: Bismarck als Künstler. Leipzig 1902.

MATZAT, Heinrich: Das Prinzip der Politik Bismarcks. Festrede am 27. Januar 1899. In: 22. Programm der Landwirtschaftsschule zu Weilburg an der Lahn, mit welchem zur öffentlichen Prüfung am 28. März 1899 im Namen des Lehrerkollegiums ehrerbietigst u. ergebenst einladet der Direktor H. M. Weilburg 1899.

MATZDORF, Paul: Jung Bismarck. Zu seinem 100. Geburtstage. Der deutschen Jugend gewidmet. Leipzig 1915.

MAYER, Karl Leopold: Bismarck in deutscher Dichtung. Berlin 1914.

MAYR, Karl: Bismarcks letzte Lebensjahre. In: Kaiser-Wilhelm-Dank, S. 239ff.

MAYNC, Harry: Goethe und Bismarck. Ein Wort an die akademische Jugend. Festrede gehalten am 18.1.1932 bei der Reichsgründungsfeier und der mit ihr verbundenen Goethe-Hundertjahrfeier in der Aula der Marburger Philipps-Universität. Marburg 1932.

MEHRING, Franz: Kriegsgeschichtliche Probleme. In: F. M. Gesammelte Schriften. Hg. v. Thomas Höhle, Hans Koch u. Josef Schleifstein. Bd. 8: Zur Kriegsgeschichte und Militärfrage. Hg. v. Heinz Helmert. Berlin/DDR 1967, S. 368-424.

MEINECKE, Friedrich: Weltbürgertum und Nationalstaat. Studien zur Genesis des deutschen Nationalstaats. München 1907, 2. Aufl. 1911.

Ders.: Die Idee der Staatsräson in der neueren Geschichte. München/Berlin 1924.

MEINHOLD, Paul: Bismarck und Goethe. Halle/S. 1915.

MEYER, Conrad Ferdinand: Der deutsche Schmied. In: J. Pasig, S. 6.

Ders.: Der Schmied. In: Mayer, S. 70.

MITTEILUNGEN des „Bismarck-Vereins", Verein für nationale Politik, 1. H., Marburg (1. Apr. 1885).

MITTELSTÄDT, Otto: Vor der Fluth: Sechs Briefe zur Politik der deutschen Gegenwart. Leipzig 1897.

MORASCH, Eduard: Eine Wallfahrt nach Kissingen. Zur Erinnerung an den 24. Juli 1892. Den Verehrern des Fürsten Bismarck gewidmet. Frankfurt/M. 1892.

MOSAPP, Hermann: Luther und Bismarck. Berlin 1915 (Volksschriften zum großen Krieg 69/70).

MOULIN-ECKART, Richard Graf du: „Bayreuth und Friedrichsruh". In: Münchener Zeitung, Nr. 295 (27.10.1918), S. 1f.

MÜLLER, Adam: Kritische, ästhetische und philosophische Schriften I. Hg. v. Walter Schroeder u. Werner Siebert. Neuwied 1967.

MÜLLER, Detlef K.: Sozialstruktur und Schulsystem: Aspekte zum Strukturwandel des Schulwesens im 19. Jahrhundert. Göttingen 1977.

MÜLLER, Ulrich: ‚Mythen-Ökonomie' im Kulturvergleich. Die ideologische Bedeutung epischer Mythen des Mittelalters in der Gegenwart. In: Bernd Thum (Hg.): Gegenwart als kulturelles Erbe. München 1985, S. 237-247.

209

MUSÄUS, Johann Karl August: Volksmärchen der Deutschen. Vollständige Ausgabe, nach dem Text der Erstausgabe von 1782-1786. Darmstadt o.J. [1961].
MUTH, Karl: Hochland. Monatsschrift für alle Gebiete des Wissens, der Literatur und Kunst, 1. Jg., Kempten/München (1903).
MYTHOS OHNE ILLUSION. Mit Beiträgen v. Jean-Pierre Vernant, Marcel Detienne, Pierre Smith, Jean Pouillon, André Green u. Claude Lévi-Strauss. Frankfurt/M. 1984.

NESCHKE-HENTSCHKE, Ada: Griechischer Mythos und strukturale Anthropologie. Kritische Bemerkungen zu Claude Lévi-Strauss' Methode der Mythendeutung. In: Poetica, Bd. 10 (1978), S. 135-153.
NETHÖFEL, Wolfgang: Strukturen existentialer Interpretation. Bultmanns Johanneskommentar im Wechsel theologischer Paradigmen. Göttingen 1983.
NIETZSCHE, Friedrich: Werke in sechs Bdn. Hg. v. Karl Schlechta. München 1980.
NOHL, Hermann: Die Deutsche Bewegung und die idealistischen Systeme. In: Logos. Zs. für Philosophie der Kultur, 2. Bd., Tübingen (1911/12), S. 350-359.
Ders.: Die Deutsche Bewegung. Vorlesungen und Aufsätze zur Geistesgeschichte von 1770-1830. Hg. v. Otto Friedrich Bollnow u. Frithjof Rodi. Göttingen 1970.
NOLTENIUS, Rainer: Dichterfeiern in Deutschland. Rezeptionsgeschichte als Sozialgeschichte am Beispiel der Schiller- und Freiligrath-Feiern. München 1984.
NUTT, Harry: Der Mythos vom ... Neue Bücher zu einem ambivalenten Begriff. In: die tageszeitung (18.4.1985), S. 10.

OTTO, Berthold: Fürst Bismarcks Lebenswerk. Den Kindern und dem Volke erzählt. Groß-Lichterfelde 1911.

PANKAU, Johannes G.: Wege zurück. Zur Entwicklungsgeschichte restaurativen Denkens im Kaiserreich. Eine Untersuchung kulturkritischer und deutschkundlicher Ideologiebildung. Frankfurt/M. 1983.
PARR, Rolf: Konstruktion der Mitte – ,Konzentration' als Ordnungsraster in verschiedenen Diskursen des 19. Jahrhunderts. In: kultuRRevolution. zs. f. angewandte diskurstheorie, Nr. 6 (Juni 1984), S. 35-38.
Ders.: Rez.: Rainer Noltenius: Dichterfeiern in Deutschland. Rezeptionsgeschichte als Sozialgeschichte am Beispiel der Schiller- und Freiligrath-Feiern. München 1984. In: arbitrium, 4. Jg. (1986), H. 3, S. 297-301.
Ders.: Der Werdandi-Bund. „Der größte Humbug, den wir in den letzten Zeiten erleben durften". In: kultuRRevolution. zs. f. angewandte diskurstheorie, Nr. 22 (Februar 1990), S. 37-42.
Ders.: ,Mythisches Denken', ,Struktur des Mythos', ,Struktur der Mythen'. Zur Mythenanalyse von Claude Lévi-Strauss. In: Walter A. Koch (Hg.): Natürlichkeit der Sprache und der Kultur. Acta Colloquii. Bochum 1990 (Bochumer Beiträge zur Semiotik, Bd. 18), S. 215-231.
Ders.: Bismarck-Mythen – Bismarck-Analogien. In: kultuRRevolution. zs. f. angewandte diskurstheorie, Nr. 24 (Januar 1991), S. 12-16.
Ders.: ,Tartuffe' oder ,Faust'? Bismarck und Louis Napoleon in deutschen und französischen Karikaturen seit 1852. In: Ruth Jung/Gerhard Landes/Raimund Rütten/Gerhard Schneider (Hg.): Die Karikatur zwischen Republik und Zensur. Bildsatire in Frankreich 1830-1880. Eine Sprache des Widerstands? Marburg 1991.
PASIG, Julius: Bismarck im deutschen Liede. Lieder und Gedichte gesammelt u. hg. v. Dr. J. P. Mit dem Bilde des Altreichskanzlers. 2. Aufl., Friedenau-Berlin 1901.
PASIG, Paul: Dem Fürsten Bismarck. In: J. Pasig, S. 32f.
PAST, Julius: Dem achtzigjährigen Bismarck. In: J. Pasig, S. 31f.
PAWLECKI, Johannes (Hg.): Dichterstimmen aus der deutschen Lehrerwelt. 2. Aufl., Langensalza 1893.
PÊCHEUX, Michel: Sind die Massen ein beseeltes Objekt? In: kultuRRevolution. zs. f. angewandte diskurstheorie, Nr. 17/18 (Mai 1988), S. 7-12.
PEIL, Dietmar: Untersuchungen zur Staats- und Herrschaftsmetaphorik in literarischen Zeugnissen von der Antike bis zur Gegenwart. München 1983.

210

PETRICH, D. Hermann: Bismarck-Büchlein. Aus großer Zeit für große Zeit. Zum Jahrhundertgedächtnis 1815-1915 dem deutschen Volk und seiner Jugend dargereicht. Hamburg 1915.

Ders.: Unser Bismarck. 50 Bismarckgeschichten, alte und neue, aus seinen pommerschen Tagen. Ein pommersches Heimatbuch. Gütersloh 1915.

PFAFFENBERGER, Wolfgang: Blütezeiten und nationale Literaturgeschichtsschreibung. Eine wissenschaftsgeschichtliche Betrachtung. Frankfurt/M. 1981.

PFIZER, Gustav: Der Veteran des jungen deutschen Reichs. In: Mayer, S. 114-120.

PFLEIDERER, Edmund: Festrede zur Vorfeier von Bismarcks 80stem Geburtstag auf dem Studenten-Kommers der Verbindungen Königsgesellschaft, Normannia und Wingolf in Tübingen gehalten am 6. März 1895. Tübingen 1895.

PFLEIDERER, Otto: Fürst Bismarck. Rede vor einer Festversammlung in Lichterfelde. Am 1. April 1892. Berlin 1892.

Ders.: Zu Bismarcks Gedächtnis. Rede bei der Feier in Groß-Lichterfelde am 27. November 1898. Berlin 1898.

PFORDTEN, Otto v. der: Fürst Bismarck. Eine Gedenkrede zu seinem Tode. Heidelberg 1898.

PHILIPPIKUS: Bismarck der Ganze! Leipzig 1894.

PILZ, Hermann: Das Lied vom eisernen Kanzler. In: J. Pasig, S. 28f.

Ders.: Zu Bismarcks Tod. In: J. Pasig, S. 65f.

PLAGEMANN, Volker: Bismarck-Denkmäler. In: Hans-Ernst Mittig/ Ders.: Denkmäler im 19. Jahrhundert. Deutung und Kritik. München 1972, S. 217-252 u. Abb. Nr. 1-82, S. 417-442.

PLATON: Sämtliche Werke. Bd. 4. Nach der Übersetzung v. Friedrich Schleiermacher mit der Stephanus-Numerierung hg. v. Walter F. Otto, Ernesto Grassi, Gert Plamböck. Reinbek 1958.

Ders.: Phaidros. Hg. u. übersetzt v. Wolfgang Buchwald. München 1964.

PLESSNER, Helmut: Ein Volk der Dichter und Denker? Zu einem Wort der Madame de Staël. In: Ders.: Diesseits der Utopie. Ausgewählte Beiträge zur Kultursoziologie. Düsseldorf/Köln 1966, S. 66-73.

PLUMPE, Gerhard: Das Interesse am Mythos. Zur gegenwärtigen Konjunktur eines Begriffs. In: Archiv für Begriffsgeschichte, Bd. XX (1976), S. 236-253.

Ders.: Zyklik als Anschauungsform historischer Zeit. Im Hinblick auf Adalbert Stifter. In: Link/ Wülfing: Bewegung, S. 201-225.

Ders.: Theorie des bürgerlichen Realismus. Eine Textsammlung. Stuttgart 1985.

POHLER, Angelika: Rauscht, Ihr Tannen! In: J. Pasig, S. 54f.

POLACK, Fr.: Kaiserworte und Schulaufgaben. Allerlei Verbesserungsvorschläge für die Schulerziehung. Wittenberg 1891.

PROPHETISCHES vor hundert Jahren. In: Der Türmer, 17. Jg. (1914/15), S. 403-405.

PRUNICIUS, E.: Jung Bismarck. In: Schäfer, S. 8.

PUDOR, Heinrich: Kaiser Wilhelm II. und Rembrandt als Erzieher. 2., verm. Aufl., Dresden 1891.

PÜRINGER, August: Richard Wagner und Bismarck. In: Offizieller Bayreuther Festspielführer 1924. Bayreuth 1924, S. 175-182.

PÜTZ, Peter: Friedrich Nietzsche. 2. Aufl., Stuttgart 1975.

QUADE, Gustav: Fürst Bismarck-Schönhausen und die nationale Bewegung des deutschen Volkes 1815-1871. Anklam 1871.

RAABE, Wilhelm: Zum 10. November 1859. In: W. R. Sämtliche Werke. Göttingen 1968, Bd. 20, S. 350f.

REDELMONTE (d.i. REDELBERGER), W. N.: Bismarcks Rücktritt in Versen. 2. Aufl., Trier 1890.

REDEN UND VORTRÄGE gehalten bei der Vorfeier des 77. Geburtstages Sr. Durchlaucht des Fürsten v. Bismarck am 31. März 1892 im großen Saale des Gewerbehauses zu Dresden. Dresden 1892.

RÉE, Paul Johannes: Fürst Bismarck. Der gute Genius seines Volkes. Festrede zur 77. Geburtstagsfeier Sr. Durchlaucht des Fürsten Bismarck gehalten am 31. März 1892 im Nationalliberalen Verein zu Nürnberg. Nürnberg 1892.

Ders.: Fürst Bismarck. Festrede zum achtzigsten Geburtstag des Fürsten, gehalten am 1. April 1895 bei der öffentlichen Feier zu Nürnberg. 2. Aufl., Nürnberg 1895.

REICHARDT, Johannes: Festgruß dem eisernen Kanzler! In: Arras, S. 173-176.

211

REINHARDSTOETTNER, Karl v.: Napoleon I. in der zeitgenössischen Dichtung. In: Ders.: Aufsätze und Abhandlungen vornehmlich zur Literaturgeschichte. Berlin 1887, S. 71-109.

REINHOLD, Karl Theodor: Fürst Bismarck als Reformator des deutschen Geistes. Eine Festrede. Barmen 1885.

Ders: Das System Bismarck. Eine Festbetrachtung zum 75. Geburtstage des Fürsten v. Bismarck. Barmen 1890.

REISINGER, Hedwig: Michael Georg Conrad. Ein Lebensbild mit besonderer Berücksichtigung seiner Tätigkeit als Kritiker. Diss. Würzburg 1939.

RENAND, Theodor: Der gute Schmied. In: Mayer, S. 63, auch in: Köppen, S. 711.

RETHWISCH, Conrad: Deutschlands höheres Schulwesen im neunzehnten Jahrhundert. Geschichtlicher Überblick im Auftrage des Königl. Preußischen Ministeriums der geistlichen, Unterrichts- und Medizinal-Angelegenheiten. Berlin 1893.

REUSSE, Rudolf: Rede zur Bismarck-Gedenkfeier am 31. März 1900. Weimar 1900.

REUTSCH, Otto: Fürst Bismarck, des Deutschen Reiches Baumeister. In: Schäfer, S. 17.

REYMOND, Moritz: Der Reichsfaßbinder. Ein deutsches Fastnachtspiel [...]. Zum 1. April dieses Jahres verfaßt v. M. R. und mit erklecklichem Bilderschmucke ausstaffieret v. L. Mauzel. Berlin 1890.

RICHTER, Walter: Bismarck und Wagner. Worte bei der Bismarck-Gedächtnisfeier des Bayreuther Bundes am 9. April 1922 in Berlin gesprochen von W. R., Hofprediger und Oberpfarrer der Luisen- und Lützower-Kirche zu Charlottenburg. In: Bayreuther Blätter, 45. Jg. (1922), S. 37f.

RIFFERT, Julius: Das Spiel vom Fürsten Bismarck oder Michels Erwachen. Vaterländisches Festspiel. Leipzig/Wien 1893.

RIHA, Karl: Der deutsche Michel. Zur Ausprägung einer nationalen Allegorie im 19. Jahrhundert. In: Klaus Herding/Gunter Otto (Hg.): „Nervöse Auffassungsorgane des inneren und äußeren Lebens". Karikaturen. Gießen 1980, S. 186-205.

RITTER, Hanns Henning: Claude Lévi-Strauss als Leser Rousseaus. Exkurse zu einer Quelle ethnologischer Reflexion. In: Lepenies/Ritter, S. 113-159.

ROCH, Herbert: Fontane, Berlin und das 19. Jahrhundert. Berlin 1962.

ROCHAU, Ludwig August v.: Grundsätze der Realpolitik. Angewendet auf die staatlichen Zustände Deutschlands. Hg. u. eingel. v. Hans-Ulrich Wehler. Frankfurt/M. 1972.

RÖSSLER, Constantin: Graf Bismarck und die deutsche Nation. Berlin 1871.

ROGGE, Christian: Bismarcks „Bekehrung". In: Der Türmer, 3. Jg. (1900/01), Bd. I, S. 561-568.

ROSSBACHER, Karlheinz: Heimatkunstbewegung und Heimatroman. Zu einer Literatursoziologie der Jahrhundertwende. Stuttgart 1975.

RUNTE, Annette: Subjektkritische Diskurstheorie. Narratologische Textanalysen von ‚Erlebnisgeschichten' in der neuen deutschen Frauenpresse am Beispiel von EMMA und MEINE GESCHICHTE. Köln 1982.

SAHR, Julius: Zu Hans Sachs. II. Leben und Wirken des Hans Sachs. In: Zs. f. d. deutschen Unterricht, 9. Jg. (1895), S. 670-707.

SAILER, F.: Bismarck-Anthologie. Aus Reden, Briefen und Staatsschriften des Fürsten Reichskanzlers zusammengestellt. 2., verm. Aufl., Berlin 1894.

SANNES, August: Der deutsche Unterricht. In: Der Türmer, 15. Jg. (1912/13), S. 341-345.

SAUSSURE, Ferdinand de: Grundfragen der allgemeinen Sprachwissenschaft. 2. Aufl., Berlin 1967.

SCHÄFER, Friedrich: Bismarck-Liederbuch. Im Auftrage des Deutschen Bismarck-Bundes hg. v. F. S. 2. Aufl., Goslar 1903.

SCHAUKAL, Richard: Bismarck. In: Bühne und Welt, 17. Jg. (Aprilh. 1915), S. 158.

SCHAUMKELL, Ernst: Rede gehalten zur Feier des 80. Geburtstages Sr. Durchlaucht des Fürsten Bismarck am 1. April 1895 im Schützenhause zu Güstrow. Güstrow 1895.

SCHAWALLER, Fritz: Königin Luise. Ein Drama für die Volksbühne. Stuttgart 1891.

SCHEMANN, Ludwig: Gobineau und die deutsche Kultur. Leipzig 1910 (Werdandi-Bücherei, Bd. 3).

SCHERENBERG, Ernst: Fürst Bismarck. Ein Charakterbild für das deutsche Volk. Elberfeld 1885.

Ders.: Heil Bismarck! Gesprochen von E. S. am 9. Juni 1893 in Friedrichsruh. In: Arras, S. 150f.

Ders.: Niemals! Frühjahr 1893. In: Mayer, S. 182-190.

SCHIEMANN, Theodor: Fürst Bismarck. Festrede zu seinem achtzigsten Geburtstage. Gesprochen auf dem Commers des Bismarckausschusses zu Berlin. Berlin 1895.

SCHILLER, Friedrich: Dichtungskraft. In: Schillers Werke. Nationalausgabe. Im Auftrage des Goethe- und Schiller-Archivs, des Schiller-Nationalmuseums u. der Deutschen Akademie hg. v. Julius Petersen u. Gerhard Fricke. 1. Bd. Gedichte in der Reihenfolge ihres Erscheinens 1776-1799. Hg. v. J. P. u. Friedrich Beißner. Weimar 1943, S. 300.

Ders.: Das Lied von der Glocke. In: Schillers Werke. Nationalausgabe. 2. Bd., Teil 1. Gedichte in der Reihenfolge ihres Erscheinens 1799-1805 – der geplanten Ausgabe letzter Hand (Prachtausgabe) – aus dem Nachlaß (TEXT). Hg. v. Norbert Oellers. Weimar 1983, S. 227-239.

Ders.: Wallensteins Tod. In: Schillers Werke. Nationalausgabe. 8. Bd. Wallenstein. Hg. v. Hermann Schneider u. Lieselotte Blumenthal. Weimar 1949.

SCHINDLER, Hermann: Bismarck. Sein Leben und sein Werk. Dargestellt für das deutsche Volk. Dresden 1914.

SCHLÜTER, Josef: Fürst Bismarck, der deutsche Reichskanzler. Festrede zum 60. Geburtstage des Fürsten, gehalten im Saale der Lesegesellschaft zu Köln am 1. April 1875. Bremen 1875.

SCHMID, E./SPEYER, Fr.: Zu unserm Deutschen Lesebuche für höhere Mädchenschulen. In: Zs. f. d. deutschen Unterricht, 11. Jg. (1897), S. 70-80.

SCHMIDT, Adolf: Rede gehalten beim Bismarck-Kommers im Buchhändler-Hause zu Leipzig am 1. April 1894. Leipzig 1894.

SCHMIDT, Ferdinand: Fürst Bismarck. Ein Lebensbild. Glogau 1878.

SCHMIDT, Julian: Bilder aus dem Geistigen Leben unserer Zeit. Neue Folge [=Bd. 2]. Leipzig 1871.

SCHMITZ, Oscar A. H.: Das wirkliche Deutschland. In: Der Türmer, 17. Jg. (1914/15), Bd. I, S. 1-5.

SCHMÖLDERS, Claudia (Hg.): Die Kunst des Gesprächs. Texte zur Geschichte der europäischen Konversationstheorie. 2. Aufl., München 1986.

SCHOCH, Rainer: Das Herrscherbild in der Malerei des 19. Jahrhunderts. München 1975.

SCHOLZ, Wilhelm: Bismarck-Album des Kladderadatsch 1849-1898. Mit dreihundert Zeichnungen v. W. Sch. u.a. 2. Aufl., Berlin 1890.

SCHRADER, O.: „Vaterland". Gedächtnisrede zur hundertsten Wiederkehr des Geburtstages des Fürsten Bismarck gehalten am 10. Mai 1915 in der Aula Leopoldina der Schlesischen Friedrich-Wilhelms-Universität. Breslau 1915.

SCHRECK, Ernst: Unser Bismarck. Schul-Gedenkfeier mit Liedern, Ansprachen und Vortragsstoffen, nebst einer Auswahl von Reden und Gedichten zur hundertjährigen Wiederkehr des Geburtstages des Baumeisters des neuen deutschen Reiches. Minden 1915.

SCHRÖDER, Eduard: Roland-Bismarck – 815 – 1815 – oder Michael, der Genius Deutschlands. Ein vaterländisches Schauspiel in Versen, unter freier Verwendung Uhland'scher Lieder. Halle/ S. 1905.

SCHULTE-SASSE, Jochen/WERNER, Renate: Einführung in die Literaturwissenschaft. München 1977.

SCHULTZE, Fritz: Fürst Bismarcks Charakter. Festrede zur Feier des 80. Geburtstags Bismarcks am Abend des 1. April 1895 in Plauen-Dresden, gehalten v. Dr. F. S., ord. Prof. der Philosophie u. der Pädagogik an der technischen Hochschule zu Dresden. Dresden-Plauen 1895.

SCHULZE, Wilhelm Rudolf: Graf Bismarck. Charakterbild eines deutschen Staatsmannes. Leipzig 1867.

Ders.: Fürst Bismarck und der Bismarckianismus. Eine historisch-politische Skizze. Stolberg 1872.

SCHWARZE, Woldemar: Rez.: Bismarckreden 1874-1895. Hg. v. Horst Kohl. Leipzig 1898. In: Zs. f. d. deutschen Unterricht, 12. Jg. (1898), S. 674-676.

SCHWUCHOW, Peter: Das Lied vom deutschen Mann. In: J. Pasig, S. 82.

SEESSELBERG, Friedrich: Volk und Kunst. Kulturgedanken. Berlin 1907.

Ders.: Zum zweiten Werdandijahre. In: Werdandi. Monatsschrift für deutsche Kunst und Wesensart im Auftrage des Werdandibundes hg. v. F. S., 2. Jg., Leipzig (1909), H. 1, S. 1-4.

SEGEBERG, Harro: Literarische Technik-Bilder. Studien zum Verhältnis von Technik- und Literaturgeschichte im 19. und frühen 20. Jahrhundert. Tübingen 1987.

SENFFT v. PILSACH, Arnold: Aus Bismarcks Werkstatt. Studien zu seinem Charakterbilde. Stuttgart/Berlin 1908.

SMITH, Pierre: Stellungen des Mythos. In: Mythos ohne Illusion, S. 47-67.

SNOW, Charles Percy: Die zwei Kulturen. Literarische und naturwissenschaftliche Intelligenz. Stuttgart 1967.

SOMBART, Werner: Händler und Helden. Patriotische Besinnungen. München 1915.

SOROF, Gustav: Bismarck. Rede, gehalten am 2. September 1898. In: Jahresbericht des Stadtgymnasiums zu Halle/S. 31. Jg. Von Ostern 1898 bis Ostern 1899. Im Namen des Lehrerkollegiums hg. v. Dr. Franz Friedersdorff. Direktor des Gymnasiums. Halle/S. 1899, S. 42-50.

SPERBER, Dan: Der Strukturalismus in der Anthropologie. In: Wahl, S. 181-258.

STAËL, Anne Germaine de: Über Deutschland. Vollst. u. neu durchges. Fassung der deutschen Erstausgabe von 1814 in der Gemeinschaftsübersetzung v. Friedrich Buchholz, Samuel Heinrich Catel u. Julius Eduard Hitzig. Hg. u. mit einem Nachwort versehen v. Monika Bosse. Frankfurt/M. 1985.

STEGMANN, Rudolf: Fürst Bismarck und seine Zeit. Festgabe zum achtzigsten Geburtstage unseres eisernen Kanzlers. Wolfenbüttel 1895.

STEIN, Walther: Bismarck. Des eisernen Kanzlers Leben in annähernd 200 Bildern nebst einer Einführung. Hg. v. W. St. im Jahre des 100. Geburtstags Bismarcks und des großen Krieges. Siegen/Leipzig 1915.

STIEBRITZ, Arnold: Der eiserne Kanzler. Ein Lebensbild für das deutsche Volk. Leipzig 1915 (Bannerträger für Deutschtum und Vaterland, I. Bismarck).

STIERLE, Karlheinz: Mythos als ‚bricolage‘ und zwei Endstufen des Prometheusmythos. In: Fuhrmann, S. 455-472.

STOCKINGER, Peter: Semiotik. Beitrag zu einer Theorie der Bedeutung. Stuttgart 1983.

STORCK, Karl: Zu unseren Bildern. In: Der Türmer, 17. Jg. (1914/15), Bd. II, S. 58f.

Ders.: Neue Bismarck-Literatur. In: Der Türmer, 17. Jg. (2. Aprilh. 1915), H. 14, S. 121-126.

STRIEDER, Agnes: „Die Gesellschaft" – Eine kritische Auseinandersetzung mit der Zs. der frühen Naturalisten. Frankfurt/M. 1985.

STROBL, Karl Hans: Bismarck. Roman. 3 Bde. Leipzig 1915, 1916, 1919.

STÜMCKE, Heinrich: Michael Georg Conrad. Eine litterarische Skizze. Bremen 1893.

STUTZER, Emil: Goethe und Bismarck als Leitsterne für die Jugend in sieben Gymnasialreden. Berlin 1904.

Ders.: Goethe und Bismarck in ihrer Bedeutung für die deutsche Zukunft. In: Xenien. Halbmonatsschrift für literarische Ästhetik und Kritik, 3. Jg. (1909), H. 7, S. 26-31.

THEWELEIT, Klaus: Männerphantasien. Bd. 1: Frauen, Fluten, Körper, Geschichte. Reinbek 1982.

THIELMANN, Friedrich: In Memoriam! Den Manen des Fürsten Bismarck zum 1. April 1899. Betzdorf 1899.

TITZE, Hartmut: Die soziale und geistige Umbildung des preußischen Oberlehrerstandes von 1870 bis 1914. In: Zs. für Pädagogik. 14. Beih.: Historische Pädagogik. Hg. v. Ulrich Herrmann. Weinheim 1977, S. 107-128.

TOLZIEN, Gerhard: Fürst Bismarck. Eine vierte deutsche Zeit- und Kriegs-Betrachtung. 2. Aufl., Schwerin 1915.

TREUSCH-DIETER, Gerburg: Sieben Fragen zum Begriff ‚Mythos‘. In: Ästhetik und Kommunikation, 15. Jg. (1984), H. 56 („Deutsche Mythen"), S. 99f.

UHLE, Hans: Der Türmer. In: Ernst Herbert Lehmann: Ein deutscher Verlag. Heinrich Beenken Verlag 1888-1938. Berlin 1938, S. 109-222.

UHLIG, Th.: Bismarck. In: J. Pasig, S. 61f.

URAN, Steve: Burentum und Deutschtum. Nationalistische Stereotype zwischen Imperialismus und Faschismus. In: LiLi. Zs. für Literaturwissenschaft und Linguistik. Beih. 9: Stereotyp und Vorurteil in der Literatur. Göttingen 1978, S. 111-131.

214

VAIHINGER, Hans: Königin Luise als Erzieherin. Eine Gedächtnißrede. Halle/S. 1894.

VERNANT, Jean-Pierre: Der reflektierte Mythos. In: Mythos ohne Illusion, S. 7-11.

40 JAHRE WOCHE. Von Bismarck zu Hitler. In: Die Woche, 41. Jg. (15.3.1939), H. 11.

VÖLDERNDORFF, Frhr. v.: Unser Bismarck. In: J. Pasig, S. 15.

WAHL, François: Einführung in den Strukturalismus. Mit Beiträgen v. Oswald Ducrot u.a. Frankfurt/M. 1973.

WALTHER, Emil: Von Goethe zu Bismarck. Eine litterarisch-politische Betrachtung. In: Bismarck-Jahrbuch. Hg. v. Horst Kohl, 3. Jg., Berlin (1896), S. 362-389.

Ders.: Zum 1. April 1892. In: Arras, S. 103-106.

WARNCKE, Paul: Heil Bismarck Dir, Du deutscher Held. In: J. Pasig, S. 23f.

Ders.: Bismarcklied. In: Schäfer, S. 21f.

WAS TÄTE BISMARCK? Realpolitik gegen Gefühlspolitik. Eine Studie an der Hand von Bismarcks Reden und Schriften v. * * *. Berlin 1915.

WAUER, Hugo: Das schöne Lied vom „Großen Otto". Potsdam 1874.

WEBER, Hugo: Die Pflege nationaler Bildung durch den Unterricht in der Muttersprache. Zugleich eine Darstellung der Grundsätze und der Einrichtung dieses Unterrichts. Leipzig 1872.

WEBER, Wolfgang u. Ingeborg: Auf den Spuren des göttlichen Schelms. Bauformen des nordamerikanischen Indianermärchens und des europäischen Volksmärchens. Stuttgart-Bad Cannstatt 1983.

WEBERSTEDT, H.: Heil dir, Bismarck, Reichsgründer. In: Schäfer, S. 14f.

WECK, Gustav: Dem Unsterblichen. In: Schäfer, S. 7f.

WEHLER, Hans-Ulrich: Das Deutsche Kaiserreich 1871-1918. 5. durchges. u. erg. Aufl., Göttingen 1983.

Ders.: Deutsche Gesellschaftsgeschichte. 2. Bd. Von der Reformära bis zur industriellen und politischen „Deutschen Doppelrevolution" 1815-1845/49. München 1987.

WEIMANN, Robert: Literaturgeschichte und Mythologie. Methodologische und historische Studien. Mit einer neuen Einleitung. Frankfurt/M. 1977.

WEITBRECHT, G.: Fürst Bismarck. Stuttgart 1898 (Deutsche Jugend und Volksbibliothek, Nr. 170).

WESTARP, Adolf Graf v.: Bismarck, komm zurück! Berlin 1892.

WICHERT, Adalbert: Bismarck und Goethe. Klassikrezeption der deutschen Geschichtswissenschaft zwischen Kaiserreich und Drittem Reich. In: Klassik und Moderne. Hg. v. Karl Richter u. Jörg Schönert. Stuttgart 1983, S. 321-339.

WILDENBRUCH, Ernst von: „Ihr habt es gewagt!". In: J. Pasig, S. 20-22.

Ders.: Unser Bismarck. In: Mayer, S. 217-220.

WINDSCHEID, Bernhard/TRÖNDLIN, Bernhard: Bismarck als Staatsmann und Parlamentarier. Zwei Festreden gehalten bei der Bismarck-Feier zu Leipzig. Leipzig 1885.

WINKEL, G. G.: Fürst Bismarck als Deichhauptmann. In: 30. Jahresbericht des altmärkischen Vereines für vaterländische Geschichte und Industrie in Salzwedel. Magdeburg 1903, S. 189-205.

WIRTH, Moritz: Bismarck, Wagner, Rodbertus, drei deutsche Meister. Betrachtungen über ihr Wirken und die Zukunft ihrer Werke. 2. Aufl., Leipzig 1885.

WITT, Otto N.: Rede bei der Gedenkfeier für Seine Durchlaucht den verewigten Reichskanzler Fürsten v. Bismarck am 9. März 1899 in der Aula der Königl. Techn. Hochschule zu Berlin gehalten v. Prorektor O. N. W. Berlin 1899.

WOERMANN, Carl: Alldeutschlands Liebeslied. In: Reden und Vorträge, S. 35.

WOLF, Eugen: Vom Fürsten Bismarck und seinem Haus. Tagebuchblätter v. E. W. Berlin 1904.

WOLZOGEN, Hans v.: Bismarck. In: Bayreuther Blätter, 21. Jg. (1898), S. 281-284.

WÜLFING, Wulf: Eine Frau als Göttin. Luise v. Preußen. Didaktische Überlegungen zur Mythisierung von Figuren der Geschichte. In: Geschichtsdidaktik 6 (1981), S. 253-271.

Ders./BRUNS, Karin/PARR, Rolf: Historische Mythologie der Deutschen 1798-1918. München 1991.

WUNDERLICH, G.: Das Bismarck-Büchlein. Charakterzüge, historische Fragmente, geflügelte Worte etc. aus dem Leben des deutschen Reichskanzlers Fürst Bismarck. Allen Freunden und Verehrern dieses großen Staatsmannes gewidmet v. G. W., Lehrer. 2. Aufl., Altona 1872.

YALEMAN, Nur: „Das Rohe:das Gekochte :: Natur:Kultur" Beobachtungen zu *Le Cru et le Cuit.* In: Leach: Mythos und Totemismus, S. 109-131.

ZECHLIN, Egmont: „Der Inbegriff des germanischen Menschen". Bismarck-Bild 1915: eine Mischung von Sage und Mythos. In: Die Zeit, Nr. 14 (2.4.1965), S. 4.

ZIEGLER, Theobald: Die geistigen und sozialen Strömungen des Neunzehnten Jahrhunderts. 3., umgearb. Aufl., Berlin 1910.

ZIEHEN, Ludwig: Bismarck. Geleitbuch zum Bismarck-Film mit 24 Bildern nach den Originalaufnahmen aus dem Film. Berlin 1926.

ZIMMER, Hasko: Bedingungen und Tendenzen der Entwicklung des Deutschunterrichts im 19. und 20. Jahrhundert. In: Anneliese Mannzmann (Hg.): Geschichte der Unterrichtsfächer I. München 1983, S. 35-64.

ZINCK, Paul: Die Kaiseridee im deutschen Lied. Ein kurzer Streifzug durch die politische Lyrik. In: Zs. f. d. deutschen Unterricht, 20. Jg. (1906), S. 737-752.

ZMARZLIK, Hans-Günther: Das Bismarckbild der Deutschen – gestern und heute. Freiburg 1967.

ZORN, Philipp: Bismarck. Rede gehalten bei der Gedächtnisfeier der Königsberger Universität in der Aula der Albertina am 11. December 1898. Berlin 1899.

ZUR EINFÜHRUNG. In: Die Gesellschaft, 1. Jg., Nr. 1 (1.1.1885), S. 1-3.

6.2 Personenregister

Seitenzahlen hinter der Sigle ‚BA‘ verweisen auf das Belegstellenarchiv (Mikrofiche).

Aegidi, Ludwig 72, 132f., 197
Albert, Wilhelm 163, 197
Alexander der Große, König v. Make-
donien BA: 141
Alexander I. v. Rußland 187
Althusser, Louis 41
Ankel, Otto 98, 197; BA: 21, 137
Anthaeus 82; BA: 28
Archimedes 90; BA: 31
Ardenne, Baron v. 97f., 197
Arminius, Fürst der Cherusker (s. Hermann)
Arndt, Ernst Moritz 86, 197; BA: 142
Arnim, Achim v. BA: 63
Arnim, Oskar v. BA: 144
Arras, Paul 63, 94, 197; BA: 9, 36
Aschenbrödel BA: 56
Atlas 131; BA: 120
Auerswald, Alfred v. BA: 3
Aust, Eduard 141, 197; BA: 57, 69, 105
Aust, Hugo 135, 197

Bab, Julius 115, 117, 197
Babcock-Abrahams, Barbara 26, 197
Bach, Hugo 104; BA: 131, 159
Bach, Johann Sebastian BA: 84
Bacher, Alexander 197; BA: 50, 76
Balder, Armin 63, 197; BA: 7
Baldr/Baldur 188; BA: 185
Baltz, Johanna 71f., 99, 123, 197; BA: 20, 177
Balzac, Honoré de 51, 209
Bamberger, Ludwig 55-57, 132, 197; BA: 74, 116
Barbarossa (Friedrich I.) BA: 61, 69
Bartels, Adolf 113, 152, 197; BA: 158, 163, 184
Barthes, Roland 14f., 30, 40, 197f.
Bassenge, Edmund 157, 198
Baucis 79, 128
Becher, Ursula A. J. 68, 199
Beenken, Heinrich 104, 214
Beethoven, Ludwig van 98, 156; BA: 84, 95, 137, 164
Beißner, Friedrich 130, 213
Bellour, Raymond 30
Benedetti, Vincent, Graf 96; BA: 65
Berger, Wilhelm 86
Berlichingen, Götz v. 49f.
Bermann, Russel A. 172, 198
Bern, Dietrich v. BA: 148, 177, 182
Beust, Friedrich Ferdinand v. 142; BA: 168
Bewer, Max 50, 66, 72, 80f., 86, 89, 105-108, 110, 117, 140, 198; BA: 26, 34, 42, 50, 65, 67, 81, 88, 103, 130, 169, 189
Bezold, v. 123, 130, 198; BA: 57, 138, 154
Bierbaum, Otto Julius 198
Bigelow, Poultney 198; BA: 136, 187

Birt, Theodor 69, 73, 198; BA: 11, 39, 55, 153
Bismarck, Ferdinand v. 118-121, 194; BA: 30-34, 44, 51, 161
Bismarck, Herbert v. 110, 127, 198; BA: 40
Bismarck, Johanna v. (geb. Puttkammer) 92, 100f., 115f., 127, 133, 171, 198, 204; BA: 26, 73f., 78, 80, 91, 107, 110, 125, 145, 147
Bismarck, Karl Alexander v. 31
Bismarck, Luise Wilhelmine (geb. Mencken) 118-121, 194; BA: 30-34, 44, 51, 161
Blanckenburg, Henning Karl Moritz v. BA: 12, 74
Blanckenburg, Marie v. (geb. v. Thadden) BA: 74, 122
Blankmeister, Franz 198; BA: 87, 150
Bleibtreu, Karl 56, 67, 71f., 74, 76, 78, 89, 95f., 122f., 140-142, 144, 147, 150, 154, 180, 198; BA: 13, 25, 40, 45, 65, 72, 78, 87, 109, 135, 142, 159, 168, 173, 175, 182, 187, 191
Bleichröder, Gerson 124, 188
Bley, Fritz 126, 198
Blickle, F. 125
Blomberg, Hugo v. 138
Blücher, Gebhard Leberecht 47, 98, 103, 187; BA: 33, 95, 97, 142
Blumenberg, Hans 14, 20, 24, 31, 198
Blumenthal, Lieselotte 159, 213
Bluntschli, Johann Kaspar 56
Bock, Claus Victor 108, 203
Bock, Woldemar v. 104, 198
Böhme, Jakob 156; BA: 164
Bölsche, Wilhelm 20, 205
Boesch, Carl 144, 198
Böthlingk, Arthur 67, 198; BA: 19, 147
Bötticher, Georg 62, 198; BA: 7
Bogdal, Klaus-Michael 195, 208
Bohrer, Karl Heinz 13f., 198
Bolin, Wilhelm 137, 201
Bollnow, Otto Friedrich 137, 210
Bonaparte, Napoleon (s. Napoleon I.)
Bonin, Rudolf 155, 198; BA: 125
Bosse, Monika 134, 214
Bourdieu, Pierre 42f., 198
Braakenburg, J. J. 142, 180, 198
Brahms, Johannes 156; BA: 164
Brandes, Georg 105f., 108, 168, 198f; BA: 81
Brandt, Peter 85, 199
Brandt, Willy 125
Brauer, Arthur v. 11
Brentano, Clemens v. BA: 63
Breslau, Kurt v. 96, 122, 199; BA: 19, 65, 188

217

6.3 Sachregister

Adel, adeln, adelsstolz 121; BA: 4, 11, 62, 74, 86, 132, 161
äquivalent, Äquivalenz, Äquivalenzketten, Äquivalenzklassen, Äquivalenzrelation, Äquivalenzserien 21, 28, 44-49, 100, 120
Ästheten, Ästhetik, ästhetisch 106, 110, 116, 142, 148, 158, 160, 166, 170f., 174, 176, 178, 205; BA: 37, 41, 50, 82, 106, 110, 121, 128
äußerlich, Äußerliches, außen, Außenwelt 46, 61-64, 67f., 73f., 77, 88, 92, 105, 111, 115, 150, 160, 168f., 178, 188, 190, 212; BA: 4, 16, 18, 23, 26, 31, 42, 46f., 54, 62, 71, 82, 90, 106, 118f., 127, 167, 169
Aktant, aktantiell 17, 22-26, 38, 45, 47-49, 51f., 54, 64, 95, 97, 115, 123, 125, 188, 192, 195
All-Deutschland, Alldeutschheit 61, 152, 185, 215; BA: 37, 66, 149f., 152, 184, 192
alle, alles BA: 43, 51, 56, 64-70, 72f., 75, 77f., 81f., 84f., 89-93, 97f., 100, 102-111, 117f., 120, 124, 129-131, 135, 137, 139-143, 146-148, 150-152, 154-165, 167, 171, 173, 177, 182, 183, 188, 190f.
Allgemeiner Deutscher Schriftstellerverband 174
alt, Alte, Alter 10, 27, 70-77, 88f., 96, 118, 128, 130, 165, 182, 186f., 191, 193, 195; BA: 2, 6, 17, 24f., 27, 29, 36, 49, 57, 59, 65-70, 72f., 75, 77f., 81f., 84f., 87, 89-93, 97f., 100, 102-111, 117f., 120, 124, 129-131, 135, 137, 139-143, 147f., 150-152, 154-167, 171, 173, 177, 182f., 188, 190f.
ambivalent, Ambivalenz 12, 27, 44, 60, 74, 80, 88, 95f., 133, 150, 183, 188, 192f.
Amt, amtlich, Amtsprotzen 58, 81, 87; BA: 1f., 4-6, 12, 25, 59, 61, 64f., 69, 79, 88, 129, 171f.
analog, Analoga, Analogie 6, 11, 21, 28, 40, 49f., 76, 78, 97, 117, 147, 150, 152, 158, 165, 183, 186, 192, 210; BA: 86, 139, 190
Antagonismen, Antagonismus, antagonistisch 9f., 22-24, 36, 42, 46, 81, 107, 112, 117f., 121, 139, 145, 165, 192f.
Anthologie 19, 115, 129, 166; BA: 118
Anthropologe, Anthropologie, anthropologisch, anthropomorph 12, 20, 36, 38, 41, 51, 130, 204, 206, 210, 214; BA: 120
Applikation, applizieren 8, 11, 28, 31, 45, 48, 52-54, 69-71, 74, 76, 78, 83, 85, 94, 96, 120, 122, 125, 127-130, 134, 156, 173, 176, 191, 193f.; BA: 169, 187f.
arbeitsteilig, Arbeitsteilung 9, 26, 41-43, 102, 160, 178f., 186
Archetypen, archetypisch 34
Atheist, atheistisch 7, 57

aufklärerisch, Aufklärung 13f., 85, 132, 135-139, 164, 178, 200, 203, 208
auflösen, Auflösung 5, 19, 88
Aufstieg 24, 53, 147, 192
Ausgleich, Ausgleichung 9, 19, 23, 25, 30, 42, 56, 86, 96, 108; BA: 31, 53, 63f., 83, 85
Autorität 23, 57; BA: 53, 64, 77, 101

Bahn 60, 73, 78, 123, 140; BA: 10, 22, 31, 36, 47, 62, 71, 77, 90, 103, 109, 116, 120, 126, 132, 155, 174
Ballon 135, 192, 208
Bau, bauen 72, 74, 88, 103, 113f., 119-121, 128f.; BA: 3, 5, 7, 16f., 20, 30, 36, 43, 104, 108-110, 124, 132, 180
Bauer, bauernkonservativ, Bauerntum, Bauernverstand 7, 71, 80f., 85f., 169, 184; BA: 8f., 13, 25-29, 49f., 65f., 80, 87, 92
Baum, Bäume 82, 95; BA: 2, 28, 35, 88, 103, 107, 166, 179
Baumeister 57, 72f., 88, 133, 192, 212; BA: 19, 116, 121
Bautechnik 72, 77
Bayreuth 72, 112f., 173, 193, 199, 209, 211; BA: 48, 99f.
Bayreuther Blätter 27, 83, 109, 112, 173, 199, 212, 215
Bayreuther Bund 212
Bayreuther Kreis 112
Beamte, Beamtenelement, Beamtenkreise, Beamtentum, Beamter 81, 118, 122, 141, 144; BA: 3f., 11, 13, 33f., 51, 66, 110
bedrohen, bedroht 65, 67, 72, 189; BA: 19, 88
befreien, Befreier, Befreiung, Befreiungstat 24, 68-70, 74, 77, 115; BA: 7, 17, 87, 94, 131, 172
Befreiungsjahre, Befreiungskämpfe, Befreiungskriege (s. auch Freiheitskriege) 52, 55, 76, 86, 91, 113, 122, 138, 147-149, 189-191, 205; BA: 57, 100, 132, 137
Begeisterung, begeisterungsfähig, Begeisterungsfähigkeit 94, 100, 153; BA: 6, 49, 54, 59, 63, 67f., 85, 142, 160
berechnen, berechnend, Berechnung 94, 188; BA: 38, 46, 53, 56, 62, 70, 86, 94
Berg, Bergesfirne, Bergeshöhn, Bergstrom (auch Gebirge) 64, 70, 85, 203; BA: 2, 6, 38, 40, 67, 82, 86, 91
Berlin 81f., 93, 101, 104, 145, 154, 170, 182, 185, 195, 207; BA: 3, 7, 15, 27, 31, 33, 44, 61, 66, 77, 124, 144, 175, 183, 192
Berliner Illustrierte Zeitung 102
Beste, beste 61, 73, 81, 91, 120, 165f.; BA: 4, 26, 28, 52, 56, 64, 69, 71, 76, 78, 93, 98, 102, 104, 106, 116, 121, 138, 145, 151, 155, 167, 192

Charakter, Charakteranlage, Charakterbild, Charaktereigenschaften, Charakter-matrix, Charaktermerkmale, Charakter-position, Charakterprofil, Charakter-züge 10, 23, 26-28, 43, 45, 52f., 56, 60, 62, 89, 93-96, 99, 101f., 118, 120, 122f., 127, 130, 147, 150f., 194, 199f., 212-214; BA: 4, 8, 29, 31-35, 42, 48, 53f., 63f., 67-70, 82, 88, 97, 102, 116f., 123, 132, 135, 137f., 140f., 145, 148, 150f., 153, 158f., 165f., 188-191

Chiasmus, chiastisch 24f., 47f., 77, 103, 110, 142, 192

Christ, Christentum, christlich 55f., 182, 202, 204; BA: 9, 35, 40, 50, 73, 79, 92, 94, 132, 149, 154, 160f.

Code 39-41

dämmen, Damm, Dammbruch, Damm-wärter 58, 60, 63f., 66, 69, 74f., 195; BA: 1f., 4, 6, 10-16, 78, 109f.

Dämon, dämonisch 73, 96, 123, 150, 153, 178, 187f.; BA: 27, 64-66, 70, 84, 90, 117, 133-135, 162, 169

Dank, dankbar, Dankbarkeit BA: 36, 70, 77, 85, 94, 104, 107, 111, 119, 121, 129, 137f., 150, 152f., 161f., 171f., 184, 188, 192

Degen (s. auch Schwert) BA: 34, 126, 132, 143

Deich, Deichdamm, deichen 5-7, 27, 43, 58, 60-66, 68, 70-78, 80, 88, 95, 128, 171, 192f., 195; BA: 1f., 4, 6, 8-15, 79, 109

Deichbau, Deichbau-Ingenieur, Deichbau-projekt 64f., 78, 128

Deichgraf, Deichhauptmann, Deichwärter, Deichwart 7, 57f., 60f., 63-65, 73-75, 77f., 80, 192, 195, 215; BA: 1-15, 73, 79f., 106, 109

Deichkampf 74; BA: 80

Demokraten, Demokratenfresser, Demokra-tentum, Demokratie, demokratisch 24, 56, 64, 66, 126, 177, 182, 198, 207; BA: 1, 8, 52, 61, 70, 75, 104, 125

demütig, Demütigung BA: 40, 49, 93, 138

Denken 20, 23, 33, 95, 108, 119, 129f., 134, 136, 155, 160, 174, 210; BA: 30f., 53, 59, 67f., 82, 147, 150, 155, 158, 166f.

Denken, mythisches 11-14, 18-21, 29, 31f., 36, 38f., 210

Denkmal, Denkmalbetrachter, Denkmalbe-wegung, Denkstein 73, 82, 85, 100, 123, 200; BA: 120, 132, 147, 174

deutsch, Deutsche, Deutscher 5-7, 9f., 22-24, 26-28, 47, 50f., 54-65, 68-73, 75, 77f., 80-116, 119, 122-126, 128, 130-158, 161, 163-174, 176-178, 180, 182-190, 193f., 197-199, 203-207, 210-216; BA: 1f., 4-7, 9, 16, 18f., 22, 24-30, 32, 34-39, 41-45, 47, 49-107, 109-111, 116-119, 121, 123f., 126f., 129-138, 140, 142-189, 192

Deutsche Bewegung 111, 136f., 156, 158, 204, 210; BA: 11

Deutsche Revue 72, 197

Deutscher Verein Graz 92, 203

Deutschland 6, 27, 48, 55, 62f., 66-69, 71, 73f., 76, 82f., 85, 87, 89-91, 97, 99, 102f., 105f., 108, 110-113, 118, 124-126, 131f., 134-137, 139f., 144, 149, 155, 165, 168, 177f., 182, 184f., 188-191, 193, 199-203, 205, 207, 209f., 212- 214; BA: 3f., 8f., 11, 16, 18, 22, 34, 37, 43-45, 50, 52, 55-58, 62, 66, 68, 75, 79, 83-87, 89f., 92, 95f., 98-100, 103, 110f., 117, 120, 124, 129, 131, 133-135, 137, 140, 142-144, 146f., 150, 152, 154, 156f., 160f., 166-170, 172f., 178, 180f., 184, 188, 192

Deutschlehrer 167; BA: 60

deutschnational 113; BA: 60, 100

Deutschtum, Deutschtumskult 8, 10, 57, 117, 158, 160, 187, 190, 199, 204, 208, 214; BA: 73, 85, 100, 129, 145, 149f., 152, 154, 165, 185f.

Deutschunterricht 80, 117, 157f., 162f., 166, 201, 204, 208, 212, 215f.; BA: 61

diachron, Diachronie, Diachronisierung 5, 13, 19, 28, 31, 33f., 36, 50f., 111, 122, 128, 178

Dialektik, Dialektiker, dialektisch 14, 24f., 34, 97, 102f., 109, 111, 155f., 208; BA: 54, 70

Dichten, Dichter 74, 102f., 109f., 129-131, 155, 179, 181f., 189, 202; BA: 46, 48, 57, 59, 74, 83f., 87, 94, 98f., 102, 105, 107, 110, 119, 122, 124, 130, 135, 147, 159, 168, 170, 175, 183, 190f.

Dichter und Denker (s. Volk der Dichter und Denker)

Dichterfeier 69, 210

Dichterwort 24, 100; BA: 75, 102, 104

Dichtung 53, 64, 106, 126, 141, 156, 169, 173, 177, 180, 182, 190, 197, 207, 209, 212f.; BA: 26, 41, 51, 60, 84, 108, 111, 127, 163f., 181, 184

Didaktik, didaktisch 158, 162f., 166, 168, 187, 215

dienen, Diener 90, 92f., 155, 189; BA: 5, 55, 69f., 76, 92, 96, 119, 121, 134, 140, 142, 147, 152, 161f., 191f.

Dienst 74, 96, 101, 113, 127, 151, 153, 165; BA: 17, 22, 39, 54, 56, 60, 65, 83, 100-102, 106, 110, 124, 133, 136, 162f.

Differenz, Differenzbeziehungen, Differen-zierung 9, 19, 25, 36, 97, 100, 200

Dioskuren, Dioskurenpaar 6f., 25f., 28, 63, 97-104, 106, 108-112, 115, 118, 120, 122f., 130, 139, 145, 149, 153, 165, 169, 179, 181, 186, 188f., 194, 201; BA: 80, 95f.

Diplomat, Diplomatie, diplomatisch 91f., 96, 147, 152; BA: 46, 53, 57f., 64f., 69, 71, 103, 106, 124, 135, 140, 143, 146f., 151

Diskurs 10, 14f., 19, 36f., 39, 41-44, 87f., 92f., 109, 137f., 158, 200, 207f., 210

Diskursanalyse, diskursanalytisch 11, 17f., 37f., 40, 135, 138, 195, 203, 205, 208

diskursiv, Diskursivierung 9f., 16-18, 23-26, 28, 31, 36-42, 45, 49, 53, 55f., 58, 71, 77, 80, 90, 111, 115, 119, 133, 139, 144, 158, 162, 190, 193-195

entfesselt 67, 73, 75f.; BA: 14, 19, 116f.
entgegengesetzt, Entgegengesetztes 102, 118; BA: 52, 82, 91
entgegenstemmen, entgegensteuern 63; BA: 8, 10, 12
Entlassung 10, 49, 66, 81, 85, 124, 179, 184, 193, 207; BA: 21, 24, 38, 69, 89, 140, 156, 168, 171
Entmythisierung 16, 203
entschlossen, Entschlossenheit 161, 167; BA: 15, 23, 93, 118, 156
Entwicklung, Entwicklungsgeschichte BA: 17, 73, 77f., 82, 92, 111, 117, 134, 151
Epoche, Epochengliederung, Epochenschwelle, Epochentrennung, Epochenwechsel 46, 177-180, 184, 186, 189-191
Erbe, erben, Erbschaft, Erbstück, Erbteil 113, 121f., 146, 150, 155, 202, 209; BA: 15, 31, 33, 48, 82f., 89-100, 105, 161, 165, 168f.
Erbfeind 96; BA: 65, 169, 179
Erde, Erdboden, Erdennähe, erdfest, Erdgeruch, Erdverbundenheit 53, 60, 81-83, 90, 124, 128, 137, 171, 181, 183, 192, 194; BA: 26, 28f., 38, 75, 87, 93, 106, 110f., 117, 139, 148f., 151, 160, 162, 164, 177, 179
Ereignis 32, 34-36, 38, 44f., 49, 111, 139f., 193; BA: 64, 74, 78, 110, 132, 159, 171
erheben, erhebend, Erhebung BA: 6, 17, 26, 41, 78, 82, 95, 97, 140, 148, 150, 153, 171, 182
Erinnerungsblätter 92; BA: 5, 86, 126, 134, 169
Erkenntnis, erkenntnistheoretisch, Erkenntnistheorie 14, 19, 32
Erleben, Erlebnis 132, 137, 181; BA: 73, 107
erlösen, Erlöser, Erlöserin, Erlösung, Erlösungskraft, Erlösungswerk 47, 78, 160, 167, 176, 178; BA: 110, 142
Erneuerer, Erneuerung 115f., 158; BA: 47, 90, 94
Ernst, ernst, Ernstes, ernstlich 50, 107, 124, 132, 156; BA: 38, 43, 64, 78, 82, 92f., 96, 107, 121, 129, 134, 158, 160, 164, 171, 173, 176, 188, 190f.
Erscheinung 105f., 108, 127; BA: 34, 67, 69, 84f., 95f., 99, 106, 126, 130, 135, 142, 146, 158, 160, 163, 165
Erwachen, erwachen, Erweckung (auch aufwachen) 61f., 76, 212; BA: 7, 50
Erz, erzen, Erzgranaten 70, 99, 183, 186, 194; BA: 49, 60, 93, 95, 105, 131, 152f., 157
erziehen, Erzieher, Erziehung 6, 70, 117, 121, 128f., 154, 160, 163f.; 166, 168, 172, 176, 199f., 204, 206, 211, 215; BA: 17, 25, 33, 37, 58, 78, 87, 106, 127, 149, 159, 166
Es wird von Deinen Erdentagen 128
Esprit 138, 141; BA: 69, 119
Ethnologe, Ethnologie, ethnologisch 9, 12, 14, 20, 29f., 41f.

Europa, europäisch 8, 10, 13f., 44, 47, 54, 63, 65, 67, 74, 83, 86, 107, 134-136, 139, 150, 152, 177f., 182, 186-190, 193f., 200, 207f., 215; BA: 5, 7, 18, 21, 25, 46, 64, 81, 85, 104, 124, 132-135, 137, 140, 143, 151, 166, 168, 181
Europäische Revue 117, 203
Evangelium BA: 57, 79, 105, 165
evangelisch (s. protestantisch)
Evolution, Evolutionsfaktor, Evolutionstendenz 11, 33, 36, 38, 53
ewig, Ewigkeit, Ewigkeitsgehalt, ewiglich 15, 78, 176, 189; BA: 28, 41, 82, 85, 90, 96, 107, 109f., 122, 126, 139, 149, 157, 161, 165, 170, 175, 190
extrem, Extreme, Extrempositionen, Extrempunkte, Extremwerte 9, 23, 27, 52, 64-66, 80f., 115, 117, 119, 128, 130, 147, 159; BA: 10, 31

Fall, fallen 24; BA: 136, 190
falsch, Falschheit 120, 148, 152, 166; BA: 30, 61f., 79, 140, 174, 190
familiär, Familialismus, familialistisch, Familie 5, 10, 52, 88, 91-93, 95, 100, 141f., 163, 193; BA: 24, 27, 32, 39, 86, 133, 139, 166, 168, 189
Familienerbe, Familienglück, Familienhaftigkeit, Familienleben, Familiensinn, Familientradition, Familienvater 75, 91f., 108, 119; BA: 14, 30, 34, 36, 39f., 92, 145-147, 161, 166
Fanatiker, fanatisch, Fanatismus 124; BA: 32
Faschismus 190, 214
Februarrevolution 58, 62, 64, 76, 192; BA: 1
Feder 98-100, 116, 175; BA: 20, 28, 34, 50, 96f., 136
Feier (s. auch Fest), feiern 57, 62, 67, 72, 83, 85, 91, 93, 140, 199, 202, 206, 211; BA: 5, 19f., 49f., 53, 68, 71, 82, 98f., 101, 103, 105, 131, 134, 137, 146-148, 151-155, 158, 165, 170f., 174, 177f., 182, 187, 189
Feind, Feindesmacht, Feindestücke, feindlich, Feindschaft 62-64, 67, 77, 88, 96, 99, 105, 108, 124, 132, 143, 164f., 185, 193; BA: 5, 8, 15f., 24f., 28, 36-38, 47, 56, 61f., 65, 67, 69f., 72, 74, 79, 86, 93f., 96, 109f., 121, 124, 139, 164, 169f., 176, 179, 181, 187
Feinheit 120f.; BA: 31-33, 65, 119, 125
Feldherr 160, 165, 209
Fels, felsenfest, Felsenherz, Felswände 64, 69f., 77, 83, 90; BA: 2, 4f., 20, 22, 40, 50, 63, 86, 136, 150f., 171, 176, 180, 191
Fesseln, (ent)fesselt, (ge)fesselt 5, 7, 60, 65, 68f., 71, 73f., 77, 88, 103, 192; BA: 10, 16, 70, 116f., 121, 177
fest, Festigkeit 60-63, 71-73, 83, 90, 101, 119, 158, 162, 181, 183, 193, 200; BA: 1-5, 8, 10f., 19, 21, 30, 32, 40, 42, 55, 63, 66f., 69, 77, 79f., 86, 88f., 92f., 96, 102, 107, 116-118, 150f., 161, 170f., 173, 177, 179, 188f., 191f.

heillos BA: 100
Heimat, Heimatboden, Heimaterde, Heimat-
gefühl, heimatlich, Heimatstrom 63, 83,
85, 112, 126, 148, 151, 153, 182; BA: 7, 12,
28f., 35, 92, 96, 99, 106, 136, 143, 152, 154,
160, 174
Heimatkunst, Heimatkunstbewegung 86, 97,
145, 160, 173, 176f., 212
heiter, Heiteres 121, 156; BA: 33, 96, 164
Held, Helden, Heldenführer, Heldengebild,
Heldengröße, heldenhaft, Heldenideal,
heldenmütig, Heldenmut, Heldenruhm,
Heldenseele, Heldentum, Heldenzeit,
Heldenwerk, heldisch 10, 17, 23f., 45-48,
50f., 61, 73, 76, 80, 90, 96, 98f., 101, 108,
110, 112f., 115-118, 120, 122f., 138f., 144,
147, 149, 151, 156, 165, 168f., 171f., 177,
179, 183-185, 187-189, 192f., 202, 204, 207,
214f.; BA: 6f., 11, 21f., 33, 40, 42, 45, 53,
56, 62, 69, 76, 79, 82f., 88-91, 96f., 99-101,
103, 111, 126, 129-131, 138, 140-142, 147,
149-154, 156f., 164f., 172, 176-180, 182-184
heldenlos 102
Herd 108, 110, 116; BA: 38, 46, 75, 83, 154,
166, 174
Hermeneutik, hermeneutisch 34, 36, 154
Heroen, heroisch, Heroismus, Heros 102,
107, 151, 168; BA: 7, 41, 71, 80f., 86, 88,
90-92, 95, 97, 111, 122, 127, 132, 135, 139,
144, 148, 154, 164, 173, 175
Herrschaft 105f.; BA: 3, 62, 64, 76, 81, 130,
132, 142, 144f., 167
Herz 47, 52, 58, 63, 69, 91-94, 101, 106,
109f., 113f., 116, 118-122, 124, 126f., 143,
147, 157, 160, 167, 178, 186, 189, 194;
BA: 1f., 16, 18, 27, 29-33, 35, 39f., 42f.,
47, 49, 52, 55f., 60, 63f., 66f., 71, 73-75,
77f., 81-84, 89-92, 98, 101f., 107, 125f.,
138, 140, 148f., 153, 155f., 160-162, 164,
166, 170-172, 178, 183f., 188f.
Herzensgüte, Herzensliebe, Herzensmilde,
Herzenswärme 119, 121; BA: 8f., 30, 33
herzlos 148, 153; BA: 9, 136
Himmel, himmlisch 169; BA: 20, 23, 26, 38,
41, 49, 89, 92-94, 96f., 131, 155, 160, 172,
174, 182, 190
Hirn, Hirnarbeit (s. auch Gehirn) 95, 114;
BA: 55, 101
hoch, Höchstes, Höhe, höher, Höheres 24,
26, 53, 81, 83, 90, 93, 98, 102, 106f., 127,
131, 141, 143, 145, 155f., 159, 161f., 166,
176f., 181f., 192f.; BA: 5, 8, 10, 18, 21,
25f., 39f., 42-44, 46, 51-53, 56, 61, 64,
68f., 80-82, 84, 91f., 95-97, 100, 107, 111,
125, 127, 129f., 135, 137, 142f., 147, 151,
164f., 169
Hochflut 63-65; BA: 7, 12, 24
Hochland, Das 177, 210
Hochverräter 96; BA: 71
höfisch, Hof, Hofkreise, Hofzwang 81, 93,
121, 194, 198
Höhengipfel, Höhepunkt 136f., 172; BA: 6,
45, 82, 109, 134

Höhenkunst 132, 177; BA: 121
Höhenwasser, Hochwasser 74-76;
BA: 13f.
human, Humanismus, humanistisch, Humanität, Humanitätsprinzip 23, 46, 116, 127,
138, 158, 162, 164-166, 182, 209; BA: 41,
53, 83, 90, 130
Humanismus-Realismus-Streit 6, 158, 161,
163, 166
Humor, humoristisch, humorvoll 91f., 121,
124, 139; BA: 33f., 36, 38f., 58, 66f., 69,
86, 106, 130, 147f.

Ideal, ideal, Idealität, Idee, ideell 10, 24,
27, 46, 99, 101, 104-106, 108, 113, 115f.,
128-130, 133, 139, 141-143, 147, 150, 153,
155, 159, 162f., 165f., 168, 184-186, 189,
193, 203; BA: 7, 16, 36, 42, 47-63, 70, 79,
90, 100-102, 105, 116f., 127, 132, 137, 141,
151, 161, 165f., 175, 190f.
Idealismus, Idealist, idealistisch 7, 10, 22f.,
26f., 46f., 53f., 68, 78, 86f., 91, 95f.,
100-105, 110-113, 116, 128-130, 132-134,
136f., 139-149, 161f., 164-169, 171,
177-183, 186-189, 191-194, 201f., 207, 210;
BA: 45-63, 83, 85, 90f., 98f., 105f., 136,
150, 163, 168, 188, 191
ideallos 105
Idealpolitik BA: 191
Identität 15, 33f., 56, 81, 86, 135, 154f.,
208
Ideologe, Ideologie, ideologisch 6, 9, 14-16,
23, 30f., 36-38, 41, 43, 48, 53, 55f., 68, 85,
104, 114, 122, 146, 154, 158, 162, 165f.,
173, 176f., 188f., 200-203, 209f.; BA: 48,
61f., 166, 173
Ideologem 10, 45, 47f., 83, 90, 93, 103, 122,
158, 173
Ideologiekritik, Ideologiekritiker, ideologiekritisch 13-16, 158
ikonisch, Ikonographie, ikonographisch 41,
100, 147; BA: 132
Imperialismus 177, 190, 202, 207, 214; BA: 48
individualisieren, Individualismus, Individua-
lität, individuell, Individuum 137, 166,
176; BA: 54, 58, 105, 127, 147,
166
Industrialisierung, Industrialismus, Industrie,
industriell, Industriestaat 46, 71, 73,
85f., 88, 97, 126, 135, 139f., 144, 161,
178, 183, 193, 215; BA: 28, 103,
167
innen, Innenleben, Innenwelt, Innere, innerlich, Innerliches, Innerlichkeit, Inner-
stes 27, 46, 61, 63f., 67, 74, 77, 88, 92,
102, 105f., 110, 115, 135, 147, 160, 168f.,
178, 181, 188, 212; BA: 3f., 16, 18, 20, 23,
26, 32, 36f., 47, 53, 55, 62, 67f., 71-73, 77,
80, 82, 86, 88, 90, 105, 107, 117, 119f., 122,
125-127, 135, 139, 146, 151, 161, 163, 165,
167, 190
innig, Innigkeit 92, 95, 101, 115, 124, 126,
158; BA: 28, 35f., 38f., 51

234

liebenswert, liebenswürdig 91, 93, 139;
BA: 58, 146
Lied 57, 64, 71, 101, 152, 210f., 213, 215f.;
BA: 2, 8, 22f., 29, 66, 70, 75, 88f., 91-93,
107, 123, 129f., 149, 156f., 159, 171f., 174,
178-180, 182, 187, 190
Linguistik, linguistisch 12, 15-17, 19, 33, 36
List, listig, listenvoll 139; BA: 51, 65, 67, 70,
123, 130, 137
literarisch, Literarizität, Literatur 6, 9,
15-17, 24, 30, 43f., 86, 92, 94, 98f., 102f.,
111-113, 117, 122, 127, 135, 137, 139, 142,
157, 160, 169, 173-176, 178, 180, 182f.,
185f., 197-199, 204-209, 214f.; BA: 34, 39,
48, 69, 87, 91, 95, 97, 105, 109-111, 126,
158, 163, 169
Literatur, elementare 10f., 17f., 42, 44, 46,
66, 68, 71, 134f., 138f., 181, 192, 208
Literatur, institutionalisierte 6, 8, 10, 45, 53,
77, 122, 125
Literaturgeschichte 12, 53, 135, 178, 180,
212, 214
Literaturgeschichtsschreibung 53, 97, 109,
129, 136, 139, 173, 178, 211, 215
Literaturwissenschaft, literaturwissenschaftlich 9f., 12f., 16-18, 31, 37, 39f., 42, 135,
195, 201, 204, 207f., 213
lösen, losmachen 68f.; BA: 16f.
Logik, Logiker, logisch, Logos 14, 21, 36,
38, 90; BA: 14, 54, 84
Luft, Luftschiffer, Luftschlösser 134, 137,
143; BA: 54
Lunge, Lungentätigkeit 106, 113f., 116;
BA: 81, 101

Macht, Machtanbeter, Machterscheinung,
Machtfaktor, Machtfülle, Machtgebot,
Machtgedanke, Machthaber, Machtpoli-
tik, Machtpolitiker, Machtstellung,
Machtvollkommenheit, Machtwürde,
mächtig 69f., 80, 104f., 107f., 110-114,
130, 137, 145, 166, 171, 179, 189, 195;
BA: 2f., 11, 15, 17, 31, 37, 40f., 43, 45,
49-51, 54f., 66f., 69, 71, 79, 81, 83f., 86-88,
93-100, 103, 105, 110, 116, 123f., 126,
133-136, 138f., 143, 145, 147, 153, 163, 167,
171, 173, 175-177, 180, 191f.
Macht-Kultur-Synthese 104, 109-111, 167,
186; BA: 85
Männergestalten, männlich, Männlichkeit,
Mann, mannhaft, Mannendienst, Mannentreue, Mannesarbeit, Mannesbrust,
Mannesmut, Mannestum 58, 71, 73f.,
83, 86, 92, 95f., 99f., 112f., 116, 119-121,
123f., 126, 138, 140-142, 150, 156, 160, 165,
182, 186f., 189, 194, 213; BA: 3, 33f., 36,
38-40, 43, 47, 54, 65-71, 73-76, 78, 80, 84,
88, 90-92, 100, 103, 105, 107, 116f., 123f.,
126, 130, 132, 134-137, 139-149, 151f.,
154-159, 161-163, 167-169, 173, 175-183,
187f.
Märchen 61, 67, 69, 203f., 210, 215; BA: 6,
176, 183, 188

Märzrevolution, Märztage 58, 60, 62-64,
73-75, 138, 192f.; BA: 1
mäßig, mäßigen, Mäßigung, Maß, maßhalten,
maßvoll 114, 124, 146, 150f., 153, 172;
BA: 36, 38, 44, 61, 70, 90, 101, 118, 120,
140, 153
Maschine, Maschinismus 87, 136, 183
Masse, Massenhaftes 73, 87, 96, 171, 176,
183, 210; BA: 10-12, 55, 65, 81, 83, 98, 110,
147f., 165
Materialismus, Materialist, materialistisch,
Materie, materiell 46f., 86, 105, 128f.,
133, 145, 149, 168, 177-179, 181, 183f., 187,
190; BA: 46, 62, 98, 108, 119
Matrix 33-35, 43, 52-54, 101, 115, 117, 122
Meer, Meeresbranden, Meeresgestade, Meeresspiegel, Meeresstrand, Meerestoben,
Meereswoge 61, 64, 67, 75, 78, 129, 134,
137, 197; BA: 2, 4, 12-14, 19f., 22, 24f., 88,
95, 108, 129, 164, 176
Meister, meisterlich, Meisterschaft, Meister-
schmiede, Meisterstück, Meistervirtuose
27, 72, 74f., 96, 105, 111, 113f., 116, 129,
139, 152, 186, 189, 207, 215; BA: 13, 17,
29, 37, 46, 53, 65, 70, 72, 100f., 113, 116,
118, 121, 126, 130, 135, 170, 177f., 180, 183,
187
Mensch, Menschen, Menschenalter, Menschenblume, Menschenfurcht, Menschen-
geschlecht, Menschenkind, Menschenle-
ben, Menschenseele, Menschentum, Men-
schenverstand, Menschheit, menschlich,
Menschlichkeit 65, 71, 75, 78, 80, 92,
100, 119, 122, 128f., 131, 134, 160, 166,
169, 172, 183, 186, 189, 201, 205-207, 209,
216; BA: 33, 39, 41, 65, 67, 69f., 73, 75-78,
80, 82-84, 90-92, 98, 101f., 105-107, 109f.,
117-122, 126f., 129-131, 135, 138-140,
144-150, 153-156, 158, 160, 163-165, 167f.,
176, 181, 184, 188, 190f.
Metall, metallurgisch 66, 74, 99, 140;
BA: 143, 178
Michelschlaf 28, 61, 68, 75f., 80, 128, 130,
137, 148f., 184, 192
Militär, militärisch, Militarismus, Militaris-
mus/Geist-Synthese, militaristisch 81,
87, 98-101, 105f., 109, 111, 113f., 116, 118,
121, 130, 140, 142, 144, 168f., 189f., 199;
BA: 34, 49, 59, 65f., 85, 132, 137, 163
Mischung 56, 81, 96, 101, 123, 144, 216;
BA: 34, 41f., 51, 62, 65, 108
Mission 89, 91, 101; BA: 58, 85, 102, 137
Mitte, Mittellage, Mittelpartei, Mittelposi-
tion, Mittelpunkt, Mittelstellung 24, 27,
63-66, 95, 101, 115, 117, 119, 128f., 143,
149-151, 168f., 171, 178, 187, 189, 210;
BA: 26, 47, 53, 60, 64, 68f., 90, 111, 133,
166f.
Mittel 80, 92, 98, 141, 153, 170, 184; BA: 51,
55, 57, 61, 72, 92, 116f., 130, 136, 140,
150
Mittelalter, mittelalterlich 96, 122, 209;
BA: 65, 87, 141, 143

239

241

242

244

6.4 Verzeichnis der Abbildungen

Titelbild: „Friedensmesser" (Kladderadatsch, Nr. 33, 16.7.1876, S. 132).

Abb. 1: „Während der Sündfluth" (Kladderadatsch, Nr. 29, 20.7.1851, S. 116).

Abb. 2: Bismarck als Triumphator über den deutschen Michel (Paul Liman: Bismarck in Legende, Karikatur und Anekdote. Stuttgart 1915, S. 4).

Abb. 3: Bismarck sprengt die ‚alten Deiche' des Bundestages (Rudolph Genée: Die Bismarckiade fürs Deutsche Volk. Berlin 1891, S. 53).

Abb. 4: Siegmund von Suchodolski: „Unser Vaterland" (Der Türmer, 17. Jg. [1914/15], Bd. II, 1. Aprilh. 1915, zwischen S. 16 u. 17).

Abb. 5: Titelblatt „Die Gesellschaft" (1. Jg., Nr. 13, 31.3.1885).

Abb. 6: „Zu früh" (Kladderadatsch, Nr. 35, 4.8.1872, S. 140).

Abb. 7: „Aus dem neuen Faust" (Kladderadatsch, Nr. 2, 12.1.1879, S. 8).

Abb. 8: „Zum 21. Februar" (Kladderadatsch, Nr. 9, 20.2.1887, S. 36).

Abb. 9: „Der Faust des neunzehnten Jahrhunderts" (Eduard Dälen: Bismarck. Eine Vision. Mit 90 Illustrationen.Oberhausen/Leipzig 1882, S. 54).

Abb. 10: Titelblatt „Die Jugend" (1. Jg., Nr. 3, 18.1.1896).

Abb. 11: „Janus" (Kladderadatsch, Nr. 53/54, 20.11.1881, S. 216).

Abb. 12: „Im Feuer" (Eduard Dälen: Bismarck. Eine Vision. Mit 90 Illustrationen. Oberhausen/Leipzig 1882, S. 49).

Abb. 13: (Kopfleiste von Franz Stassen aus: Adelbert Ernst: Wetterleuchten im Osten. Kulturbetrachtungen. Leipzig 1909 [Wertung. Schriften des Werdandibundes, ‹1909›, H. I], S. I).

247